光緒辛丑嘉平月河工局藏板

甯郡城河丈尺圖志

光緒辛巳臘八日董沛度署

沛

寧波歷史文獻叢書

寧波歷代專志選刊（二）

【四】

寧波市人民政府地方志辦公室　整理

寧波出版社

寗郡城河丈尺圖志目次

卷一

寧郡城河丈尺圖志　卷一　城河全圖

一

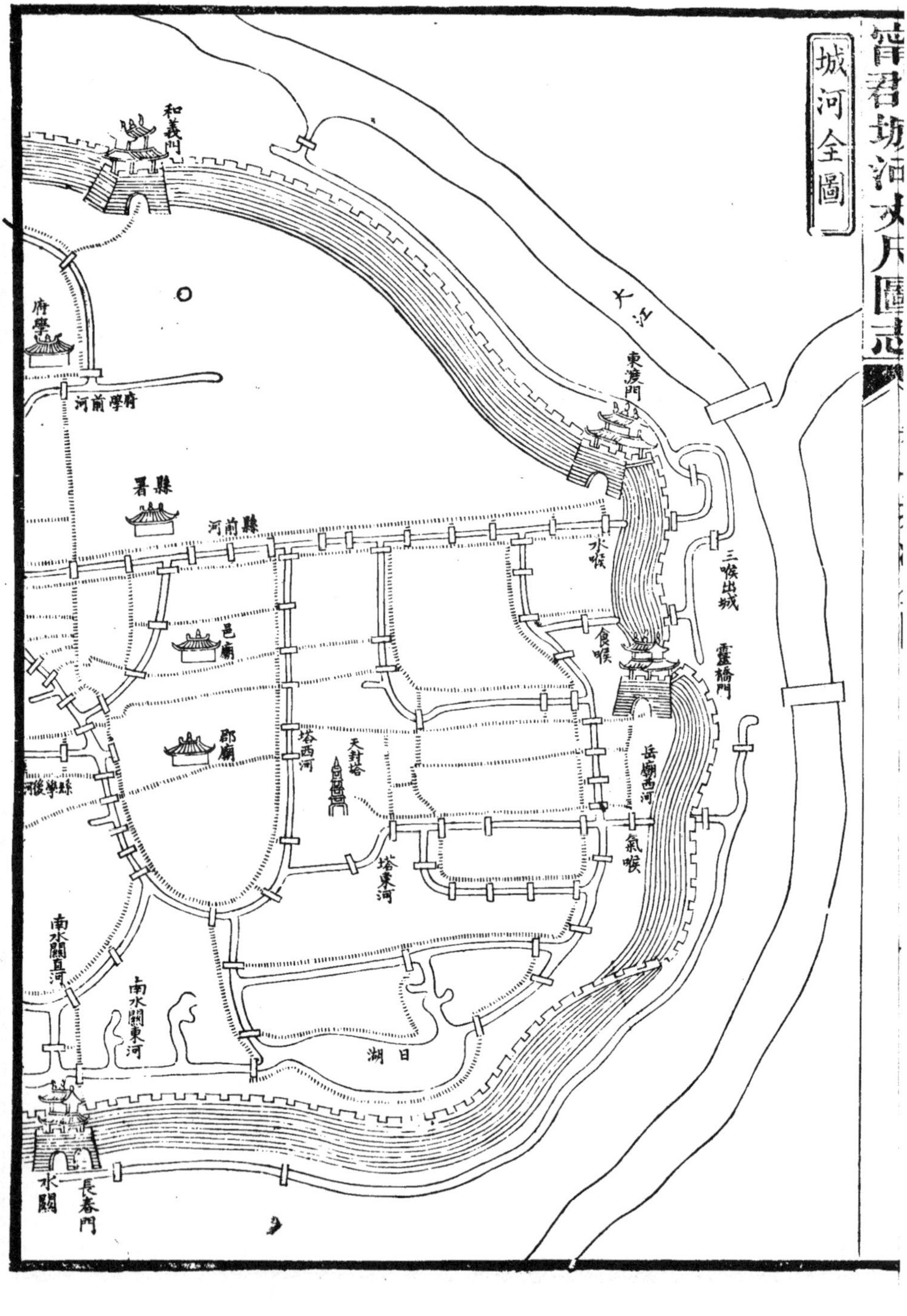
和義門
府學
府學前河
縣署
縣前河
邑廟
郡廟
縣學後河
大江
東渡門
水喉
三喉出城
食喉
靈橋門
岳廟西河
氣喉
塔西河
天封塔
塔東河
南水關直河
南水關東河
日湖
水關
長春門

城河全圖

寧郡城河丈尺圖志

卷一城河全圖

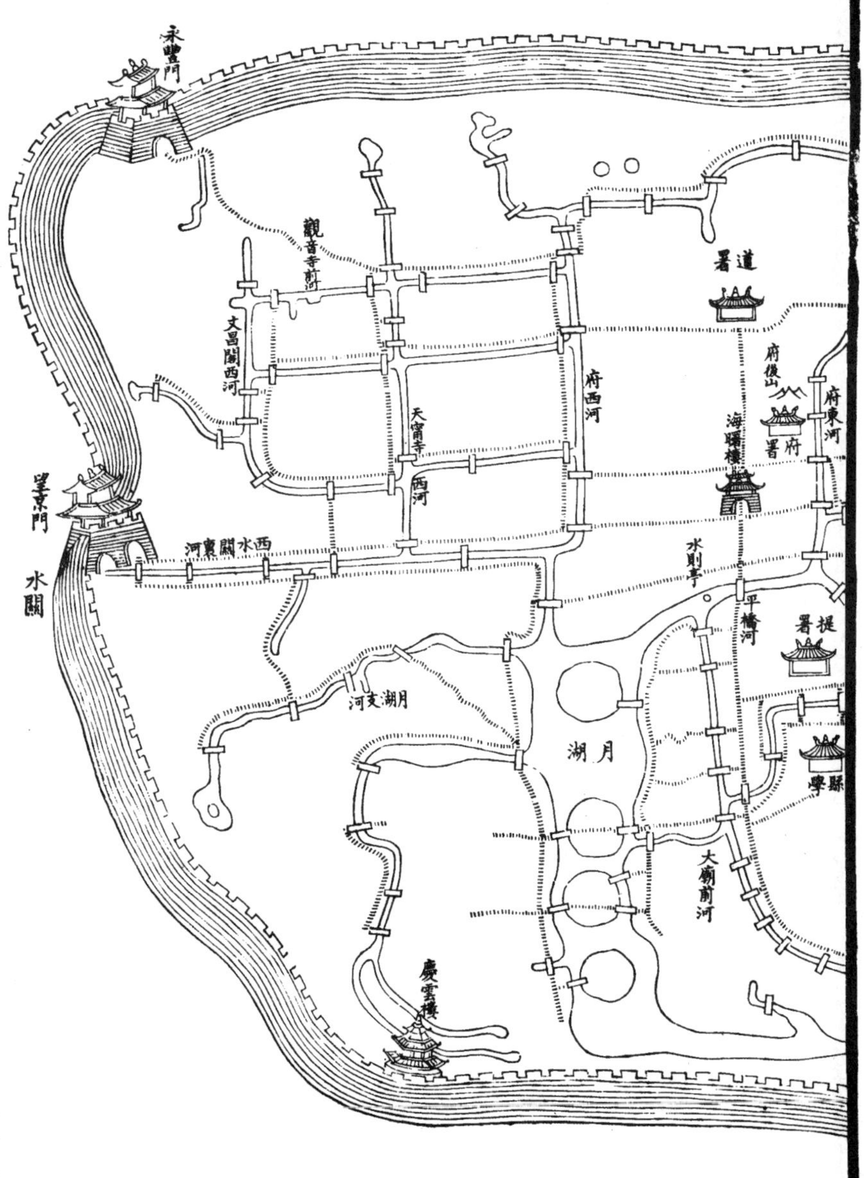

二

汪海鶴繪

府東河圖

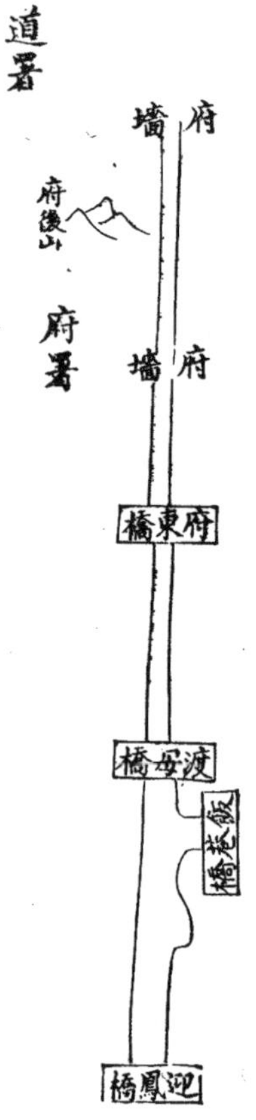

府東河　發源府後山南流抵迎鳳橋入於平橋河

府後牆至府署內閘

共長貳拾柒丈捌尺計分叁段內第壹段長陸丈北闊肆尺中闊肆尺南闊肆尺伍寸第貳段長拾丈北闊伍尺中闊伍尺伍寸又闊柒尺南闊伍尺伍寸第叁段長拾壹丈捌尺北闊壹丈中闊捌尺又闊捌尺伍寸南闊捌尺以上皆濬深捌尺伍寸

府署內閘至宅門牆閘

共長肆拾貳丈伍尺計分叁段內第壹段長伍丈柒尺北闊壹丈南闊玖尺伍寸第貳段長拾肆丈捌尺北闊伍尺中闊肆尺伍寸南闊肆尺伍寸第叁段長貳拾貳丈北闊伍尺中闊肆尺又闊叁尺伍寸南闊肆尺以上皆濬深柒尺伍寸

宅門牆至府東橋

共長叁拾叁丈伍尺計分貳段內第壹段長拾捌丈伍尺北闊壹丈中闊伍尺伍寸又闊捌尺南闊柒尺第貳段長拾伍丈北闊捌尺中闊玖尺南闊壹丈伍寸以上皆濬深捌尺

府東橋至渡母橋

共長伍拾丈計分貳段內第壹段長貳拾捌丈北闊壹丈貳尺伍寸中闊壹丈又闊壹丈伍寸南闊壹丈壹尺第貳段長貳拾貳丈北闊壹丈伍寸中闊壹丈壹尺南闊壹丈壹尺伍寸以上皆濬深玖尺伍寸

渡母橋至迎鳳橋

共長陸拾叁丈捌尺計分柒段內第壹段長拾叁丈北闊壹丈玖尺中闊貳丈又闊壹丈肆尺南闊壹丈肆尺伍寸第貳段長拾叁丈北闊壹丈肆尺伍寸中闊壹丈貳尺伍寸南闊壹丈陸尺第叁段水倉長柒丈北闊叁丈肆尺伍寸南闊叁丈陸尺伍寸第肆段長拾丈北闊壹丈伍尺中闊壹

丈伍尺南闊壹丈肆尺第伍段長陸丈壹尺北闊壹丈壹尺伍寸中闊壹丈壹尺南闊壹丈壹尺第陸段長拾壹丈北闊壹丈陸尺中闊壹丈伍尺南闊壹丈伍尺伍寸第柒段長叁丈柒尺北闊壹丈伍寸南闊貳丈壹尺伍寸以上皆濬深壹丈壹尺

渡母橋東首义港抵飯巷橋通縣前河

長壹丈肆尺闊壹丈壹尺伍寸

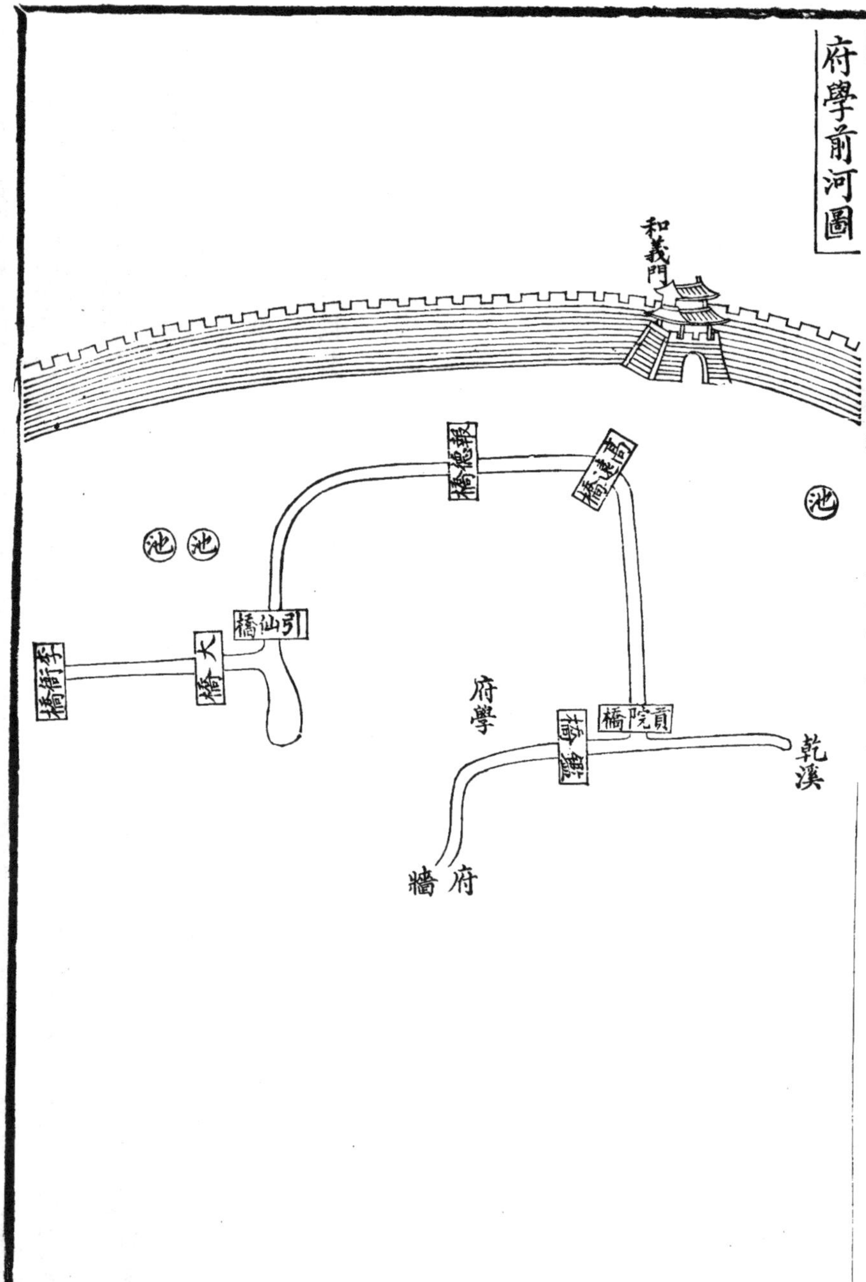

府學前河圖

府學前河　府後山北流東注爲府學前河經鑑橋直達乾溪鑑橋側北流爲渠西經報德觀前迤南西注李衙橋入府西河

府後牆脚至鑑橋

共長肆拾陸丈貳尺計分叁段內第壹段長貳丈西闊捌尺伍寸東闊玖尺伍寸第貳段長拾壹丈貳尺南闊壹丈中闊捌尺伍寸北闊捌尺第叁段長叁拾叁丈西闊捌尺中闊柒尺伍寸又闊捌尺伍寸又闊玖尺東闊玖尺伍寸以上皆濬深壹丈

鑑橋至乾溪

共長柒拾捌丈捌尺計分陸段內第壹段長拾貳丈西闊捌尺伍寸中闊玖尺東闊玖尺第貳段長拾捌丈西闊捌尺伍寸中闊玖尺東闊玖尺伍寸第叁段長陸丈叁尺西闊玖尺伍寸中闊玖尺東闊玖尺第肆段長拾貳丈叁尺西闊壹丈中闊壹丈東闊壹丈第伍段長拾捌丈西闊玖尺中

闊捌尺又闊柒尺東闊陸尺伍寸第陸段長拾貳丈貳尺西闊柒尺中闊
陸尺又闊肆尺伍寸東闊叁尺伍寸以上皆濬深壹丈

貢院橋至高遠橋

共長捌拾丈貳尺計分拾段內第壹段長玖丈肆尺南闊壹丈叁尺中闊
壹丈貳尺北闊壹丈壹尺第貳段長拾丈南闊壹丈壹尺中闊壹丈北闊
壹丈第叁段長拾丈南闊壹丈壹尺伍寸中闊壹丈壹尺北闊壹丈第肆
段長玖丈叁尺南闊壹丈中闊壹丈北闊壹丈第伍段長肆丈南闊壹丈
北闊玖尺伍寸第陸段長玖丈南闊玖尺中闊玖尺伍寸北闊壹丈第柒
段長陸丈南闊壹丈貳尺伍寸中闊壹丈壹尺伍寸北闊壹丈壹尺第捌
段長柒丈南闊壹丈壹尺中闊壹丈壹尺北闊壹丈壹尺第玖段長伍丈
伍尺南闊壹丈玖尺中闊壹丈柒尺伍寸北闊壹丈柒尺第拾段長拾丈
南闊壹丈柒尺中闊貳丈北闊壹丈壹尺以上皆濬深玖尺

高遠橋至報德橋

共長叁拾柒丈柒尺計分肆段內第壹段長捌丈柒尺東闊壹丈肆尺中闊壹丈柒尺西闊壹丈玖尺第貳段長玖丈東闊貳丈壹尺中闊壹丈叁尺伍寸西闊壹丈貳尺第叁段長拾丈東闊壹丈貳尺中闊壹丈叁尺西闊壹丈陸尺第肆段長拾丈東闊壹丈陸尺中闊壹丈玖尺又闊壹丈叁尺西闊壹丈伍寸以上皆濬深捌尺

報德橋至引仙橋

共長捌拾肆丈柒尺計分拾段內第壹段長拾肆丈東闊壹丈中闊壹丈西闊玖尺第貳段長柒丈東闊捌尺伍寸中闊壹丈西闊壹丈壹尺第叁段長捌丈伍尺東闊壹丈壹尺中闊壹丈貳尺西闊壹丈叁尺第肆段長肆丈東闊壹丈貳尺西闊壹丈貳尺伍寸第伍段長肆丈肆尺東闊壹丈叁尺西闊壹丈壹尺伍寸第陸段長陸丈叁尺東闊壹丈中闊壹丈壹尺

西闊壹丈貳尺伍寸第柒段長陸丈東闊壹丈捌尺西南闊貳丈伍尺第捌段長捌丈伍尺北闊壹丈伍尺中闊壹丈叁尺南闊壹丈叁尺第玖段長拾伍丈北闊壹丈貳尺伍寸中闊壹丈貳尺伍寸南闊壹丈貳尺第拾段長拾壹丈北闊壹丈壹尺中闊壹丈叁尺伍寸南闊壹丈壹尺以上皆濬深玖尺

引仙橋至桂芳第前漕

共長伍拾壹丈伍尺計分叁段內第壹段長叁丈西闊壹丈伍寸東闊壹丈壹尺第貳段長貳拾丈北闊叁丈叁尺中闊叁丈柒尺又闊叁丈伍尺南闊叁丈叁尺第叁段長貳拾捌丈伍尺北闊肆丈伍尺中闊叁丈叁尺又闊叁丈壹尺南闊貳丈以上皆濬深玖尺

大橋至李衙橋

共長伍拾捌丈伍尺計分捌段內第壹段長陸丈陸尺東闊壹丈壹尺伍

寸中闊壹丈西闊玖尺第貳段長拾陸丈東闊玖尺中闊捌尺伍寸西闊壹丈第叄段長叄丈肆尺東闊壹丈西闊壹丈第肆段長肆丈東闊玖尺西闊捌尺第伍段長伍丈東闊捌尺中闊壹丈伍寸西闊玖尺伍寸第陸段長捌丈東闊壹丈叄尺中闊壹丈肆尺西闊壹丈叄尺伍寸第柒段長伍丈伍尺東闊壹丈叄尺中闊壹丈貳尺西闊壹丈貳尺第捌段長拾丈東闊壹丈貳尺中闊壹丈叄尺伍寸西闊壹丈肆尺伍寸以上皆濬深玖尺

府西河圖

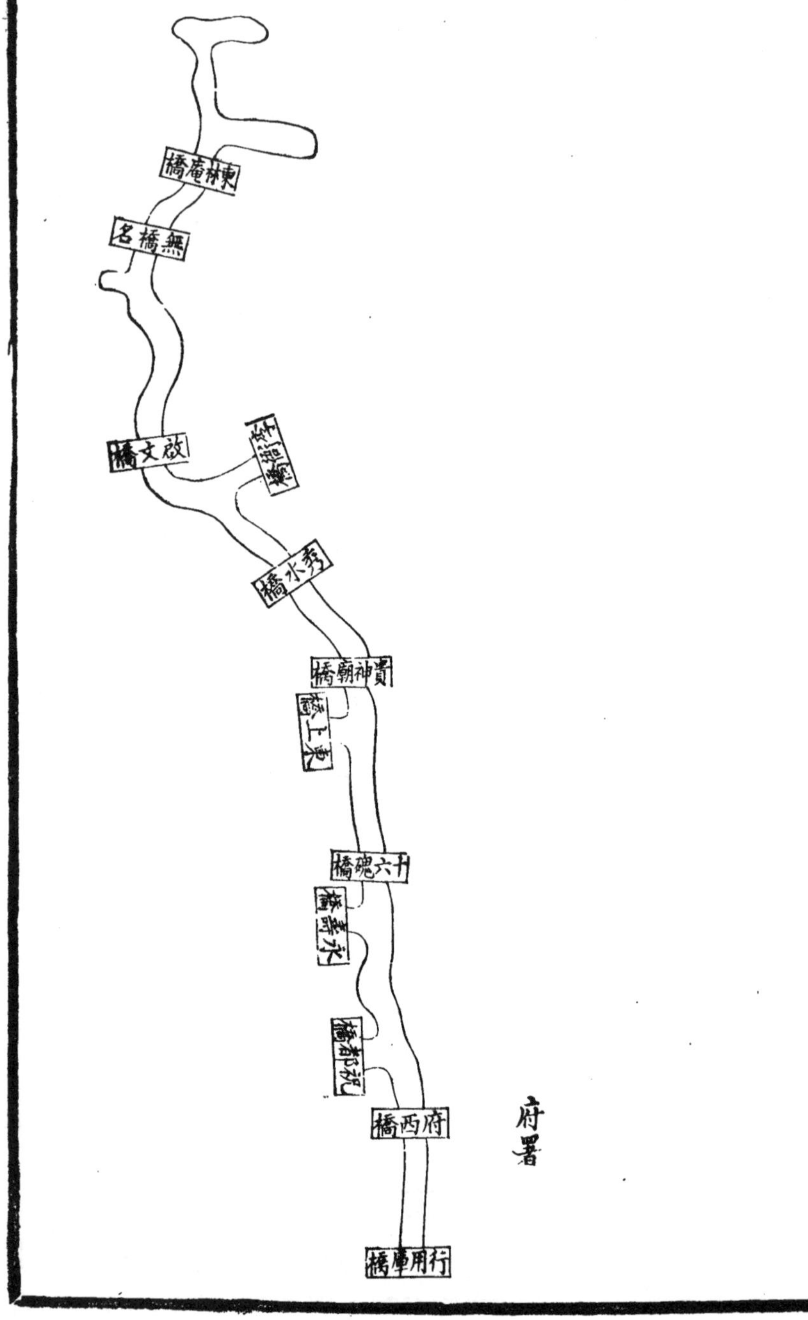

府西河　北流達東林菴前池南抵行用庫橋入西水關裏河

行用庫橋至府西河

共長伍拾叁丈貳尺計分陸段內第壹段長拾貳丈貳尺南闊壹丈壹尺伍寸中闊壹丈壹尺北闊壹丈第貳段長玖丈伍尺南闊捌尺伍寸中闊玖尺北闊壹丈第叁段長玖丈南闊壹丈叁尺中闊壹丈叁尺北闊壹丈壹尺第肆段長拾丈南闊壹丈貳尺中闊壹丈壹尺北闊壹丈壹尺第伍段長拾丈南闊壹丈壹尺中闊壹丈貳尺北闊壹丈壹尺第陸段水倉長貳丈伍尺南闊壹丈伍尺中闊壹丈肆尺北闊壹丈壹尺以上皆濬深壹丈

府西橋至十六塊橋

共長玖拾貳丈玖尺計分拾段內第壹段長叁丈陸尺南闊壹丈北闊壹丈第貳段長拾壹丈南闊壹丈中闊壹丈貳尺北闊壹丈壹尺第叁段長

伍丈南闊玖尺中闊捌尺北闊壹丈第肆段長肆丈南闊壹丈伍尺北闊壹丈伍尺第伍段長拾丈伍尺南闊壹丈中闊壹丈伍寸北闊壹丈第陸段長拾柒丈南闊壹丈中闊壹丈北闊壹丈壹尺第柒段長捌丈南闊壹丈叁尺中闊壹丈貳尺北闊壹丈伍寸第捌段水倉長肆丈伍尺南闊叁丈北闊叁丈第玖段長貳拾肆丈南闊壹丈叁尺中闊壹丈貳尺又闊捌尺北闊壹丈叁尺第拾段長伍丈叁尺南闊壹丈壹尺中闊壹丈伍寸北闊壹丈伍寸以上皆濬深壹丈

府西橋西首叉港抵祝都橋通智慧橋河

長壹丈捌尺伍寸港口闊壹丈叁尺橋口闊壹丈伍寸濬深壹丈

府西橋西首叉港抵永壽橋通水浮橋河

長貳丈叁尺港口闊貳丈柒尺橋口闊壹丈伍寸濬深壹丈

十六塊橋至貫神廟橋

共長伍拾伍丈貳尺計分捌段內第壹段長肆丈伍尺南闊壹丈壹尺中闊壹丈壹尺北闊壹丈伍寸第貳段長拾肆丈叁尺南闊壹丈壹尺中闊壹丈北闊壹丈壹尺第叁段長陸丈南闊玖尺伍寸中闊壹丈北闊壹丈第肆段長拾丈捌尺南闊壹丈壹尺中闊玖尺北闊壹丈第伍段長伍丈南闊壹丈貳尺伍寸北闊壹丈貳尺第陸段長肆丈柒尺南闊壹丈捌尺北闊壹丈陸尺第柒段水倉長肆丈南闊叁丈陸尺北闊叁丈伍尺第捌段長伍丈玖尺南闊玖尺伍寸中闊玖尺伍寸北闊捌尺伍寸以上皆濬深壹丈

貴神廟西首叉港抵東上橋通觀音寺前河

橋口闊壹丈伍寸濬深壹丈

貫神廟至秀水橋

共長肆拾伍丈計分玖段內第壹段長柒丈肆尺南闊玖尺中闊壹丈壹

尺北闊壹丈叁尺伍寸第貳段長陸丈南闊壹丈叁尺伍寸中闊壹丈肆尺北闊壹丈柒尺第叁段長伍丈南闊壹丈捌尺中闊壹丈柒尺北闊壹丈柒尺伍寸第肆段長陸丈南闊壹丈伍尺伍寸北闊壹丈叁尺第伍段長貳丈捌尺南闊壹丈捌尺北闊壹丈捌尺第陸段斜河長壹丈闊陸丈第柒段長陸丈南闊壹丈伍尺伍寸北闊壹丈伍尺第捌段長肆丈捌尺南闊壹丈伍尺北闊壹丈貳尺伍寸第玖段長陸丈南闊壹丈貳尺北闊壹丈貳尺伍寸以上皆濬深玖尺

秀水橋至啓文橋

共長伍拾伍丈計分柒段內第壹段長陸丈叁尺南闊壹丈捌尺北闊壹丈捌尺第貳段長貳丈壹尺南闊壹丈捌尺北闊壹丈陸尺第叁段長陸丈陸尺南闊壹丈伍尺中闊壹丈陸尺北闊壹丈陸尺第肆段長陸丈南闊壹丈叁尺北闊壹丈叁尺伍寸第伍段長捌丈南闊壹丈肆尺中闊壹

丈貳尺北闊壹丈貳尺第陸段長貳丈南闊壹丈叄尺北闊壹丈捌尺第柒段長拾柒丈東闊貳丈陸尺中闊貳丈捌尺西闊貳丈叄尺以上皆濬深柒尺

秀水橋東首三义港抵李衙橋通報德觀前河

長伍丈港口闊貳丈叄尺橋口闊壹丈叄尺濬深玖尺

啓文橋至東林菴橋

共長壹百貳拾貳丈計分玖段內第壹段長貳拾壹丈東南闊壹丈中闊捌尺伍寸西北闊捌尺第貳段長拾陸丈東闊捌尺中闊壹丈貳尺西闊壹丈伍尺第叄段長拾壹丈南闊壹丈伍尺中闊壹丈叄尺北闊壹丈壹尺第肆段漕長柒丈伍尺東闊貳丈西闊貳丈第伍段長拾肆丈南闊壹丈中闊玖尺北闊捌尺第陸段長拾捌丈西南闊捌尺伍寸中闊玖尺東北闊捌尺第柒段長拾壹丈南闊壹丈壹尺中闊壹丈伍寸北闊壹丈壹

尺第捌段菴前長柒丈伍尺南闊壹丈貳尺中闊貳丈捌尺北闊肆丈伍尺第玖段長拾陸丈南闊叁丈叁尺中闊壹丈捌尺北闊壹丈以上皆濬深柒尺

東林菴橋至菴前池

共長叁拾叁丈計分叁段內第壹段長拾丈東闊壹丈捌尺中闊壹丈捌尺西闊壹丈捌尺第貳段長陸丈西闊伍尺中闊肆尺伍寸東闊叁尺伍寸第叁段長拾柒丈西闊陸丈捌尺中闊肆丈伍尺東闊叁丈以上皆濬深柒尺

觀音寺前河圖

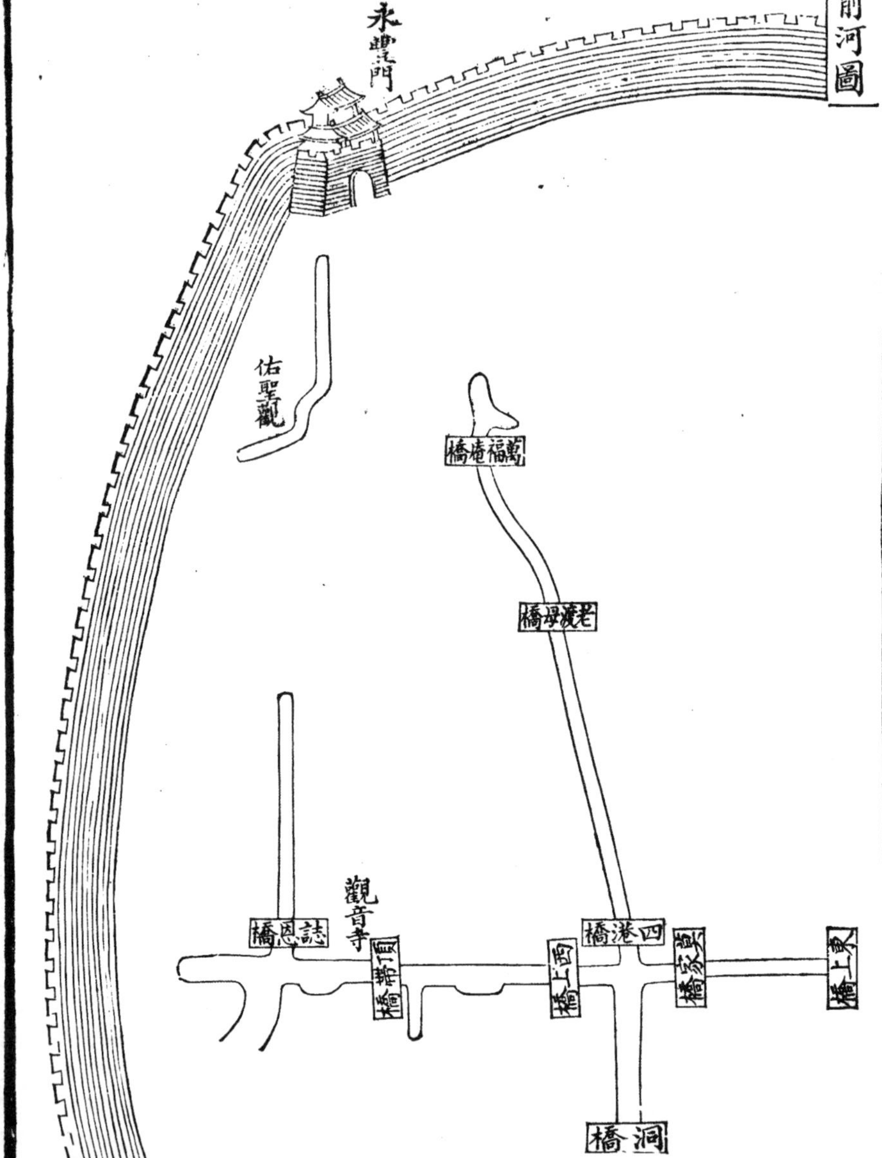

觀音寺前河　西抵城下渠東抵東上橋入府西河其支自洞橋北流迤西至

萬福菴前爲渠

城下渠至頂帶橋

共長肆拾叁丈計分伍段內第壹段長拾玖丈西闊貳丈中闊貳丈伍尺東闊叁丈第貳段長陸丈伍尺西闊伍丈東闊叁丈陸尺第叁段長肆丈西闊叁丈壹尺伍寸東闊叁丈壹尺伍寸第肆段長肆丈捌尺西闊貳丈柒尺中闊叁丈壹尺伍寸東闊叁丈貳尺第伍段長捌丈柒尺西闊伍丈中闊伍丈伍尺東闊伍丈伍尺以上皆濬深捌尺

頂帶橋南首乂港至文昌閣後港口通文昌閣西河

港口闊伍丈伍尺

頂帶橋北首乂港至誌恩橋

橋口闊壹丈肆尺伍寸

誌恩橋至漕底

共長捌拾貳丈叁尺計分柒段內第壹段長拾玖丈南闊壹丈伍尺中闊壹丈叁尺伍寸又闊壹丈貳尺北闊壹丈貳尺伍寸第貳段長拾叁丈南闊壹丈貳尺伍寸中闊壹丈貳尺北闊壹丈第叁段長拾肆丈南闊壹丈叁尺中闊壹丈叁尺又闊壹丈壹尺伍寸北闊壹丈叁尺第肆段水倉長肆丈南闊貳丈捌尺北闊貳丈捌尺第伍段長拾伍丈柒尺南闊壹丈中闊壹丈叁尺又闊壹丈伍尺北闊壹丈叁尺第陸段長拾丈南闊壹丈叁尺中闊壹丈貳尺北闊壹丈貳尺第柒段長陸丈陸尺南闊壹丈肆尺伍寸中闊壹丈叁尺北闊壹丈以上皆濬深捌尺

頂帶橋南首灌

長捌丈伍尺漕口闊捌尺伍寸中闊捌尺漕底闊柒尺伍寸濬深伍尺

頂帶橋至西上橋

共長伍拾捌丈伍尺計分柒段內第壹段長拾伍丈西闊貳丈壹尺中闊貳丈貳尺東闊貳丈壹尺伍寸第貳段長伍丈西闊貳丈壹尺中闊壹丈伍尺東闊壹丈肆尺第叁段長伍丈西闊壹丈叁尺伍寸東闊壹丈壹尺第肆段長捌丈叁尺西闊貳丈壹尺伍寸中闊壹丈捌尺伍寸東闊壹丈叁尺第伍段長肆丈西闊壹丈貳尺伍寸東闊壹丈叁尺第陸段長玖丈柒尺西闊捌尺伍寸中闊捌尺東闊捌尺第柒段長拾壹丈伍尺西闊壹丈中闊壹丈貳尺東闊壹丈叁尺以上皆濬深玖尺

西上橋至莫家橋

共長貳拾玖丈伍尺計分伍段內第壹段長陸丈玖尺西闊壹丈伍尺伍寸中闊壹丈叁尺東闊壹丈貳尺第貳段水倉長伍丈伍尺西闊貳丈叁尺伍寸東闊貳丈貳尺第叁段長伍丈叁尺西闊壹丈伍寸中闊壹丈壹尺東闊壹丈貳尺第肆段長陸丈捌尺西闊壹丈壹尺伍寸東闊壹丈壹

尺第伍段長伍丈西闊玖尺伍寸中闊壹丈伍寸東闊壹丈壹尺以上皆
濬深玖尺

莫家橋至東上橋

共長叁拾壹丈柒尺計分肆段內第壹段長伍丈捌尺西闊壹丈柒尺伍
寸中闊貳丈壹尺伍寸東闊壹丈陸尺第貳段長捌丈伍尺西闊壹丈壹
尺中闊壹丈東闊壹丈伍寸第叁段長捌丈伍尺西闊壹丈伍寸中闊玖
尺東闊捌尺伍寸第肆段長捌丈玖尺西闊捌尺伍寸中闊玖尺伍寸東
闊壹丈貳尺以上皆濬深玖尺

洞橋至四港橋

共長叁拾伍丈計分陸段內第壹段長拾丈陸尺南闊壹丈中闊壹丈伍
寸北闊壹丈第貳段長叁丈叁尺南闊壹丈叁尺北闊壹丈貳尺第叁段
長伍丈陸尺南闊壹丈中闊玖尺北闊壹丈第肆段水倉長肆丈南闊叁

丈北闊叁丈第伍段長陸丈伍尺南闊壹丈中闊壹丈貳尺北闊壹丈肆尺第陸段長伍丈南闊壹丈陸尺中闊壹丈陸尺北闊壹丈貳尺以上皆濬深玖尺

四港橋至老渡母橋

共長玖拾柒丈叁尺計分拾貳段內第壹段長伍丈伍尺南闊壹丈壹尺北闊壹丈貳尺第貳段長陸丈南闊壹丈伍寸北闊壹丈伍寸第叁段長拾貳丈東南闊壹丈中闊壹丈西北闊壹丈第肆段長伍丈東南闊壹丈中闊壹丈壹尺西北闊壹丈貳尺第伍段長捌丈陸尺東南闊壹丈伍寸中闊壹丈貳尺西北闊壹丈肆尺第陸段長柒丈叁尺東南闊壹丈肆尺西北闊壹丈叁尺第柒段長拾丈東南闊壹丈中闊壹丈伍寸西北闊壹丈壹尺第捌段長捌丈肆尺東南闊壹丈中闊壹丈西北闊玖尺第玖段長柒丈叁尺東南闊壹丈西北闊玖尺伍寸第拾段長拾貳丈東南闊壹

丈貳尺中闊壹丈壹尺西北闊壹尺壹尺第拾壹段長柒丈柒尺東南闊玖尺中闊玖尺西北闊玖尺第拾貳段長柒丈伍尺東南闊壹丈壹尺中闊壹丈壹尺西北闊壹丈壹尺伍寸以上皆濬深捌尺

老渡母橋至萬福菴後漕

共長陸拾柒丈貳尺計分叁段內第壹段長貳拾丈東南闊壹丈壹尺中闊壹丈西北闊玖尺伍寸第貳段長貳拾壹丈貳尺東南闊壹丈中闊壹丈又闊玖尺西北闊壹丈壹尺伍寸第叁段長貳拾陸丈東南闊壹丈中闊玖尺又闊捌尺西北闊玖尺以上皆濬深捌尺

佑聖觀旁斷河

共長柒拾貳丈計分伍段內第壹段長玖丈東南闊壹丈捌尺中闊壹丈肆尺西北闊壹丈第貳段長柒丈南闊壹丈壹尺中闊壹丈壹尺北闊玖尺第叁段長玖丈南闊玖尺中闊玖尺伍寸北闊壹丈第肆段長拾陸丈

南闊壹丈貳尺中闊壹丈壹尺伍寸北闊壹丈壹尺第伍段長叁拾壹丈南闊壹丈壹尺伍寸中闊壹丈又闊玖尺北闊壹丈伍寸以上皆濬深肆尺伍寸

甯郡城河水利圖志

文昌閣西河圖

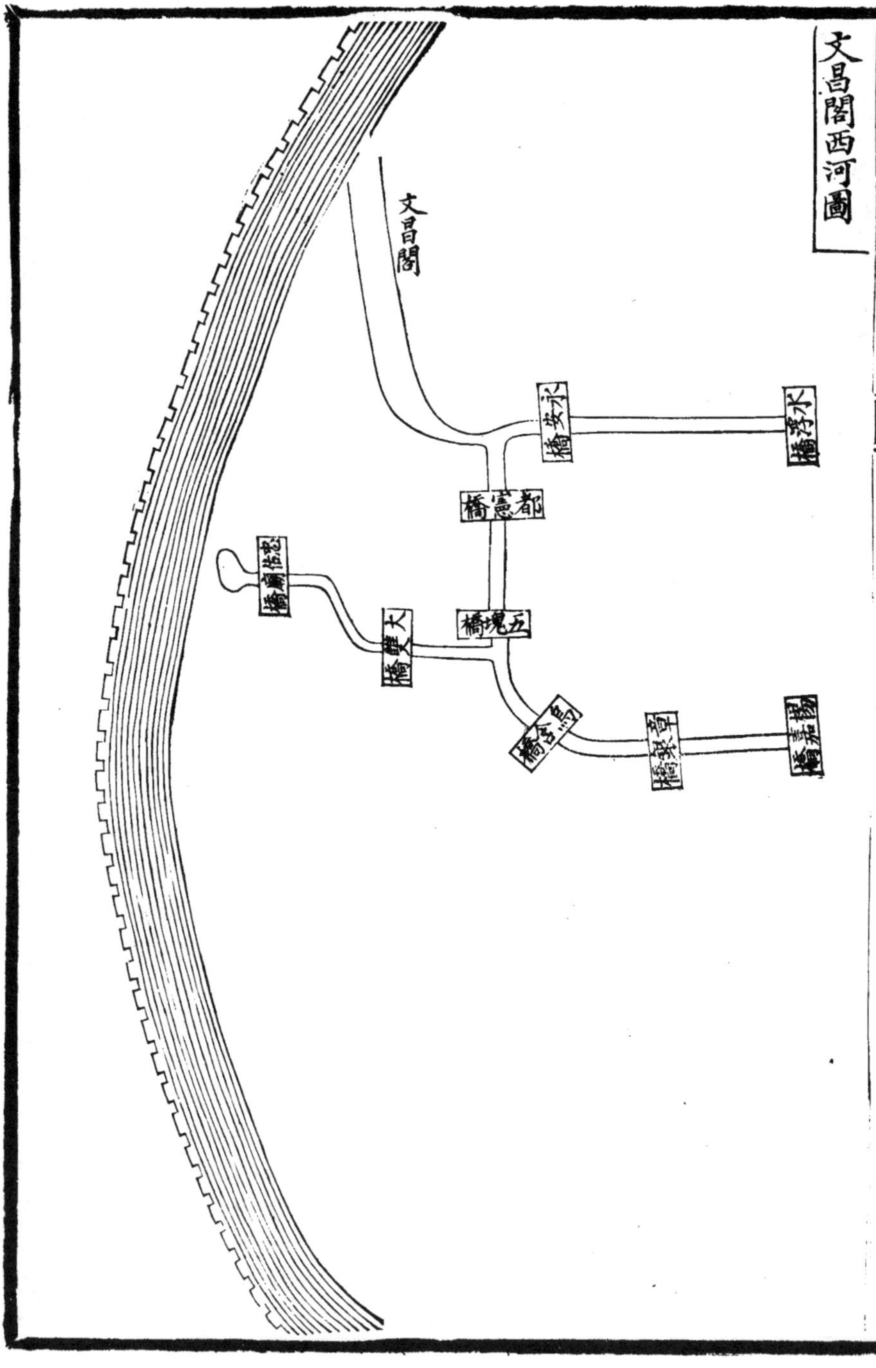

文昌閣西河　南流迤東達楊嘉橋其支二一自永安橋東流抵水浮橋一自
大雙橋西流至忠佑廟西漕

文昌閣後港口至新開河

共長柒拾陸丈貳尺計分柒段內第壹段長拾叁丈北闊伍丈伍尺中闊肆丈伍尺又闊肆丈南闊肆丈貳尺第貳段長拾丈北闊肆丈肆尺中闊肆丈又闊叁丈陸尺南闊叁丈第叁段長拾伍丈北闊貳丈叁尺中闊貳丈貳尺南闊貳丈第肆段長拾叁丈貳尺北闊貳丈中闊叁丈南闊貳丈捌尺第伍段長伍丈北闊貳丈陸尺南闊貳丈伍尺第陸段長拾丈北闊貳丈玖尺中闊叁丈陸尺又闊叁丈捌尺南闊肆丈貳尺第柒段長拾丈北闊肆丈伍尺中闊肆丈肆尺又闊肆丈柒尺南闊陸丈柒尺以上皆濬深捌尺

新開河至都憲橋

共長貳拾丈伍尺計分貳段內第壹段長拾壹丈西闊捌尺中闊捌尺東闊玖尺伍寸第貳段長玖丈伍尺北闊壹丈叁尺中闊壹丈壹尺伍寸南闊壹丈以上皆濬深捌尺

都憲橋至五塊橋

共長叁拾伍丈伍尺計分肆段內第壹段長玖丈北闊壹丈中闊玖尺南闊玖尺第貳段長伍丈伍尺北闊壹丈中闊玖尺南闊捌尺第叁段長拾壹丈北闊柒尺伍寸中闊捌尺伍寸南闊玖尺第肆段長拾丈北闊捌尺中闊陸尺伍寸南闊伍尺伍寸以上皆濬深柒尺伍寸

五塊橋至烏含橋

長叁拾伍丈叁尺北闊陸尺中闊柒尺伍寸又闊捌尺南闊玖尺伍寸濬深捌尺

烏含橋至章銀橋

共長貳拾捌丈計分叁段內第壹段長拾貳丈西闊壹丈貳尺伍寸中闊壹丈壹尺伍寸東闊壹丈壹尺第貳段長陸丈西闊捌尺伍寸中闊玖尺東闊捌尺第叁段長拾丈西闊壹丈中闊壹丈壹尺伍寸東闊壹丈貳尺伍寸以上皆濬深捌尺

章銀橋至楊嘉橋

共長貳拾捌丈計分叁段內第壹段長拾貳丈西闊壹丈壹尺伍寸中闊壹丈叁尺東闊壹丈壹尺第貳段長陸丈西闊捌尺伍寸中闊玖尺東闊捌尺第叁段長拾丈西闊壹丈中闊壹丈壹尺伍寸東闊壹丈貳尺伍寸以上皆濬深玖尺

都憲橋東首义港至永安橋

長柒丈西闊玖尺伍寸中闊壹丈東闊壹丈壹尺伍寸濬深玖丈

永安橋至水浮橋

寧郡城河丈尺圖志

共長伍拾捌丈柒尺計分捌段內第壹段長捌丈柒尺西闊貳丈捌尺中闊貳丈壹尺又闊壹丈陸尺又闊壹丈肆尺東闊壹丈貳尺第貳段長肆丈伍尺西闊壹丈壹尺東闊壹丈第叁段長叁丈捌尺西闊壹丈捌尺東闊壹丈陸尺第肆段長拾肆丈西闊捌尺伍寸中闊捌尺又闊玖尺東闊柒尺伍寸第伍段長肆丈伍尺西闊壹丈中闊壹丈叁尺東闊壹丈叁尺第陸段長叁丈西闊壹丈伍尺東闊壹丈叁尺第柒段長拾肆丈西闊玖尺中闊捌尺東闊捌尺伍寸第捌段長陸丈貳尺西闊壹丈壹尺伍寸中闊壹丈壹尺又闊壹丈東闊壹丈壹尺以上皆濬深壹丈

五塊橋西首叉港至大雙橋

共長貳拾丈叁尺計分貳段內第壹段長玖丈陸尺東闊壹丈貳尺伍寸中闊壹丈又闊玖尺西闊捌尺伍寸第貳段長拾丈柒尺東闊柒尺中闊陸尺西闊伍尺以上皆濬深肆尺

大雙橋至忠佑廟西漕

共長肆拾壹丈計分叁段內第壹段長貳丈南闊肆尺伍寸北闊肆尺第貳段長叁拾伍丈東闊肆尺中闊肆尺伍寸又闊叁尺伍寸西闊叁尺第叁段長肆丈東闊伍丈西闊伍丈以上皆濬深叁尺伍寸

天甯寺西河圖

天甯寺西河圖

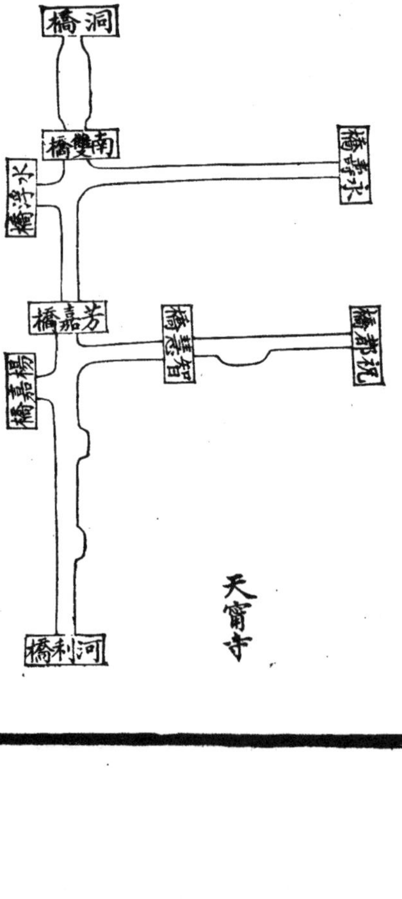

天甯寺西河　南至河利橋入西水關裏河北至洞橋入觀音寺前河其東出

支流二一爲祝都橋河一爲永壽菴前河

河利橋至芳嘉橋

共長壹百拾壹丈伍尺計分拾段內第壹段長拾柒丈南闊壹丈叁尺中闊壹丈壹尺又闊玖尺伍寸又闊壹丈北闊壹丈貳尺第貳段長拾陸丈南闊壹丈叁尺中闊壹丈陸尺伍寸北闊貳丈第叁段水倉長柒丈南闊柒丈捌尺北闊柒丈捌尺第肆段長拾丈南闊壹丈陸尺中闊壹丈貳尺北闊壹丈肆尺伍寸第伍段長拾捌丈南闊壹丈柒尺中闊壹丈柒尺又闊壹丈伍尺北闊壹丈玖尺第陸段水倉長肆丈貳尺南闊伍丈伍尺北闊伍丈第柒段長柒丈肆尺南闊壹丈肆尺中闊壹丈叁尺伍寸北闊壹丈柒尺第捌段長拾伍丈伍尺南闊壹丈陸尺中闊壹丈柒尺北闊壹丈陸尺第玖段長陸丈肆尺南闊壹丈陸尺北闊壹丈陸尺伍寸第拾段長

拾丈南闊壹丈陸尺伍寸中闊壹丈柒尺伍寸北闊壹丈玖尺伍寸以上皆濬深壹丈

芳嘉橋西首叉港至楊嘉橋 通烏含橋河

長壹丈捌尺伍寸港口闊壹丈陸尺橋口闊玖尺伍寸濬深壹丈

芳嘉橋至南雙橋

共長肆拾陸丈柒尺計分肆段內第壹段長貳拾丈柒尺南闊壹丈柒尺中闊壹丈捌尺北闊壹丈柒尺第貳段長拾壹丈南闊壹丈伍尺伍寸中闊壹丈柒尺北闊壹丈陸尺伍寸第叁段長玖丈南闊壹丈伍尺伍寸中闊壹丈柒尺北闊壹丈捌尺第肆段長陸丈南闊壹丈壹尺中闊壹丈叁尺北闊壹丈貳尺伍寸以上皆濬深壹丈

南雙橋西首叉港至水浮橋 通永安橋河

長壹丈柒尺伍寸港口闊壹丈伍尺橋口闊壹丈濬深壹丈

南雙橋至洞橋

共長貳拾柒丈玖尺計分叁段內第壹段長拾丈南闊壹丈叁尺中闊貳丈又闊貳丈壹尺北闊壹丈捌尺第貳段長捌丈伍尺南闊壹丈柒尺伍寸中闊壹丈玖尺北闊壹丈伍尺伍寸第叁段長玖丈肆尺南闊貳丈中闊壹丈玖尺伍寸北闊貳丈以上皆濬深捌尺

芳嘉橋東首义港至智慧橋

共長叁拾叁丈貳尺計分叁段內第壹段長拾丈西闊貳丈壹尺中闊貳丈貳尺東闊壹丈肆尺第貳段長拾壹丈西闊壹丈陸尺中闊壹丈肆尺東闊壹丈貳尺伍寸第叁段長拾貳丈貳尺西闊壹丈貳尺伍寸中闊壹丈叁尺東闊壹丈貳尺伍寸以上皆濬深壹丈

智慧橋至祝都橋通府西河

共長伍拾叁丈伍尺計分柒段內第壹段水倉長叁丈柒尺西闊貳丈捌

尺東闊貳丈玖尺第貳段長拾伍丈肆尺西闊壹丈柒尺中闊壹丈肆尺伍寸東闊壹丈柒尺伍寸第叁段長柒丈叁尺西闊壹丈柒尺中闊壹丈柒尺東闊壹丈捌尺第肆段長陸丈叁尺西闊貳丈陸尺中闊叁丈東闊貳丈陸尺第伍段長貳丈陸尺西闊壹丈東闊壹丈伍尺第陸段長陸丈貳尺西闊貳丈肆尺中闊貳丈柒尺東闊貳丈壹尺第柒段長拾貳丈西闊壹丈壹尺伍寸中闊壹丈壹尺又闊壹丈伍寸東闊壹丈貳尺以上皆濬深壹丈

南雙橋東首叉港至永壽橋通府西河

共長陸拾玖丈叁尺計分捌段內第壹段長玖丈西闊壹丈肆尺伍寸中闊壹丈叁尺東闊壹丈叁尺第貳段長拾丈西闊壹丈叁尺中闊壹丈貳尺東闊壹丈壹尺第叁段長拾壹丈西闊壹丈伍尺中闊壹丈陸尺東闊壹丈陸尺第肆段長拾貳丈肆尺西闊壹丈壹尺伍寸中闊壹丈壹尺東

闊壹丈壹尺第伍段水倉長貳丈西闊壹丈肆尺東闊壹丈肆尺第陸段長肆丈玖尺西闊壹丈貳尺東闊壹丈貳尺第柒段長拾丈西闊壹丈壹尺中闊壹丈壹尺東闊壹丈壹尺第捌段長拾丈西闊壹丈壹尺中闊壹丈東闊壹丈壹尺以上皆濬深壹丈

西水關裏河圖

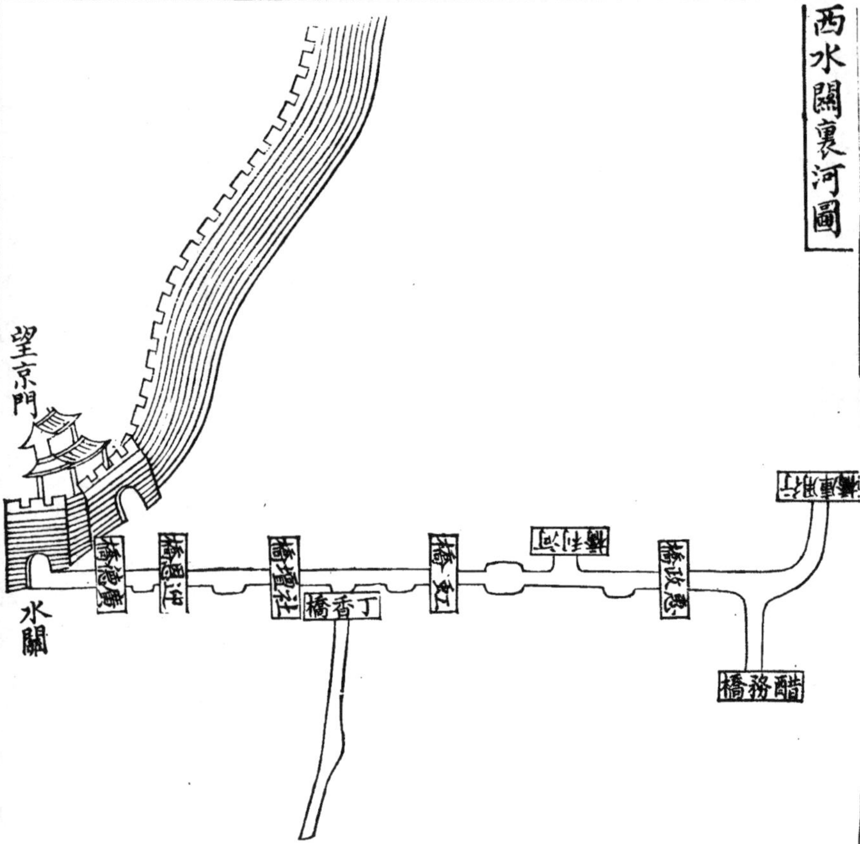

西水關裏河圖

西水關裏河　西抵水關納西塘河來水東至挽花滙頭迤北抵行用庫橋南至醋務橋入月湖其支自丁香橋南流爲渠

西水關至廣德橋

共長拾陸丈伍尺西闊貳丈肆尺中闊壹丈柒尺又闊壹丈壹尺東闊壹丈肆尺伍寸濬深壹丈壹尺

廣德橋至迎恩橋

共長拾伍丈伍尺計分叁段內第壹段長伍丈貳尺西闊壹丈玖尺伍寸中闊壹丈捌尺東闊壹丈捌尺第貳段水倉長陸丈貳尺西闊肆丈捌尺東闊肆丈第叁段長肆丈壹尺西闊壹丈柒尺東闊壹丈柒尺以上皆濬深壹丈壹尺

迎恩橋至社壇橋

共長貳拾柒丈柒尺計分貳段內第壹段長貳拾壹丈陸尺西闊壹丈捌

尺中闊壹丈捌尺東闊壹丈伍尺第貳段水倉長陸丈壹尺西闊叁丈肆尺東闊叁丈貳尺以上皆濬深壹丈壹尺

社壇橋至虹橋

共長叁拾柒丈柒尺計分叁段內第壹段長拾捌丈西闊貳丈貳尺伍寸中闊貳丈貳尺東闊貳丈貳尺第貳段水倉長柒丈肆尺西闊叁丈玖尺東闊叁丈柒尺第叁段長拾貳丈叁尺西闊壹丈捌尺中闊貳丈東闊貳丈貳尺以上皆濬深壹丈壹尺

虹橋至惠政橋

共長捌拾壹丈捌尺計分伍段內第壹段長柒丈西闊貳丈東闊貳丈第貳段長水倉陸丈貳尺西闊叁丈貳尺東闊叁丈捌尺第叁段長貳拾丈西闊貳丈中闊壹丈玖尺東闊貳丈第肆段長拾陸丈西闊貳丈捌尺中闊貳丈柒尺東闊貳丈捌尺第伍段長叁拾貳丈陸尺西闊貳丈中闊壹

丈柒尺東闊貳丈壹尺以上皆濬深壹丈壹尺

虹橋北首叉港抵河利橋通芳嘉橋河

共長叁丈港口闊貳丈捌尺橋口闊壹丈壹尺

惠政橋南首叉港抵醋務橋通月湖

共長肆拾叁丈貳尺北闊伍丈伍尺中闊肆丈叁尺又闊叁丈貳尺南闊貳丈貳尺濬深壹丈壹尺

惠政橋至挽花滙頭

共長肆拾叁丈計分貳段內第壹段長叁拾丈西闊叁丈中闊貳丈貳尺東闊貳丈貳尺第貳段長拾叁丈西闊壹丈肆尺中闊壹丈叁尺東闊壹丈貳尺以上皆濬深壹丈壹尺

挽花滙頭至行用庫橋

共長貳拾柒丈計分叁段內第壹段長拾貳丈肆尺西闊壹丈貳尺中闊

壹丈貳尺伍寸東闊壹丈叁尺伍寸第貳段長捌丈西闊壹丈貳尺中闊壹丈貳尺東闊壹丈壹尺伍寸第叁段長柒丈南闊壹丈肆尺中闊壹丈伍尺北闊壹丈壹尺以上皆濬深壹丈壹尺

丁香橋至菱池頭漕

共長伍拾陸丈計分叁段內第壹段長叁拾丈北闊壹丈中闊玖尺又闊捌尺南闊捌尺伍寸第貳段長拾貳丈北闊壹丈貳尺中闊貳丈肆尺南闊壹丈肆尺第叁段長拾肆丈北闊柒尺伍寸中闊捌尺南闊玖尺以上皆濬深柒尺

縣前河圖

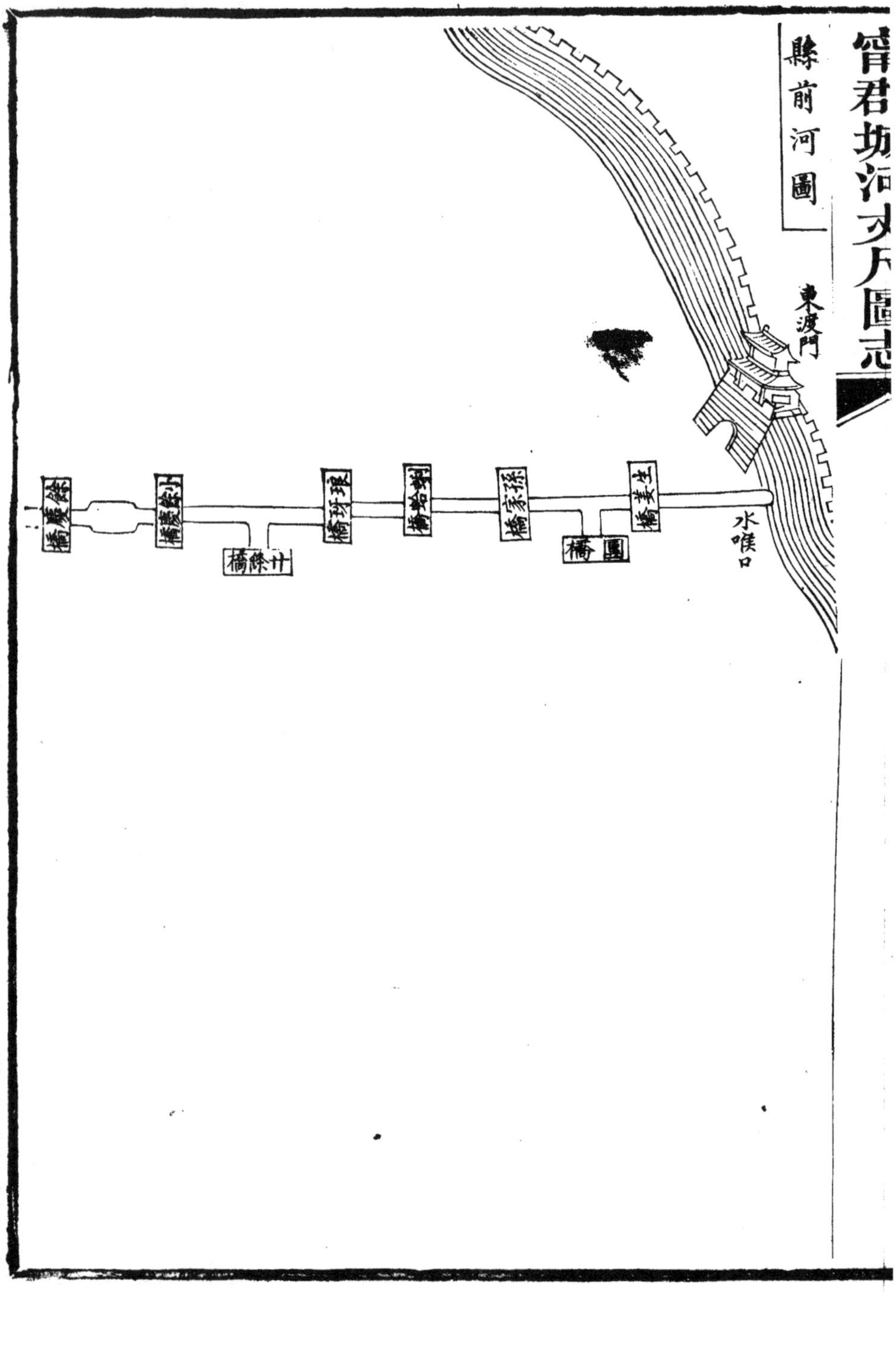

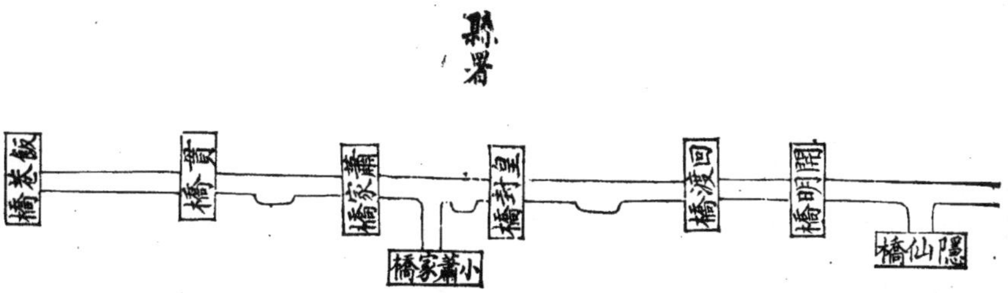
縣署
飯巷橋
賓橋
蕭家橋
小蕭家橋
皇封橋
回渡橋
開明橋
隱仙橋

縣前河　西至飯巷橋入府東河東達東渡門出水喉

飯巷橋至貫橋

共長叁拾玖丈貳尺計分伍段內第壹段長拾壹丈西闊壹丈肆尺中闊壹丈叁尺伍寸東闊壹丈叁尺第貳段長柒丈伍尺西闊壹丈肆尺中闊壹丈肆尺東闊壹丈叁尺伍寸第叁段長伍丈柒尺西闊貳丈貳尺東闊貳丈叁尺第肆段長柒丈西闊壹丈肆尺中闊壹丈肆尺東闊壹丈叁尺第伍段長捌丈西闊壹丈叁尺中闊壹丈貳尺東闊壹丈貳尺以上皆濬深壹丈壹尺

貫橋至蕭家橋

共長叁拾叁丈玖尺計分伍段內第壹段長肆丈西闊壹丈伍寸中闊壹丈壹尺東闊壹丈壹尺第貳段長拾丈西闊壹丈壹尺中闊壹丈貳尺東闊壹丈壹尺第叁段水倉長伍丈玖尺西闊貳丈貳尺東闊貳丈陸尺第

肆段長肆丈西闊壹丈壹尺東闊壹丈叁尺第伍段長拾丈西闊壹丈貳尺伍寸中闊壹丈貳尺東闊壹丈叁尺伍寸以上皆濬深壹丈壹尺

蕭家橋至皇封橋

共長貳拾玖丈陸尺計分叁段內第壹段長拾丈西闊壹丈貳尺中闊壹丈壹尺東闊壹丈貳尺伍寸第貳段水倉長陸丈貳尺西闊貳丈貳尺東闊貳丈肆尺第叁段長拾叁丈肆尺西闊壹丈貳尺中闊壹丈壹尺東闊壹丈壹尺伍寸以上皆濬深壹丈壹尺

蕭家橋南首义港至小蕭家橋通萬壽寺西河

長壹丈壹尺港口闊壹丈叁尺橋口闊壹丈壹尺濬深壹丈壹尺

皇封橋至回渡橋

共長肆拾柒丈捌尺計分肆段內第壹段長拾丈西闊壹丈貳尺中闊壹丈壹尺東闊壹丈壹尺伍寸第貳段長拾丈西闊壹丈壹尺中闊壹丈伍

寸東闊壹丈貳尺第叁段水倉長伍丈貳尺西闊貳丈捌尺東闊貳丈陸尺第肆段長貳拾貳丈陸尺西闊壹丈貳尺中闊壹丈伍寸又闊壹丈貳尺東闊壹丈壹尺以上皆濬深壹丈壹尺

回渡橋至開明橋

共長貳拾肆丈計分肆段內第壹段長玖丈陸尺西闊壹丈壹尺中闊壹丈東闊壹丈貳尺第貳段水倉長肆丈西闊壹丈陸尺東闊壹丈柒尺第叁段長捌丈柒尺西闊壹丈貳尺中闊壹丈壹尺東闊壹丈貳尺伍寸第肆段長壹丈柒尺西闊玖尺伍寸東闊玖尺伍寸以上皆濬深壹丈壹尺

開明橋南首义港至隱仙橋通天封塔西河

長叁丈柒尺港口闊壹丈柒尺橋口闊壹丈壹尺伍寸濬深壹丈壹尺

開明橋至餘慶橋

共長叁拾伍丈陸尺計分叁段內第壹段長拾柒丈西闊壹丈貳尺伍寸

中闊壹丈肆尺東闊壹丈叁尺第貳段水倉長柒丈西闊貳丈伍尺中闊貳丈柒尺東闊叁丈叁尺第叁段長拾壹丈陸尺西闊壹丈貳尺中闊壹丈壹尺伍寸東闊壹丈貳尺伍寸以上皆濬深壹丈壹尺

餘慶橋至小餘慶橋

共長貳拾叁丈陸尺西闊貳丈柒尺中闊貳丈陸尺東闊貳丈肆尺伍寸以上皆濬深壹丈壹尺

小餘慶橋至琅玡橋

共長叁拾丈叁尺計分叁段內第壹段長叁丈叁尺西闊壹丈叁尺東闊壹丈壹尺伍寸第貳段水倉長陸丈貳尺西闊壹丈玖尺中闊壹丈玖尺東闊壹丈捌尺第叁段長貳拾丈捌尺西闊壹丈中闊玖尺伍寸又闊壹丈東闊壹丈貳尺伍寸以上皆濬深壹丈壹尺

琅玡橋南首义港至廿條橋通釘打橋河

長伍丈伍尺港口闊壹丈壹尺橋口闊玖尺伍寸濬深壹丈壹尺

瑯玡橋至鹽蛤橋

長拾陸丈捌尺西闊壹丈壹尺伍寸中闊壹丈貳尺又闊壹丈叁尺東闊壹丈壹尺伍寸以上皆濬深壹丈壹尺

鹽蛤橋至孫家橋

共長貳拾捌丈肆尺計分貳段內第壹段長拾伍丈肆尺西闊壹丈壹尺中闊壹丈叁尺東闊壹丈貳尺伍寸第貳段長拾叁丈西闊壹丈叁尺中闊壹丈貳尺東闊壹丈貳尺以上皆濬深壹丈壹尺

孫家橋至生薑橋

共長貳拾捌丈肆尺計分貳段內第壹段長拾伍丈西闊壹丈叁尺中闊壹丈貳尺東闊壹丈壹尺伍寸第貳段長拾叁丈肆尺西闊壹丈貳尺中闊壹丈叁尺東闊壹丈伍尺伍寸以上皆濬深壹丈壹尺

生薑橋南首义港至圌橋通鹹塘滙橋河

長貳丈叁尺港口闊壹丈捌尺橋口闊壹丈貳尺濬深壹丈壹尺

生薑橋至城下水喉閘水喉閘直流出城

共長貳拾玖丈陸尺計分貳段內第壹段長拾肆丈陸尺西闊壹丈柒尺伍寸中闊壹丈叁尺東闊壹丈壹尺第貳段長拾伍丈西闊壹丈肆尺中闊壹丈叁尺又闊壹丈壹尺東闊捌尺係水喉內口以上皆濬深壹丈壹尺

平橋河圖

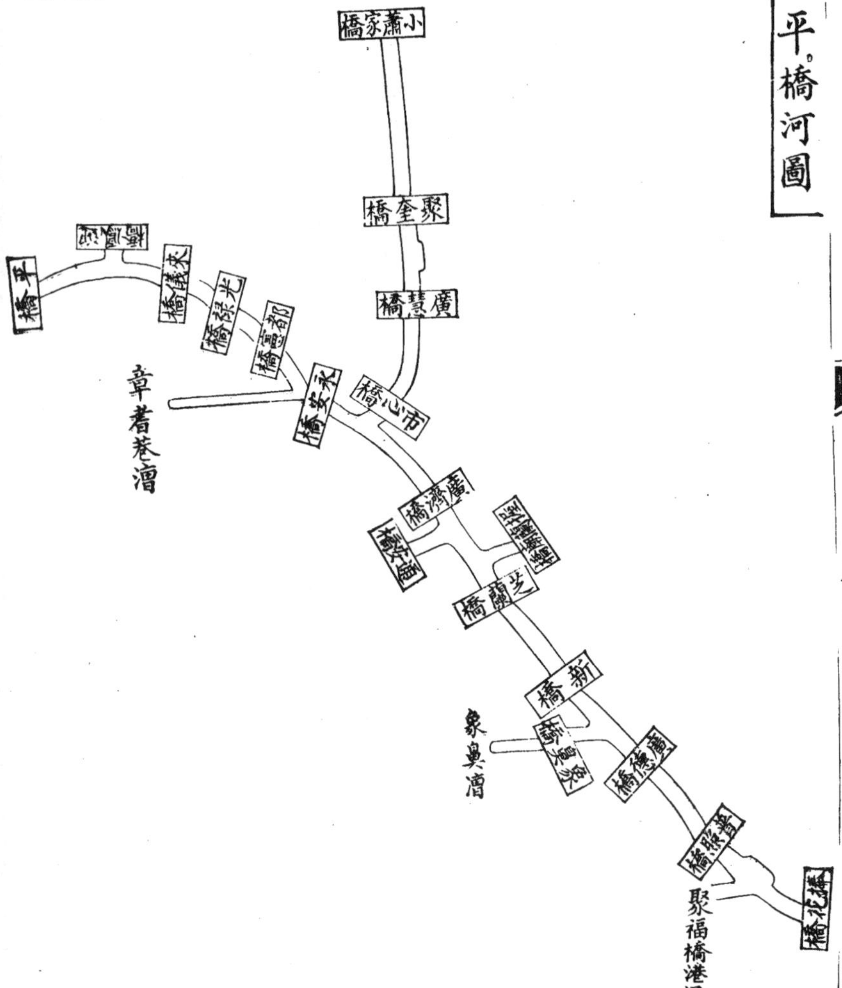

平橋河　西入月湖東流南注直達捧花橋其支流東入市心橋下北流爲萬
壽寺西之渠
平橋至來儀橋
共長肆拾叁丈捌尺計分伍段內第壹段長拾肆丈柒尺西闊壹丈捌尺
伍寸中闊壹丈捌尺伍寸東闊壹丈柒尺第貳段長拾丈西闊壹丈柒尺
中闊壹丈陸尺伍寸東闊壹丈陸尺第叁段長捌丈西闊貳丈叁尺中闊
貳丈叁尺伍寸東闊貳丈肆尺第肆段長叁丈陸尺西闊壹丈玖尺東闊
貳丈壹尺第伍段長柒丈伍尺西闊壹丈玖尺中闊壹丈陸尺東闊壹丈
陸尺以上皆濬深壹丈
平橋北首义港抵迎鳳橋通府東河
長叁丈陸尺港口闊貳丈貳尺
來儀橋至光祿橋

共長貳拾玖丈肆尺計分肆段內第壹段長肆丈貳尺西北闊壹丈肆尺中闊壹丈伍尺東南闊壹丈伍尺第貳段長拾貳丈西北闊壹丈叁尺伍寸中闊壹丈肆尺伍寸東南闊壹丈叁尺第叁段長伍丈西北闊壹丈伍尺伍寸中闊壹丈伍尺伍寸東南闊壹丈陸尺第肆段長捌丈貳尺西北闊壹丈壹尺中闊壹丈壹尺東南闊壹丈叁尺以上皆濬深壹丈

光祿橋至都憲橋

共長貳拾肆丈伍尺計分叁段內第壹段長捌丈伍尺西北闊壹丈壹尺伍寸中闊壹丈東南闊壹丈第貳段長柒丈西北闊玖尺中闊玖尺東南闊壹丈第叁段長玖丈西北闊玖尺中闊捌尺東南闊壹丈伍寸以上皆濬深壹丈

都憲橋西首章耆巷漕一條

漕口闊捌尺中段闊柒尺漕底闊陸尺伍寸濬深壹丈

都憲橋至永安橋

共長拾叁丈叁尺計分貳段內第壹段長伍丈西北闊壹丈壹尺中闊壹丈壹尺東南闊壹丈第貳段長捌丈叁尺西北闊壹丈中闊玖尺東南闊壹丈貳尺以上皆濬深壹丈

永安橋至廣濟橋

共長伍拾貳丈計分伍段內第壹段長捌丈西北闊壹丈貳尺中闊壹丈肆尺東南闊壹丈叁尺伍寸第貳段長肆丈貳尺西北闊壹丈東南闊壹丈第叁段水倉長拾丈西北闊貳丈叁尺中闊貳丈叁尺東南闊貳丈肆尺第肆段長拾柒丈捌尺西北闊壹丈中闊壹丈壹尺東南闊壹丈肆尺第伍段水倉長拾貳丈西北闊壹丈玖尺中闊壹丈玖尺東南闊壹丈玖尺以上皆濬深壹丈

廣濟橋至芝蘭橋

共長叁拾肆丈貳尺計分柒段內第壹段長拾丈西北闊壹丈陸尺中闊壹丈陸尺伍寸東南闊壹丈伍尺第貳段長伍丈西北闊壹丈叁尺東南闊壹丈壹尺第叁段長伍丈捌尺西北闊壹丈伍尺伍寸東南闊壹丈貳尺第肆段長伍丈西北闊貳丈貳尺東南闊貳丈肆尺第伍段長壹丈貳尺西北闊壹丈貳尺伍寸東南闊壹丈貳尺伍寸第陸段長肆丈西北闊貳丈伍尺東南闊貳丈柒尺第柒段長叁丈貳尺西北闊壹丈捌尺東南闊壹丈捌尺以上皆濬深壹丈

廣濟橋東首握蘭廟橋通沙井

長柒丈橋下闊伍尺濬深壹丈

廣濟橋西首义港抵通安橋通縣學後河

長柒丈柒尺闊叁丈濬深壹丈

芝蘭橋至新橋

共長肆拾丈貳尺計分伍段內第壹段長伍丈西北闊壹丈捌尺中闊壹丈伍尺東南闊壹丈叁尺伍寸第貳段長伍丈西北闊壹丈叁尺伍寸中闊壹丈貳尺東南闊壹丈壹尺第叁段長伍丈西北闊壹丈壹尺東南闊壹丈壹尺第肆段長拾壹丈貳尺西北闊壹丈壹尺中闊壹丈伍寸東南闊壹丈壹尺第伍段長拾肆丈西北闊壹丈壹尺中闊壹丈伍尺東南闊貳丈貳尺以上皆濬深壹丈

新橋南首象鼻橋又漕

漕口闊捌尺

新橋至廣德橋

共長叁拾伍丈貳尺計分伍段內第壹段長拾丈柒尺西北闊壹丈壹尺伍寸中闊玖尺伍寸東南闊玖尺伍寸第貳段長拾丈西北闊壹丈叁尺中闊壹丈伍尺東南闊貳丈壹尺第叁段長肆丈西北闊貳丈壹尺中闊

壹丈陸尺東南闊壹丈陸尺第肆段長伍丈伍尺西北闊貳丈壹尺中闊貳丈東南闊壹丈陸尺第伍段長伍丈西北闊壹丈陸尺中闊壹丈陸尺東南闊壹丈陸尺以上皆濬深壹丈

廣德橋至普照橋

共長肆拾陸丈貳尺計分陸段內第壹段玖丈西北闊壹丈陸尺中闊貳丈壹尺東南闊壹丈陸尺第貳段長陸丈肆尺西北闊壹丈肆尺伍寸中闊壹丈叁尺伍寸東南闊壹丈壹尺第叁段長肆丈西北闊壹丈肆尺中闊壹丈肆尺東南闊壹丈肆尺第肆段長拾柒丈叁尺西北闊壹丈中闊壹丈伍寸東南闊壹丈壹尺第伍段水倉長肆丈伍尺西北闊貳丈捌尺東南闊貳丈捌尺第陸段長伍丈西北闊壹丈叁尺中闊壹丈肆尺東南闊壹丈伍尺伍寸以上皆濬深壹丈

普照橋至三汊港 通聚福橋河

共長貳拾壹丈貳尺計分貳段內第壹段長拾陸丈西北闊壹丈伍寸中闊壹丈又闊壹丈壹尺東南闊壹丈貳尺伍寸第貳段長伍丈貳尺西北闊貳丈叁尺中闊貳丈肆尺東南闊貳丈伍尺以上皆濬深壹丈

三汊港至捧花橋

共長貳拾柒丈伍尺計分伍段內第壹段長叁丈肆尺北闊貳丈伍尺中闊貳丈柒尺南闊貳丈玖尺第貳段長玖丈北闊壹丈捌尺中闊壹丈肆尺伍寸南闊壹丈伍尺第叁段長肆丈北闊壹丈伍尺伍寸中闊壹丈肆尺南闊壹丈肆尺第肆段長肆丈壹尺北闊壹丈肆尺中闊壹丈柒尺南闊壹丈壹尺第伍段長柒丈北闊壹丈伍尺伍寸中闊壹丈肆尺南闊壹丈叁尺以上皆濬深壹丈

市心橋至廣慧橋

共長叁拾壹丈捌尺計分肆段內第壹段長拾叁丈伍尺西南闊貳丈陸

尺中闊玖尺伍寸東北闊壹丈伍寸第貳段長柒丈南闊壹丈中闊捌尺伍寸北闊捌尺第叁段長肆丈南闊壹丈北闊壹丈第肆段長柒丈叁尺南闊壹丈肆尺北闊壹丈肆尺伍寸以上皆濬深壹丈

廣慧橋至聚奎橋

共長叁拾叁丈肆尺計分肆段內第壹段長拾壹丈陸尺南闊壹丈壹尺伍寸中闊壹丈伍尺北闊壹丈壹尺第貳段長肆丈南闊壹丈貳尺北闊壹丈壹尺第叁段長拾丈南闊壹丈壹尺中闊壹丈叁尺北闊壹丈伍尺伍寸第肆段水倉長柒丈捌尺南闊貳丈柒尺中闊貳丈柒尺北闊貳丈柒尺以上皆濬深壹丈

聚奎橋至小蕭家橋 通縣前河

共長陸拾貳丈叁尺計分陸段內第壹段長貳丈捌尺南闊壹丈北闊壹丈第貳段長玖丈陸尺南闊壹丈叁尺中闊壹丈叁尺北闊壹丈叁尺伍

寸第叁段長玖丈陸尺南闊壹丈中闊壹丈北闊捌尺伍寸第肆段長拾丈南闊玖尺伍寸中闊玖尺伍寸北闊捌尺伍寸第伍段長拾伍丈叁尺南闊壹丈伍寸中闊壹丈北闊壹丈壹尺第陸段長拾伍丈南闊壹丈中闊壹丈北闊壹丈肆尺伍寸以上皆濬深壹丈

縣學後河圖

肯君城河攷九圖志

縣學後河圖

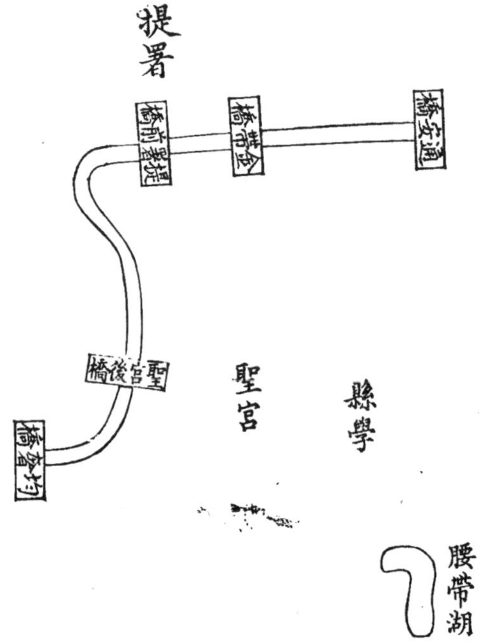

縣學後河　西抵均奢橋入湖橋河北流東注經提督衙前合廣濟橋之水

均奢橋至聖宮後橋

共長叁拾伍丈伍尺計分叁段內第壹段長拾貳丈伍尺西闊壹丈叁尺中闊玖尺伍寸東闊壹丈伍寸第貳段長拾丈西闊壹丈伍寸中闊壹丈貳尺東闊壹丈壹尺第叁段長拾叁丈西闊壹丈壹尺中闊壹丈壹尺東闊玖尺伍寸以上皆濬深捌尺

聖宮後橋至提署前橋

共長肆拾捌丈伍尺計分肆段內第壹段長叁拾丈伍尺西南闊壹丈貳尺伍寸中闊捌尺又闊捌尺伍寸東北闊玖尺第貳段長貳丈柒尺東闊柒尺伍寸西闊捌尺第叁段長陸丈叁尺西南闊玖尺東北闊壹丈第肆段長玖丈西闊壹丈中闊壹丈東闊壹丈壹尺以上皆濬深捌尺

提署前橋至金帶橋

長拾伍丈西闊壹丈貳尺中闊壹丈伍寸東闊玖尺伍寸濬深捌尺

金帶橋至通安橋通廣濟橋河

共長肆拾叁丈叁尺計分叁段內第壹段長拾肆丈捌尺西闊壹丈壹尺中闊壹丈肆尺又闊壹丈伍尺東闊壹丈肆尺伍寸第貳段長拾叁丈伍尺西闊壹丈陸尺中闊壹丈陸尺東闊壹丈柒尺第叁段長拾伍丈西闊壹丈肆尺中闊壹丈伍尺東闊壹丈柒尺伍寸以上皆濬深捌尺

寧郡城河水圖志

天封塔西河圖

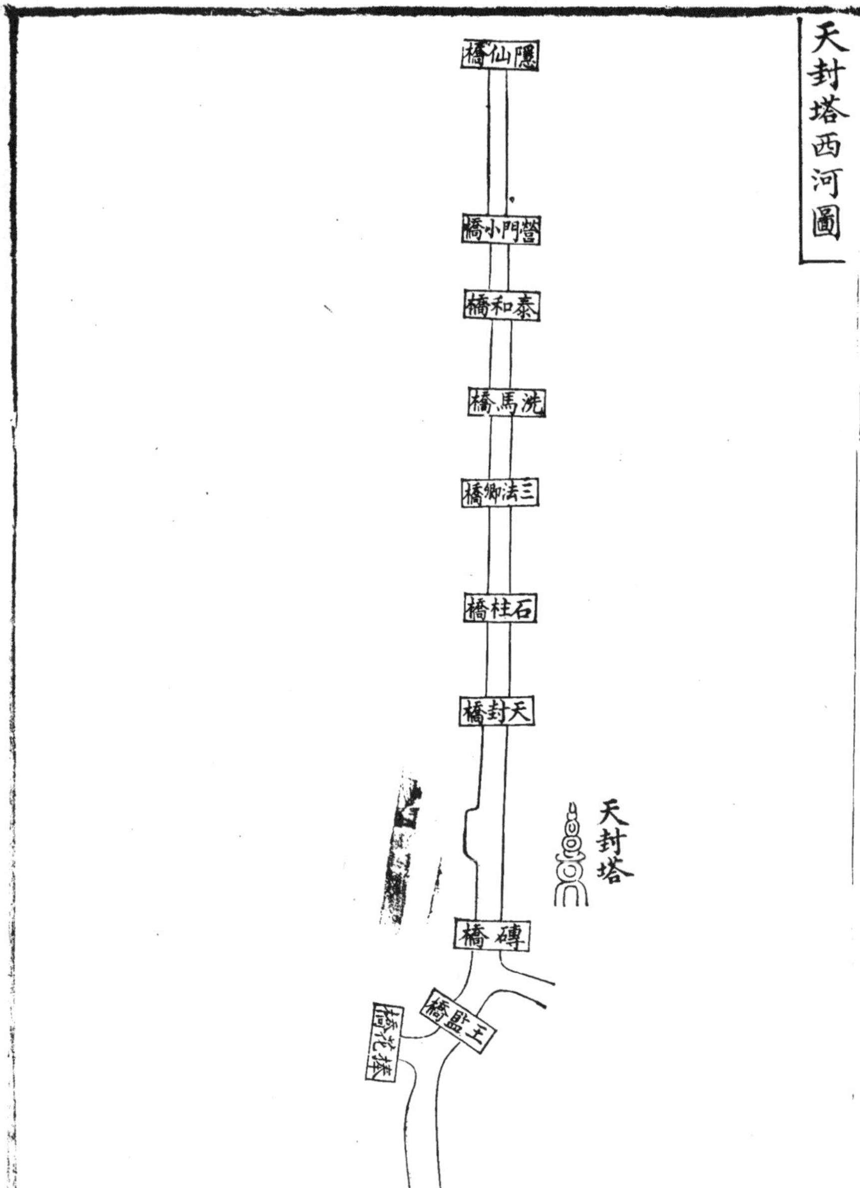

天封塔西河　南至採蓮橋入日湖北至隱仙橋入縣前河

採蓮橋至王監橋

共長柒拾捌丈伍尺計分柒段內第壹段長拾叄丈南闊伍丈伍尺中闊柒丈貳尺北闊柒丈貳尺第貳段長拾貳丈南闊柒丈貳尺中闊柒丈貳尺北闊柒丈貳尺第叄段長拾伍丈南闊柒丈叄尺中闊柒丈叄尺北闊柒丈叄尺第肆段長拾陸丈柒尺南闊柒丈叄尺中闊柒丈貳尺北闊柒丈第伍段長柒丈捌尺南闊拾丈伍尺中闊拾丈北闊拾丈貳尺第陸段長柒丈南闊陸丈柒尺北闊貳丈第柒段長柒丈南闊壹丈玖尺中闊壹丈伍尺北闊壹丈壹尺伍寸以上皆濬深壹丈

王監橋西首义港至捧花橋 通普照橋河

長肆丈捌尺港口闊壹丈陸尺橋口闊壹丈貳尺伍寸濬深壹丈

王監橋至磚橋

長伍丈南闊壹丈貳尺中闊壹丈貳尺北闊壹丈壹尺濬深壹丈

王監橋東首乂港通天封塔寺前河

港口闊壹丈捌尺伍寸

磚橋至天封橋

共長柒拾肆丈計分捌段內第壹段長拾丈南闊壹丈壹尺中闊壹丈北闊壹丈第貳段長拾壹丈南闊壹丈壹尺伍寸中闊壹丈伍寸北闊壹丈伍寸第叁段水倉長伍丈南闊叁丈壹尺北闊叁丈肆尺第肆段長拾壹丈南闊壹丈壹尺伍寸中闊壹丈壹尺北闊壹丈伍寸第伍段長拾貳丈南闊壹丈伍寸中闊壹丈北闊玖尺伍寸第陸段長叁丈柒尺南闊壹丈壹尺北闊壹丈壹尺第柒段長拾丈南闊壹丈捌尺中闊壹丈柒尺北闊壹丈陸尺伍寸第捌段長拾壹丈叁尺南闊壹丈壹尺中闊壹丈伍寸北闊壹丈壹尺伍寸以上皆濬深壹丈

天封橋至石柱橋

共長叁拾叁丈伍尺計分叁段內第壹段長拾叁丈玖尺南闊壹丈肆尺中闊壹丈貳尺北闊壹丈壹尺第貳段長拾丈南闊壹丈壹尺中闊玖尺伍寸北闊捌尺伍寸第叁段長玖丈陸尺南闊玖尺中闊玖尺伍寸北闊壹丈貳尺伍寸以上皆濬深壹丈

石柱橋至三法卿橋

共長肆拾捌丈捌尺計分陸段內第壹段長拾丈南闊壹丈壹尺伍寸中闊壹丈壹尺北闊壹丈第貳段長拾丈南闊壹丈中闊壹丈伍寸北闊壹丈第叁段長柒丈貳尺南闊壹丈叁尺中闊壹丈壹尺伍寸北闊壹丈貳尺伍寸第肆段長肆丈肆尺南闊壹丈伍尺北闊壹丈伍尺第伍段長柒丈貳尺南闊壹丈壹尺伍寸中闊壹丈壹尺北闊壹丈壹尺第陸段長拾丈南闊壹丈壹尺伍寸中闊壹丈壹尺北闊壹丈貳尺以上皆濬深壹丈

三法卿橋至洗馬橋

共長肆拾叁丈伍尺計分伍段內第壹段長拾丈南闊壹丈壹尺伍寸中闊壹丈貳尺北闊壹丈貳尺第貳段長拾丈南闊壹丈貳尺中闊壹丈壹尺伍寸北闊壹丈壹尺伍寸第叁段長拾丈南闊壹丈中闊壹丈北闊壹丈伍寸第肆段長陸丈南闊壹丈中闊壹丈壹尺北闊壹丈壹尺伍寸第伍段長柒丈伍尺南闊壹丈伍寸中闊壹丈壹尺北闊壹丈壹尺以上皆濬深壹丈

洗馬橋至泰和橋

共長肆拾陸丈計分陸段內第壹段長拾丈南闊壹丈伍寸中闊壹丈壹尺北闊壹丈壹尺伍寸第貳段長拾丈南闊壹丈伍寸中闊壹丈壹尺北闊壹丈壹尺第叁段長柒丈南闊壹丈壹尺中闊壹丈北闊壹丈第肆段長柒丈南闊玖尺中闊玖尺伍寸北闊玖尺第伍段長柒丈南闊玖尺伍

寸中闊壹丈伍寸北闊壹丈伍寸第陸段長伍丈南闊壹丈中闊壹丈伍寸北闊壹丈伍寸以上皆濬深壹丈

泰和橋至小營門橋

共長貳拾玖丈計分伍段內第壹段長叁丈伍尺南闊壹丈伍尺北闊壹丈肆尺伍寸第貳段長貳丈南闊壹丈貳尺北闊壹丈貳尺第叁段長柒丈南闊壹丈玖尺中闊壹丈捌尺伍寸北闊壹丈玖尺第肆段長柒丈伍尺南闊壹丈壹尺中闊壹丈貳尺伍寸北闊壹丈壹尺第伍段長玖丈南闊壹丈伍寸中闊壹丈北闊壹丈以上皆濬深壹丈

小營門橋至隱仙橋

共長陸拾伍丈計分陸段內第壹段長拾伍丈柒尺南闊玖尺伍寸中闊玖尺伍寸北闊玖尺第貳段長拾丈南闊壹丈貳尺伍寸中闊壹丈北闊玖尺伍寸第叁段水倉長柒丈南闊貳丈伍尺中闊貳丈肆尺北闊貳丈

貳尺第肆段長玖丈叁尺南闊壹丈壹尺中闊壹丈壹尺北闊玖尺伍寸
第伍段長拾丈南闊壹丈中闊壹丈壹尺北闊壹丈壹尺第陸段長拾叁
丈南闊壹丈壹尺中闊壹丈伍寸北闊壹丈壹尺以上皆濬深壹丈

天封塔東河圖

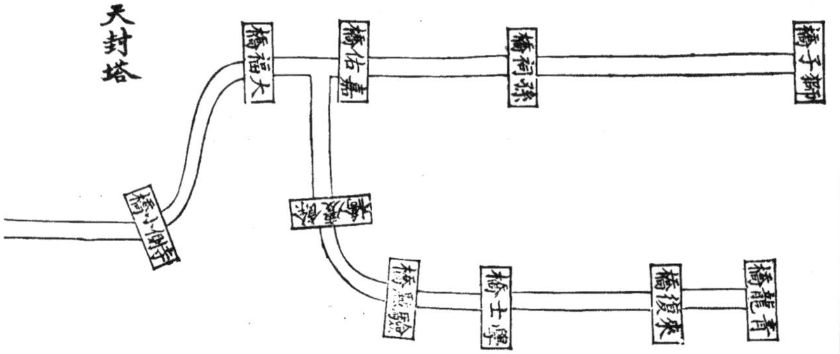

天封塔東河　西至塔前港口合王監橋之水東至獅子橋入嶽廟西河其支
自嘉佑橋側南流東注爲渠達青龍橋

天封塔前港口至寺側小橋

共長叄拾丈伍尺計分肆段內第壹段長玖丈西闊壹丈捌尺伍寸中闊
玖尺伍寸東闊玖尺伍寸第貳段長拾丈西闊壹丈捌尺中闊壹丈陸尺
東闊貳丈伍寸第叄段長陸丈伍尺西闊壹丈伍尺伍寸中闊壹丈叄尺
東闊壹丈貳尺第肆段長伍丈西闊壹丈中闊玖尺伍寸東闊壹丈壹尺
伍寸以上皆濬深玖尺

寺側小橋至大福橋

共長伍拾玖丈貳尺計分陸段內第壹段長柒丈西南闊壹丈肆尺伍寸
中闊貳丈叄尺東北闊壹丈叄尺伍寸第貳段長拾丈南闊壹丈貳尺中
闊壹丈又闊玖尺伍寸北闊壹丈壹尺第叄段長拾丈南闊壹丈貳尺伍

寸中闊壹丈叁尺北闊壹丈柒尺第肆段長拾叁丈肆尺南闊壹丈陸尺
中闊壹丈陸尺北闊貳丈第伍段長捌丈南闊貳丈中闊貳丈北闊壹丈
肆尺第陸段長拾丈捌尺南闊壹丈肆尺中闊壹丈貳尺伍寸東闊壹丈
伍尺以上皆深濬玖尺

大福橋至嘉佑橋

共長貳拾肆丈伍尺計分叁段內第壹段長伍丈玖尺西闊壹丈捌尺東
闊壹丈玖尺第貳段長玖丈陸尺西闊壹丈玖尺中闊壹丈貳尺伍寸東
闊壹丈貳尺第叁段長玖丈西闊壹丈壹尺中闊壹丈東闊壹丈壹尺以
上皆濬深玖尺

嘉佑橋至孫祠後橋

共長肆拾叁丈貳尺計分伍段內第壹段長捌丈捌尺西闊壹丈壹尺伍
寸中闊壹丈貳尺伍寸東闊壹丈叁尺第貳段長拾丈西闊壹丈叁尺中

闊壹丈叁尺伍寸東闊壹丈貳尺第叁段長捌丈陸尺西闊壹丈貳尺中闊壹丈貳尺東闊壹丈壹尺第肆段長伍丈捌尺西闊壹丈肆尺中闊壹丈肆尺東闊壹丈肆尺伍寸第伍段長拾丈西闊壹丈叁尺伍寸中闊壹丈肆尺東闊壹丈叁尺以上皆濬深玖尺

孫祠後橋至獅子橋

共長捌拾肆丈伍尺計分捌段內第壹段長拾丈西闊壹丈柒尺中闊壹丈捌尺伍寸東闊壹丈伍尺第貳段長玖丈肆尺西闊壹丈肆尺伍寸中闊壹丈肆尺東闊壹丈伍尺第叁段長玖丈貳尺西闊壹丈柒尺中闊壹丈捌尺東闊壹丈捌尺伍寸第肆段長拾丈西闊壹丈柒尺中闊壹丈柒尺伍寸東闊壹丈伍尺第伍段長拾肆丈西闊壹丈肆尺伍寸中闊壹丈肆尺東闊壹丈肆尺伍寸第陸段長拾壹丈玖尺西闊壹丈伍寸中闊壹丈叁尺伍寸東闊壹丈陸尺第柒段長拾丈西闊壹丈陸尺伍寸中闊壹

丈伍尺東闊壹丈壹尺伍寸第捌段長拾丈西闊壹丈壹尺中闊壹丈東闊壹丈貳尺以上皆濬深玖尺

嘉佑橋南首乂港至餘慶橋

共長叁拾丈伍尺計分肆段內第壹段長捌丈伍尺北闊壹丈陸尺中闊壹丈伍尺南闊壹丈陸尺第貳段長捌丈伍尺北闊壹丈壹尺中闊壹丈壹尺伍寸南闊壹丈第叁段長捌丈北闊壹丈伍寸中闊壹丈貳尺南闊壹丈壹尺第肆段長伍丈伍尺北闊壹丈伍寸中闊壹丈壹尺南闊壹丈貳尺以上皆濬深玖尺

餘慶橋至驗點橋

共長叁拾叁丈伍尺計分叁段內第壹段長捌丈伍尺北闊壹丈伍寸中闊壹丈壹尺伍寸南闊壹丈肆尺第貳段長拾丈西闊壹丈陸尺中闊壹丈伍尺東闊壹丈貳尺第叁段長拾伍丈西闊玖尺伍寸中闊壹丈東闊

壹丈貳尺伍寸以上皆濬深玖尺

驗點橋至學士橋

共長叁拾貳丈計分叁段內第壹段長拾丈西闊壹丈貳尺中闊壹丈東闊壹丈伍寸第貳段長拾丈西闊壹丈伍寸中闊壹丈伍寸東闊壹丈壹尺第叁段長拾貳丈西闊壹丈中闊壹丈東闊壹丈以上皆濬深玖尺

學士橋至來復橋

共長叁拾肆丈柒尺計分叁段內第壹段長拾丈西闊壹丈壹尺中闊壹丈壹尺伍寸東闊壹丈貳尺伍寸第貳段長玖丈西闊壹丈貳尺伍寸中闊壹丈叁尺東闊壹丈叁尺第叁段長拾伍丈柒尺西闊壹丈貳尺伍寸中闊壹丈貳尺東闊壹丈叁尺伍寸以上皆濬深玖尺

來復橋至青龍橋

長拾叁丈柒尺西闊壹丈肆尺中闊壹丈柒尺又闊壹丈捌尺東闊貳丈

甯君坊河攻丙圖志

濬深玖尺

寧郡城河丈尺圖志 卷二嶽廟西河圖 九

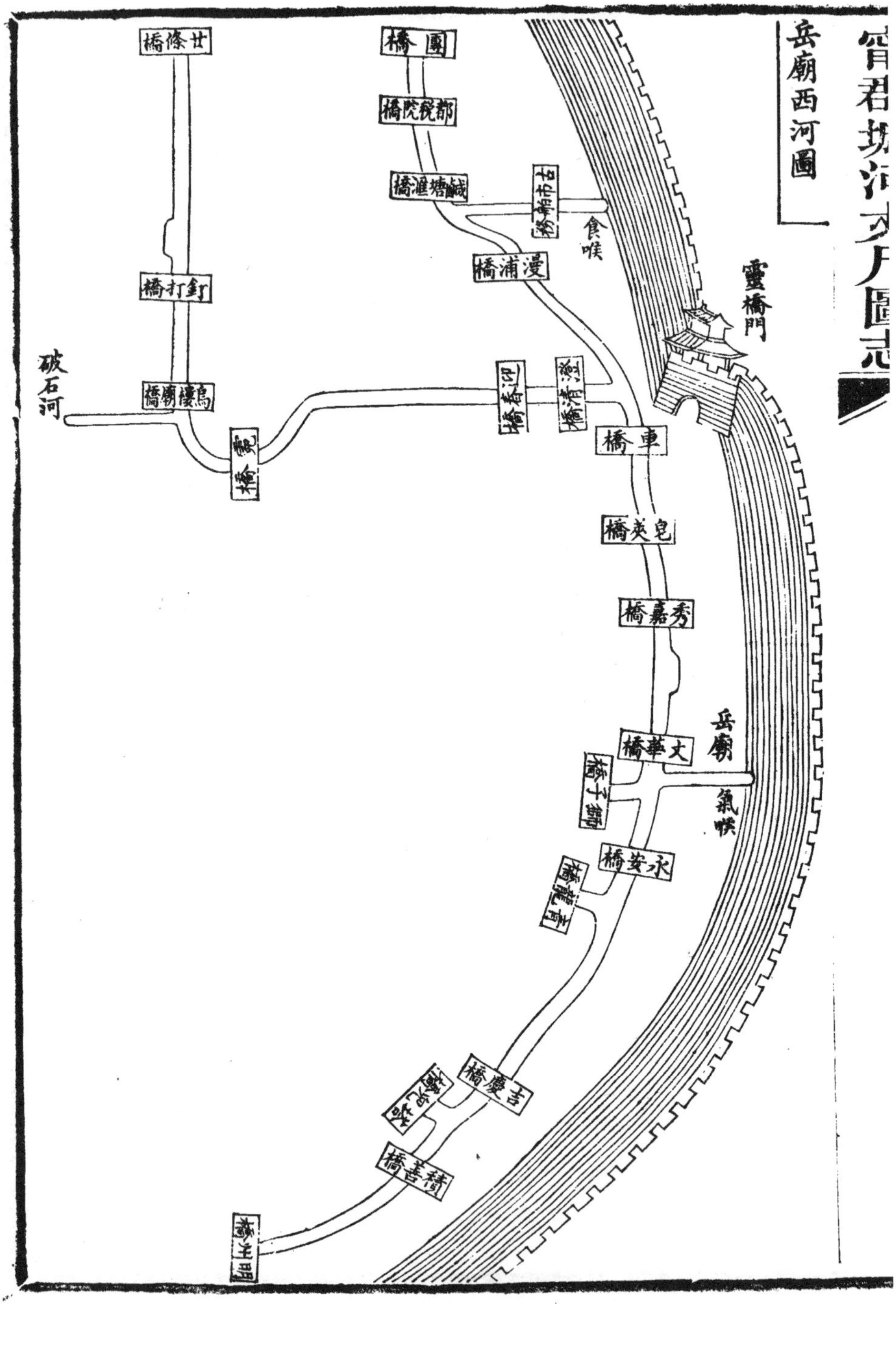
岳廟西河圖
靈橋門
廿條橋
團橋
都稅院橋
漫浦橋
釘打橋
破石河
迎春橋
澄清橋
車橋
秀嘉橋
文華橋
岳廟
永安橋
吉慶橋
積善橋

嶽廟西河　南至明州橋入於日湖東經嶽廟前爲氣喉北流直達鹹塘滙抵團橋未到鹹塘滙橋東流爲食喉其支西入澄清橋流爲渠北折抵廿條橋

明州橋至積善橋

共長陸拾丈叁尺計分玖段內第壹段長伍丈柒尺南闊壹丈柒尺中闊貳丈肆尺北闊貳丈陸尺第貳段長肆丈南闊叁丈北闊貳丈玖尺第叁段長捌丈叁尺南闊貳丈肆尺中闊貳丈伍尺北闊貳丈陸尺伍寸第肆段長拾丈南闊貳丈捌尺中闊貳丈捌尺北闊貳丈柒尺第伍段長伍丈南闊貳丈肆尺中闊貳丈北闊壹丈陸尺伍寸第陸段長捌丈陸尺南闊壹丈貳尺伍寸中闊壹丈陸尺北闊壹丈捌尺伍寸第柒段長陸丈南闊壹丈玖尺中闊貳丈叁尺北闊貳丈捌尺第捌段長拾丈貳尺南闊叁丈叁尺中闊叁丈捌尺伍寸北闊叁丈叁尺伍寸第玖段長貳丈伍尺南闊

貳丈柒尺中闊貳丈柒尺北闊壹丈柒尺以上皆濬深玖尺

積善橋至吉慶橋

共長叁拾捌丈伍尺計分肆段內第壹段長拾丈伍尺南闊壹丈伍尺伍寸中闊壹丈陸尺北闊壹丈陸尺第貳段長捌丈肆尺南闊貳丈中闊貳丈伍寸北闊貳丈叁尺第叁段長玖丈陸尺南闊壹丈捌尺伍寸中闊壹丈陸尺北闊壹丈肆尺伍寸第肆段長拾丈南闊壹丈伍尺中闊壹丈伍尺伍寸北闊壹丈伍尺以上皆濬深玖尺

積善橋西首叉港抵塔兒橋通行香橋河

橋口闊壹丈伍寸

吉慶橋至永安橋

共長捌拾丈計分玖段內第壹段長捌丈南闊貳丈玖尺中闊貳丈伍尺伍寸北闊貳丈壹尺第貳段長拾丈南闊貳丈伍尺中闊貳丈叁尺伍寸

北闊貳丈叁尺第叁段長拾叁丈南闊貳丈叁尺中闊貳丈貳尺伍寸北闊貳丈貳尺伍寸第肆段長拾伍丈南闊壹丈玖尺伍寸中闊壹丈玖尺伍寸北闊壹丈捌尺第伍段長陸丈南闊貳丈叁尺伍寸北闊貳丈伍尺第陸段長捌丈南闊貳丈玖尺中闊貳丈玖尺北闊貳丈玖尺第柒段長伍丈南闊貳丈玖尺中闊叁丈貳尺北闊肆丈第捌段長柒丈南闊肆丈伍尺中闊肆丈壹尺北闊肆丈玖尺第玖段長捌丈南闊貳丈伍尺中闊貳丈貳尺北闊貳丈叁尺以上皆濬深玖尺

永安橋西首叉港抵青龍橋通小沙泥街河

長拾壹丈港口闊壹丈叁尺伍寸橋口闊壹丈叁尺濬深玖尺

永安橋至文華橋

共長叁拾叁丈計分叁段內第壹段長拾丈南闊壹丈叁尺伍寸中闊壹丈伍尺北闊壹丈伍尺伍寸第貳段長拾丈南闊壹丈陸尺伍寸中闊壹

丈柒尺伍寸北闊壹丈玖尺第叁段長拾叁丈南闊壹丈玖尺中闊壹丈
玖尺北闊壹丈叁尺伍寸以上皆濬深玖尺
文華橋西首三叉港抵獅子橋通大沙泥街河
長貳丈貳尺橋口闊壹丈伍尺濬深玖尺
文華橋東首嶽廟前港至城下氣喉氣喉閘通城外濠河
長拾陸丈叁尺港口闊壹丈伍尺中闊壹丈喉口闊柒尺伍寸濬深陸尺
文華橋至秀嘉橋
共長伍拾肆丈肆尺計分柒段內第壹段長拾柒丈南闊壹丈伍寸中闊
壹丈又闊玖尺伍寸北闊玖尺第貳段長陸丈南闊壹丈中闊玖尺伍寸
北闊玖尺伍寸第叁段水倉長叁丈壹尺南闊壹丈玖尺伍寸北闊貳丈
第肆段長陸丈肆尺南闊玖尺伍寸北闊玖尺伍寸第伍段長捌丈伍尺
南闊壹丈中闊壹丈壹尺北闊壹丈陸尺第陸段水倉長肆丈南闊貳丈

玖尺北闊貳丈陸尺第柒段長玖丈肆尺南闊壹丈陸尺中闊壹丈柒尺北闊壹丈捌尺伍寸以上皆濬深玖尺

秀嘉橋至皂莢橋

共長叁拾貳丈貳尺計分叁段內第壹段長拾丈南闊玖尺伍寸中闊壹丈壹尺伍寸又闊壹丈伍尺伍寸北闊壹丈肆尺第貳段長拾丈南闊壹丈肆尺中闊壹丈柒尺北闊貳丈第叁段長拾貳丈貳尺南闊壹丈捌尺伍寸中闊壹丈捌尺又闊壹丈柒尺北闊壹丈玖尺以上皆濬深玖尺

皂莢橋至車橋

共長肆拾叁丈計分肆段內第壹段長拾丈南闊壹丈肆尺伍寸中闊壹丈壹尺北闊壹丈壹尺第貳段長拾丈南闊壹丈壹尺伍寸中闊壹丈貳尺北闊壹丈貳尺伍寸第叁段長拾丈南闊壹丈肆尺中闊壹丈伍尺北闊壹丈貳尺第肆段長拾叁丈南闊壹丈貳尺伍寸中闊壹丈貳尺伍寸

北闊壹丈壹尺以上皆濬深玖尺

車橋至漫浦橋

共長陸拾捌丈伍尺計分陸段內第壹段長拾丈南闊壹丈壹尺中闊壹丈壹尺伍寸北闊壹丈壹尺第貳段長拾伍丈伍尺南闊壹丈貳尺中闊壹丈貳尺北闊壹丈叁尺第叁段長拾丈南闊壹丈叁尺中闊壹丈柒尺又闊壹丈叁尺北闊壹丈叁尺第肆段長拾丈南闊壹丈叁尺伍寸中闊壹丈肆尺北闊壹丈肆尺伍寸第伍段長拾丈南闊壹丈肆尺伍寸中闊壹丈肆尺北闊壹丈叁尺伍寸第陸段長拾叁丈南闊壹丈叁尺伍寸中闊壹丈貳尺伍寸北闊壹丈壹尺伍寸以上皆濬深玖尺

車橋西首叉港抵澄清橋 通霓橋河

長貳丈叁尺伍寸港口闊貳丈貳尺橋口闊壹丈壹尺濬深玖尺

漫浦橋至鹹塘滙橋

共長肆拾叁丈計分伍段內第壹段長柒丈南闊壹丈伍寸中闊壹丈北闊壹丈貳尺第貳段長拾肆丈東闊壹丈伍尺中闊壹丈柒尺西闊壹丈壹尺伍寸第叁段水倉長柒丈東闊貳丈伍寸中闊貳丈壹尺西闊貳丈壹尺第肆段長玖丈伍尺東闊壹丈壹尺中闊壹丈北闊壹丈壹尺第伍段長伍丈伍尺南闊壹丈壹尺伍寸中闊壹丈貳尺北闊壹丈貳尺以上皆濬深玖尺

鹹塘滙東首义港至古市舶務橋

長貳拾玖丈伍尺西闊玖尺中闊柒尺伍寸東闊柒尺濬深壹丈

市舶務橋至城下食喉食喉閘通城外天后宮側河

長拾捌丈西闊陸尺中闊柒尺喉口闊柒尺伍寸濬深壹丈

鹹塘滙橋至都稅院橋

共長叁拾伍丈伍尺計分肆段內第壹段長拾丈南闊壹丈貳尺伍寸中

闊壹丈壹尺北闊壹丈伍寸第貳段長肆丈肆尺南闊玖尺伍寸中闊玖尺伍寸北闊壹丈第叁段長玖丈肆尺南闊壹丈叁尺中闊壹丈叁尺伍寸北闊壹丈肆尺第肆段長拾壹丈柒尺南闊壹丈中闊壹丈貳尺伍寸北闊壹丈伍寸以上皆濬深壹丈

都稅院橋至團橋通東門水喉

共長叁拾貳丈貳尺計分伍段內第壹段長拾壹丈南闊壹丈中闊壹丈北闊捌尺伍寸第貳段長柒丈肆尺南闊玖尺中闊壹丈伍寸北闊壹丈壹尺第叁段水倉長肆丈南闊壹丈玖尺中闊壹丈捌尺北闊壹丈柒尺第肆段長柒丈伍尺南闊壹丈壹尺中闊壹丈壹尺北闊壹丈壹尺伍寸第伍段長貳丈叁尺南闊壹丈壹尺伍寸北闊壹丈貳尺以上皆濬深壹丈

澄清橋至迎春橋

共長貳拾叁丈計分叁段內第壹段長拾丈東闊壹丈陸尺中闊壹丈貳尺西闊壹丈壹尺伍寸第貳段長拾丈東闊壹丈貳尺中闊壹丈壹尺西闊壹丈第叁段長叁丈東闊壹丈叁尺西闊壹丈叁尺以上皆濬深壹丈

迎春橋至霓橋

共長玖拾玖丈叁尺計分拾貳段內第壹段長柒丈貳尺東闊壹丈叁尺中闊壹丈叁尺西闊壹丈壹尺伍寸第貳段長拾丈東闊壹丈壹尺伍寸中闊壹丈壹尺伍寸西闊壹丈貳尺第叁段長拾丈東闊壹丈貳尺中闊壹丈壹尺伍寸西闊壹丈壹尺伍寸第肆段長拾丈東闊壹丈壹尺伍寸中闊玖尺西闊壹丈伍寸第伍段長拾丈東闊壹丈伍寸中闊壹丈壹尺伍寸西闊壹丈貳尺第陸段長拾丈東闊壹丈貳尺中闊壹丈伍寸西闊捌尺第柒段長伍丈東闊壹丈中闊壹丈貳尺西闊壹丈伍尺第捌段水倉長叁丈陸尺東闊貳丈壹尺伍寸西闊貳丈叁尺第玖段長拾丈柒尺

北闊壹丈中闊捌尺南闊壹丈貳尺第拾段長捌丈北闊壹丈伍尺中闊壹丈肆尺伍寸南闊壹丈第拾壹段長肆丈叁尺東闊捌尺西闊玖尺第拾貳段長拾丈伍尺東闊壹丈伍寸中闊壹丈西闊壹丈壹尺以上皆濬深捌尺

霓橋至烏樓廟橋

共長貳拾伍丈計分叁段內第壹段長伍丈南闊壹丈陸尺中闊壹丈壹尺北闊壹丈伍寸第貳段長拾丈南闊壹丈伍寸中闊壹丈伍寸北闊壹丈伍寸第叁段長拾丈南闊壹丈伍寸中闊壹丈北闊捌尺伍寸以上皆濬深捌尺

烏樓廟橋至破石河頭

長肆拾捌丈貳尺東闊柒尺中闊柒尺伍寸又闊柒尺又闊陸尺西闊柒尺濬深捌尺

烏樓廟橋至釘打橋

共長肆拾捌丈伍尺計分伍段內第壹段長捌丈伍尺南闊壹丈中闊壹丈伍寸北闊玖尺伍寸第貳段長拾丈南闊玖尺中闊壹丈伍寸北闊捌尺伍寸第叁段長拾丈南闊捌尺伍寸中闊玖尺北闊玖尺伍寸第肆段長拾丈南闊玖尺伍寸中闊壹丈北闊壹丈第伍段長拾丈南闊壹丈中闊壹丈北闊壹丈壹尺伍寸以上皆濬深捌尺

釘打橋至廿條橋

共長捌拾捌丈計分拾段內第壹段長陸丈柒尺南闊壹丈壹尺伍寸中闊壹丈壹尺北闊壹丈伍寸第貳段長拾丈南闊壹丈中闊壹丈伍寸北闊壹丈壹尺第叁段水倉長叁丈陸尺南闊貳丈伍寸北闊貳丈壹尺第肆段長拾叁丈貳尺南闊玖尺伍寸中闊壹丈伍寸北闊玖尺伍寸第伍段長拾丈南闊玖尺伍寸中闊壹丈伍寸北闊壹丈第陸段長拾丈南闊

壹丈中闊玖尺伍寸北闊壹丈第柒段長拾丈南闊壹丈中闊玖尺伍寸北闊玖尺第捌段長拾丈南闊玖尺中闊玖尺伍寸北闊壹丈伍寸第玖段長拾丈南闊壹丈伍寸中闊玖尺伍寸北闊壹丈壹尺第拾段長肆丈伍尺南闊壹丈伍寸北闊壹丈伍寸以上皆濬深捌尺

寧郡城河丈尺圖志 卷二 大廟前河圖 十六

大廟前河圖

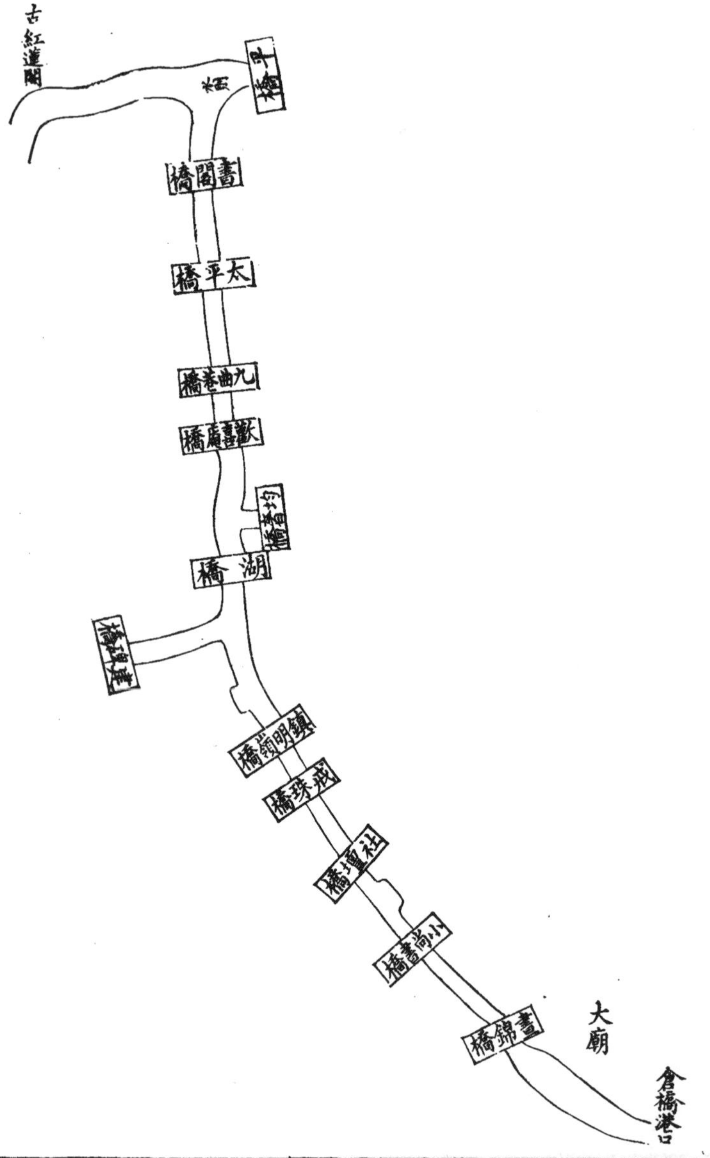

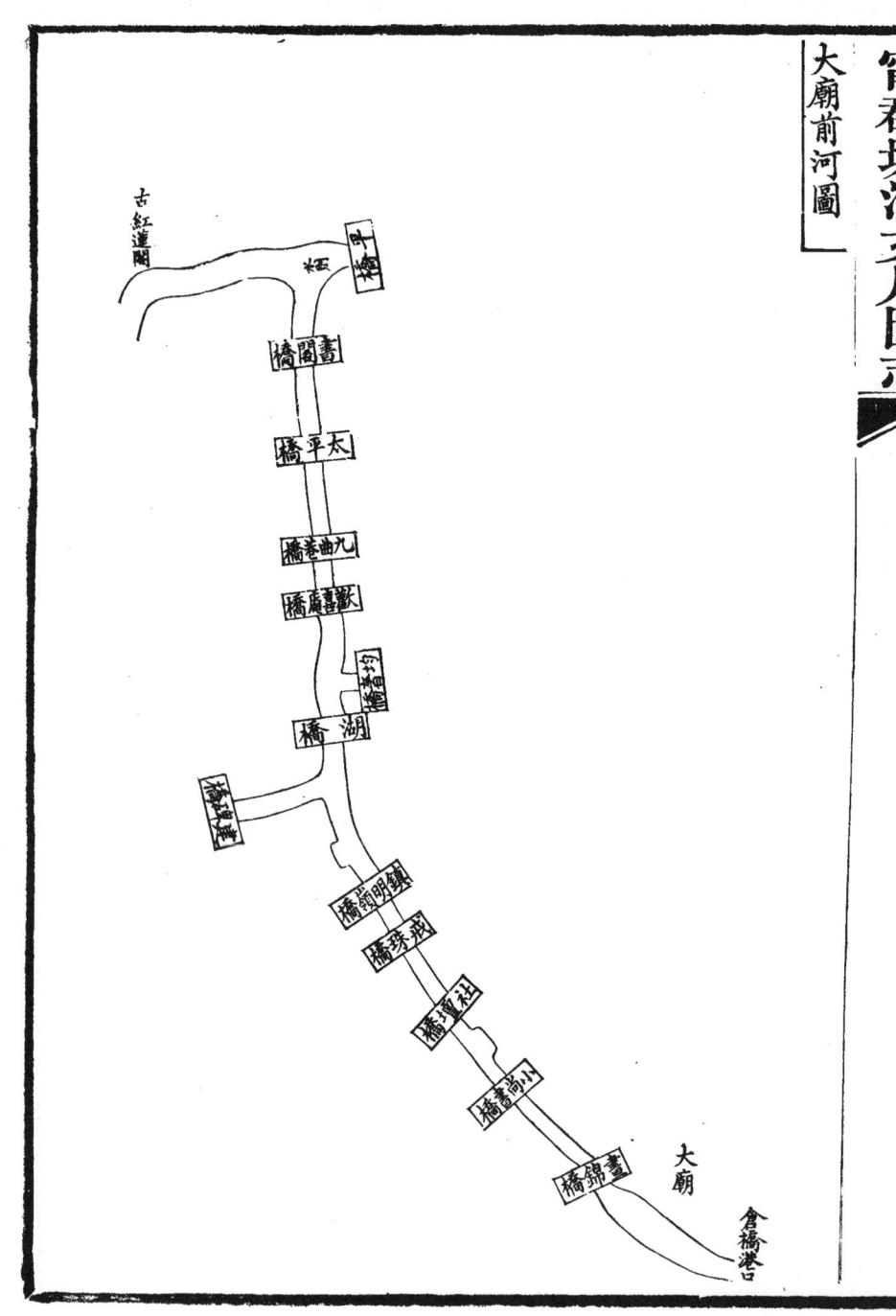

大廟前河　東至倉橋港口入南水關裏直河西流趨北直達書閣橋右至平
橋水則左至古紅蓮閣入月湖
倉橋港口經大廟前至晝錦橋
共長肆拾肆丈計分伍段內第壹段長伍丈東南闊貳丈捌尺中闊貳丈
伍尺西北闊貳丈貳尺第貳段長陸丈陸尺東南闊壹丈陸尺中闊貳丈
西北闊貳丈貳尺第叁段長拾丈伍尺東南闊貳丈柒尺中闊貳丈柒尺
西北闊貳丈玖尺第肆段長伍丈陸尺東南闊伍丈玖尺西北闊伍丈玖
尺第伍段長拾陸丈叁尺東南闊伍丈玖尺中闊伍丈玖尺西北闊陸丈
以上皆濬深壹丈
晝錦橋至小尙書橋
共長肆拾貳丈捌尺計分伍段內第壹段長拾貳丈陸尺南闊貳丈叁尺
中闊壹丈柒尺北闊壹丈陸尺第貳段長柒丈伍尺南闊壹丈伍尺中闊

壹丈肆尺北闊壹丈貳尺伍寸第叁段長捌丈柒尺南闊玖尺伍寸中闊壹丈壹尺北闊壹丈貳尺伍寸第肆段長柒丈南闊壹丈叁尺伍寸北闊壹丈玖尺第伍段長柒丈南闊壹丈捌尺伍寸中闊壹丈捌尺北闊壹丈柒尺伍寸以上皆濬深壹丈

小尙書橋至社壇橋

共長肆拾壹丈捌尺計分叁段內第壹段長貳拾丈南闊貳丈壹尺中闊壹丈玖尺北闊壹丈柒尺第貳段水倉長肆丈南闊叁丈肆尺伍寸北闊叁丈肆尺第叁段長拾柒丈捌尺南闊壹丈捌尺中闊壹丈肆尺伍寸北闊壹丈叁尺以上皆濬深壹丈

社壇橋至戒珠橋

共長肆拾壹丈計分叁段內第壹段長拾柒丈伍尺南闊壹丈陸尺伍寸中闊壹丈貳尺北闊壹丈壹尺第貳段長柒丈伍尺南闊壹丈中闊壹丈

北闊玖尺伍寸第叁段長拾陸丈南闊壹丈中闊壹丈壹尺北闊壹丈叁
尺以上皆濬深壹丈
戒珠橋至鎮明嶺小橋
共長貳拾柒丈計分貳段內第壹段長拾貳丈捌尺南闊壹丈壹尺中闊
壹丈北闊壹丈壹尺第貳段長拾肆丈貳尺南闊壹丈壹尺中闊壹丈壹
尺又闊壹丈叁尺伍寸北闊壹丈貳尺伍寸以上皆濬深壹丈
鎮明嶺小橋至湖橋
共長肆拾玖丈計分陸段內第壹段長叁丈伍尺南闊壹丈伍尺北闊壹
丈叁尺第貳段長陸丈陸尺南闊貳丈柒尺北闊貳丈捌尺第叁段長拾
丈南闊壹丈叁尺中闊壹丈叁尺伍寸北闊壹丈伍尺第肆段長玖丈柒
尺南闊壹丈肆尺中闊壹丈肆尺北闊壹丈叁尺第伍段長拾丈南闊壹
丈叁尺中闊壹丈貳尺北闊壹丈壹尺第陸段長玖丈貳尺南闊壹丈壹

尺中闊壹丈叁尺北闊壹丈壹尺伍寸以上皆濬深壹丈

湖橋西首义港至建碑橋通月湖

共長叁拾壹丈伍尺計分貳段內第壹段長拾伍丈東闊壹丈陸尺伍寸中闊壹丈壹尺西闊壹丈第貳段長拾陸丈伍尺東闊壹丈中闊玖尺又闊捌尺伍寸西闊壹丈伍寸以上皆濬深壹丈

湖橋至歡喜菴橋

共長肆拾丈伍尺計分伍段內第壹段長拾丈南闊壹丈伍寸中闊玖尺北闊壹丈壹尺第貳段長肆丈南闊壹丈壹尺北闊壹丈壹尺第叁段長陸丈南闊壹丈壹尺中闊壹丈壹尺北闊壹丈壹尺第肆段長拾丈南闊壹丈壹尺中闊壹丈貳尺北闊壹丈壹尺第伍段長拾丈伍尺南闊壹丈壹尺中闊壹丈貳尺伍寸北闊壹丈壹尺以上皆濬深壹丈

湖橋東首义港至均奢橋通縣學後河

長叄丈柒尺伍寸港口闊壹丈叄尺伍寸橋口闊壹丈濬深捌尺

歡喜菴橋至九曲巷橋

共長拾陸丈叄尺計分叄段內第壹段長柒丈伍尺南闊壹丈貳尺中闊玖尺伍寸北闊壹丈壹尺第貳段水倉長陸丈南闊貳丈陸尺北闊貳丈陸尺第叄段長貳丈捌尺南闊壹丈叄尺中闊壹丈貳尺北闊壹丈壹尺伍寸以上皆濬深壹丈

九曲巷橋至太平橋

共長肆拾肆丈計分肆段內第壹段長捌丈南闊壹丈壹尺伍寸中闊壹丈伍寸北闊玖尺第貳段長拾貳丈南闊玖尺伍寸中闊壹丈北闊玖尺伍寸第叄段長拾柒丈南闊壹丈壹尺中闊壹丈北闊壹丈壹尺第肆段長柒丈南闊壹丈中闊壹丈北闊壹丈壹尺伍寸以上皆濬深壹丈

太平橋至書閣橋

共長貳拾捌丈伍尺計分叁段內第壹段長拾丈南闊壹丈壹尺中闊壹丈貳尺北闊壹丈壹尺第貳段長伍丈貳尺南闊壹丈貳尺中闊壹丈貳尺北闊壹丈壹尺第叁段長拾叁丈叁尺南闊壹丈壹尺中闊壹丈伍寸又闊壹丈壹尺北闊壹丈叁尺伍寸以上皆濬深壹丈

書閣橋至水則亭

共長貳拾捌丈計分伍段內第壹段長捌丈捌尺南闊壹丈壹尺中闊壹丈伍寸北闊壹丈壹尺第貳段長伍丈貳尺南闊壹丈叁尺中闊壹丈貳尺北闊壹丈貳尺伍寸第叁段水倉長肆丈貳尺南闊貳丈叁尺北闊貳丈伍寸第肆段長柒丈陸尺南闊壹丈貳尺中闊壹丈伍寸北闊貳丈叁尺第伍段長貳丈貳尺南闊壹丈柒尺北闊壹丈陸尺伍寸以上皆濬深壹丈貳尺

水則亭至平橋

長柒丈計分貳段內第壹段長貳丈南闊貳丈北闊壹丈捌尺第貳段長伍丈西闊貳丈貳尺中闊貳丈壹尺東闊貳丈以上皆濬深壹丈貳尺

水則亭至古紅蓮閣通月湖

共長伍拾壹丈伍尺計分叁段內第壹段長貳拾陸丈伍尺東闊柒丈貳尺中闊肆丈捌尺西闊肆丈伍尺第貳段長拾貳丈東闊肆丈肆尺中闊叁丈陸尺西闊貳丈壹尺伍寸第叁段長拾叁丈東北闊貳丈貳尺中闊貳丈壹尺西南闊貳丈以上皆濬深壹丈貳尺

甬郡城河丈尺圖志

南水關裏直河圖

南水關裏直河圖

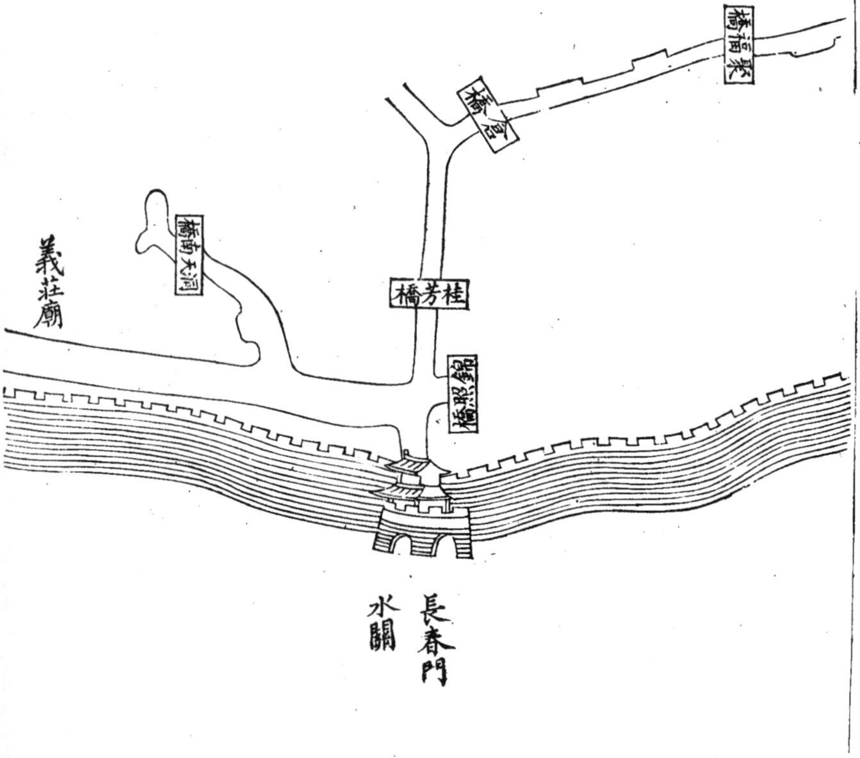

南水關裏直河　南抵水關納南塘河來水北流東注抵聚福橋港口合普照橋之水水關西大港西流經義莊廟入月湖未到義莊廟其支北流爲洞天南橋

南水關至桂芳橋

共長伍拾叁丈伍尺計分伍段內第壹段長捌丈伍尺南闊壹丈壹尺中闊玖尺伍寸北闊壹丈肆尺第貳段長拾玖丈南闊壹丈肆尺北闊壹丈玖尺第叁段長拾丈南闊壹丈捌尺伍寸中闊壹丈捌尺北闊壹丈陸尺伍寸第肆段長陸丈南闊壹丈陸尺北闊壹丈柒尺第伍段長拾丈南闊壹丈柒尺中闊壹丈柒尺北闊壹丈捌尺以上皆濬深壹丈壹尺

南水關東首义港至錦照橋通南水關裏東河

長貳丈捌尺港口闊貳丈壹尺橋口闊壹丈陸尺濬深壹丈壹尺

桂芳橋至倉橋

共長伍拾柒丈叁尺計分柒段內第壹段長拾捌丈捌尺南闊壹丈柒尺伍寸中闊壹丈柒尺北闊壹丈陸尺第貳段長陸丈南闊貳丈北闊貳丈伍寸第叁段長肆丈南闊壹丈陸尺伍寸北闊壹丈陸尺伍寸第肆段長拾丈南闊貳丈壹尺伍寸中闊壹丈玖尺北闊壹丈柒尺伍寸第伍段長伍丈伍尺南闊壹丈肆尺北闊壹丈陸尺伍寸第陸段長捌丈南闊壹丈玖尺伍寸中闊壹丈陸尺北闊壹丈伍尺第柒段長伍丈南闊壹丈壹尺伍寸中闊壹丈貳尺北闊壹丈叁尺以上皆濬深壹丈壹尺

倉橋西首乂港通大廟前河

港口闊貳丈捌尺伍寸

倉橋至聚福橋

共長捌拾捌丈叁尺計分拾段內第壹段長拾伍丈西南闊壹丈叁尺伍寸中闊壹丈東北闊壹丈壹尺伍寸第貳段水倉長陸丈陸尺西南闊貳

丈柒尺伍寸東北闊貳丈捌尺第叁段長玖丈柒尺西南闊壹丈壹尺中闊壹丈東北闊壹丈壹尺伍寸第肆段長捌丈陸尺西南闊壹丈貳尺中闊壹丈叁尺伍寸東北闊壹丈柒尺伍寸第伍段長玖丈西南闊壹丈貳尺中闊壹丈肆尺又闊壹丈陸尺東北闊壹丈壹尺伍寸第陸段長伍丈玖尺西南闊壹丈東北闊壹丈壹尺第柒段長叁丈西南闊壹丈陸尺東北闊壹丈陸尺伍寸第捌段水倉長玖丈西南闊貳丈叁尺中闊叁丈叁尺東北闊肆丈第玖段長拾叁丈伍尺西南闊壹丈捌尺中闊壹丈肆尺東北闊壹丈貳尺伍寸第拾段長捌丈西南闊玖尺伍寸中闊玖尺伍寸東北闊壹丈以上皆濬深壹丈壹尺

聚福橋至三义港 通普照橋河

共長肆拾捌丈計分伍段內第壹段水倉長貳拾壹丈西南闊伍丈陸尺中闊伍丈壹尺東北闊肆丈捌尺第貳段長玖丈捌尺西南闊壹丈陸尺

伍寸中闊壹丈柒尺東北闊壹丈陸尺第叁段長伍丈西南闊玖尺伍寸
東北闊玖尺伍寸第肆段長柒丈貳尺西南闊壹丈壹尺中闊壹丈壹尺
東北闊壹丈貳尺第伍段長伍丈西南闊壹丈貳尺中闊壹丈叁尺伍寸
東北闊貳丈以上皆濬深壹丈壹尺

南水關西首港至義莊廟

共長壹百貳拾貳丈伍尺計分伍段內第壹段長叁拾丈東闊拾陸丈中闊拾陸丈捌尺西闊拾柒丈伍尺第貳段長叁拾丈東闊拾柒丈伍尺中闊拾捌丈西闊拾玖丈第叁段長貳拾丈東闊拾玖丈中闊拾玖丈西闊拾玖丈陸尺第肆段長貳拾貳丈伍尺東闊捌丈肆尺中闊捌丈西闊柒丈捌尺第伍段長貳拾丈東闊柒丈肆尺中闊柒丈肆尺西闊柒丈以上皆濬深壹丈壹尺

来到義莊廟北流叉港至洞天南橋

共長叁拾貳丈計分叁段內第壹段長拾壹丈南闊捌丈中闊柒丈伍尺北闊捌丈第貳段長拾伍丈東南闊捌丈中闊柒丈貳尺西北闊貳丈柒尺第叁段長陸丈東南闊貳丈柒尺中闊壹丈陸尺西北闊壹丈伍寸以上皆濬深玖尺

洞天南橋至王家墩漕

共長拾陸丈叁尺計分貳段內第壹段長拾壹丈東南闊貳丈柒尺中闊捌丈西北闊捌丈伍尺第貳段長伍丈叁尺東南闊貳丈西北闊壹丈玖尺以上皆濬深玖尺

南水關裏東河圖

南水關裏東河圖

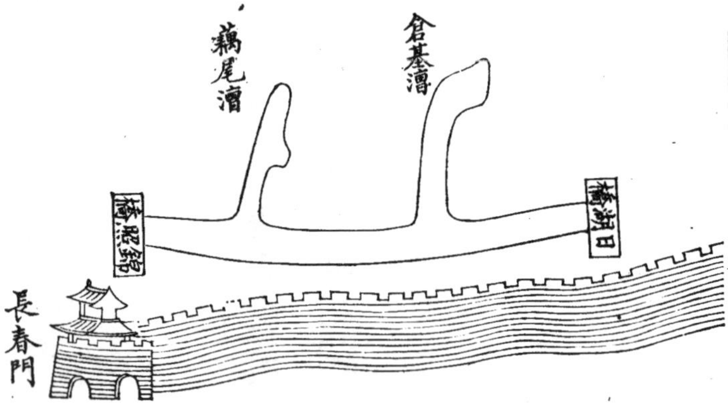

南水關裏東河　西至錦照橋出南水關東至日湖橋入日湖北瀦爲藕尾倉

基二漕

錦照橋至日湖橋

共長壹百貳拾柒丈計分伍段內第壹段長貳拾伍丈西闊壹丈玖尺中闊壹丈肆尺又闊壹丈貳尺東闊貳丈陸尺第貳段長貳拾柒丈西闊拾捌丈中闊拾陸丈東闊拾伍丈伍尺第叁段長叁拾丈西闊玖丈伍尺中闊玖丈貳尺東闊捌丈捌尺第肆段長拾壹丈西闊伍丈柒尺中闊伍丈伍尺東闊伍丈叁尺第伍段長叁拾肆丈西闊伍丈中闊肆丈捌尺東闊肆丈以上皆濬深壹丈壹尺

藕尾漕

共長伍拾丈肆尺南闊壹丈陸尺中闊壹丈肆尺又闊壹丈叁尺又闊捌尺伍寸又闊壹丈貳尺又闊壹丈壹尺北闊壹丈濬深壹丈壹尺

倉基漕

共長伍拾玖丈貳尺計分貳段內第壹段長肆拾捌丈貳尺南闊伍丈中闊伍丈伍尺又闊伍丈北闊肆丈捌尺第貳段長拾壹丈西闊柒丈中闊柒丈東闊柒丈濬深壹丈壹尺

日湖圖

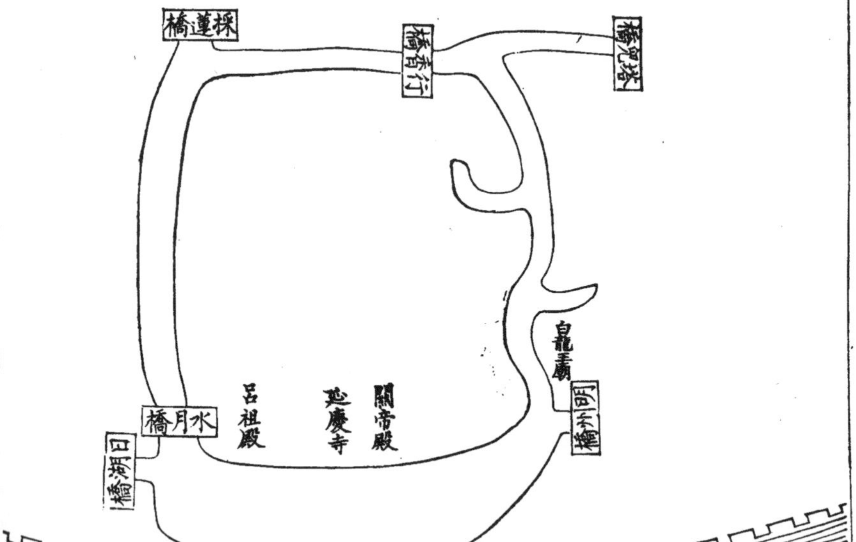

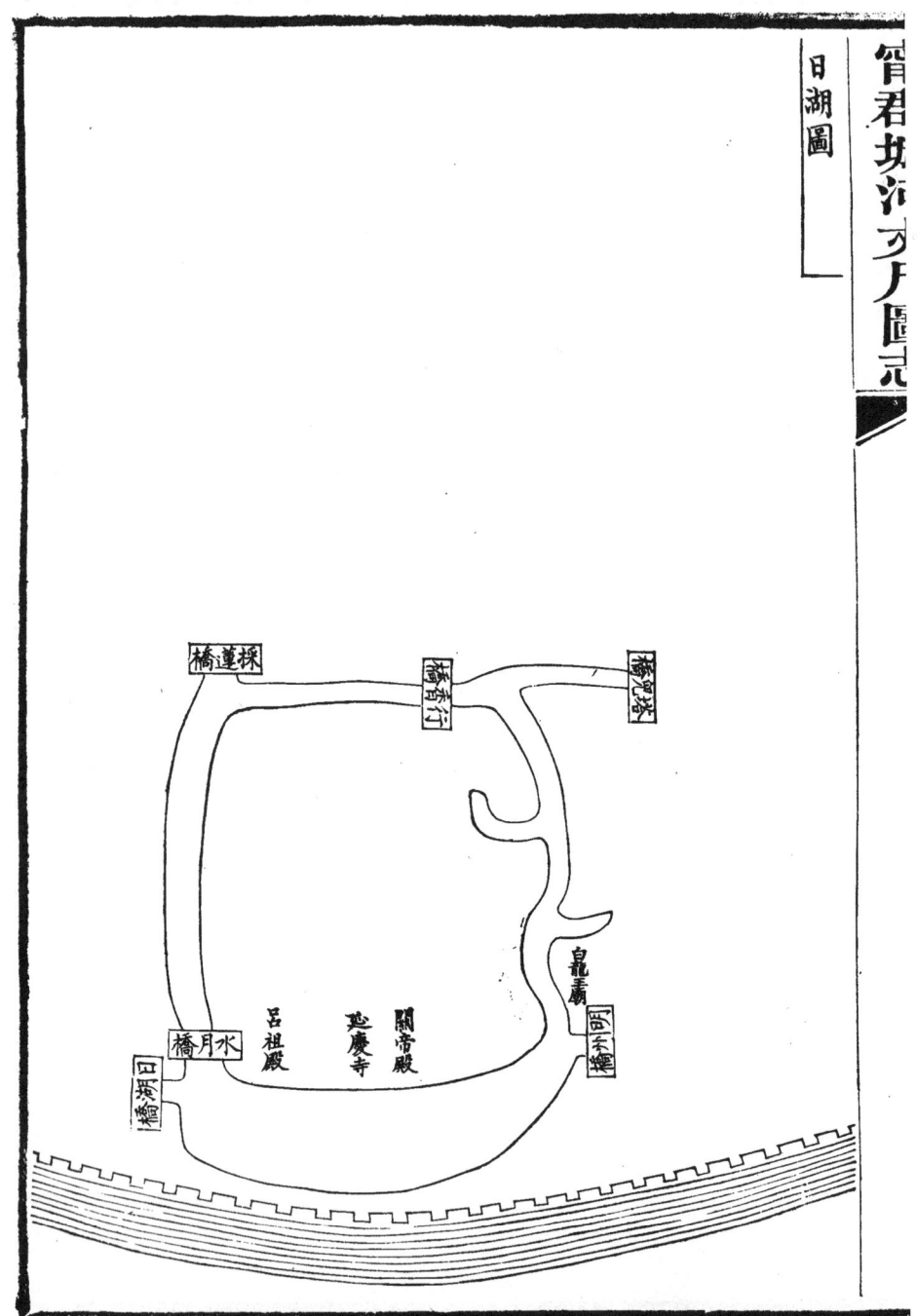

日湖　西至日湖橋東至明州橋其支二一自水月橋北流抵採蓮橋東流爲渠達塔兒橋一自白龍王廟側蜿蜒北流達行香橋合塔兒橋之水

日湖橋至明州橋

共長柒拾捌丈計分叁段內第壹段長肆拾丈西闊（水月橋抵城下）拾貳丈中闊（呂祖殿前抵城下）拾肆丈貳尺又闊（延慶寺前抵城下）拾貳丈伍尺東闊（關帝殿東側抵城下）捌丈伍尺第貳段長叁拾丈伍尺西闊（延慶寺園地抵城下）陸丈伍尺中闊（白龍王廟側抵城下）伍丈東闊（白龍王廟側抵延慶寺園地）肆丈第叁段長柒丈伍尺（白龍王廟內）西闊壹丈壹尺伍寸中闊壹丈壹尺伍寸東闊壹丈叁尺以上湖濱深柒尺湖心深壹丈捌尺

白龍王廟內龍潭一條

長玖丈闊肆尺

水月橋至採蓮橋

甯郡城河丈尺圖志

共長玖拾貳丈計分陸段內第壹段長貳拾伍丈南闊叄丈中闊肆丈伍尺北闊肆丈伍尺第貳段長拾捌丈南闊叄丈伍尺中闊叄丈北闊貳丈玖尺第叄段長拾丈南闊叄丈貳尺中闊叄丈壹尺北闊貳丈陸尺伍寸第肆段長拾丈南闊叄丈中闊貳丈陸尺伍寸北闊貳丈貳尺伍寸第伍段長拾肆丈南闊貳丈陸尺中闊貳丈肆尺伍寸北闊貳丈柒尺第陸段長拾伍丈南闊貳丈陸尺伍寸中闊貳丈伍尺伍寸北闊壹丈捌尺以上皆濬深壹丈

採蓮橋至行香橋

共長陸拾肆丈柒尺計分柒段內第壹段長柒丈西闊伍丈中闊肆丈貳尺東闊叄丈玖尺伍寸第貳段長伍丈西闊貳丈陸尺東闊貳丈壹尺第叄段長柒丈伍尺西闊壹丈柒尺中闊壹丈玖尺東闊貳丈壹尺第肆段長伍丈西闊壹丈柒尺伍寸中闊壹丈伍尺東闊壹丈伍尺伍寸第伍段

水倉長拾丈西闊叁丈中闊貳丈捌尺東闊貳丈柒尺第陸段長貳拾丈西闊貳丈肆尺伍寸中闊貳丈肆尺又闊貳丈壹尺東闊壹丈柒尺第柒段長拾丈貳尺西闊壹丈柒尺中闊壹丈肆尺東闊壹丈叁尺以上皆濬深玖尺

行香橋至塔兒橋

共長伍拾捌丈貳尺計分伍段內第壹段長柒丈西闊壹丈貳尺中闊壹丈叁尺東闊壹丈肆尺第貳段長柒丈西闊壹丈肆尺中闊壹丈叁尺伍寸東闊壹丈貳尺第叁段長貳拾壹丈西闊壹丈肆尺中闊壹丈貳尺東闊壹丈叁尺第肆段長拾柒丈西闊壹丈貳尺中闊壹丈叁尺東闊壹丈壹尺第伍段長陸丈貳尺西闊壹丈柒尺中闊壹丈柒尺東闊壹丈柒尺

以上皆濬深玖尺

白龍王廟側至行香橋港口

共長柒拾壹丈捌尺計分捌段內第壹段長肆丈伍尺南闊叁丈玖尺北闊叁丈陸尺第貳段長拾貳丈南闊貳丈捌尺中闊貳丈陸尺北闊貳丈貳尺第叁段長拾壹丈捌尺南闊貳丈捌尺中闊貳丈肆尺北闊貳丈叁尺第肆段長拾壹丈南闊貳丈壹尺中闊貳丈陸尺北闊肆丈肆尺第伍段長拾丈伍尺南闊貳丈柒尺中闊貳丈伍尺北闊貳丈貳尺第陸段長柒丈南闊壹丈肆尺中闊壹丈陸尺北闊貳丈第柒段長伍丈南闊壹丈壹尺中闊壹丈陸尺北闊貳丈第捌段長拾丈南闊貳丈貳尺中闊貳丈伍尺北闊肆丈以上皆濬深玖尺

觀堂前漕一條

長拾陸丈柒尺東闊壹丈壹尺伍寸中闊壹丈壹尺西闊壹丈貳尺伍寸濬深伍尺

月湖圖

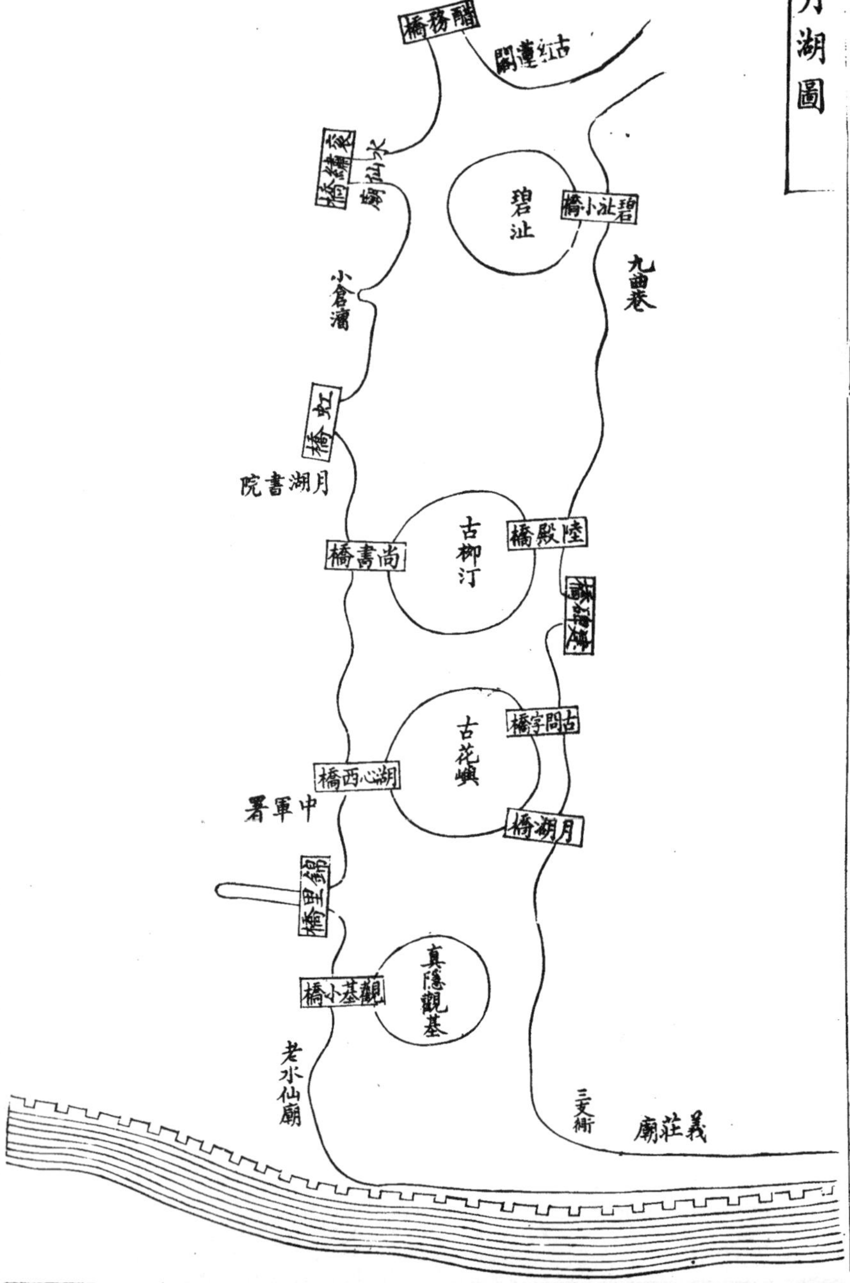
古紅蓮閣
水仙廟
碧沚
碧沚小橋
九曲巷
小倉衕
虹橋
月湖書院
尚書橋
古柳汀
陸殿橋
古花嶼
古問字橋
湖心西橋
中軍署
月湖橋
錦里橋
真隱觀基
觀基小橋
老水仙廟
三支街
義莊廟

月湖　北至醋務橋入西水關裏河北東經古紅蓮閣至平橋水則南流東注

經義莊廟入南水關裏河

醋務橋至紅蓮閣西側

長貳拾陸丈西北闊壹丈捌尺中闊壹丈玖尺東南闊貳丈陸尺伍寸深壹丈

紅蓮閣西側至袞繡橋港口

共長貳拾伍丈計分貳段內第壹段長拾丈北闊（紅蓮閣西側抵東側）拾陸丈南闊（水仙廟北抵東岸）拾陸丈伍尺第貳段長拾伍丈北闊肆丈中闊伍丈南闊伍丈肆尺以上湖濱深肆尺湖心深貳丈

袞繡橋港口至虹橋港口

共長玖拾陸丈伍尺計分貳段內第壹段長貳拾伍丈北闊伍丈伍尺中闊柒丈南闊柒丈伍尺第貳段長柒拾壹丈伍尺北闊（潘宅前抵後所營房衕底）叁拾

伍丈南闊江祠前抵徐祠前伍拾肆丈伍尺以上湖濱深伍尺湖心深貳丈

虹橋港口至尙書橋

共長陸拾伍丈計分貳段內第壹段長肆拾陸丈北闊月湖書院前抵東岸伍拾肆丈南闊觀察第前抵東岸伍拾壹丈第貳段長拾玖丈北闊拾捌丈中闊拾陸丈伍尺南闊拾肆丈以上湖濱深肆尺湖心深貳丈

尙書橋至湖心西橋

共長柒拾丈計分叁段內第壹段長拾壹丈北闊拾肆丈中闊拾捌丈南闊拾捌丈第貳段長拾叁丈伍尺北闊小巷衞南抵東岸肆拾肆丈南闊陳宅門前抵東岸肆拾伍丈第叁段長肆拾伍丈伍尺北闊貳拾丈中闊拾捌丈叉闊拾陸丈伍尺南闊拾肆丈以上湖濱深伍尺湖心深貳丈

湖心西橋至錦里橋

長叁拾陸丈北闊中軍署前抵東岸叁拾捌丈南闊錦里橋抵東岸叁拾捌丈湖濱深伍

尺伍寸湖心深貳丈

錦里橋內漕一條

長拾玖丈橋口闊捌尺伍寸中闊壹丈柒尺漕底闊壹丈陸尺深柒尺

錦里橋至南城下

共長捌拾丈計分貳段內第壹段長叁拾貳丈北闊陸丈伍尺中闊柒丈南闊捌丈伍尺第貳段長肆拾捌丈北闊（老水仙廟抵三支衕底）叁拾捌丈中闊肆拾丈南闊（南城下西岸抵東岸）肆拾柒丈以上湖濱深伍尺湖心深貳丈

南城下至義莊廟前

長伍拾叁丈西闊拾丈中闊玖丈東闊捌丈湖濱深伍尺湖心深壹丈伍尺

觀基東港滙角至月湖橋

共長壹百叁丈伍尺計分叁段內第壹段長叁拾伍丈南闊見上（南城下東岸抵）

西岸中闊見上北闊見上三支衕底抵老水仙廟第貳段長叁拾丈南闊玖丈伍尺中闊捌丈北闊柒丈伍尺第叁段長叁拾捌丈伍尺南闊見上東岸抵錦里橋北闊見上東岸抵中軍醫前以上湖濱深伍尺湖心深貳丈

月湖橋至古問字橋

共長伍拾肆丈計分叁段內第壹段長柒丈南闊肆丈北闊叁丈陸尺第貳段長貳拾貳丈南闊貳丈捌尺中闊叁丈貳尺北闊貳丈捌尺第叁段長貳拾伍丈南闊貳丈捌尺伍寸中闊叁丈北闊叁丈叁尺以上深伍尺伍寸

古問字橋至建碑橋

共長叁拾捌丈伍尺計分叁段內第壹段長拾丈南闊肆丈捌尺中闊肆丈伍尺北闊伍丈肆尺第貳段長拾叁丈伍尺南闊見上東岸抵陳宅門前北闊見上東岸抵小巷衕南首第叁段長拾伍丈南闊伍丈伍尺中闊陸丈伍尺北闊柒

丈以上湖濱深伍尺伍寸湖心深貳丈

建碑橋至陸殿橋

長貳丈伍尺南闊叁丈伍尺北闊叁丈伍尺

陸殿橋至碧沚小橋

共長壹百貳拾捌丈計分叁段內第壹段長拾捌丈南闊叁丈伍尺中闊叁丈捌尺北闊肆丈貳尺第貳段長壹百貳丈南闊見上（東岸抵觀察第）中闊見上（東岸抵月湖書院）北闊見上（後所營房衞底抵潘宅前）第叁段長捌丈南闊陸丈伍尺中闊陸丈北闊肆丈伍尺以上湖濱深伍尺湖心深貳丈

碧沚小橋至紅蓮閣東側（通平橋河）

共長叁拾捌丈計分貳段內第壹段長貳拾捌丈南闊肆丈中闊肆丈肆尺北闊叁丈貳尺第貳段長拾丈南闊見上（東岸抵水仙廟北）北闊見上（紅蓮閣東側抵西側）以上湖濱深肆尺湖心深貳丈

紅蓮閣前至碧沚後拾丈

碧沚前至古柳汀後壹百貳丈

古柳汀前至古花嶼後拾叁丈伍尺

古花嶼前至眞隱觀基後叁拾捌丈

眞隱觀基前至南城下肆拾捌丈伍尺

以上各段淺處待濬

甯郡城河水利圖志

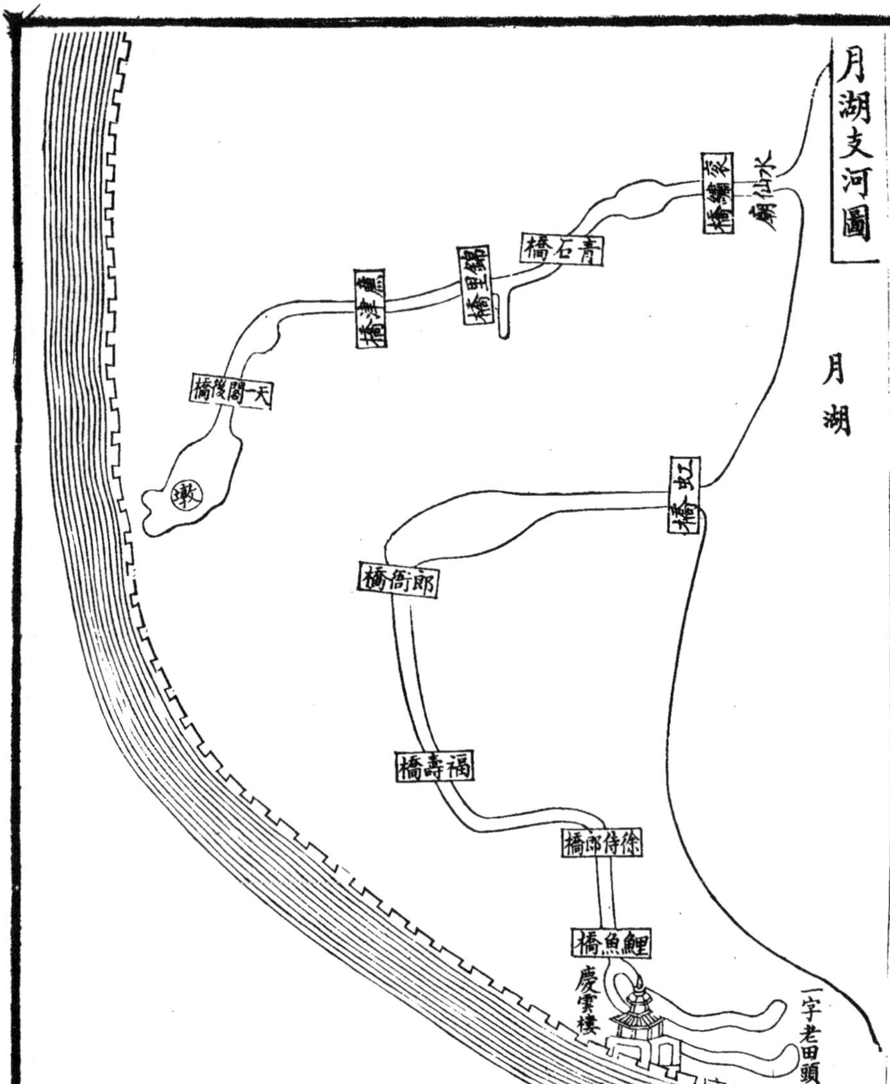

月湖支河　支河二一自袞繡橋西流抵法雲菴前漕一自虹橋西流經郎衙

橋南流東注近慶雲樓下分兩歧東流爲大溝達一字老田頭

水仙廟閣下至袞繡橋

共長拾叁丈伍尺計分貳段内第壹段長叁丈伍尺東闊壹丈陸尺中闊

壹丈貳尺西闊壹丈貳尺伍寸第貳段長拾丈東闊壹丈肆尺中闊壹丈

壹尺西闊壹丈叁尺以上皆濬深玖尺

袞繡橋至青石橋

共長肆拾肆丈伍尺計分伍段内第壹段長拾壹丈東闊壹丈肆尺中闊

壹丈壹尺西闊壹丈肆尺第貳段長玖丈東闊貳丈叁尺中闊貳丈西闊

貳丈第叁段長陸丈東闊壹丈叁尺西闊壹丈貳尺第肆段水倉長玖丈

伍尺東闊肆丈中闊肆丈西闊肆丈貳尺第伍段長玖丈北闊壹丈叁尺

中闊壹丈叁尺南闊壹丈叁尺以上皆濬深玖尺

青石橋至錦里橋

共長叁拾陸丈計分伍段內第壹段長玖丈東北闊壹丈肆尺中闊壹丈叁尺西南闊壹丈壹尺第貳段長伍丈東北闊壹丈中闊壹丈壹尺西南闊壹丈壹尺第叁段長肆丈捌尺東北闊壹丈中闊壹丈貳尺西南闊壹丈叁尺第肆段長玖丈伍尺東闊壹丈肆尺中闊壹丈伍尺西闊貳丈壹尺第伍段長柒丈柒尺東闊貳丈壹尺中闊貳丈貳尺西闊貳丈伍尺以上皆濬深壹丈

錦里橋南首漕

長肆丈玖尺北闊壹丈貳尺伍寸南闊壹丈貳尺伍寸濬深玖尺

錦里橋至廉津橋

共長叁拾玖丈計分陸段內第壹段長叁丈伍尺東闊貳丈陸尺西闊貳丈壹尺第貳段長柒丈東闊壹丈陸尺中闊壹丈柒尺西闊貳丈伍尺第

叁段長伍丈東闊貳丈伍尺西闊叁丈伍尺第肆段長拾丈東闊叁丈伍尺中闊叁丈伍尺西闊叁丈伍尺第伍段長柒丈東闊叁丈中闊貳丈捌尺西闊貳丈陸尺第陸段長陸丈伍尺東闊貳丈陸尺中闊貳丈貳尺西闊壹丈玖尺以上皆濬深壹丈

廉津橋至天一閣後宅小橋

共長肆拾肆丈陸尺計分叁段內第壹段長貳拾肆丈東闊貳丈叁尺中闊壹丈陸尺西闊壹丈伍尺第貳段長玖丈捌尺東闊壹丈伍尺中闊壹丈陸尺又闊壹丈柒尺又闊壹丈叁尺西闊壹丈第叁段長拾丈捌尺北闊肆丈中闊肆丈南闊肆丈以上皆濬深玖尺

小橋至法雲菴前漕

共長肆拾陸丈計分叁段內第壹段長叁丈伍尺北闊玖尺伍寸中闊壹丈南闊壹丈貳尺第貳段長貳拾丈北闊肆丈伍尺中闊肆丈柒尺南闊

伍丈伍尺第叁段長貳拾貳丈伍尺北闊壹丈肆尺中闊壹丈叁尺南闊壹丈貳尺伍寸以上皆濬深柒尺

虹橋至馬衙漕港口

共長陸拾陸丈伍尺計分玖段內第壹段長玖丈東闊貳丈陸尺中闊壹丈柒尺西闊壹丈貳尺第貳段長拾壹丈東闊壹丈貳尺中闊壹丈柒尺西闊壹丈陸尺第叁段長捌丈東闊壹丈陸尺中闊壹丈陸尺西闊壹丈陸尺第肆段長玖丈伍尺東闊壹丈柒尺中闊壹丈玖尺西闊貳丈伍寸第伍段長玖丈東闊貳丈中闊貳丈西闊壹丈玖尺第陸段長伍丈東闊壹丈玖尺西闊壹丈玖尺第柒段長叁丈東闊壹丈捌尺西闊壹丈捌尺第捌段長柒丈東闊貳丈壹尺中闊貳丈西闊壹丈玖尺伍寸第玖段長伍丈東闊貳丈伍尺西闊貳丈柒尺以上皆濬深玖尺

馬衙漕港口至郎衙橋

共長肆拾叁丈伍尺計分貳段內第壹段長陸丈伍尺東闊肆丈中闊肆丈西闊肆丈貳尺第貳段長叁拾柒丈東闊拾陸丈伍尺中闊拾陸丈西闊拾陸丈以上皆濬深玖尺

郎衙橋至福壽橋

共長伍拾肆丈計分叁段內第壹段長拾伍丈叁尺北闊貳丈中闊壹丈伍尺又闊壹丈陸尺南闊壹丈捌尺第貳段長拾貳丈柒尺北闊壹丈玖尺中闊貳丈叁尺南闊貳丈玖尺第叁段長貳拾陸丈北闊肆丈貳尺中闊肆丈伍尺又闊伍丈又闊叁丈南闊壹丈叁尺以上皆濬深玖尺

福壽橋至徐侍郎橋

共長伍拾叁丈柒尺計分叁段內第壹段長叁拾貳丈柒尺北闊壹丈陸尺中闊貳丈伍尺又闊伍丈又闊叁丈伍尺南闊貳丈伍尺第貳段長拾捌丈柒尺西闊壹丈壹尺中闊壹丈又闊玖尺東闊捌尺伍寸第叁段長

貳丈叁尺北闊陸尺中闊伍尺伍寸南闊陸尺以上皆深肆尺

徐侍郎橋至鯉魚橋

共長叁拾叁丈伍尺計分貳段內第壹段長貳拾伍丈伍尺北闊肆尺伍寸中闊伍尺又闊陸尺南闊伍尺第貳段長捌丈北闊伍尺伍寸中闊陸尺又闊捌尺南闊壹丈以上皆深肆尺

鯉魚橋至慶雲樓前叉港

長伍丈東北闊壹丈中闊捌尺西南闊柒尺

北大溝至池

共長陸拾叁丈西南闊伍尺中闊肆尺又闊叁尺東北闊叁尺伍寸深叁尺

南大溝至城下漕

共長柒拾柒丈西北闊肆尺中闊叁尺又闊貳尺東南闊貳尺深叁尺

寧郡城河丈尺圖志 卷二 三喉出城圖

三十六

三喉出城圖

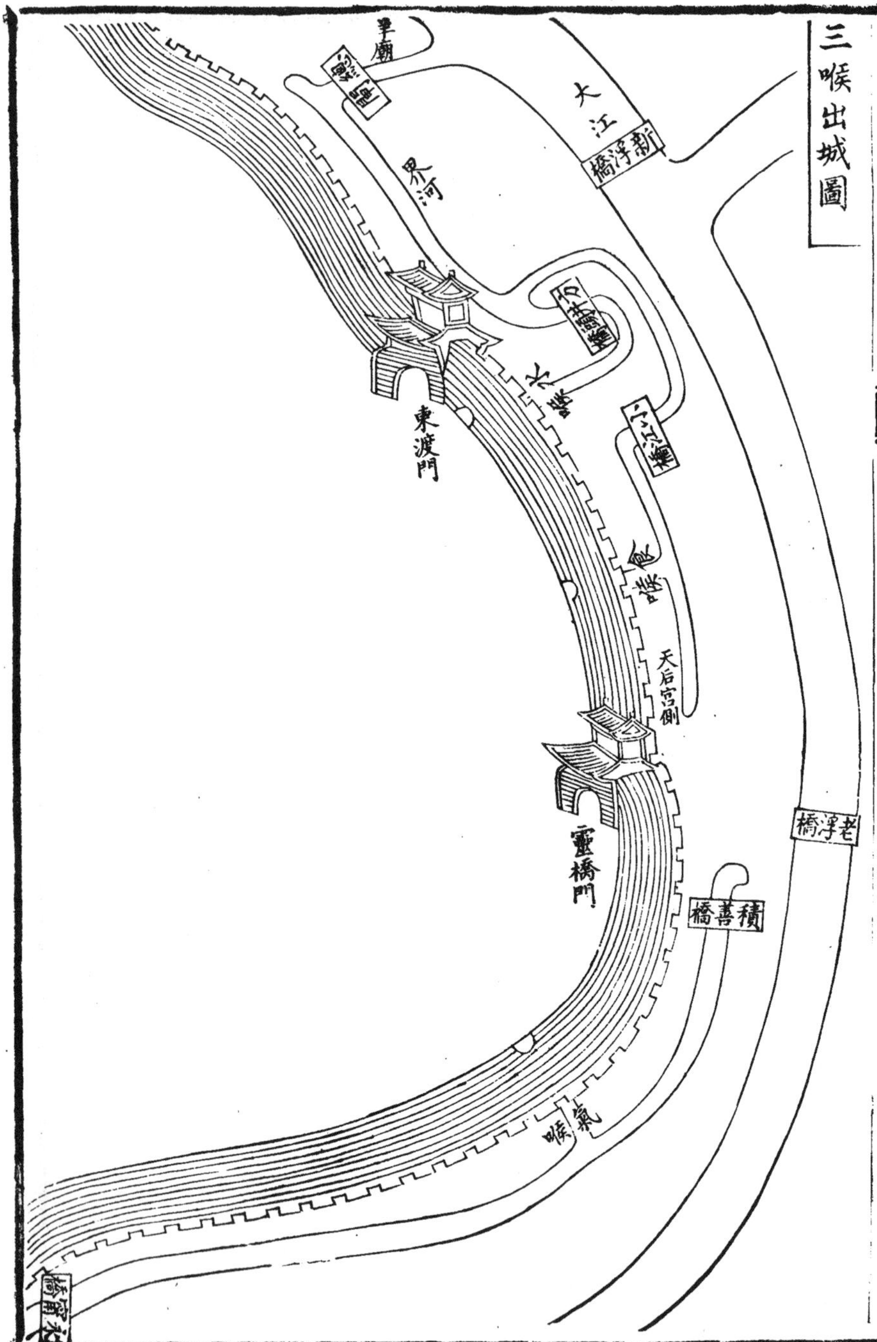

三喉出城　氣喉出城北流至靈橋門南首濠河南達永甯橋爲南水關外濠河食喉出城南流至天后宮側北流經小江橋至方井頭合水喉之水水喉出城北流曲折至方井頭合食喉之水北入界河直至總閘東入於江

氣喉北流至積善橋內漕

共長壹百貳拾丈貳尺計分伍段內第壹段長貳丈柒尺西闊壹丈壹尺伍寸東闊貳丈叁尺第貳段長叁拾捌丈南闊伍丈伍尺中闊陸丈北闊伍丈捌尺第叁段長叁拾貳丈玖尺南闊伍丈伍尺中闊伍丈北闊伍丈第肆段長叁拾伍丈南闊伍丈叁尺中闊肆丈捌尺北闊肆丈貳尺第伍段長拾壹丈陸尺南闊肆丈中闊肆丈肆尺北闊柒丈貳尺以上皆濬深捌尺

氣喉南流至永甯橋

共長叁百陸丈計分肆段內第壹段長玖拾伍丈北闊陸丈伍尺中闊陸

丈南闊陸丈第貳段長捌拾丈北闊伍丈伍尺中闊伍丈南闊伍丈貳尺第叁段長捌拾丈北闊伍丈中闊肆丈捌尺南闊伍丈貳尺第肆段長伍拾壹丈東南闊伍丈伍尺中闊陸丈伍尺又闊柒丈又闊捌丈伍尺西北闊拾肆丈以上皆濬深玖尺

食喉南流至天后宮側

共長柒拾丈肆尺計分肆段內第壹段長伍丈食喉外口西闊伍尺伍寸東闊陸尺第貳段長柒丈貳尺北闊壹丈中闊壹丈壹尺南闊壹丈貳尺第叁段長肆拾丈北闊壹丈叁尺中闊壹丈肆尺又闊壹丈伍尺南闊壹丈叁尺伍寸第肆段長拾捌丈貳尺北闊壹丈壹尺伍寸中闊壹丈壹尺南闊壹丈以上皆濬深捌尺

食喉北流至小江橋

共長肆拾玖丈計分叁段內第壹段長貳拾玖丈南闊壹丈中闊壹丈壹

尺伍寸北闊壹丈貳尺第貳段長拾柒丈捌尺南闊壹丈貳尺中闊壹丈壹尺伍寸北闊壹丈壹尺第叁段長貳丈貳尺西闊壹丈伍寸東闊壹丈貳尺以上皆濬深捌尺

小江橋至水喉滙合處

共長貳拾貳丈捌尺計分貳段內第壹段長拾壹丈捌尺西闊壹丈貳尺中闊壹丈叁尺東闊壹丈貳尺第貳段長拾壹丈南闊壹丈壹尺中闊壹丈伍寸北闊壹丈壹尺以上皆濬深壹丈

水喉穿城至城脚外口

長拾捌丈伍尺西闊捌尺伍寸中闊捌尺東闊捌尺濬深壹丈

城脚外口至方井頭小橋

共長伍拾壹丈計分肆段內第壹段長玖丈西闊捌尺中闊玖尺東闊壹丈伍寸第貳段長貳拾丈南闊壹丈壹尺伍寸中闊壹丈貳尺北闊壹丈

叁尺第叁段長拾貳丈西闊壹丈壹尺中闊壹丈伍寸東闊壹丈第肆段長拾丈東南闊壹丈壹尺伍寸中闊壹丈貳尺西闊壹丈壹尺伍寸以上皆濬深壹丈

方井頭小橋至江東廟前

共長叁拾貳丈計分貳段內第壹段長拾貳丈西南闊柒尺中闊玖尺東北闊壹丈伍寸第貳段長貳拾丈南闊壹丈貳尺中闊壹丈壹尺伍寸北闊壹丈貳尺以上皆濬深壹丈

江東廟北首至舊道廠基

共長叁拾玖丈計分貳段內第壹段長拾玖丈東闊壹丈壹尺伍寸中闊壹丈貳尺西闊壹丈壹尺伍寸第貳段長貳拾丈東闊壹丈貳尺中闊壹丈壹尺西闊壹丈壹尺伍寸以上皆濬深壹丈

道廠基北首至羊廟浦閘

共長貳百叄拾陸丈陸尺計分肆段內第壹段長柒拾伍丈陸尺東闊壹丈貳尺中闊壹丈壹尺伍寸西闊壹丈壹尺伍寸第貳段長柒拾伍丈東闊壹丈壹尺伍寸中闊壹丈貳尺西闊壹丈貳尺伍寸第叄段長捌拾丈東闊壹丈叄尺中闊壹丈貳尺又闊壹丈伍寸西闊壹丈壹尺第肆段長陸丈南闊壹丈伍寸中闊壹丈北闊玖尺以上皆濬深壹丈

浦口出江

長貳拾叄丈南闊玖尺中闊壹丈又闊壹丈壹尺又闊壹丈伍寸北闊壹丈叄尺伍寸濬深壹丈貳尺

三十三年十一月

竹洲文獻

錢罕謹署

中華民國二十五年本校二十五周紀念日鄞縣縣立女子中學校友會印

序

吾友楊君端虛以近所編次竹洲文獻二卷見示而屬余序之乃不辭而言曰竹洲地小而幽水石清曠花竹掩映迴出塵表爲月湖十景之一自宋慶歷淳熙諸先生講學而後歷元涉明代有名賢碩儒談道講藝於其間清全謝山先生以此爲別業端居著述以餉後學厥後宗湘文太守闢爲辨志書院延定海黃儆季先生主講漢學故竹洲雖小嶼繫吾鄞文化甚鉅不啻一邑之鄒魯豈若芙蓉菊花諸洲僅以名勝著哉今端虛長女子中學適當昔賢留寓之地因欽慕昔賢之心乃纂輯是編先之以竹洲記略次之以諸賢之詩文復冠之以畫像用力搜求裒然成帙先是端虛於邑西郊蔓草荒煙中訪得萬氏白雲莊遺址及白雲先生冢墓爲文以記之今又成是編徵文考獻若是其勤可謂端愨有道之士矣昔趙文子與叔譽觀於九原曰死者如可作也我則爲隨武子古之君子嚴于其國之先賢也如此吾端虛猶此志也讀是編者緬古人之流

風遺澤當感發而興起矣豈徒有裨于吾鄞掌故而已哉民國二十三年十二

月蔡和鏗

竹洲文獻目錄

序

鄞女中校友會印

宋袁正獻公燮畫象

宋主管千秋鴻禧觀史公守之畫象

明陸康僖公瑜畫象

明刑部員外郎黃公景嵗畫象

明辰州府知府屠公本畯畫象

明萬都督邦孚畫象

清全吉士祖望畫象

清處州教授黃公以周畫象

竹洲聯額碑碣

辨志精舍楹聯　王仁堪

師竹樓額　陳　豪

鄞縣縣立女子中學新建校舍碑記　沙文若

鄞女中校友會印

又一絕 宋史浩

走筆次韻張以道 宋史浩

與東湖壽老 宋史浩

竹院上梁文 宋史浩

建新第奉安四明山王幷謝遺塵先生神像文 宋史浩

眞隱園銘有序 宋史浩

划船致語 宋史浩

划船致語 宋史浩

泛舟至竹洲叔晦所居 宋呂祖儉

上史太傅 宋樓鑰

嵩嶽圖有序 宋樓鑰

跋先大父嵩嶽圖 宋樓鑰

竹洲晏尚書廟碑　清　全祖望

慶歷五先生書院記　清　全祖望

淳熙四先生祠堂碑文　清　全祖望

淳熙四先生祠堂碑陰文　清　全祖望

竹洲三先生書院記　清　全祖望

大愚呂忠公祠堂碑文　清　全祖望

眞隱觀洞天古蹟記　清　全祖望

史忠定公洞天　清　全祖望

湖語節錄　清　全祖望

樓宣獻登封閣　清　全祖望

樓氏晝錦堂跋　清　全祖望

第九洞天私印銘　清　全祖望

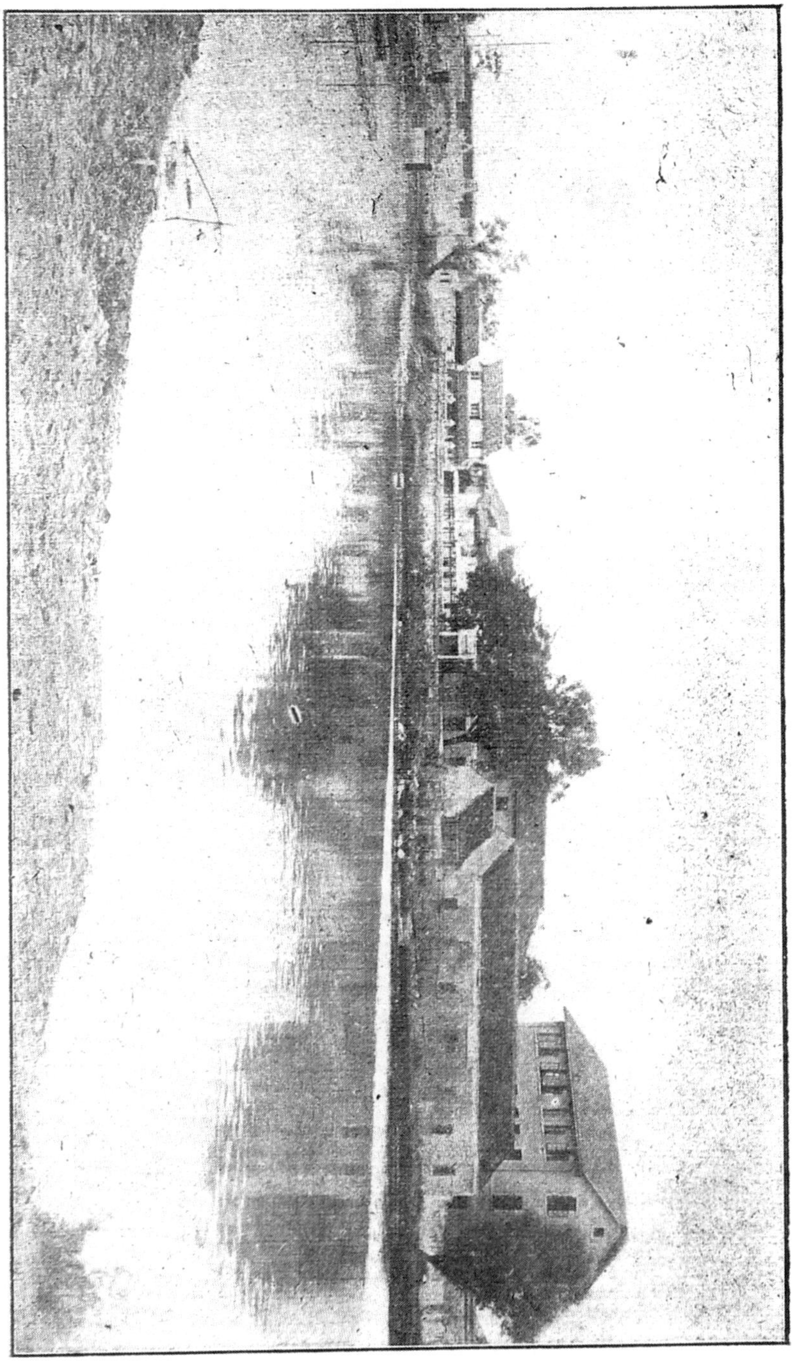

竹洲風景

自桃花隄北望之景

竹洲風景

自花嶼南望之景

宋樓楚公昇畫象

宋豐清敏公稷塑象

宋知興化軍袁公毅畫象

宋史忠定公浩畫象

宋沈端憲公煥畫象

宋楊文元公簡畫象

宋袁正獻公燮畫象

宋主管千秋鴻禧觀史公守之畫象

明陸康僖公瑜畫象

明刑部員外郎黃公景峩畫象

明辰州府知府署公本晙畫象

明萬都督邦孚畫象

清全吉士祖望畫象

清處州教授黃公以周畫象

歸竹樓

鄞縣縣立女子中學新建學舍碑記

鄞縣縣立女子中學新建學舍碑記

鄞縣縣立女子中學前曰寧波市市立女子中學又前曰舊寧屬縣立女子師範學校地當月湖之竹洲蓋宋真隱觀清辨志精舍故址城南一隅水木清華累代作人育士所也中華民國十七年八月楊菊庭先生來為校長鑒於吾鄉女子中等教育之式微而環市七縣人口數百萬女子完全中學僅此一所每春秋始業應試者踵屬錄取率不過什四五先生患之頗欲加以擴充莫亟非學舍之增建以資無所出乃集鄉人士為徵募委員會推羅東里先生為委員長王問涵先生為總隊長徐雯臣周子材兩先生主出納林孔禧王頌孚兩先生董工程諸鄉人及校之教員職員畢業肄業學生分執徵募之役都得銀二萬八千八百四十四圓強而蔣介石徐慶雲王問涵金廷蓀杜月笙周宗良周枕琴陳布雷胡炳田陳蓉館諸先生及蔡琴孫王達年兩先生之母夫人輸財最多贊助最力計先後增建樓舍三重者一二重者二橋一其他門垣庖湢之屬稱是孫總理紀念堂體育場展拓而大之以二十一年十月工訖吾國女學自宋以後無所聞清季瀛海交通始稍稍規效西人而為女子立學迄於今茲男女平等之義亦既家諭而戶曉矣顧自男女共學制行女子專校幾無復有所踵立男校固不盡兼納女生其兼納者女生恆居甚少數名為平等適減少女子升學之途耳且女子教育自有特性適於男者不皆適於女並世學者多能言其故然則謂女子專校不需要於今代者是目論也斯校當十六年政革之際弦誦亦幾幾罷掇矣楊先生至煥然乃合鄉人士之力規度而光大之為斯校樹百年之基址殊足為吾鄉女子教育前途慶矣於是乎記

中華民國二十一年十一月上石　縣人沙文若撰并書

竹洲文獻

卷第一

竹洲紀略 并註

鄞楊貽誠菊庭譔

月湖十洲在宋時卽爲東南名勝竹洲舊曰松島居十洲之最南風景尤爲清幽四面環水其東爲竹嶼其北爲花嶼其西爲煙嶼而桃花堤由煙嶼蜿蜒而南隔湖相望

史浩四明新第上梁文云四明一湖適潴郭內十洲三島俱峙水中

袁燮資政殿大學士贈少師樓公行狀云四明他山源泉注於城中匯而爲湖舊有十洲三島之勝

誠案竹嶼今王家墩三支弄等處烟嶼今桂花井嶼底等處花嶼卽今月湖橋湖心橋間之懸水地人有誤爲月島者月島實今花果園廟附近地也桃花堤卽自嶼底水仙宮直達舊長春門沿城基之狹長曠地

誠案月湖亦曰西湖又曰鑑湖宋舒亶有西湖紀略周鍔有詠西湖詩明王嗣奭有鑑湖松島歌宗誼有鑑湖久不屬目有懷往事書寄曉山詩陳士繡有秋夜鑑湖卽景詩淸袁德峻有西湖十洲詩全祖望有鄞西湖十洲志

淸董正國湖上感懷宗正庵先生詩曰不負鑑湖水先生住此中顧逸虹橋觀競渡詩曰鑑湖徹曉霜飛冷一道長虹亙秋影

考之載籍五代以前文獻無徵

舒亶西湖記略云是湖本末圖誌所不載其經始之人與其歲月皆莫得而考而全祖望湖語則云湖之始蓋自有唐王大令君照之所權輿宋去古較近故舒說似較可據

宋慶歷間王司封周典鄉郡卜居於此於是其地始有晝錦堂

見寶慶四明志及光緒奉化縣志王周奉化人宋大中祥符進士以司封郎中典鄉郡徙居鄞

誠案徐兆昺四明談助云晝錦坊為王周之坊在靈應大廟之右今大廟橋亦稱晝錦橋其居第為松島樓楚公晝錦堂乃其故址寶慶四明志云政和中樓楚公守郡五年所居號晝錦坊全祖望湖語云前王後樓晝錦之府

又樓氏晝錦堂跋云吾鄉以晝錦著自王太守周始故談助有晝錦堂王氏之目然則晝錦二字固並屬於王樓二氏者也

既而樓西湖先生郁在此講學豐稷袁轂舒亶皆從之遊當時慶歷五先生並起甬上開浙東理學之先河濂洛之學方萌芽而未茁也

見全祖望慶歷五先生書院記樓鑰息齋春秋集註序云吾鄉四明慶歷皇祐間杜楊二王及我高祖正議號五先生俱以文學行誼表率於鄉

全祖望湖語云慶歷之師儒五而樓氏居其一實自剡源來斅敎澤豐袁之源流所自集分樓郁字子文奉化人徙居鄞其為學貫穿浹洽務極於理王安石令鄞甚尊禮之慶歷中為郡縣敎授先後三十餘年有一時英俊如豐稷袁轂羅適舒亶翟皆出其門登皇祐進士官至大理評事卒贈正議大夫學者稱西湖先生與楊大隱先生適杜石臺先生醇王鄞江先生致王桃源先生說合稱慶歷五先生著有正議集

厥後劉埕王亘舒亶陳瓘有詩記其盛蓋自元祐間守劉淑浚湖廣為十洲劉埕繼守告厥成功而西湖始稱盛當代則松島之擅勝於月湖二劉之功固不可沒也

舒亶西湖記略云元祐癸酉劉侯純父疏浚西湖因其積土廣爲十洲
全祖望西湖十洲志云鄞西湖之勝至宋元祐間而極盛

全祖望湖語云廣洲成十二劉所圖

政和間西湖之孫楚公昇繼司封領鄉郡因其故址築晝錦堂紫翠亭墨莊

全祖望句餘土音史忠定公洞天註云竹洲先爲正議樓公講舍正議之孫墨莊所建晝錦堂紫翠亭皆在焉後歸史越王遂稱洞天

全祖望西湖𡢃堂記云𡢃堂在錦里橋之南居人呼之曰㟴底以其爲島嶼之盡境也實與樓楚公晝錦堂紫翠亭墨莊相望

樓昇字試可登元豐進士知明州墾廣德湖田七百二十頃湖水盡泄自是苦旱以善理城戍進徽猷閣直學士知平江府卒即今鄞西豐惠廟俗稱樓太師廟所奉祀者

又建錦照堂懷綬軒刻祐陵御製其上中燬於兵隆興初趙子潚知郡事重新之自是松島乃名竹洲

見袁燮資政殿大學士贈少師樓公行狀

誠案松島更名竹洲有二說一見袁燮資政殿大學士贈少師樓公行狀謂趙子潚知郡事更名竹洲一見全祖望西湖十洲志謂自史氏築眞隱觀後松島始改名竹洲惟史忠定之丏間也孝宗賜以月湖竹洲一曲而詔臨安府以萬金爲治觀則竹洲之名已著於眞隱觀未成之前故前說爲較近

趙子潚字清卿宋宗室宣和進士官眞州刑曹椽改衢州推官累遷江淮轉運使積官龍圖閣學士知泉州卒

誠案寶慶四明志云南門內有錦照橋與正堂相直宅之後有錦照堂光緒鄞縣志謂竹洲別有錦照堂故錦照堂有二

全祖望湖語注云晝錦坊在西湖之南其東有錦照橋則南湖之交也其西有錦照堂則竹洲也

楚公之孫宣獻公鑰復葺之求奎書錦照東宮書懷綬以爲賜

見袁燮資政殿大學士贈少師樓公行狀

樓鑰字大防隆興進士知溫州光宗時擢起居郎兼中書舍人從容持正繳奏無所迴避遷給事中力薦眞德秀於朝德秀嘗曰聞公淸言竟日或極論達旦退而書紳不爲塗人之歸皆公之力也朱熹以忤韓侂胄除職請還講筵尋告歸寧宗時起翰林學士歷同知樞密院參知政事除資政殿大學士卒贈少師謚宣獻公潛心經學旁貫經史以及諸子百家故其爲文衆體兼備善書尤能詩罷官里居聚書東樓手自校讎稱善本扁其室曰攻媿齋自號攻媿主人著有范文正公年譜及攻媿集

並築登封閣仰嵩樓所謂樓三學士之東樓與史鴻禧之碧沚亭並峙湖上人稱爲南樓北史固赫然二大藏書家也

見全祖望湖語註

袁桷淸容居士集載樓楚公令登封得嵩山石以歸宣獻築樓扁曰登封而貯石於其上

袁燮資政殿大學士贈少師樓公行狀云宣獻藏書既富欲別貯之執政之次年東樓始成叢古今羣書其上而累奇石於前又取楚公令登封時所藏嵩嶽圖石刻列屏其下仍以仰嵩舊名名之

全祖望雙湖竹枝詞云東樓萬卷架渠渠知是樓三學士書註云宣獻公當時稱樓三學士

然則攻媿主人爲有宋鉅儒文章學術彪炳千古洵非偶然而竹洲之有東樓蓋不啻浙東之學府矣

誠案徐兆昺四明談助云樓安撫宅在竹嶼坐西灦湖宅後正對隔湖樓三學士宅又云樓三學士宅在舒官人宅（卽孏堂今粤底）之東灦湖宋王庭秀有同舍弟泛舟西湖登晝錦堂步至紫翠亭望孏堂景物懷故龍圖舒

先生詩則是從當日竹洲之晝錦堂紫翠亭可以望見烟嶼之嫺堂是嫺堂亦瀕湖也然則宣獻之宅必在竹嶼隔湖之西烟嶼隔湖之東而瀕湖故其地必在竹洲而不在竹嶼或烟嶼似無疑義而四明談助復因樓氏故居在竹嶼乃列登封閣仰嵩樓於竹嶼下又列樓三學士宅於烟嶼下實不可解

先時晏公敦復忤權貴被謫隱居於此後人追思之而立晏公廟

見全祖望竹洲晏尙書廟碑記晏敦復字景初臨川人爲程伊川高弟登紹興進士仕至吏部侍郎除給事中時秦檜主和議爭甚力乃以寶文閣直學士出知衢州提舉亳州明道宮既退閒來寓於鄞

史忠定公浩之告歸也孝宗賜以月湖竹洲一曲而詔臨安府以萬金爲治觀忠定乃因其故址建眞隱觀以爲四明洞天累石爲山引泉爲池取皮陸四明九咏彷彿其亭樹動植之形容而肖之於是觀中亦有四明窗鹿亭樊榭過雲南北潺湲洞靑欞鞠侯諸勝又造划船於湖上以修競渡故事孝宗乃御書眞隱二字賜之時光宗在東宮賜四明洞天四字忠定乃時與魏杞張良臣朱翊柴厓王季彝葛天民輩觴詠其間陸放翁來訪爲賦四明洞天詩張良臣鄭中卿爲賦四明九題詩忠定詩云不比桃源去路迷洞天乞得在湖西又云乞得

西湖養病身小園眞隱謾頤眞攻媿樓氏詩云相家小有四明山更葺桃源渺莽間又云但說一丘藏曲折誰知更有四明山謝山全氏詩云洞天在湖不在山竹洲之水淸且漣皆指此也

見史浩次韻鄭郎中四明九題及與東湖壽老及眞隱園銘樓鑰六老圖序上史太傅詩及題史子仁碧沚全祖望眞隱觀洞天古蹟記賦史忠定公洞天第九洞天私印銘南雷九題詩勾餘土音序及至正四明續志

全祖望鄮峯眞隱漫錄題詞云忠定家居築觀於月湖之南最稱佳勝即竹洲也誠案前辨志精舍大門有聯曰地仍眞隱觀門對讀書堂言竹洲史直翁眞隱觀與烟嶼舒信道嬾堂相隔一帶水也

全祖望寶奎廟碑記云忠定之眞隱觀雖在竹洲其實跨湖而東至今所稱花果園皆洞天之所包也

史浩字直翁學貫經史尤長詞曲自署鄮峯眞隱登紹興進士孝宗時入相持正不阿有昌明理學之功曾力薦朱晦翁呂東萊陸象山楊慈湖皆當代人望光宗時賜太師封會稽郡王致仕卒謚文惠既而追封越王改謚忠定著有論語口義尚書講義鄮峯眞隱漫錄

唐末謝高士遺壥嘗遯跡四明山忠定乃於洞天建祠以祀四明山王及高士之像謝山全氏謂其移洞天而招山靈蓋指實也

見全祖望湖語寶慶四明志載唐末謝遺壥居大雷以四明九題寄陸龜蒙皮日休兩公因爲賦之

忠定以甘盤舊學致仕家居昌明理學剏觀之右以居沈定川先生煥及其弟

季文先生炳當時淳熙四先生皆環湖而居各開講院定川居竹洲而楊慈湖先生簡在碧沚袁絜齋先生燮在樓氏精舍舒廣平先生璘雖常宦遊遠出而居第在湖上故亦時相過從定川與慈湖絜齋廣平同師陸文達而季文則師陸文安兄弟分宗二陸時金華呂大愚先生祖儉監明州米苗倉常扁舟往來湖上諸講院無日不會而在竹洲切磋尤篤定川常遊明招山與呂東萊先生祖謙極辨古今以求周覽博考之益然則陸學之盛於浙東亦固其所而沈氏之學實兼得明招一派亦於此可證矣

見全祖望竹洲三先生書院記大愚呂忠公祠堂碑銘及詠沈端憲公墓

全祖望湖語云四先生之講堂俱在湖上而竹洲一曲爲端憲之幽居

四庫全書總目載永樂大典本絜齋集二十四卷謂乾道淳熙間陸九淵以心學倡一世燮初與沈煥楊簡舒璘同師事之號金谿四高弟猶程門之有游楊呂謝也簡與璘各有集傳於後煥之著述久已不傳今亦無從蒐輯

袁燮題晦翁帖云呂子約爲倉官晦翁屢遺之書未嘗不拳拳於愚不肖後子約爲大府丞表對鯁切權臣惡之貶謫以死晦翁傷痛之與曾君道夫帖言之不置

沈煥字叔晦自定海徙鄞始入太學與臨川陸九臨爲友一日盡舍所學以師禮事焉務本趨實不務矜衒其敎人孜孜誨誘始終不倦常曰晝觀諸妻子夜卜諸夢寐兩者無媿始可以言學登乾道進士任舒州通判卒贈朝奉大夫直華文閣特謚端憲學者稱定川先生著有定川集

沈炳字季文師陸九淵務窮性理之學趙汝愚以遺逸薦不就固窮終其身
呂忠公祖儉字子約號大愚爲呂成公祖謙之弟定居於鄞以忤權臣貶謫以死子喬年爲定川婿能守家法

誠案淸光緒十三年王仁堪辨志精舍講堂柱聯云書校六經遺籍合搜眞隱錄徑開三益扁舟應識大愚來言當時定川季文與大愚論道之實況可謂深切蓋定川季文常於眞隱觀中之三益徑候大愚之扁舟來訪也現此聯特加意保存之碧沚卽芳草洲今天一閣主人范東明司馬祠所在地樓氏精舍在竹嶼

當鴻禧之末隱碧沚也心非其叔爾遠所爲退居於此杜門講學洵不愧爲忠定之長孫慈湖攻媿之高弟矣

全祖望答九沙先生問史學士諸公遺事帖子云朝奉大夫守之字子仁文惠長孫也心非其叔同叔所爲主紹興府千秋鴻禧觀中年避勢遠嫌退居月湖之松島著升聞錄以寓規諫詔書累起之力辭不出杜門講學又學古文於樓攻媿同叔每有所爲必曰勿使十二郎知之寧宗御書碧沚二字賜之
全祖望碧沚楊文元公書院記云子仁退居湖上請文元講學終身不應召命碧沚牙籤甚富

元泰定間忠定裔孫朝甫擬重修眞隱觀淸容居士爲作募疏事不果行其地乃廢而爲道觀而觀基之名至今故老尙有能道之者忠定定川之遺澤可謂深且遠矣

誠案予少時喜靜寂常登花嶼東西之雙橋（爲湖心東橋湖心西橋卽今月湖橋大廟橋）遠眺見正南小嶼風景淸幽每思繞湖一遊輒爲同遊之年長者所阻謂觀基地僻多鬼物不宜往稍長入辨志書院內所設之南城小學讀書見書院四週皆荒塚遊人以此罕至當時竹洲之名尙無人知之松島則更無論矣

明初復爲晏公廟繼歸陸氏爲陸康僖公祠

見嘉靖寧波府志
陸瑜字廷玉登宣德進士授刑部主事天順中擢刑部尚書屢辨寃獄爲名法臣第一卒謚康僖

萬曆間全宮詹天敍得之而爲別墅宮詹建淡平齋於洲東以藏書又構菘窗於洲南復於其西隔岸築桃花堤直達長春門以助竹洲之勝與周應賓吳禮嘉林祖述陳之龍丁繼嗣周應治黃景嶽屠本畯趙禮仁爲林泉雅會而徐時進陸世科萬邦孚陸檠周昌晉施翰繼之飲酒吟詩緩步其間

見辥三省及全祖望桃花堤記又見李鄴嗣林泉雅會圖序及全祖望雙韭山房藏書記
徐兆昺四明談助載全氏自文瑜始居湖上其孫侍郎元立建第於新街翰林學士天敍復移居湖西陸尚書第
全天敍字伯典父字元洲號鐵庵侍郎元立之孫登萬歷進士官編修歷少詹事兼侍讀學士約鄉先生爲率眞會改官留都卒贈禮部右侍郎著有鐵庵集

崇禎間陸大行符曾寓此讀書

全祖望陸大行環堵集序云先生嘗與先宗伯公子非堂先生讀書竹洲
陸符字文虎號子充生負奇氣博通經史當時以爲陳同甫辛幼安復出登順天賢書魯王監國賜進士授行人謝病卒黎洲黃氏謂念終身偲偲之力左提右挈得以有所知者沈眉生與陸先生二人而已

詩人胡緱山亦隱居於此

全祖望甬上續耆舊詩傳載胡布衣奇佐字襄說一字綏山居湖上史文惠園旁受詩法於宗正庵勵志聖賢之學有詩一卷又有綏山且筆

既而歸他氏清乾隆間全謝山先生祖望復得其半乃重立晏尚書廟謝高士祠又建竹洲三先生書院以祀定川季文大愚三先生並與陳南登錢中盛李世法胡銘懌董宏范核董孫籥李昌泉張甯永徐宏度董元聰董元宿史榮輩爲眞率社重舉重四之會

見全祖望竹洲晏尚書廟碑記謝高士祠堂碑記及竹洲三先生書院記董秉純勾餘士音序案語

謝山爲清代大儒考徵文獻表章先哲著述之富近代罕覯臨川李穆堂稱爲深寧東發以後一人誠篤論也其雙韭山房雖在靑石橋胡氏適可軒後而竹洲既爲其別業則其著述必多成於此間者可無疑義

見董秉純全謝山先生年譜

全祖望字紹衣侍郎元立之六世孫生有異禀讀書過目不忘少時即務廣覽常登陸氏南軒陳氏雲在樓范氏天一閣閱書及長遊武林復就趙氏小山堂搜研其祕本乾隆初舉鴻博會成進士選庶吉士不與試旨與方望溪論喪禮方大器之楊名時稱其博聞李穆堂曾與劇談終日出曰此深寧東發以後一人也阮芸臺稱其兼經史詞章三者之長謂百尺樓臺非積年功力不可曾主講紹興蕺山書院粤東端溪書院士論翕然性亢直負氣忤俗有節概爲學淵博無涯涘於書靡不貫穿學者稱謝山先生成困學紀聞三箋修南雷黃氏宋元學案七校

水經註續選甬上耆舊詩撰丙辰公車徵士小錄及詞科摭言又著經史問答讀易別錄漢書地理志稽疑古今通史年表鮚埼亭內外集鮚埼亭詩集勾餘土音皆有補文獻足啓後學

光緒間宗湘文源瀚知府事始建辨志精舍設漢學宋學史學算學輿地學詞章學六齋以課士延定海黃儆季先生以周主講其間並以其講堂之樓舍爲宋四明九先生祠以祀慶曆淳熙諸先生蓋西湖定川之講院既在竹洲則當日九先生必常在此論學可知宗公祀之所以崇實學而訓後進時科舉制度方盛士子多咿唔呫嗶於八股帖括之術儆季致力三禮以理學相倡導士風爲之一變

萬斯同鄮西竹枝詞云先賢自昔半躬耕樂道何須身後名國史但傳四君子明州尚有五先生童槐甬上雜詩云甬邦文獻重明州慶歷淳熙正派留

誠案宗湘文源瀚辨志文會課藝初集序有光緒戊寅來守四明己卯創設辨志文會之語查光緒四年爲戊寅五年爲己卯則辨志精舍在光緒五年建築完成概可想見惜無碑記以資攷證耳

黃以周字玄同號儆季同治舉人父式三博綜羣經著述頗富儆季淵源家學不拘漢宋門戶詩書春秋皆條貫大義說易綜舉辭變象占不偏取鄭王尤邃三禮著有禮書通故子思子集解經訓比義古文征本黃帝內經集註儆季雜著生平篤守顧亭林經學卽禮學之說而以執一端立宗旨爲賊道蓋四明之學自萬石園全謝山以來以儆季爲最醇云光緒間曾主講南菁書院及辨志精舍官分水訓導晚還處州教授以特薦授內閣中書卒年七十有二

是竹洲雖蕞爾小嶼自宋迄清八百餘年代爲學術重地謝山全氏謂吾鄉自宋元來號爲鄒魯洵非虛語矣見全祖望楼湖書院記及慶歷五先生書院記

景仰先賢心嚮往之特著是篇以誌不諼

竹洲文獻卷第一

竹洲文獻

卷第二

竹洲詩文錄

鄞楊貽誠菊庭輯

松島　宋劉埕

恥隨楊柳嬌春色厭近芙蓉遞暗香直幹凌霜終偃蹇願爲一柱壯明堂

松島　宋王亘

誰陪老碧到秋霜賴有黃花隔水香土淺波深難獨立可能移植向公堂

松島　宋舒亶

亭亭古幹對滄浪雨洗風飄老吹香晚歲何人同寂寞水西我有讀書堂

松島　宋陳瓘

影參岸柏童童綠葉蔽汀蘭澹澹香斤斧不來人迹遠養成千尺勢堂堂

同舍弟泛舟西湖登晝錦堂步至紫翠亭望懶堂景物懷故龍圖舒先生

鄞女中校友會印

宋　王庭秀

城中十頃湖雲水相演漾春風破冰谷拍岸新流漲平鋪鴨頭綠瀇滃蒲萄釀朱甍媚孤嶼梵宇麗相向萬瓦生新暉千花聯錦帳晨曦照炯炯芳氣浮泱泱日暮恣態姸姻霞渺空曠誰將水仙境聊借詩人仗臥護五羊城追懷老詩將微吟示清野鏖戰得閑放變化無端倪虛無落名狀坐令湖上景勝絶神宇王當時經行地藻麗隨屐杖斯人今則亡物色亦摧喪他年牛馬走魯拜丈人行塵埃久飄泊歲月成漫浪問訊懶堂居松竹欣無恙尙意壁間聲時賡朱絲唱撫事重興嗟陳迹徒悵望哦公十洲詩風月爲悽悵

次韻陸務觀遊四明洞天

宋　史　浩

風煙偶爾屬吾邦箇箇松筠聳碧幢奎畫百函龍作衞雲岑四面石爲窗水邊自喜陪振鷺籬外從渠有吠尨多謝故人迂五馬淸談剔蠹幾銀缸

次韻鄭郎中作四明謝遺塵九題走筆不工

宋　史　浩

石窗

峻極生從地勢坤擎天一柱四窗存有時空洞來龍駕列嶽靈祇盡駿奔

過雲

蒼蒼廿里藉仙踪出岫無心瑞靄濃南北往來蹊徑熟故應環珮日相從

雲南

向陽一麓與天低鷄犬遙聞只隔溪俗客未應容易到是間誰許羽人棲

雲北

雲北人言是北溟修鱗可駕上金庭高風已得扶搖便聊向虛窗聚德星

鹿亭

誰將此物命危亭漏洩知因甫里生渴飲雲饑漿沆瀣笑渠凡質食蒿萍

樊榭

從來此地隔凡塵多是嬴秦避世人簷外飽聞丹鳳咮堦前更看舞麒麟

鄞女中校友會印

潺湲洞

金作欄干玉作塘漣漪一派注仙鄉涓涓波及人間世雪竇山前白練長

青櫺子

羽幰新從帝所回餘歡未盡玳筵開醉抛青子香泥上留與王家取次栽

鞠侯

烏鞠攀緣日往還人間仰視在天端如今蕙帳休驚曉林下衰翁已挂冠

又一絶 史浩

不比桃源去路迷洞天乞得在湖西南雷九詠增光甚多謝雄篇再品題

走筆次韻張以道四明七詠 史浩

石窗

嘗聞皮陸句未覩心先降于今煩鬼工徙置排金釭蕙帳擁猿鶴石磴來旌幢

月明風亦靜篆煙浮四窗

過雲

雲埋路欲迷獨許幽人過時從客子來更尋深處坐抵掌到幽眇萬事俱識破茫茫名利人糠粃不足簸

雲南

空洞遠萬里佳景萃其南縠紋波似染螺髻花羣篸紫芝鮮最馥青檑堅且甘解召羨門侶雙鸞聯與驂

雲北

幽巖列仙貌陰雪如粉撲矧當搖落時宛見窮髮北朔風吹不動中有難凋木吾嘗愛此景小駐葛陂竹

鹿亭

麌鹿處巖隈似有人性靈山童自馴擾俗客必心驚循除水瀌瀌竹暗藏幽亭有時帶露歸濈濈身首青

樊樹

何年樊仙翁踞此作雲樹境勝唯清涼寒燠匪冬夏俯觀塵世人杳在萬仞下漸次入眞境還如倒食蔗

潺湲洞

萬派漱寒玉及此猶潺湲臨流覿毛髮體粟生輕寒餘波蕩胡氛一洗淸塵寰觀瀾得妙理用處心常閒

與東湖壽老　宋　史浩

乞得西湖養病身小園眞隱謾頤眞已將竹院舍幽客更築鄉畦招可人茗盌晝看花墜影吟窗夜與月爲鄰淸涼境界天家予自是全無一點塵

竹院上梁文　宋　史浩

伏以蕭森門徑占數畝之竹陰灑落胸襟愛兩椽之茅屋爰諏穀旦用舉虹梁曇公長老斷岸幽芳空林老榦頃將三昧手久住四明山棟宇一新聲名大震

捫參歷井而言旋蜀道汎梗飄萍而復至浙東野鶴孤雲誰能羈紲好風良月到處逍遙選甚胡來漢來只圖休去歇去適逢大士歸葺小園剝啄扣門道舊共談於妙理春容挂錫探懷更出於新篇不居曹相之正堂聊住謝公之別墅爰開竹院暫憩雲蹤宜有長謠用揚佳致

兒郎偉抛梁東赫赫宸奎出兩宮傑閣邃嚴藏槖笈四圍呵護集天龍

兒郎偉抛梁西萬頃銀濤漲碧堤桃花流出眞消息黃葉何須更上蹊

兒郎偉抛梁南朱楹碧瓦府潭潭中有毗耶老居士環列兒孫夜小參

兒郎偉抛梁北儼恪靈祠長廟食恰如李愿在盤中呵禁不祥藉神力

兒郎偉抛梁上星宿森羅垂斗帳蒲團入定夜光寒一炷爐薰周萬象

兒郎偉抛梁下山河大地皆虛假但將四境作西方不結白蓮淸淨社

伏願上梁之後乾坤淸泰民物阜安庖傳不空飽香積醍醐之供園林足樂稔平泉鐘皷之音更將西竺之一乘上祝南山之萬壽

建新第奉安四明山王幷謝遺塵先生神像文

宋　史　浩

某常聞之孫綽曰涉海則有方丈蓬萊登陸則有四明天台皆塵外之窟宅神仙之所憩息者也某生長四明自謂方丈蓬萊與夫天台固難即到四明在吾桑梓咫尺不知其所可乎是故遊雪竇登杖錫訪四明之眞境人莫之知也意者墮於荒唐其實無有晚觀松陵集見皮陸所紀謝先生之詞始知四明眞有是境第無仙風道骨不能到也然心常念之不忘去歲秋八月得請東歸今儲皇賜以四明洞天四字始有意於爲圃揭是扁榜作爲林泉以彷彿四明之眞境日游息其間四海名士方外知識時款吾居與之共譚名理且約不以腥穢涴吾勝地今將落成命工塑四明山王與先生之像以奉安焉庶幾英靈時一至止以壽我此山視方丈蓬萊天台相與不磨滅也千秋萬祀永錫我後香火之奉罔敢寂寥

眞隱園銘 有序

宋　史　浩

予生賦魚鳥之性雖服先訓出從宦游而江湖山藪之思未嘗少間故隨所寓處號曰眞隱太上皇帝知之賜以宸翰百拜跪受即有志闢芳園揭扁榜以對揚休命萍梗南北未遑也已而際會龍飛兩承相乏丐閑得請今上皇帝燕餞內殿親灑宸章光其歸路賜西湖一曲以成其志斥白金萬兩以竟其役而皇太子又大書四明洞天并以珠玉妙作爲贐於是始得累石爲山引泉爲池取皮陸四明山九詠彷彿其亭榭動植之形容而園遂落成又即園之左建大閣以藏兩宮墨寶琅函層上金碧交相翊以龍神見者知敬既即塵囂闤闠中立此清淨境界固當體聖主好生之心守家世止殺之戒期傳永永無有染涴所以嚴宸奎之奉而實洞天之名也或者難曰園林窮勝事鐘鼓樂清時未聞以止殺爲戒也予曰我欲有鐘鼓園林之樂而使鱗介羽毛常被銛刃鼎鑊之苦此豈仁人之用心也哉或又曰脯醢已具無割烹以動吾不忍之心亦何爲而不可予曰作法於貪弊將若何杜漸防微必并是絕之采芝擷果陳藥苗列山

鄞女中校友會印

蔬顧不足侑一醉耶覬我後人善保此意守而勿失有不然者明神監之俾竟

其身無有樂事

銘曰

眞隱名園地偏境勝既曰洞天貴在淸淨藹藹遊人仰睇奎文必恭敬止實爲

尊君仙眞是明毋糅腥穢子孫儻賢呵禁敢廢咨爾攢峯列嶽之靈守護億載

勿寒斯盟

划船致語

宋 史 浩

伏以神聖當陽朝廷有道嵩呼鼇抃共欣睿算之穹崇樵唱漁歌更喜時風之

快樂宜修競渡用洽歡謠恭惟紫府眞仙金章貴客口吸西江水胸呑雲夢陂

爲賞重湖來乘綵舫風亭月榭莫辭草草杯盤鳳笛龍旗共看翩翩舟楫波光

翻日彩岸影動龍文羣玉山頹英詞鶯囀豈獨發揮淸泚且不辜負昇平但某

等天際鳴榔煙中釣月已喜膾珍得醉更來鼓棹騰歌不揆荒蕪敢呈詩句

鄮城中有水晶宮佳景偏供漁舍翁酒船撑開萬山綠醉帽插破千花紅魚
龍浪捲空中雪羅綺香生水面風俗樂時豐君賜予人人舉手祝蒼穹

划船致語　宋　史浩

伏以鄞有西湖古稱洞府蔽空花卉四時之錦繡鮮明極目煙波萬頃之琉璃
瑩滑好兟桂槳快引龍舟喧喧畫鼓驚雷隱隱朱旗拂電錦標奪去價珍萬兩
黃金玉醑傾來光印一輪明月用開宴集以樂昇平恭惟東道主盟南州重客
坐環冰玉面揖湖山俱爲珠蘂之神仙來作煙霞之伴侶痛拚劇飲爛賞良辰
但某等素習櫂歌老居漁舍覩風光之明娟樂樽俎之雍容不揆荒蕪敢呈口
號

十里平湖一鑑開翠山聳髻入粧台最宜縹緲蒼煙際遙見翩翻畫槳來簾
捲玉鉤春映水標爭繡旵鼓鳴雷莫辭醉席梅花地報答風光是酒杯

泛舟至竹洲 叔晦所居　宋　呂祖儉

鄞女中校友會印

湖光柏天浮竹洲隱然一面城之幽中有高士披素裘我欲從之恐淹留探囊百金辦扁舟又煩我友著意修微風一動生波頭飛棹來往倦則休兀兀坐曹如繫獄吏餘只有萬斛愁一生安坐無幾求今日棲遲如置郵脫帽露頂固狂流俯首折腰亦可休誓將入海登之罘棄置人間繞指柔蒼然暮色下羊牛出處語默兩悠悠九原可起柳柳州燕坐相與未始遊

上史太傅　宋　樓鑰

一坡煙水綠灣環竹樹樓臺縹緲間但說一丘藏曲折誰知更有四明山二十里雲隨步生潺湲洞裏訪青櫺山中要識無窮趣看取南雷問答經袞繡堂中語夜分幾將經史細評論不知世上三公貴秪是東湖八行孫

嵩嶽圖有序　宋　樓鑰

先祖太師齊國公元符中知河南府登封縣建炎兵燬先集故物煨燼無遺兒時猶及見揚州伯父藏嵩山圖丹青僅存雖傳錄廿四峯詩以

生晚既不逮事不知有石刻也張致遠爲京西僚屬寄登封舊碑得之

先世前蹤不可追君從何處得全碑上橫嵩岳三千丈下列齊公廿四詩室號

驚喜唐律爲謝

揖仙懷舊事菴名面壁認遺基靑氈眞是吾家物欲以瓊瑤厚報之

跋先大父嵩嶽圖

宋 樓鑰

嵩高維嶽峻極於天巍然居四岳之中蓋天下之絕境也大父爲登封宰家間舊有嵩山圖丹靑故暗揚州伯父設於雲岫堂屏間而書大父二十四峯詩於左右鑰幼時猶及誦之先是建炎中四明遭兵燬最酷諸父僅得生全故廬焚蕩一物不遺亦不知嘗刻之石也嘉定三年鑰叨居政地鄉人張致遠翼仕京西一日得書謂北客有以雜碑至榷場貿易忽見嵩山圖碑下有序文及詩知其爲大父遺蹟遠以見寄如獲拱璧眞我家舊物也惜其歲久細字欲漫乃敬書之移於樂石於是鑰年七十有四矣不能更作注字使第三子治書之碑不

載歲月知縣伯父生於元符二年小名曰嵩家藏詩序書元符庚辰大父又於少室山達磨面壁處作菴其上后山先生陳無已爲記今在集中云建中靖國元年則辛已歲也曇潛書潛卽參寥子以二者考之在縣首尾凡三年大父字試可參寥集中多有唱和如登嵩山絕頂等詩大父遺文顧無傳焉三十六峯賦亦不知何在故此碑尤當寶之嗚呼大父薨於宣和五年甲辰後十四年是爲紹興七年丁巳而鑰始生既不獲逮事而登封舊治倘淪于胡塵中北望慨然何能自已大父登元豐八年乙科文氣政術過人遠甚讀此碑者可以想見大概受知祐陵官至徽猷閣直學士嘗守鄉郡再任涉五載其詳見于神道碑銘中後諸父累贈至少師鑰始追贈太師齊國公云

乞御書錦照二字劄子　　宋　樓　鑰

臣昨者陳乞自備材植修葺先祖贈太師楚國公臣某守明州日所建錦照堂永遠嚴奉徽宗皇帝御筆碑石已蒙聖慈依臣所奏臣今者乞身得歸輒瀝愚

誠欲望特灑宸翰賜臣錦照二字庶幾奎畫昭回庸侈祖孫被遇累朝眷寵之
厚以爲敝里私家無窮之光不勝榮幸

乞東宮書懷綬二字劄子　宋 樓 鑰

某昨者陳乞自備材植修葺先祖贈太師楚國公某守明州日所建錦照堂永
遠嚴奉徽宗皇帝御筆碑石已蒙聖旨依某所奏某乞身得歸欲于堂側立懷
綬扁榜是敢仰干令慈望賜某二大字以爲子孫不朽之傳不勝幸願

晝錦堂　宋 吳 潛

綺縠團成珠璣掇就極目燈火樓臺七子八仙三教耍隊相挨管簫笙簧相間
鬬遠如聲韻碧霄來環千炬寶珊絳紗雲毬霧袞交加
千里人笑樂遊妓合脂塵香靄籠街盡道今宵節物天與安排晚來風陣全收
了夜闌還放月兒些休辭醉長願每年時候一樣情懷

史朝甫建眞隱道院疏　元 袁 桷

裒繡舊坊痛家氈之羽化簪纓故物存遺址於霜餘非假熏修曷能永遠昔梁公有廟以香火而綿長魏氏故莊因耕稼以蕪翳肯堂之志敢替居室之貲孰謀刬此地號寶奎湖通碧沚四世五公之故躅十洲三島之仙蹤道氣分紅壓之囂勝槩接紫清之邃王珣捨宅虎丘之跡彌芳賀老棄家鴻禧之傳益著願憑衆力允成勝因

鑑湖松島歌

明　王嗣奭

賀監祠前晚風發千頃湖光一輪月湖月從來缺復圓湖風只管催華髮松島空存舊日名蒼龍化去秋冥冥兔絲已斷不可續何人斲得千年苓高朋滿座酒滿瓶狂歌對酒君請聽乾坤莽蕩定誰主向來無我亦無汝與君寬作百年期此後相逢不敢許勸君擊筑我吹竽有酒不飲復何須一時浮名幾冰炭九原朽骨無賢愚飄然願逐赤松去不識赤松今有無只有松間古時月曾照幽人據高梧

竹洲　　明 陸寶

獨占湖南景行人指竹洲無窮三面水亦有數間樓鳥悅臨津樹漁牽入屋舟
前朝眞隱地花月至今留

竹洲　　明 周應辰

小洲種竹竹迴欄箇箇通幽借水看笋雨披離春漲綠篠煙搖曳午炊寒主人
醉取宜名酒稚子參來欲進冠試聽鴣鵃啼徧處好將清夢答平安

林泉雅會詩　　明 陸世科

湖光侈恩賜繞岸荷花生俯仰懷唐風水與人俱淸締構藉先業疊浪浮前楹
近尋知者樂小築涵虛成欄楯入鏡中萬象搖空明汀花哻含笑驛竹淡若迎
身作宛在遊歌諧伐木聲羣公金閨彥皎皎雲中英暫息巨川楫同懷濯塵纓
飛蓋彌長隄蘭舟放新晴擊汰沙際近御風蘋上輕絲管發中流遠應葭葦鳴
人影栖鷺狎醉歌潛龍驚煙深或逗浦月上還登城旣修尙齒會頗愜滄洲情

衣冠四皓齊圖繪九老并予生本蹇劣倚玉切精誠談麈欣累接淺觴荷同傾徒爲邴祿牽未忘蓴菜羹迹睽心靡間白首堅初盟豈令高尚者獨擅千秋名

春日湖隄書所見　　明　陸宇燝

湖岸桃花憶酒樓春風昔日典羊裘今來牧馬頹垣裏竇粟聲多古竹洲

十洲絕句之三　　明　高宇泰

百年湖上老龍鱗逸老堂前好作鄰縱使霜柯依舊在歲寒相對是何人右松島

松　島和宋人原韻　　清　袁德峻

春風冬雪又秋霜閲歷年年老更香千古貞心誰作伴尚書橋畔一祠堂

謝高士祠堂碑　　清　全祖望

四明洞天之勝自謝高士遺塵著而山中未有遺塵瓣香之地南宋時史丞相直翁歸老湖上營眞隱觀於竹洲即摹九題之勝於觀中而請御書洞天之額以寵之乃時立遺塵之祠遺塵未嘗居湖上然既摹九題則祠之亦所不容已

者也四明東七十峯之脈散布於城外而實以湖上爲鄮飛泉伏流俱歸於此澄波凝碧遙接蔚藍之山色以相茹吐遺塵有知其亦顧而樂之矣顧自眞隱觀既圮而祠亦廢志乘中皆莫能詳其事何其漏也予讀直翁集始得其槩惟竹洲之歸於先宮詹公嘗欲復九題之勝而不克易主之後遂爲菜園今竹洲復歸於予予之力不特不足望直翁幷不足望先宮詹公而欲以漸振之乃先爲小屋三間以奉遺塵蓋祠存而九題之勝可遡也夫遺塵固世外寂寞人也以直翁之平泉而爲之祠廣廈高軒朱簾翠幙或未必當山澤臞之意今以予之窮擷蓍萋薦昌陽反足增湖上一佳話也予讀宋人張武子鄭中卿九題之作以及放翁四明洞天詩皆與直翁唱酬而成乃湖上之掌故非眞四明山中之景也近修四明山志者不加考證牽連混入（山志載直翁靑樞之作而又訛其名爲史洸）山靈貽笑至今齒冷嘗欲別輯竹洲眞隱觀志以記湖上洞天之顚末而未果也故因祠碣而幷及之

竹洲晏尚書廟碑

清 全祖望

吾鄉六縣世家右姓其爲南宋寓公之後甚多葢山海之間足以避地而其時又近行都爲畿輔也吏部尚書晏公敦復亦當時寓公之一尚書晚年以忤權臣悒悒而死太夫人尚在堂汪莊靖之父太府公時時周卹其窮語在史丞相所作太府行狀今吾鄉不聞有晏氏葢其後卒歸西江惟慈水三峯浮圖中尚存尚書所作石碑則大賢流落之毫芒也吾鄉宋元諸舊志登載漏略其中更有不可解者如中興執政王次翁可謂下流所歸而反爲之立大傳顧於尚書則闕焉不亦拂人之性也耶夫大賢蹤跡所至其山川亦爲生色葢其所存者神故其所過者化其化不泯則其神長留名德如尚書百世之斗杓也苟表章而出之豈不足以廉頑而立懦哉今世俗所稱晏公廟者最多乃道家之祀也赤章青詞殊爲可惡吾鄉湖上之竹洲亦有之竹洲葢嘗歸於先宮詹公欲去之而未果尋易主矣今復歸於予予乃改以爲尚書之祠而率後進之士薦澗

毛爲東望爲友恭堂之故址即太府所居也太府亦以忤權臣被斥葢尚書之同志湖光明瑟先正之魂魄相與招邀過之叢桂之風裁旁皇乎其可接焉

慶歷五先生書院記

清 全祖望

有宋眞仁二宗之際儒林之草昧也當時濂洛之徒方萌芽而未出而睢陽戚氏在宋泰山孫氏在齊安定胡氏在吳相與講明正學自拔於塵俗之中亦會値賢者在朝安陽韓忠獻公高平范文正公樂安歐陽文忠公皆卓然有見於道之大概左提右挈於是學校遍於四方師儒之道以立而李挺之邵古叟輩共以經術和之說者以爲濂洛之前茅也然此乃跨州連郡而後得此數人者以爲師表其亦難矣而吾鄉楊杜五先生者駢集於百里之閒可不謂極盛歟夷考五先生皆隱約草廬不求聞達而一時牧守來浙者如范文正公孫威敏公皆摳衣請見惟恐失之最親近者則王文公乃若陳執中賈昌朝二相非能推賢下士者也而亦知以五先生爲重文公新法之行大隱石臺鄞江已逝西湖桃

源尙存而不肯一出以就功名之會年望彌高陶成倍廣數十年以後吾鄉遂稱鄞魯邱樊緼褐化爲紳纓其功爲何如哉五先生之著述不傳於今故其微言亦闕雖然排奸詆奄讜論廩廩豐清敏之勁節也急流勇退蘗月蘋風周銀青之孤標也再世蘭芽陔南弗替史冀公父子之純孝也（史冀公簡爲鄞江先生高弟事母最孝實開越公之先或謂其作吏用杖者舊志之謬也越公爲西湖先生高弟再世與豐清敏公同門）嬰兒樂育以姓爲字陳將樂俞順昌之深仁也（陳據俞緯其歷官之事略同四明七觀載俞而遺陳蓋漏也）殺虎之威同于驅鱷姚夔州之異政也于公治獄民自不寃袁光祿之神明也一編麟經以紹絕學汪正奉之豐濬也（汪正奉春秋實與孫明復齊名容齋稱其豐濬不施而近志妄謂其官閣學）金橘不知蕭然詩葉望春先生之清貧也即以有負門牆如舒信道者其人不足稱而文辭終屬甬上名筆則五先生之淵源可知矣嗟乎豈特一時之盛哉故國綿綿凡周之士弈世衣冠人物歷久不替終宋之代如樓如黃如豐如陳如袁如汪其出而揩拄吾鄉者必此數家高曾之規矩燕及孫子然後知君子之澤雖十世而未艾也五先生之講堂皆已不存即鄞江桃源二席亦非

舊址予乃爲別卜地於湖上而合署之睢陽學統至近日湯文正公發其光則夫薪火之傳幸勿以世遠而替哉

淳熙四先生祠堂碑文

清 全祖望

吾鄉遠在海隅隋唐以前儒林闕略有宋奎婁告瑞大儒之教徧天下吾鄉翁南仲始從胡安定遊高抑崇趙庇民童持之從楊文靖遊沈公權從焦公路遊四明之得登學錄者自此日多然其道猶未大也淳熙四先生者出大昌聖學於勾餘間其道會通於朱子張子呂子而歸宿於陸子四明後進之士方得瞭然於天人性命之旨四先生之爲海邦開羣蒙者其功爲何如哉四先生立身居官大節巋然如峨眉天半固無庸以多述惟自後世紛綸於德性問學之門戶而所以論四先生者並失之雖然是乃世人不讀書之故耳予嘗觀朱子之學出於龜山其教人以窮理爲始事積集義理久當自然有得至其以所聞所知必能見諸施行乃不爲玩物喪志是卽陸子踐履之說也陸子之學近於上

鄞女中校友會印

蔡（此語本之黄氏日鈔）其教人以發明本心爲始事此心有主然後可以應天地萬物之變至其戒束書不觀遊談無根是即朱子講明之説也斯蓋其從入之途各有所重至於聖學之全則未嘗得其一而遺其一也是故中原文獻之傳聚於金華而博雜之病朱子嘗以之戒大愚則詆窮理爲支離之末學者陋矣以讀書爲充塞仁義之階陸子輒咎顯道之失言則詆發明本心爲頓悟之禪宗者過矣夫讀書窮理必其中有主宰而後不惑固非可徒以泛濫爲事故陸子教人以明其本心在經則本於孟子擴充四端之教同時則正與南軒察端倪之説相合（此語見朱子語錄）心明則本立而涵養省察之功於是有施行之地原非若言頓悟者所云百斤擔子一齊落地者也是以廣平兄弟驟有所省而廣平曰學非可以一蹴而至也吾惟朝於斯夕於斯其亦可以弗畔矣則廣平方且以頓悟戒學者定川晝觀諸妻子夜卜諸夢寐聞過自訟不敢苟安其刻厲如此乃由艱苦而成者慈湖齋明嚴恪非禮不動生平未嘗作一草字固非恃扇訟一悟以爲

究竟也絜齋教人以自得而謂吾心與天地相似精思以得之兢業以守之則其全功可知矣四先生中慈湖稍近頓悟特其言之偏至其制行則大醇當略其言而觀其行世之學者未嘗窺見前輩之根柢即其流傳之失實者妄施議論其惡乎可朱子謂浙東學者皆有爲己之功持守過人而微嫌其讀書窮理有未備其實不然慈湖於諸經皆有所著垂老更欲修羣書以屏邪說而未就絜齋謂爲學當通知古今學者但慕高遠不覽古今最爲害事廣平經術深於詩禮而尤爲吾鄉說詩大宗定川與東萊兄弟極辨古今閎覽博考晚年雖病中不廢觀書是四先生皆以持守爲本而從事於擇識以輔之其致功之次第歷然可考也總之古人爲學其途徑所發軔或不能盡同然究竟則必無相背而馳者朱子嘗自言目前爲學緩於反己反以文字奪其精神其惟恐流於口耳之弊如此所以不墮於支離也四明之學正不敢於方寸澄然之後怠其致知格物之務此所以不流於頓悟也然則其殊途而同歸者總所以求至於聖人而已吾鄉湖上舊有四先生祠明嘉靖中所立也

予嘗偕同學諸公舍奠其中而爲講會焉薛學使方山舊有碑其文未足以發乃更勒石以記之

淳熙四先生祠堂碑陰文

清　全祖望

嘗讀宋史於陸子傳中祇推四先生能傳其學而凡槐堂之子弟不豫以四先生能得陸子之學統也顧四先生皆導源於家學其積力已非一日及一見陸子即達其高明廣大之境相與神契而無間間嘗考之慈湖之父通奉公（諱庭顯）以處士爲後進師廣平嘗自序其學曰南軒開端象山洗滌老楊先生琢磨老楊先生即通奉也廣平嘗切磋於晦翁講貫文獻於東萊而自序不及焉直以通奉鼎足張陸則其學可知矣陸子銘通奉墓亦云年在耄耋而學日進當今所識楊公一人而已融堂謂通奉與物最恕一言之善樵牧吾師省過最嚴毫髮不宥至於泣下是慈湖過庭之教所自出也定川之父簽判公（諱銖）學於焦先生公路以傳程氏之學史忠定王稱其忠信質直容止莊敬衣冠端嚴造次必

稽孔孟之言是是非非無曲從苟止孝修於家行尊於鄉面箴人失退無後言其高弟舒烈作行狀謂簽判之事焦先生極恭其後諸生所以事簽判一如之雖已極貴然莫敢褻簽判家法是定川過庭之教所自出也廣平之父通直公諱巖最與童公持之講學相睦陸子銘其墓謂其溫恭足以警傲惰之習粹和足以消鄙吝之心蓋亦學有原本者童公故龜山弟子也遂爲廣平婦翁絜齋之父通議公諱文予曾見其甓牖閒評一書特說部耳至其折節忘年問道於定川因使絜齋嚴事之則知其從事於躬行之實非徒洽聞者流也然則四先生自其始志學之時已早得門內之圭臬而由之況又親師取友徧講習於乾淳諸大儒而去短集長積有層累及其摳衣陸子之門遂登首座固其所也夫師明道兄弟者必推本於大中論康節者上及古叟宗建安者不遺韋齋則四先生之所自出可以置之不問乎爰語同學諸生令別治栗主於後堂而祀之而稍爲捃摭其言行之大略鐫之碑文之陰使後之人有考焉

竹洲三先生書院記

淸 全祖望

竹洲在鄞西湖之南蓋十洲之一三先生者沈端憲公暨其弟徵君季文參之以金華呂忠公也史忠定王歸老御賜竹洲一曲壽皇爲書四明洞天之闕以題之卽所稱眞隱觀者也忠定最與端憲厚故割宅以居之而徵君亦授徒於忠定觀中於是端憲兄弟竝居湖上其時忠公方爲吾鄉監倉昕夕與端憲兄弟晤顧公治在城東還往爲勞有船場官王季和者忠公友也曰是易耳乃以場木爲製船每忠公興至輒泛棹直抵湖上端憲從水閣望見之輒呼徵君曰大愚來矣相與出竢於岸上或竟入講堂討論終日或同泛湖上忠公爲詩以紀之曰湖光拍天浮竹洲隱然一面城之幽中有高士披素裘我欲從之恐淹留探囊百金辦扁舟又煩我友著意修微風一動生波頭飛棹來往倦則休是也方端憲遊明招山中忠公之兄成公尙無恙相與極辨古今以求周覽博考之益凡世變之推移治道之體統聖君賢相之經綸事業孜孜講論日益深廣

期於開物成務而後已則夫忠公之來所以商量舊學而證明新得當不知其若何而惜乎無可考也湖光宛然斯人之履絇可作吾將溯洄從之矣端憲之父簽判故程門私淑弟子端憲則受陸文達公之傳而徽君師文安蓋其兄弟分宗二陸宋史竟以端憲系之文安門下誤也端憲尤睦於成公及其家居忠公又官於鄞切磋倍篤故沈氏之學實兼得明招一派而世罕知之者夫以相府之巍峨宸奎之焜燿而後世之流連而不能自已者乃在於三先生之隱約是可知良貴之別有所在也然忠定能以綠野之堂爲諸賢永朝夕則書院之長存卽洞天之佳話矣先宮詹公之得竹洲也擬爲端憲築書院而未成其後竹洲屢易主而後歸於予乃遂事焉而記之

大愚呂忠公祠堂碑文

清　全祖望

忠公司庾吾鄉其至以淳熙壬寅去以丁未凡六年時諸先生多里居慈湖開講於碧沚沈端憲公講於竹洲絜齋則講於城南之樓氏精舍惟舒文靖公以

宦遊出忠公之來其於諸講院無日不會也甬上學者遂以忠公代文靖亦稱爲四先生而滕德粹爲鄞尉朱文公語之曰彼中有楊袁沈呂可與語也蓋忠公之於吾鄉諸先生同道合德有如此忠公之官爲司庾故不得有所設施但傳其屏去倉中淫祀一事深寧志之四明七觀而是時正甬上奎婁光聚正學大昌忠公以明招山中父兄中原文獻之傳左右其間其功無所見於官守而見之講學忠公之集雖不傳然猶散見於永樂大典中予欲抄其與諸先生論學之文而未得顧讀忠公吾鄉之詩弔景迂之祠式淸敏之里求了翁寓齋之遺想見其一往情深乃自元訖明以至於今竟無有以豀毛薦及忠公者是則甬上文獻之衰可爲長太息者矣禮於釋奠之制必求之其鄉之先師不然者則有合也有合者謂其鄉無足以當先師之享則合之他鄉之近而可溯者今甬上之先師楊袁舒沈其人可謂盛矣而愚謂當以忠公合之以其同時講學於鄞久並列於先師之座無歉也忠公之子喬年端憲婿也亦賢者能守家學

應得從祀於是諸生議於四先生之東別築忠公祠堂而乞予志其事於石

眞隱觀洞天古蹟記

清 全祖望

四明舊志由張津以至楊實皆過於寥略一切古蹟闕而不備予嘗思補爲輯耆而萍梗南北未遑也客或問史忠定眞隱觀洞天之勝因疏舊聞以答之史氏先世本居月湖上忠定曾祖冀公爲明州吏奉其母至孝嘗揮金治具挽舟遊湖中而大吏者俗人也聞之恚其不告摧挫之冀公坐是怫鬱以夭其夫人葉氏卽守節訓子者也（見忠定葬五世祖招魂詞中）忠定之爲翰林學士也嘗自署鄮峯眞隱高宗因御書以賜之已而入相丐閒孝宗問曰師相眞隱之區已告成乎對曰未也孝宗曰然則朕當成師相之志卽賜月湖竹洲一曲而詔臨安府以萬金爲治觀瀨行光宗在東宮大書四明洞天四字贈之先是忠定嘗登四明山中入雪竇出杖錫求所謂洞天故址不可得至是因光宗之書累石爲山引泉爲池取皮陸四明九題彷彿其亭樹動植之形容而肖之於是觀中遂有四明窗鹿

亭樊樹過雲南北潺湲洞青櫺鞠候諸勝觀之左建寶奎閣以貯兩宫御書又建祠以祀四明山王及謝高士遺塵之像又造划船於湖中以修競渡故事又割觀之右爲精舍以居沈端憲公而湖上之以洞天稱遂自此始當是時忠定以甘盤舊學致政家居冠蓋駢集而觀中林泉極盛忠定愛之甚其鳩工也有上梁文其迎四明山王栗主及高士像也有奉安文其落成也有銘其爲划船也有致語其詩餘中爲觀作者凡數十首而陸放翁來訪爲賦四明洞天詩忠定和之其和鄭郎中輩賦九題者再皆觀中之九題而非四明山中眞境也樓攻媿詩曰相家小有四明山謂洞天也於是忠定仲子忠宣於觀之西築宅袞繡坊冢孫子仁於觀之東築宅碧沚而文靖亦構別業於觀音寺址皆邀寧宗御書之賜湖上之勝遂盡歸史氏蓋史氏自嘉定以後不爲清流所與而忠宣子仁則鷄羣之鶴克守忠定家法不以宗袞累其生平慈湖絜齋諸公過從不絕而又重以端憲之精舍故洞天爲之增色終宋之世爲遊人之勝場元時忠

定裔孫朝甫欲修是觀淸容爲作募疏未幾而究爲道院其後改爲晏公廟又改爲尙書陸公祠先宮詹之購斯地也謂吾力豈比忠定然南雷九題之修或庶幾焉及平淡齋甫成而逝世洞天遺躅於是不可問矣

湖語 節錄

清 全祖望

前王後樓晝錦之府雙闕相仍羣公之祖（樓楚公晝錦堂乃王司封周之故址四明守鄉郡者自王始）餘光瑩瑩環橋如組（晝錦坊在西湖之南首其東有錦照堂則竹洲也堂與橋相隔遠成化志郎以竹洲之橋當之不考延祐志也）登封閣中嵩洛可撫（楚公令登封擕少室石以歸南渡後宣獻晚念中原築閣貯石扁曰登封）攻媿東樓拂雲高戶蕭疏梅麓在湖之滸（攻媿族孫扶築梅麓湖東）稍折而北友恭有堂蕚華接葉中爲二汪野處之記雄文皇皇（汪少師思溫兄弟所居）誰移洞天跨湖爲藪曰惟史氏十居其九招四明之山靈使來歸于戶牖兼天巧兮人工笑愚公以何有彼從孫之墓補陀于霞嶼其法蕃有所受宸奎有藏遺塵有像惠濟有祠環共相向（史忠定宅在湖東而以竹洲之眞隱觀爲洞天摹四明之九題于其中因立謝遺塵廟其御賜四明洞天四字藏宸奎閣又立惠濟祠祀之忠定從孫巖之墓補陀洞天于東湖之霞嶼實祠于此今史氏子孫誤以霞嶼爲忠獻所鑿）

史忠定公洞天

清 全祖望

乾湻丞相老甘盤，歸來別署眞隱仙臨行稽首香案前乞得御書光洞天洞天在湖不在山但教心遠地自偏丞相事業卓可傳老成持議國脈延胡乃心爲謝老懸欲移南雷置平泉中摹九題互錯連竹洲之水淸且漣丹山巘在杖屨閒謝老香火和雲煙護以奎墨星芒寒阿誰接武皮陸篇厥有張鄭皆傑然況有大儒開雙筵明招宿老相周旋固宜世澤長綿綿同叔子申雖負愆不掩滄州諸子賢洞天長愛蘭芽妍逝水忽忽六百年空餘湖光映畫船淸容募疏誰見憐白齋詩句且莫箋陸祠晏廟迭相沿先公先疇亦屢遷世家喬木良難言

樓宣獻公登封閣

清 全祖望

我聞墨莊宰登封偏賦嵩山三十有六峯區區拳石亦聊爾漫勞高閣庋置東樓東紫翠亭前梅萬樹長共獨山兀立靑蔥蔥（墨莊有石刻嵩山三十六峯賦余自中州得之紫翠亭墨莊所築東樓則宣獻書庫梅麓乃宣獻從孫扶所築）誰知此石繫掌故當年幾許北望勞深衷小朝廷已懷樂國湖山列嶂翠

碧深千重聽彼南山白石爛不震臨安宮裏瞶且聾汴京艮嶽夜雨泣未若斯閣偃臥小玲瓏可憐攻媿翁雙眸老淚長矇矓我來弔陳蹟閣耶石耶一望歸碧空

樓氏晝錦堂跋

清 全祖望

吾鄉以晝錦著自王太守周始其後或曰錦照或曰錦樂或曰錦里余趙王諸家皆是也唯是碑在豐惠祠中雖殘斷尚存墨莊之德不足致此遐祚其亦正議爲之先攻媿爲之後乎

第九洞天私印銘

清 全祖望

圖經七十二福地稱爲三十六洞天又別有十大洞天之目而四明山居第九四明二百八十峰稱洞天者又有三焉慈谿則大隱也奉化則黎洲也姚江則菱湖也可謂盛矣然此特以神仙所居言之至若標舉清勝則以皮陸所咏之九題著而其爲皮陸所不盡者蓋非屐齒所能窮也史忠定王爲諸生嘗入雪

資穿杖錫求所謂洞天者不可得既貴退居湖上之竹洲乃摹洞天之九題於湖上累石穿雲而成之孝皇御書洞天之額以榜焉卽所稱眞隱道觀者也忠定賦之最多其時放翁輩所作洞天詩皆指竹洲於是城中亦有洞天之名先侍郎之投老也心慕鹿亭樊榭之勝嘗築雙韭山房於大雷蓋四明東七十峰之門戶也故以花乳石鐫私印曰第九洞天學者稱爲九山先生侍郎下世是印歸於先宮詹之手是時眞隱遺址適爲宮詹所得卽所稱平淡齋者也於是復題其闕曰洞天行館蓋遠取忠定之遺而近卽以接侍郎之志故是印也宮詹尤珍惜焉桑海之時雲擾吾甲第圖籍蕩爲冷風寒煙所謂雙韭山房平淡齋者俱歸宿莽而是印亦不知流落何所康熙戊戌予初爲諸生鄞之學宮有鋤地者忽得石印一銅印一其石者卽先侍郎之章其銅者農丈人余公之章也土花爛斑以其沈埋之久也倍增古色予乃購而得之嗟乎墮海之琴復還是亦遭遇之奇也予讀四明諸志乘其於二洞天之名不能舉其本末至於九

題之地亦未深覈而忠定之洞天則竟略焉談桑梓之舊聞者不可謂無過故因私印之歸而爲之及其大略以見是片石者蓋不得僅以先人之手澤目之而四明洞府之地望繫焉湖上之故事存焉詎不爲吾家之宗器也歟城東大嵩石亦印材也乃取以爲是印之匣而勒以銘其詞曰

片石之稜稜四明山骨之所憑歷刼歸來以尋盟寶茲世守足比連城

林泉雅會圖石本跋一

清 全祖望

是會創於先宮詹公其同事者周尚書吳光祿林僉事陳宮允丁中丞周觀察黃比部屠辰州趙比部十人辰州爲社長然未有圖也宮詹下世宮允辰州及黃比部俱相繼逝于是又參以徐陸二廷尉萬都督陸別駕周侍御爲十人始爲圖有墨本又有石本其後光祿下世又參以施都督然石本中尚無施公以其未入社也杲堂紀之未詳

林泉雅會圖跋二

清 全祖望

鄞女中校友會印

吳公太白以論國本罷御史光宗即位起副尚寶已而長鴻臚又副大理乃以南光祿卿致仕予曾於周文穆公家見其所序公歷仕官簿如此天啓三年林泉詩社勒石公年八十爲席長而杲堂以爲泰昌改元公已卒贈光祿可謂紕繆之甚者今鄞志皆本之向非石本之存何以訂此譌乎

林泉雅會圖跋三

清 全祖望

是會以先宮詹公經始其後爲圖上石宮詹久已下世而以漢隸題四大字于卷首者宮詹從弟泰徵先生天麟也先宗正公之次子是時吾家諸祖多工書先生以漢隸名先和州公之叔子思若先生諱天駿以行書名宮詹次子非堂先生諱大震以草書名先應山公次子務觀先生諱大科亦以行書名而非堂于各體皆工今多散佚

辨志文會課藝初集序

清 宗源瀚

聚天下之才力不事驅迫而帖然胥出一途者朝廷之科舉也而一時之風會

亦往往如是科舉之制德行尚矣其次不能不託之文字文字之格遞變而利祿所歸代有其蔽不獨八股然也風會者一二人倡於前舉世靡焉從之雖升降不同而有開必先始乎至微終乎不可控馭本朝之獲科舉者率以八股沿之今日且相詬病若夫一時風會則國初尚義理心性之學在位如李文貞張清恪其氣力足以旋轉一世朝野之嚮學者趨焉中葉以往河間儀徵兩文達皆尙考据以浩博爲主儀徵持節四方從遊尤衆在浙有詁經精舍在粵有學海堂皆望而知其幟志雖其末流講心性者或偏蔽而迂疎尚浩博者亦支離而破碎而其精醇之詣固歷百年而如新也咸同以來遭遇兵燹人文殄瘁而大勳如曾文正軍中不廢講學其言曰禮非考据不明學非心得不成嘗深取經濟以配義理考据詞章而推本於孔門四科今雖文正往矣而其流風所被隱挽狂瀾宦迹儒修動多觸會非風氣之感發然與光緒戊寅源瀚來守四明四明山川盤礴而秀發其人文至今不衰膺科者取靑紫如反手浙人推八股文

之工者必首甬上己卯予創設辨志文會就古今人爲學之方分六齋以課士每齋必延學之專精者分主講席每課與會輒數百卷錄其尤者編之以爲同會觀摩兩年以來甬士爭自濯磨或專一齋或兼數齋類能博觀約取潛深研幾彬彬乎質有其文方新而未已雖其中不盡甬士而甬士爲多冀之但以八股推甬士者淺之乎測吾徒矣夫四明一州之地耳源瀚於學又懵焉無所發明茲何足以言風會然堂坳之波同於大海目論者動謂人材限於科舉退然不能有復古之望是殆不然予故於課藝初集之成書其說於簡端以諗夫世之有主持風會之責者光緒七年春上元宗源瀚敍

竹洲文獻卷第二終

鄞縣江北岸寧波印刷公司承印

光緒辛巳仲冬月

郡城濬河徵信錄

河工局刊

本書選用中國國家圖書館藏本影印

甯波重浚塘河碑記

明州襟帶江海郡塘周十八里其水源西南自大雷叠斤嶺它山滙諸支以入塘而出三喉中間瀦為日月之湖又蜿蜒曲折灌塘中瀾澴殆徧東自寶幢天童嶴為三塘河又滙七十二溪為東錢湖者其流雖不入塘而委輸於

江亦注江東之河與塘郡相映帶浚河之工見於志載者明天啓三年張邑令 國朝乾隆八年張郡守五十年錢邑令嘉慶廿四年陳兵備道咸豐三年同治元年邑令皆有疏浚之張之輩碑記稱述甚盛其工程不可考錢邑令工未及半咸豐三年

之工見於濬河冊者長不及三千丈
同治元年之工城內外五千五百餘丈
惟嘉慶中陳兵備興工幾五年
用錢三萬緡浚經支兩河四十

五道工視前後爲最巨今光緒五
年予賴諸紳董之力浚城內外
諸渠用錢二萬餘緡而工長至一
萬三千餘丈出土三萬餘方河道

三

既蕆乃載於工程冊者蓋一百餘
云夫水利者民生之命脈而其蓄泄者
水利之精神自宋以來四鄉碶
閘啓閉率以城河爲標準淳

祐中先有平水尺不如自吳丞
相水則亭也城市汙濁湮塞最
易前哲營治心力交至茲乃若事
半而工倍者則天時人事之異也

四

五

無夏多漲秋冬亦不甚涸故自來
施工往往在水中偶值久晴可以
乘時矣而水道紆互此合彼乖乘
時者一而失時者且百光緒戊寅冬

予甫蒞明見城河之不通舟者大
半十日不雨民遂病汲攜餅告災
輒苦無水徐君鐵峯時已九十有
勸予興水利而莫先於城河己卯

六

五月興工適逢夏旱度量規畫
幽隱畢見予又採諸紳之議用
十三水龍會董事鳩工分道并舉
閱三月而工已竣以極難之事措之

乃若極易此天時之順人力之齊焉
有是哉雖然其舉之而不疑撓
之而不敗則允惟衆人之一心夫以
數月之番鍊而集捐至兩年有

餘方創議時余初蒞官非有信孚於
民之素況甫議行而又有山陡毀局之
事任事者幾為寒心而乃善罷事
志無貳無疑自搢紳以逮齊民躍

財無所惜由戊寅以迄辛巳逾久而
論定嶽河之棚屋當毀者官諭
一下立毀無吝色蓋革眾人之精
神意後以趨事赴功而後流穢

七

貫於交衢舟航達於四境焉抑又
聞之濬河者一時而病河者日積而月
累此河之所以恒不治病河者非一端
而其先者廛居櫛比萬家之塵垢

百物之腐蝕聿而委之於河河不能
容至壅衢巷衢巷分於河仍擠
而入於河與河渠而岡阜者有之
矣茲於濬河之前先清街運舊污

八

出錄千餘船載石為積形三百餘所以
捍新淤於崖夫役每數日運之遠近
造治河先後又於治病河諸事臚
為禁約而河棚之足以滅沒河身者

九

除新存舊計數造冊期有日減焉
日增諸凡經營之迹措理之方皆有
紀畧凡紀畧千則禁約七事與工程
方數出入錢數並刊為徵信錄又附

列丈尺圖志使後來者有所考焉在
局者委員則候補府丞唐張渤海候
補縣丞吳嘉孫鄧縣、丞張乃大而紳士
如江鏡清張善彷張瑞梁王世濬余世恩

十

廬友焜馬永康華志青諸君尤不避
勞怨始終其事今竣事已逾年徵
信錄刊就諸君屬予為文泐諸碑且
冠其首予維是舉之為民樂利固矣

而日湖淺屬猶待濬且治其流尤須治其
源各鄉堤堰多病西南來源遺跡走洩
而東錢湖待治尤殷屢念空懸卬須
誰氏則又日望諸君與凡有志者之

十二

起而承其後也
光緒八年十一月三品銜浙江補用道
寧波府知府宗源瀚撰并書

宗源瀚 湘文

郡城濬河徵信錄目錄

郡城濬河徵信錄　目錄　一

城河全圖

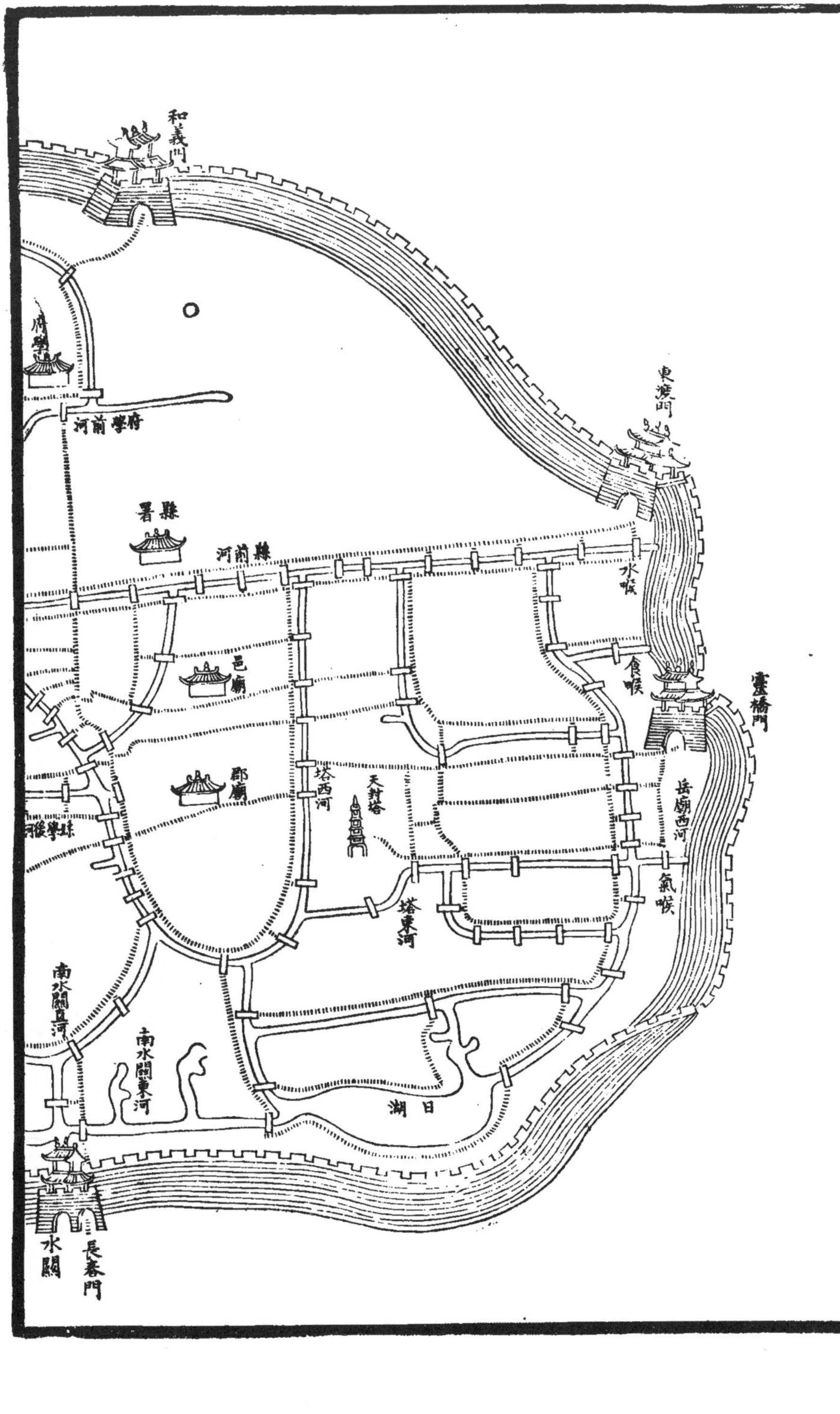
和義門
府學
府學前河
縣署
縣前河
東渡門
水喉
邑廟
食喉
靈橋門
郡廟
塔西河
天封塔
岳廟西河
府學後河
氣喉
塔東河
南水關西河
南水關東河
日湖
水關
長春門

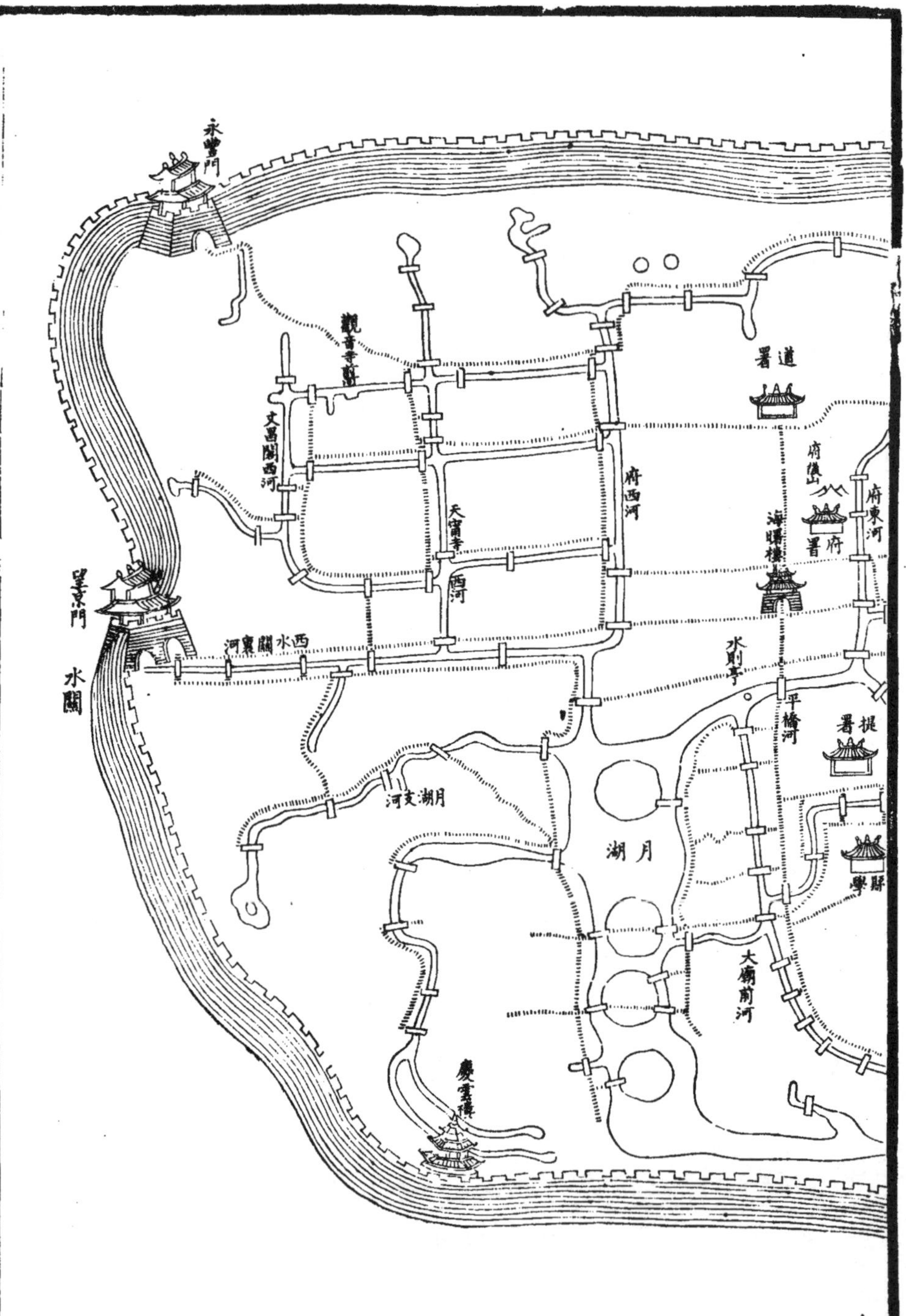
永豐門
望京門
水關
西水關裏河
觀音寺前河
文昌閣西河
天甯寺
西河
府西河
道署
府儀山
海曙樓
府署
府東河
水則亭
平橋河
提署
月湖支河
月湖
縣學
大廟前河
慶雲樓

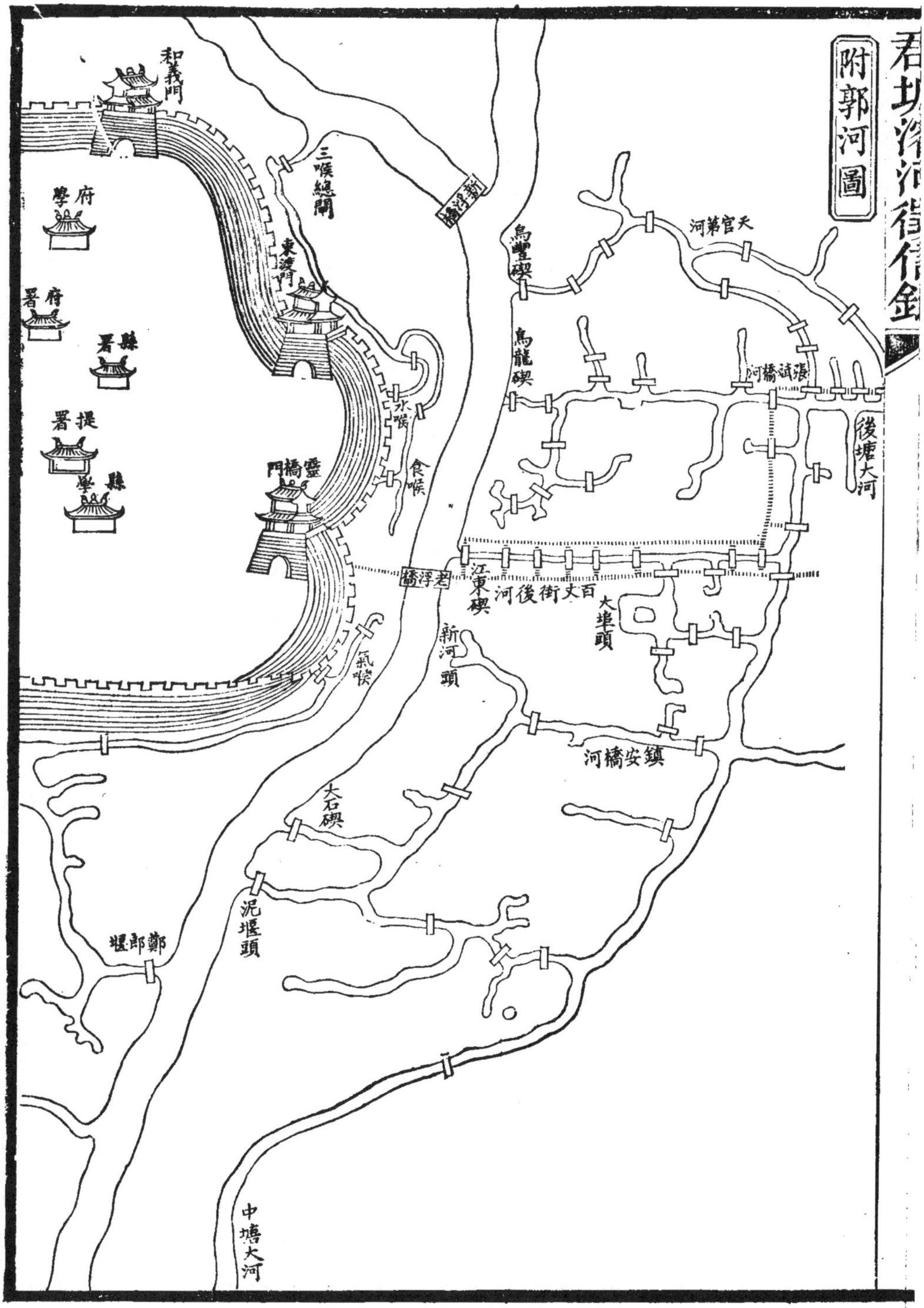
郡城浚河徵信録
附郭河圖
和義門
三喉總閘
新浮橋
府學
府署
縣署
東渡門
提署
縣學
靈橋門
水喉
食喉
老浮橋
氣喉
烏豐碶
烏龍碶
天官第河
張斌橋河
後塘大河
江東碶
百丈街後河
大埠頭
新河頭
鎮安橋河
大石碶
泥堰頭
鄭郎堰
中塘大河

[illegible]附郭河圖

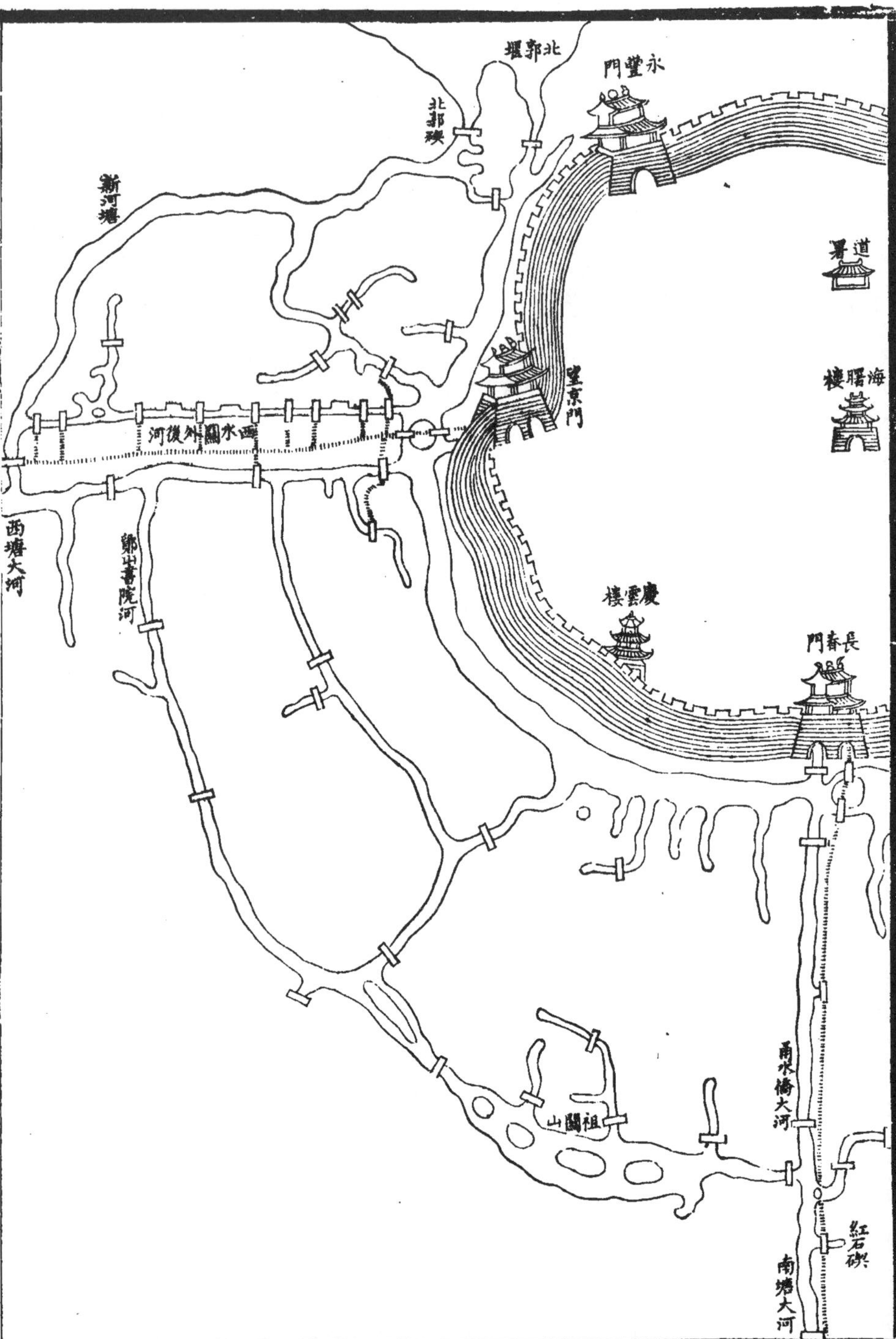
北郭堰
永豐門
北郭碶
新河塘
道署
海曙樓
望京門
西水關外後河
西塘大河
鄮山書院河
慶雲樓
長春門
祖關山
甬水橋大河
紅石碶
南塘大河

四

郡城濬河徵信錄

河工紀畧

設局收捐

郡城河道嘉慶末年大濬後歷三十餘年至咸豐初年復濬兵燹後同治元年復濬皆抽取房租爲集腋成裘之舉今幾二十年有十日不雨河水即涸之處三喉淤阻兩湖亦多淺塞河渠堆積污垢高於道路光緒四年五月設局議辦局在三法卿坊五年三月局遷於炎帝宮其經費照咸豐初年舊章核減勸令廛市各戶於房租內每貫抽捐錢三十業主六成租戶四成至小戶房租在十貫以內免捐城廂內外共收房捐九季得錢二萬一千八百貫有奇

分地承濬

城廂廛市稠密往往不戒於火居民設會製造水龍分地安置以備不虞惟河道淤塞雖有水龍無從汲水是以咸豐初年濬河令各水龍會分段經理此次

援照舊章分認監工城內則臨安普安同安靖安長安西關外則麗安南關外則小長安甬江則咸安永安江東則均安和安保安凡十三會各會董事姓名有清單存於府卷先濬經河次濬支河無一遺漏自五年五月興工適天旱水涸而又集羣策羣力以趨事閱三月而濬畢其測深淺之法於水漲一二日之內備船數隻分頭在河磡側用石灰汁劃定水痕然後一律開濬計濬深一二尺至七八尺亦有及丈者其河身至岸共深若干仍刋於圖志

泛舟運泥

曩昔濬河皆運載污泥繼增城外塘隄歷年未遠近城塘隄尙固今次通河全濬泥礫較多長春塘及南關外城根傾卸處稍須補葺容泥無幾乃於保豐碶相近買桑園低窪田十九畝凡自江以西城內外經濬污泥悉以運往築成高基施爲寄棺待葬之地五年八月天雨水通於西南關要道給籌檢舟運至十月而道旁岸側如山如阜之泥始皆運盡其自江以東經濬污泥則充農民塡田築屋之用亦至冬而運盡

立樁修磡

凡一丈河面中濬四尺兩旁各留三尺以固岸基而疏濬後水溜土鬆河岸傾卸者仍復不少其地有業主即令自行修築官地及貧戶力不能任者皆由局樹樁砌石共計築磡四百十餘丈

整理喉閘

三喉一曰氣喉在南城東嶽宮前城外亦係上河水無出入一曰食喉在東城崔衙前市舶務橋側舊無閘版今置板六塊一曰水喉在東城門側向亦無閘板今置板八塊水食二喉合流於小江橋迤西而關鍵於羊府廟前之總閘今於總閘置板十六塊蓋郡城之水發源於西南諸山自西南兩水關而入城至喉口而洩之江食喉水道曲而窒洩水僅三分全城所受之水大半藉水喉爲出水之竇地勢西高東下全恃濱江之總閘爲蓄洩之要樞水漲則減閘板以

洩之水涸則增閘板以蓄之所關係者至重茲於總閘設閘夫一名復於水喉食喉口添設閘夫一名專司啓閉總閘不可常開常開則水無所節且防鹹潮內灌水喉之閘不可常閉常閉則城河污穢不能流出應啓應閉之時不准閘夫擅專誤事須紳董通知縣丞由縣丞轉飭閘夫遵辦閉閘時兩層夾板之中築泥必須堅實以免滲漏啓閘貴乘潮落之時城河浮污浮草皆可乘勢推盪凡河灣處必須用舟用篙水食兩喉及總閘口必須責令閘夫用長桿釘鈀推逐以便積污一氣隨潮而出水食喉口有石柱恐被污泥壅塞尤須時常疏通均責成縣丞隨時親詣閘口督飭閘夫妥辦並備小舟兩隻僱夫逐日撈取河身糞草務令通暢食喉城內出口河道尙可明見城外出口爲河東民房所蔽限於貲費不能購作公地今於城外出口城根旁樹立穹碑大書深刻食喉二字以昭衆目城內水喉口兩旁向無房屋現有搭蓋均令拆讓其地袁姓稱係價抵亦願捐出由局立水喉官地石碑庶日久不至湮沒總閘東首舊有局中

公地一塊計長十七丈深三丈五尺今租與閘夫謝文貴蓋屋居住每年租息十四千文作爲管閘工食其西南兩水關下向有石限未濬之前城內河身高於石限故水愈易瀉今照石限濬深四尺雖久晴亦可蓄水

拆禁河棚

郡河之患莫甚於河棚支河小港處處搭蓋其稠密處行舟不見天光非𢹂燈不能入而積重難返城內外藉河棚爲生計者不下七八百家咸豐年間通融辦理令蓋棚各戶於房租內歲抽捐費以資挑淤此次援照舊章核減捐額每貫抽錢四十以充清街經費遇損壞除捐不准修復間有火燬者亦不准修復以期漸次減少新搭永遠禁止其廿條橋霓橋巷天后宫側三處橋棚最密四年春廿條橋遭火甚至水龍汲水無隙投綆因令三處橋棚讓出河面各拆一二尺至丈餘不等橋板兩旁並迎街一面俱樹木欄以定界所有舊存河棚另造清冊由府用印分存府縣縣丞衙門各一本濬河局二本以後凡有不在印冊內之河棚均屬新搭鄰佑地保均准訴董控官請禁凡修舊增新諸弊責成縣丞局董稽禁

城河丈尺

自水喉滅没六七百年東門內河道已填爲平地嘉慶間復水喉而城河始有正脉可尋此新鄞志所以有經支各河之叙述然其中亦不能無誤如團橋在經河旁經河自東行直出水喉何以謂之未至團橋數丈南折又採蓮橋東入一支既云青龍橋轉北爲獅子橋鄞江廟橋並入岳廟前河又自鄞江廟橋直北歷皂莢廟橋車橋而延慶寺前迤北一支復云石橋轉北過鄞江廟橋直下至車橋一河而分屬二支橋名既有今昔之不同河道又有曲折之小異故此等轇轕不一而足工竣後郡守令員紳乘小舟窮數日之力僻港斷潢靡不周歷以察利病舟中披書欲循經支之説以行水舟人不能得其道也兹刊丈尺圖志畧仿新志山川門全載橋梁以分段落雖其中橋名或無稽考港岸或有

通塞皆以今之名色形蹟爲主其丈尺亦以橋梁爲起訖較工程方數冊稍有不同蓋疏濬時隨地勢以築泥壩非拘定於橋梁也日後傍河居民倘甃石增岸而鄰里欲求舊址是志不無裨益其淺深則以河底至地面爲準至附郭經濬之河支港紛歧而又土塘節節凹凸各會施工擇其要者濬之空闊處亦未周及故自三喉出城外附郭河道概從畧焉

兩湖修濬

日湖俱已濬深旁城樹樁揷柳以固岸基月湖則眞隱觀東爲南水入湖要口碧沚祠北爲西水入湖要口兩處通塞尤關全湖利病此次亦經修治測量湖水中流甚深無須加濬惟兩旁堆砌尚須修削

西南水則

水則有亭爲西南七鄉水利而設也西南二水入城南水旺於西水西水注月湖先經紅蓮閣而亭適當其衝南水左右注日月兩湖而其急流直注桂芳橋經大廟前河駛至書閣橋亭又適扼其要吳制使建亭於此以測水用意誠非後人所及道光年間重刻水則徒存古蹟亭基視昔加高碑亦隨上不足爲碶閘啓閉之準今與風棚碶石柱平字較定高下水與亭下基面平碶閘即當開洩否則汪洋過畈矣至亭旁空地志云使守令車馬過輙見之意甚美也今於其地再建一亭以復吳制使時亭舊蹟庶過往者愈醒目而居民亦不敢妄萌侵佔之念

江東三碶

江東三碶爲東鄉禦澇之要江東碶廛居稠密年久失修污穢窒塞此次疏導大費工力閘板亦俱修整烏龍碶丙子年先經浚治蜿蜒九曲水流尚暢烏豐碶出江甚近此次亦加濬治大抵江東後塘一帶塘基高於河身而又廛市雜遝勢必旋開旋淤欲東七鄉之水不僅大石一碶宣洩是尤賴歲時疏濬之功也

禁約

一郡城人烟稠密修造房屋無日無之今定北郭桑園准其堆放瓦礫不得傾入河中如違禁傾棄無論紳士兵民准該圖保鄰右速即報官懲辦

一臨河石作其石屑最易塡塞河道今令石匠杜首具結嗣後石屑定用船運至北郭桑園不准再傾河中凡石作門前河身闊狹深淺丈明列後如違禁傾屑罰令濬復

一河身浮竹往往上堆土石取用時隨將土石落水最易塡淤今令竹行篾作篷作篠作傘骨作油簍作竹篝作蒸籠作各具甘結劃界立樁十五處容其浮竹若於界外浮浸卽將其竹充公

一棕鋪蓆鋪其棕屑草皮毋許入河如有傾棄卽責成該鋪戶挑濬鄰右越界傾棄者准其稟究

一南濠淘沙之戶每在河中淘沙最易淤塞今令各戶具結嗣後淘沙移至大

江如仍於河內傾淘罰令濬深

一城外之方井頭左近爲水食喉滙流要區城內之甘条橋霓橋巷等處廛居櫛比淤塞尤易責成圖保隨時照看何處汚淤卽報明責令何處鋪戶淘深

一城廂內外有石檟三百五十餘所爲居民鋪戶傾納汚垢之用有貪圖近便傾灰泥穢物於河內及河岸者許鄰保指名稟究

附衆石作門前河道丈量深闊

于萬森	住天甯寺橋東首	深八尺五寸	闊一丈七尺
陳甡順	住天甯寺橋西南首	深九尺五寸	闊六尺五寸
王順興	住虹橋後街	深九尺	闊二丈三尺
馬森泰	住西社壇橋西首	深一丈	闊一丈九尺
王永興	住西門外買魚橋東首	深五尺	闊一丈
陳順風	住西門外買魚橋	深七尺	闊一丈

何同生	住北門外河衖口	深五尺五寸	闊一丈
何同興	住北門外城脚	深四尺五寸	闊一丈
沈立源	住西門外郵亭側	深八尺	闊一丈
鮑香齋	住何利橋衖內	深七尺五寸	闊一丈
陽　春	住迎鳳橋南首	深九尺	闊一丈九尺
王源來	住湖西尙書橋	深四尺五寸	闊一丈
徐明豐	住湖西陸殿橋	深三尺五寸	闊一丈
大咸通	住湖西花果園廟	深三尺	闊六尺五寸
沈雙喜	住月湖橋下	深六尺	闊一丈
孫寶幢	住梅園橋下	深五尺	闊一丈
楊全林	住藕尾漕口	深五尺	闊一丈
邵成興	住藕尾漕內	深五尺	闊一丈

王才寶	住南門沿城脚	深五尺五寸	闊三丈
董乾元	住採蓮橋下	深七尺五寸	闊一丈
王萬順	住江東三眼橋	深七尺	闊一丈
周大興	住江東楊柳衖頭	深六尺五寸	闊一丈
鄔德興	住江東楊柳衖頭	深六尺五寸	闊一丈
鄔三毛	住江東大河橋	深七尺	闊一丈
李長順	住江東大河橋	深七尺	闊一丈
張玉順	住江東大河橋	深七尺	闊一丈
周裕成	住江東彩虹橋	深七尺五寸	闊一丈
蔣復興	住江東張斌橋	深七尺五寸	闊一丈
陳永興	住江東買蓆橋	深七尺	闊一丈
蔣萬順	住江東買蓆橋	深七尺	闊一丈

沈萬森　住江東解元橋　深七尺五寸　闊一丈六尺

徐春才　住南門外向陽橋　深六尺　闊一丈

附浮竹打樁地段

採蓮橋日湖義學後　六支

行香橋三叉港牆下　二支

白龍王廟北首河　二支

日湖延慶寺城沿　十二支

日湖水月橋脚　二支

日湖西首藕尾漕港口二支

日湖橋西首大港　十二支

月湖馬衙漕　九支

南門沿城大河　十支

義莊廟前　四支

月湖湖心橋施祠前　六支

月湖碧沚祠前　二支

南門外後洋河　四支

南門永甯橋西首　三支

南門向陽橋西首　四支

共計樁八十支

郡城濬河徵信錄

工程方數

靈橋門臨安水龍會又新街普安水龍會經管開濬河道

臨安會董職員朱鶴年　普安會董同知銜洪輔位　監工同知銜徐渭川

一鹹塘滙橋起至漫浦橋外止

計長伍拾丈　扯闊壹丈壹尺　濬深壹尺　折伍拾伍方每方伍百文

計錢貳拾柒千伍百文

一全家灣水倉高堆

折拾叁方每方伍百文計錢陸千伍百文

一漫浦橋外起至澄清橋北首止

計長肆拾壹丈　扯闊壹丈貳尺　濬深貳尺　折玖拾捌方肆分每方

伍百文計錢肆拾玖千貳百文

一澄清橋北起至車橋止

計長拾捌丈伍尺　扯闊壹丈壹尺　濬深貳尺　折肆拾方柒分每方

伍百文計錢貳拾千叁百伍拾文

一澄清橋西起至覓橋巷外止

計長壹百叁拾丈柒尺　扯闊壹丈伍寸　濬深壹尺貳寸　折壹百陸

拾肆方陸分捌釐每方伍百文計錢捌拾貳千叁百肆拾文

一恒生泰後河高堆

計長拾丈　濬深貳尺　折貳拾方每方伍百文計錢拾千文

一車橋南起至皂莢橋止

計長肆拾叁丈　扯闊壹丈　濬深壹尺　折肆拾叁方每方伍百文計

錢貳拾壹千伍百文

一皂莢橋起至獅子橋止

計長捌拾捌丈肆尺　扯闊壹丈　濬深壹尺　折捌拾捌方肆分每方
伍百文計錢肆拾肆千貳百文
一都神殿後河水倉
計長貳丈伍尺　扯闊捌尺　濬深貳尺　折肆方每方伍百文計錢貳
千文
一東嶽宮前氣喉口起至文昌閣外止
計長拾貳丈　扯闊捌尺伍寸　濬深壹尺　折拾方貳分每方肆百伍
拾文計錢肆千伍百玖拾文
一獅子橋側三义港處
折肆方每方肆百伍拾文計錢壹千捌百文
一文昌閣外起至大沙泥街張姓屋前橋止
計長陸拾丈　扯闊壹丈壹尺　濬深壹尺　折陸拾陸方每方肆百伍

拾文計錢貳拾玖千柒百文
一大沙泥街張姓屋前橋起至大福橋止
計長壹百拾貳丈伍尺　扯闊壹丈肆尺伍寸　濬深壹尺伍寸　折貳
百肆拾肆方陸分捌釐柒毫每方肆百伍拾文計錢壹百拾壹千壹百玖文
一毛姓祠前高堆
折貳方每方肆百伍拾文計錢玖百文
一翰林第前高堆
折捌方每方肆百伍拾文計錢叁千陸百文
一嘉佑廟前橋外高堆
折壹方每方肆百伍拾文計錢肆百伍拾文
一嘉佑廟前橋外起至孫宅前止
計長拾柒丈　扯闊壹丈貳尺　濬深壹尺　折貳拾方肆分每方肆百

伍拾文計錢玖千壹百捌拾文
一嘉佑廟孫宅前起至張姓祠堂前止
計長貳拾貳丈陸尺　扯闊壹丈　濬深壹尺　折貳拾貳方陸分每方
肆百伍拾文計錢拾千壹百柒拾文
一張祠前起至五臺寺衕口橋止
計長貳拾肆丈　扯闊壹丈壹尺　濬深壹尺　折貳拾陸方肆分每方
肆百伍拾文計錢拾壹千捌百捌拾文
一五臺寺衕口橋起至來復橋止
計長陸拾柒丈伍尺　扯闊壹丈壹尺　濬深壹尺　折柒拾肆方貳分
伍釐每方肆百伍拾文計錢叁拾叁千肆百拾貳文
一永安橋外高堆
折肆方肆分每方肆百伍拾文計錢壹千玖百捌拾文

一來復橋起至青龍橋內止
計長拾叁丈陸尺捌寸　扯闊壹丈陸尺伍寸　濬深壹尺　折貳拾貳
方伍分柒釐每方肆百伍拾文計錢拾千壹百伍拾陸文
一青龍橋內起至橋外三义港止
計長拾壹丈　扯闊壹丈叁尺叁寸　濬深壹尺　折拾肆方陸分每方
肆百伍拾文計錢陸千伍百柒拾文
一獅子橋外起至永安橋外三义港止
計長叁拾陸丈　扯闊壹丈肆尺　濬深壹尺　折伍拾方肆分每方肆
百伍拾文計錢貳拾貳千陸百捌拾文
一青龍橋外三义港起至高堆三分止
計長拾肆丈　扯闊叁丈伍寸　濬深壹尺　折肆拾貳方柒分每方肆
百伍拾文計錢拾玖千貳百拾伍文

一高堆三分起至黃宅前小橋止

計長貳拾陸丈捌尺　扯闊壹丈捌尺柒寸　濬深壹尺　折伍拾方每方肆百伍拾文計錢貳拾貳千伍百文

一黃宅前小橋起至俞宅前止

計長拾柒丈壹尺　扯闊貳丈伍寸　濬深壹尺　折叁拾伍方每方肆百伍拾文計錢拾伍千柒百伍拾文

一黃宅前高堆

折拾方每方肆百伍拾文計錢肆千伍百文

一俞宅前高堆

折叁方叁分每方肆百伍拾文計錢壹千肆百捌拾伍文

一吉慶橋側高堆

折壹方貳分每方肆百伍拾文計錢伍百肆拾文

一俞宅前起至吉慶橋止

計長拾伍丈貳尺　扯闊貳丈貳尺　濬深壹尺　折叁拾叁方肆分肆釐每方肆百伍拾文計錢拾伍千肆拾捌文

一吉慶橋起至塔水橋止

計長拾玖丈　扯闊壹丈肆尺伍寸　濬深壹尺　折貳拾柒方伍分伍釐每方肆百伍拾文計錢拾貳千叁百玖拾柒文

一塔水橋起至積善橋止

計長拾玖丈陸尺　扯闊壹丈伍尺伍寸　濬深壹尺　折叁拾方叁分捌釐每方肆百伍拾文計錢拾叁千陸百柒拾壹文

一積善橋起至白龍王廟外止

計長柒拾丈　扯闊貳丈　濬深壹尺　折壹百肆拾方每方肆百伍拾文計錢陸拾叁千文

一白龍王廟龍潭

計長陸丈捌尺　計錢叁千文

一白龍王廟側高堆

折伍方每方肆百伍拾文計錢貳千貳百伍拾文

一塔水橋西首起至行香橋止

計長伍拾玖丈　扯闊壹丈貳尺伍寸　濬深壹尺伍寸　折壹百拾方陸分貳釐每方伍百文計錢伍拾伍千叁百拾文

一行香橋外高堆

折貳方伍分每方伍百文計錢壹千貳百伍拾文

一行香橋起至土地祠後止

計長伍拾叁丈　扯闊壹丈柒尺伍寸　濬深壹尺伍寸　折壹百叁拾玖方壹分貳釐每方伍百文計錢陸拾玖千伍百陸拾文

一華祠前水倉

計長拾丈　扯闊壹丈貳尺　濬深壹尺　折拾貳方每方伍百文計錢陸千文

一華祠左右首高堆

折叁方每方伍百文計錢壹千伍百文

一土地祠後起至採蓮橋外止

計長肆丈　扯闊肆丈　濬深壹尺　折拾陸方每方伍百文計錢捌千文

一行香橋外三叉港起至白龍王廟外止

計長捌拾丈　扯闊壹丈貳尺　濬深壹尺　折玖拾陸方每方伍百文計錢肆拾捌千文

一行香橋外三叉港高堆

折貳方每方伍百文計錢壹千文
一育德堂側起至觀堂漕底止
計長拾柒丈　扯闊壹丈　濬深壹尺　折拾柒方每方伍百文計錢捌
千伍百文
一觀堂漕底高堆
折肆方每方伍百文計錢貳千文
一三法卿橋外起至王監橋止
計長壹百柒拾丈　扯闊壹丈　濬深壹尺　折壹百柒拾方每方肆百
伍拾文計錢柒拾陸千伍百文
一致和當後水倉
計長伍丈　扯闊壹丈陸尺　濬深壹尺　折捌方每方肆百伍拾文計
錢叁千陸百文

一天封寺側水倉
計長捌丈　扯闊柒尺　濬深壹尺　折伍方陸分每方肆百伍拾文計
錢貳千伍百貳拾文
一大福橋外起至磚橋止
計長捌拾捌丈　扯闊壹丈　濬深壹尺伍寸　折壹百叁拾貳方每方
肆百伍拾文計錢伍拾玖千肆百文
一王監橋外西首河起至日湖義學後止
計長叁拾丈　扯闊伍尺　濬深壹尺　折拾伍方每方肆百文計錢陸
千文
一日湖義學東首河高堆
折拾貳方每方肆百文計錢肆千捌百文
一日湖義學後門高堆

折拾貳方每方肆百文計錢肆千捌百文
一日湖義學後對面起至採蓮橋下止
計長貳拾伍丈　扯闊壹丈　濬深壹尺　折貳拾伍方每方肆百文計
錢拾千文
一採蓮橋下高堆計三處
折拾伍方每方肆百文計錢陸千文
一王監橋外東首河
計長拾陸丈叁尺　扯闊叁丈伍尺　濬深壹尺　折伍拾柒方伍分每
方肆百文計錢貳拾貳千捌百貳拾文
一王監橋水倉
計長陸丈伍尺　扯闊貳丈　濬深壹尺　折拾叁方每方肆百文計錢
伍千貳百文

一王監橋西首水倉
計長拾壹丈　扯闊壹丈伍尺　濬深壹尺　折拾陸方伍分每方肆百
文計錢陸千陸百文
一日湖義學後門沿
計長叁拾丈　扯闊壹丈　濬深壹尺　折叁拾方每方肆百文計錢拾
貳千文
一日湖義學後門起至採蓮橋止
計長貳拾伍丈　扯闊壹丈　濬深壹尺伍寸　折叁拾柒方伍分每方
肆百文計錢拾伍千文
一採蓮橋起至延慶寺後門止
計長肆拾叁丈　扯闊壹丈伍尺　濬深壹尺　折陸拾肆方伍分每方
肆百文計錢貳拾伍千捌百文

一延慶寺後三叉港高堆
折拾方每方肆百文計錢肆千文
一延慶寺後起至廣文局後止
計長貳拾捌丈　扯闊壹丈伍尺　濬深壹尺　折肆拾貳方每方肆百
文計錢拾陸千捌百文
一廣文局後門高堆
折柒方玖分每方肆百文計錢叁千壹百陸拾文
一廣文局後起至水月橋內止
計長貳拾陸丈　扯闊貳丈陸尺　濬深貳尺　折壹百叁拾伍方貳分
每方貳百文計錢貳拾柒千肆拾文出泥在外
一日湖橋沿城起至白龍王廟沿城止
計長伍拾丈　扯闊伍丈　濬深叁尺　折柒百伍拾方每方連後扯算

又計長貳拾陸丈　扯闊叁丈　濬深叁尺　折貳百叁拾肆方每方連前
扯算
二共計錢壹百捌拾捌千文出泥在外
一日湖坐延慶寺一埭至日湖橋止
計長拾叁丈　扯闊陸尺　濬深叁尺　折貳拾叁方肆分每方連後扯
又計長拾伍丈　扯闊叁丈　濬深叁尺　折壹百叁拾伍方每方前後扯
又計長肆拾丈　扯闊肆丈　濬深貳尺伍寸　折肆百方每方連前扯算
三共計錢壹百伍千文出泥在外
一日湖橋內起至倉基漕口止
計長叁拾伍丈　扯闊貳丈　濬深壹尺　折柒拾方每方肆百文計錢
貳拾捌千文
一倉基漕口高堆
折陸方每方肆百文計錢貳千肆百文
一倉基漕外港胡宅後
計長拾丈　扯闊貳丈伍尺　濬深壹尺　折貳拾伍方每方肆百文計
錢拾千文
一藕尾漕外口起至兵馬司橋止
計長貳拾陸丈　扯闊玖尺　濬深貳尺　折肆拾陸方捌分每方肆百
文計錢拾捌千柒百貳拾文
一藕尾漕坐城河
計長拾丈　扯闊壹丈　濬深壹尺　折拾方每方肆百文計錢肆千文
一倉基漕外口
計長拾柒丈　扯闊壹丈　濬深壹尺　折拾柒方每方貳百文計錢叁
千肆百文

一倉基漕中段
計長貳拾叁丈　扯闊壹丈陸尺　濬深壹尺伍寸　折伍拾伍方貳分
每方貳百文計錢拾壹千肆拾文
一倉基漕內底
計長叁拾丈　扯闊壹丈捌尺　濬深貳尺　折壹百捌方每方貳百文
計錢貳拾壹千陸百文
一藕尾漕漕外口
計長拾丈　扯闊壹丈陸尺　濬深貳尺　折叁拾貳方每方肆百文計
錢拾貳千捌百文
一藕尾漕漕內底
計長叁拾肆丈　扯闊玖尺　濬深貳尺　折陸拾壹方貳分每方肆百
文計錢貳拾肆千肆百捌拾文

一白龍王廟起由延慶寺前至日湖橋止出泥
計錢陸拾肆千文
一白龍王廟側沿城出泥
計錢肆拾千文
一日湖橋沿城出泥
計錢伍拾千文
一湖心西橋濬河出泥
濬河計錢拾肆千文
出泥計錢拾千伍百文
一又新街後沿城出泥
計錢拾捌千文
以上共計開濬河道工食錢壹千捌百叁拾叁千貳百貳拾叁文

海神廟來安水龍會經管開濬河道
來安會董舉人邵丙鏞 監工監生崔鋐
一三法卿重新橋起至洗馬橋止
計長肆拾肆丈 扯闊壹丈伍寸 濬深貳尺 折玖拾貳方肆分每方伍百貳拾文計錢肆拾捌千肆拾捌文
一洗馬橋起至泰和橋止
計長肆拾陸丈 扯闊壹丈 濬深貳尺 折玖拾貳方每方伍百貳拾文計錢肆拾柒千捌百肆拾文
一泰和橋起至小營門橋止
計長貳拾玖丈 扯闊玖尺 濬深貳尺 折伍拾貳方貳分每方伍百貳拾文計錢貳拾柒千壹百肆拾肆文
一泰和橋水倉
計長伍丈 扯闊捌尺 濬深貳尺 折捌方每方伍百貳拾文計錢肆千壹百陸拾文
一小營門橋起至小開明橋止
計長陸拾肆丈 扯闊玖尺 濬深貳尺 折壹百拾伍方貳分每方伍百貳拾文計錢伍拾玖千玖百肆文
一華樓廟前水倉
計長柒丈 扯闊壹丈叁尺 濬深貳尺 折拾捌方貳分每方伍百貳拾文計錢玖千肆百陸拾肆文
一圓橋外口起至都稅院橋止
計長叁拾貳丈 扯闊壹丈伍寸 濬深貳尺 折陸拾柒方貳分每方伍百貳拾文計錢叁拾肆千玖百肆拾肆文
一東殿廟前水倉

計長肆丈 扯闊陸尺伍寸 濬深貳尺 折伍方貳分每方伍百貳拾文計錢貳千柒百肆文
一都稅院橋起至鹹塘滙橋止
計長叁拾陸丈 扯闊壹丈伍寸 濬深貳尺 折柒拾伍方陸分每方伍百貳拾文計錢叁拾玖千叁百拾貳文
一鹹塘滙橋起至古市舶務後橋止
計長叁拾丈 扯闊陸尺 濬深貳尺 折叁拾陸方每方伍百貳拾文計錢拾捌千柒百貳拾文
一古市舶務後橋起至食喉口止
計長貳拾貳丈伍尺 扯闊陸尺 濬深貳尺 折貳拾柒方每方伍百貳拾文計錢拾肆千肆拾文
一烏樓廟橋起至獨石橋止

計長叁拾丈　扯闊壹丈　濬深貳尺　折陸拾方每方伍百文計錢叁
拾千文
一獨石橋起至浦石河頭止
計長拾玖丈伍尺　扯闊捌尺捌寸　濬深柒尺　折壹百貳拾方每方
伍百文計錢陸拾千文
一琅玡橋南起至廿条橋止
計長陸丈　扯闊壹丈伍寸　濬深叁尺　折拾捌方玖分每方伍百貳
拾文計錢玖千捌百貳拾捌文
一廿条橋起至鶴鳴樓衕口橋止
計長陸拾伍丈　扯闊壹丈伍寸　濬深叁尺　折貳百肆方柒分伍釐
每方伍百貳拾文計錢壹百陸千肆百柒拾文
一鶴鳴樓衕口橋起至釘打橋止

計長貳拾貳丈　扯闊壹丈伍寸　濬深叁尺　折陸拾玖方叁分每方
伍百貳拾文計錢叁拾陸千叁拾陸文
一釘打橋內北首水倉
計長叁丈陸尺伍寸　扯闊壹丈貳尺　濬深叁尺　折拾叁方壹分肆
釐每方伍百貳拾文計錢陸千捌百叁拾叁文
一釘打橋起至烏樓廟橋止
計長肆拾捌丈　扯闊壹丈壹尺　濬深肆尺　折貳百拾壹方貳分每
方伍百伍拾文計錢壹百拾陸千壹百陸拾文
一烏樓廟起至覓橋止
計長貳拾柒丈伍尺　扯闊壹丈　濬深肆尺　折壹百拾方每方伍百
伍拾文計錢陸拾千伍百文
以上共計開濬河道工食錢柒百叁拾貳千壹百柒文

東門同安水龍會經管開濬河道
同安會董六品銜董　慎　　監工職員施英相
一西水關起至廣德橋止
計長貳拾丈柒尺　扯闊壹丈叁尺　濬深貳尺　折伍拾叁方捌分每
方伍百文計錢貳拾陸千玖百文
一迎恩橋大河
計長貳拾捌丈　扯闊壹丈捌尺　濬深貳尺　折壹百方捌分每方伍
百文計錢伍拾千肆百文
一迎恩橋大河水倉
計長陸丈貳尺　扯闊貳丈柒尺　濬深貳尺　折叁拾叁方伍分每方
伍百文計錢拾陸千柒百伍拾文
一社壇橋大河

計長貳拾陸丈貳尺　扯闊壹丈捌尺伍寸　濬深貳尺　折玖拾柒方
每方伍百文計錢肆拾捌千伍百文
一社壇橋大河水倉
計長伍丈陸尺　扯闊壹丈陸尺　濬深貳尺　折拾柒方玖分每方伍
百文計錢捌千玖百伍拾文
一虹橋大河
計長拾玖丈壹尺　扯闊壹丈捌尺伍寸　濬深貳尺　折柒拾方陸分
每方伍百文計錢叁拾伍千叁百文
一虹橋大河水倉
計長柒丈伍尺　扯闊壹丈陸尺　濬深貳尺　折貳拾肆方每方伍百
文計錢拾貳千文
一虹橋東首大河

計長叁拾壹丈　扯闊貳丈肆尺　濬深貳尺　折壹百肆拾捌方捌分
每方伍百文計錢柒拾肆千肆百文
一虹橋東首水倉
計長陸丈伍尺　扯闊壹丈玖尺　濬深貳尺　折貳拾肆方柒分每方
伍百文計錢拾貳千叁百伍拾文
一天甯寺橋大河
計長貳拾陸丈陸尺　扯闊貳丈貳尺　濬深貳尺　折壹百拾柒方每
方伍百文計錢伍拾捌千伍百文
一天甯寺橋大河
計長捌丈捌尺　扯闊貳丈貳尺　濬深貳尺　折叁拾捌方柒分每方
伍百文計錢拾玖千叁百伍拾文
一天甯寺橋東首大河

計長貳拾肆丈捌尺　扯闊壹丈捌尺　濬深貳尺　折捌拾玖方叁分
每方伍百文計錢肆拾肆千陸百伍拾文
一天甯寺橋水倉
計長肆丈　扯闊壹丈叁尺　濬深貳尺　折拾方肆分每方伍百文計
錢伍千貳百文
一天甯寺橋東首大河起至行用庫橋止
計長陸拾陸丈柒尺　扯闊壹丈捌尺　濬深貳尺　折貳百肆拾方每
方伍百文計錢壹百貳拾千文
一醋務橋大河
計長叁拾伍丈陸尺　扯闊肆丈伍尺　濬深貳尺　折叁百貳拾方每
方伍百文計錢壹百陸拾千文
一醋務橋南首大河

計長拾叁丈貳尺　扯闊貳丈貳尺　濬深貳尺　折伍拾捌方每方伍
百文計錢貳拾玖千文
一醋務橋南首大河起至童宅西側止
計長貳拾柒丈陸尺　扯闊貳丈貳尺　濬深貳尺　折壹百貳拾壹方
肆分每方伍百文計錢陸拾千柒百文
一水仙廟後河高灘
計長拾肆丈　扯闊壹丈　濬深貳尺　折貳拾捌方每方肆百文計錢
拾壹千貳百文
一衮繡橋起至青石橋止
計長伍拾陸丈叁尺伍寸　扯闊壹丈貳尺　濬深壹尺伍寸　折壹百
壹方每方肆百文計錢肆拾千肆百文
一青石橋胡宅前水倉

計長柒丈肆尺　扯闊叁丈叁尺　濬深壹尺伍寸　折叁拾陸方陸分
每方肆百文計錢拾肆千陸百肆拾文
一青石橋起至三板橋止
計長肆拾伍丈捌尺　扯闊壹丈貳尺　濬深貳尺　折壹百拾方每方
肆百文計錢肆拾肆千文
一三板橋起至菱池頭關廟前止
計長陸拾捌丈玖尺　扯闊壹丈　濬深壹尺　折陸拾玖方每方肆百
文計錢貳拾柒千陸百文
一三板橋水倉
計長柒丈陸尺　扯闊叁丈伍尺　濬深貳尺　折伍拾叁方每方肆百
文計錢貳拾壹千貳百文
一菱池口

計長陸丈　扯闊玖尺　濬深叁尺　折拾陸方每方肆百文計錢陸千肆百文

一菱池

計長拾捌丈貳尺　扯闊柒丈壹尺　濬深叁尺　折叁百捌拾柒方伍分每方貳百文計錢柒拾柒千伍百文

一內菱池

計長陸丈叁尺　扯闊伍丈伍尺　濬深壹尺　折叁拾肆方伍分每方貳百文計錢陸千玖百文

一又內菱池

計長貳拾肆丈陸尺　扯闊貳丈陸尺　濬深壹尺　折陸拾肆方每方貳百文計錢拾貳千捌百文

一丁香橋起至貴神行祠前止

計長伍拾丈　扯闊壹丈　濬深貳尺　折壹百方每方貳百文計錢貳拾千文

一和利市橋起至芳嘉橋止

計長壹百貳拾肆丈貳尺　扯闊壹丈叁尺　濬深貳尺　折叁百貳拾貳方玖分每方伍百文計錢壹百陸拾壹千肆百伍拾文

一和利市橋北首水倉

計長陸丈玖尺　扯闊陸丈肆尺　濬深貳尺　折捌拾捌方叁分每方伍百文計錢肆拾肆千壹百伍拾文

一芳嘉橋水倉

計長叁丈玖尺　扯闊叁丈肆尺　濬深貳尺　折貳拾陸方伍分每方伍百文計錢拾叁千貳百伍拾文

一芳嘉橋起至祝都橋止

計長玖拾肆丈　扯闊壹丈叁尺　濬深貳尺　折貳百肆拾肆方肆分每方肆百文計錢玖拾柒千柒百陸拾文

一芳嘉橋起至西雙橋止

計長壹百拾壹丈捌尺　扯闊壹丈壹尺伍寸　濬深貳尺　折貳百伍拾柒方每方肆百文計錢壹百貳千捌百文

一楊家橋起至烏含橋止

計長陸拾壹丈捌尺　扯闊壹丈貳尺　濬深貳尺　折壹百肆拾捌方叁分每方肆百文計錢伍拾玖千叁百文

一水凫橋起至永安橋止

計長柒拾貳丈　扯闊壹丈　濬深貳尺　折壹百肆拾肆方每方肆百文計錢伍拾柒千陸百文

一水凫橋起至永壽橋止

計長柒拾壹丈玖尺　扯闊壹丈伍寸　濬深貳尺　折壹百伍拾壹方每方肆百文計錢陸拾千肆百文

一西雙橋起至老渡母橋止

計長壹百丈伍尺　扯闊壹丈　濬深貳尺　折貳百壹方每方貳百伍拾文計錢伍拾千貳百伍拾文

一老渡母橋起至萬福菴止

計長叁拾玖丈　扯闊壹丈壹尺　濬深貳尺　折捌拾伍方每方貳百文計錢拾柒千文

一烏含橋起至永安橋止

計長捌拾肆丈　扯闊壹丈　濬深貳尺　折壹百陸拾捌方每方叁百文計錢伍拾千肆百文

一東雙橋起至眞帶橋止

計長壹百貳拾肆丈貳尺　扯闊壹丈壹尺伍寸　濬深貳尺　折貳百
捌拾伍方伍分每方肆百文計錢壹百拾肆千貳百文

一頂帶橋起至西河營漕底止
計長叁拾玖丈柒尺　扯闊貳丈　濬深貳尺伍寸　折壹百玖拾捌方
伍分每方貳百文計錢叁拾玖千柒百文

一誌恩橋起至八圖浦廟漕止
計長玖拾陸丈　扯闊壹丈　濬深貳尺　折壹百玖拾貳方每方貳百
文計錢叁拾捌千肆百文

一佑聖觀前起至文昌閣漕底止
計長捌拾貳丈捌尺　扯闊玖尺　濬深壹尺捌寸　折壹百叁拾叁方
叁分叁釐肆毫每方壹百捌拾文計錢貳拾肆千文

一誌恩橋起至亦園前止

計長捌拾叁丈　扯闊壹丈伍尺　濬深貳尺柒寸　折叁百叁拾陸方
每方貳百文計錢陸拾柒千貳百文

一亦園前起至古祠側止
計長拾壹丈　扯闊壹丈貳尺伍寸　濬深壹丈　折壹百叁拾柒方伍
分每方伍百文計錢陸拾捌千柒百伍拾文

一開明橋起至餘慶橋止
計長叁拾壹丈　扯闊壹丈壹尺伍寸　濬深貳尺　折柒拾壹方每方
伍百文計錢叁拾伍千伍百文

一開明橋水倉
計長貳拾貳丈　扯闊捌尺　濬深貳尺　折叁拾伍方每方伍百文計
錢拾柒千伍百文

一餘慶橋起至琅玡橋止

計長伍拾柒丈　扯闊壹丈壹尺伍寸　濬深貳尺　折壹百叁拾壹方
每方伍百文計錢陸拾伍千伍百文

一琅玡橋起至生姜橋止
計長柒拾丈　扯闊壹丈壹尺　濬深貳尺　折壹百伍拾肆方每方伍
百文計錢柒拾柒千文

一生姜橋起至東門水喉橋止
計長貳拾玖丈叁尺　扯闊壹丈壹尺　濬深貳尺　折陸拾肆方每方
伍百文計錢叁拾貳千文

一東渡門甕城內
計長拾肆丈玖尺　扯闊柒尺　濬深貳尺　折貳拾方捌分每方　伍百
文計錢拾千肆百文

以上共計開濬河道工食錢貳千叁百柒拾千壹百文

董孝子廟靖安水龍會經管開濬河道
靖安會董軍功五品銜賞戴藍翎汪忠錞　監工監生李森纂

一水則亭起至童姓新宅止
計長叁拾陸丈伍尺　扯闊肆丈肆尺　濬深叁尺伍寸內除亭盤貳丈
陸尺陸寸又除長安會經濬叁丈　折伍百肆拾貳方貳分玖釐每方伍
百文計錢貳百柒拾壹千壹百肆拾伍文

一童姓新宅起至童姓舊宅止
計長拾捌丈柒尺伍寸　扯闊貳丈貳尺　濬深叁尺伍寸　折壹百肆
拾肆方叁分柒釐每方伍百文計錢柒拾貳千壹百捌拾伍文

一水則亭起至迎鳳橋南止
計長叁拾捌丈捌尺　扯闊貳丈壹尺　濬深叁尺　折貳百肆拾肆方
肆分每方伍百文計錢壹百貳拾貳千貳百文

一迎鳳橋起至渡母橋南止
計長陸拾貳丈叁尺　扯闊壹丈伍尺　濬深貳尺伍寸　折貳百叁拾叁方伍分每方伍百文計錢壹百拾陸千柒百伍拾文
一迎鳳橋水倉
計長柒丈　扯闊壹丈捌尺　濬深貳尺伍寸　折叁拾壹方伍分每方伍百文計錢拾伍千柒百伍拾文
一飯巷橋起至蕭家橋東止
計長柒拾叁丈玖尺　扯闊壹丈貳尺　濬深貳尺　折壹百柒拾柒方叁分陸釐每方伍百文計錢捌拾捌千陸百捌拾文
一飯巷橋水倉
計長拾壹丈柒尺　扯闊壹丈　濬深貳尺　折貳拾叁方肆分每方伍百文計錢拾壹千柒百文

一蕭家橋起至開明橋東止
計長玖拾玖丈伍尺　扯闊壹丈貳尺　濬深貳尺　折貳百叁拾捌方捌分每方伍百文計錢壹百拾玖千肆百文
一蕭家橋水倉二則
計長拾壹丈柒尺　扯闊壹丈　濬深貳尺　折貳拾叁方肆分每方伍百文計錢拾壹千柒百文
一蕭家橋又水倉
計長肆丈　扯闊伍尺　濬深貳尺　折肆方每方伍百文計錢貳千文
一蕭家橋起至市心橋西止
計長壹百貳拾陸丈　扯闊壹丈伍寸　濬深壹尺捌寸　折貳百叁拾捌方壹分伍釐每方伍百文計錢壹百拾玖千柒拾伍文
一蕭家橋南首水倉

計長柒丈陸尺　扯闊壹丈壹尺　濬深壹尺捌寸　折拾伍方伍釐每方伍百文計錢柒千伍百貳拾伍文
一捧花橋外起至廣德橋止
計長壹百肆丈　扯闊壹丈貳尺　濬深貳尺伍寸　折叁百拾貳方每方伍百文計錢壹百伍拾陸千文
一捧花橋內水倉
計長玖丈叁尺　扯闊壹丈　濬深貳尺伍寸　折貳拾叁方貳分伍釐每方伍百文計錢拾壹千陸百貳拾伍文
一捧花橋內又水倉
計長肆丈捌尺　扯闊壹丈伍尺　濬深貳尺伍寸　折拾捌方每方伍百文計錢玖千文
一捧花橋內又水倉

計長肆丈　扯闊伍尺　濬深貳尺伍寸　折伍方每方伍百文計錢貳千伍百文
一廣德橋起至新橋止
計長貳拾肆丈　扯闊壹丈肆尺　濬深貳尺伍寸　折捌拾肆方每方伍百文計錢肆拾貳千文
一新橋起至廣濟橋止
計長捌拾捌丈　扯闊壹丈壹尺伍寸　濬深貳尺伍寸　折貳百伍拾叁方每方伍百文計錢壹百貳拾陸千伍百文
一新橋水倉
計長肆丈　扯闊伍尺　濬深貳尺伍寸　折伍方每方伍百文計錢貳千伍百文
一新橋又水倉

計長伍丈　扯闊伍尺　濬深貳尺伍寸　折陸方貳分伍釐每方伍百
文計錢叁千壹百貳拾伍文
一廣濟橋起至永安橋止
計長伍拾丈伍尺　扯闊壹丈叁尺　濬深貳尺伍寸　折壹百陸拾肆
方壹分叁釐每方伍百文計錢捌拾貳千陸拾伍文
一廣濟橋水倉
計長拾丈　扯闊壹丈　濬深貳尺伍寸　折貳拾伍方每方伍百文計
錢拾貳千伍百文
一廣濟橋又水倉
計長玖丈伍尺　扯闊壹丈叁尺　濬深貳尺伍寸　折叁拾方捌分柒
釐每方伍百文計錢拾伍千肆百叁拾伍文
一永安橋起至都憲橋止

計長拾叁丈　扯闊壹丈貳尺　濬深貳尺伍寸　折叁拾玖方每方伍
百文計錢拾玖千伍百文
一都憲橋起至光祿橋西水倉止
計長叁拾陸丈　扯闊壹丈壹尺　濬深貳尺伍寸　折玖拾玖方每方
伍百文計錢肆拾玖千伍百文
一光祿橋西水倉起至迎鳳橋南首止
計長貳拾捌丈叁尺　扯闊壹丈伍尺　濬深貳尺伍寸　折壹百陸方
壹分每方伍百文計錢伍拾叁千伍拾文
一渡母橋起至府東橋止
計長伍拾貳丈伍尺　扯闊壹丈壹尺　濬深貳尺　折壹百拾伍方伍
分每方肆百伍拾文計錢伍拾壹千玖百柒拾伍文
一月湖范祠東首

計長肆拾捌丈　扯闊貳丈　濬深叁尺伍寸　折叁百叁拾陸方每方
肆百文計錢壹百叁拾肆千肆百文
一章耆巷口漕
計長貳拾貳丈　扯闊陸尺　濬深貳尺伍寸　折叁拾叁方每方肆百
文計錢拾叁千貳百文
一行用庫橋起至祝都橋東止
計長壹百肆丈　扯闊壹丈貳寸　濬深叁尺伍寸　折叁百柒拾壹方
叁分每方伍百文計錢壹百捌拾伍千陸百伍拾文
一祝都橋東起至十六塊橋止
計長肆拾貳丈伍尺　扯闊壹丈貳寸　濬深貳尺　折捌拾陸方柒分
每方伍百文計錢肆拾叁千叁百伍拾文
一祝都橋水倉一則

計長肆丈肆尺　扯闊壹丈捌尺　濬深貳尺伍寸　折拾玖方捌分每
方伍百文計錢玖千玖百文
一祝都橋又水倉二則
計長陸丈陸尺　扯闊叁尺　濬深貳尺伍寸　折肆方玖分伍釐每方
伍百文計錢貳千肆百柒拾伍文
一祝都橋又水倉
計長貳丈　扯闊貳丈　濬深貳尺伍寸　折拾方每方伍百文計錢伍
千文
一十六塊橋起至貴神廟水倉止
計長肆拾叁丈捌尺　扯闊壹丈　濬深壹尺伍寸　折陸拾伍方柒分
每方伍百文計錢叁拾貳千捌百伍拾文
一貴神廟水倉起至北山牆止

計長玖丈貳尺　扯闊壹丈　濬深貳尺貳寸　折貳拾方貳分肆釐每
方伍百文計錢拾千壹百貳拾文
一貴神廟水倉
計長肆丈　扯闊貳丈　濬深貳尺貳寸　折拾柒方陸分每方伍百文
計錢捌千捌百文
一貴神廟北山牆起至文宗第後漕止
計長貳拾玖丈陸尺　扯闊壹丈貳尺　濬深壹尺伍寸　折伍拾叁方
貳分伍釐每方肆百伍拾文計錢貳拾叁千玖百陸拾貳文
一文宗第後漕起至秀水橋止
計長拾伍丈陸尺　扯闊壹丈貳尺伍寸　濬深壹尺伍寸　折貳拾玖
方貳分每方肆百文計錢拾壹千陸百捌拾文
一秀水橋起至李衙橋止

計長肆拾捌丈　扯闊壹丈肆尺　濬深壹尺伍寸　折壹百方捌分每
方肆百文計錢肆拾千叁百貳拾文
一李衙橋起至大橋止
計長陸拾丈　扯闊壹丈　濬深壹尺伍寸　折玖拾方每方肆百文計
錢叁拾陸千文
一李衙橋起至啓文橋止
計長拾陸丈　扯闊壹丈陸尺　濬深壹尺伍寸　折叁拾捌方肆分每
方肆百文計錢拾伍千叁百陸拾文
一啓文橋起至東林菴南首獨眼橋外止
計長捌拾柒丈　扯闊柒尺伍寸　濬深貳尺　折壹百叁拾方伍分每
方叁百文計錢叁拾玖千壹百伍拾文
一東林菴前

計長陸丈　扯闊貳丈　濬深貳尺　折貳拾肆方每方叁百文計錢柒
千貳百文
一東林菴前北首
計長拾丈　扯闊捌尺　濬深貳尺　折拾陸方每方叁百文計錢肆千
捌百文
一大橋起至桂芳第漕底止
計長肆拾陸丈伍尺　扯闊壹丈捌尺　濬深貳尺　折壹百陸拾柒方
每方肆百伍拾文計錢柒拾伍千壹百伍拾文
一隱仙橋起至報德橋止
計長捌拾壹丈叁尺　扯闊壹丈壹尺伍寸　濬深壹尺伍寸　折壹百
肆拾方貳分肆釐每方肆百伍拾文計錢陸拾叁千壹百捌文
一隱仙橋水倉

計長貳丈陸尺壹寸　扯闊壹丈壹尺伍寸　濬深壹尺伍寸　折肆方
伍分每方肆百伍拾文計錢貳千貳拾伍文
一報德橋起至高遠橋止
計長叁拾柒丈　扯闊壹丈伍尺　濬深壹尺伍寸　折捌拾叁方貳分
伍釐每方肆百伍拾文計錢叁拾柒千肆百陸拾貳文
一高遠橋起至貢院橋外止
計長柒拾捌丈叁尺　扯闊壹丈伍寸　濬深壹尺　折捌拾貳方貳分
每方肆百伍拾文計錢叁拾陸千玖百玖拾文
一貢院橋水倉
計長玖丈　扯闊壹丈　濬深壹尺　折玖方每方肆百伍拾文計錢肆
千伍拾文
一鑒橋起至蔣家廟止

計長陸拾肆丈　扯闊玖尺　濬深壹尺伍寸　折捌拾陸方肆分每方肆百文計錢叁拾肆千伍百陸拾文

一蔣家廟起至甘溪潭止

計長拾壹丈　扯闊肆尺伍寸　濬深壹尺伍寸　折柒方肆分每方肆百文計錢貳千玖百陸拾文

一鑾橋起至府學宮牆西止

計長叁拾伍丈肆尺　扯闊捌尺伍寸　濬深貳尺伍寸　折柒拾伍方貳分每方肆百文計錢叁拾千捌拾文

一府學宮牆西起至府署後牆外石柵止

計長拾丈　扯闊捌尺伍寸　濬深叁尺伍寸　折貳拾玖方柒分伍釐每方肆百文計錢拾壹千玖百文

一府學泮池

計長貳拾貳丈　扯闊叁丈捌尺　濬深壹尺伍寸　折壹百貳拾伍方肆分每方貳百伍拾文計錢叁拾壹千叁百伍拾文

一府署東轅門側石柵起至儀門東首石柵止

計長叁拾丈　扯闊捌尺　濬深貳尺　折肆拾捌方每方肆百伍拾文計錢貳拾壹千陸百文

一府署儀門東首石柵起至大堂後東首石柵止

計長叁拾陸丈　扯闊陸尺　濬深貳尺　折肆拾叁方貳分每方貳百文計錢捌千陸百肆拾文

一府署大堂後東首石柵起至宅外西首石柵止

計長伍丈捌尺　扯闊壹丈　濬深貳尺　折拾壹方陸分每方貳百文計錢貳千叁百貳拾文

一提署東首通安橋外起至馬王廟後小橋止

計長叁拾肆丈　扯闊壹丈陸尺　濬深叁尺　折壹百陸拾叁方貳分每方伍百文計錢捌拾壹千陸百文

一通安橋外水倉

計長陸丈　扯闊壹丈陸尺　濬深貳尺伍寸　折貳拾肆方每方伍百文計錢拾貳千文

一馬王廟後起至金帶橋止

計長拾玖丈　扯闊壹丈叁尺　濬深肆尺　折玖拾捌方捌分每方伍百文計錢肆拾玖千肆百文

一金帶橋起至提署東轅門止

計長拾叁丈　扯闊壹丈叁尺　濬深肆尺　折陸拾柒方陸分每方伍百文計錢叁拾叁千捌百文

一提署東轅門起至西鼓亭前止

計長捌丈　扯闊壹丈　濬深叁尺叁寸　折貳拾陸方肆分每方肆百文計錢拾千伍百陸拾文

一西鼓亭前起至提署照牆外橋止

計長陸丈　扯闊壹丈　濬深叁尺叁寸　折拾玖方捌分每方肆百文計錢柒千玖百貳拾文

一提署照牆外起至石磡止

計長拾捌丈　扯闊柒尺　濬深叁尺叁寸　折肆拾壹方伍分捌釐每方肆百文計錢拾陸千陸百叁拾貳文

一提署照牆外石磡起至紅牆衕小橋內止

計長拾伍丈　扯闊玖尺伍寸　濬深壹尺伍寸　折貳拾壹方叁分柒釐每方肆百伍拾文計錢玖千陸百拾陸文

以上共計開濬河道工食錢貳千捌百叁千叁百貳拾伍文

南門長安水龍會南門外小長安水龍會經管開濬河道

長安會董中書科中書傅毓章　監工職員張述茂
小長安會董職員張祥榆　監生黃汝璸

一平橋水則亭起至太平橋止
計長陸拾貳丈　扯闊壹丈叁尺　濬深叁尺　折貳百肆拾壹方捌分
每方伍百文計錢壹百貳拾千玖百文
一太平橋起至紫微街傳宅前止
計長陸拾玖丈叁尺　扯闊壹丈叁尺　濬深叁尺　折貳百柒拾方貳
分柒釐每方伍百文計錢壹百叁拾伍千壹百叁拾伍文
一紫微街傳宅前起至湖橋止
計長叁拾陸丈陸尺　扯闊壹丈叁尺　濬深叁尺　折壹百肆拾貳方
柒分肆釐每方伍百文計錢柒拾壹千叁百柒拾文
一湖橋頭起至建碑橋止

計長叁拾肆丈肆尺　扯闊玖尺　濬深壹尺伍寸　折肆拾陸方肆分
肆釐每方伍百文計錢貳拾叁千貳百貳拾文
一衆樂橋起至隆盛香店後門止
計長拾丈　扯闊壹丈　濬深貳尺伍寸　折貳拾伍方每方伍百文計
錢拾貳千伍百文
一隆盛香店起至啞子衖水倉止
計長貳拾貳丈　扯闊壹丈　濬深貳尺　折肆拾肆方每方伍百文計
錢貳拾貳千文
一啞子衖水倉
折拾貳方每方伍百文計錢陸千文
一啞子衖水倉起至啞子衖橋止
計長貳拾丈　扯闊壹丈　濬深貳尺捌寸　折伍拾陸方每方伍百計

錢貳拾捌千文
一啞子衖橋起至戒珠橋止
計長貳拾丈　扯闊壹丈　濬深叁尺貳寸　折陸拾肆方每方伍百文
計錢叁拾貳千文
一戒珠橋起至宋姓門止
計長貳拾丈　扯闊捌尺　濬深叁尺　折肆拾捌方每方伍百文計錢
貳拾肆千文
一宋姓門起至社壇橋止
計長拾玖丈　扯闊壹丈壹尺　濬深貳尺　折肆拾壹方捌分每方伍
百文計錢貳拾千玖百文
一社壇橋涼棚下水倉
折拾貳方每方肆百伍拾文計錢伍千肆百文

一社壇橋起至竺姓後門止
計長陸拾肆丈　扯闊壹丈貳尺　濬深叁尺　折貳百叁拾方肆分每
方肆百伍拾文計錢壹百叁千陸百捌拾文
一竺姓後門起至晝錦橋止
計長貳拾肆丈　扯闊壹丈肆尺　濬深叁尺貳寸　折壹百柒方伍分
貳釐每方肆百伍拾文計錢肆拾捌千叁百捌拾肆文
一晝錦橋起至淨土菴右首止
計長拾肆丈伍尺　扯闊壹丈伍尺　濬深壹尺伍寸
又計長拾陸丈玖尺　扯闊壹丈貳尺　濬深壹尺貳寸　共折伍拾陸方
玖分陸釐每方肆百伍拾文計錢貳拾伍千陸百叁拾貳文
一淨土菴門口埠頭高沙灘
折貳方每方肆百伍拾文計錢玖百文

一淨土菴門口河
計長伍丈伍尺　扯闊伍丈伍尺　濬深壹尺柒寸　折伍拾壹方肆分貳釐每方肆百伍拾文計錢貳拾叁千壹百叁拾玖文

一大廟側同茂後門
計長拾丈　扯闊貳丈叁尺伍寸　濬深壹尺叁寸伍分　折叁拾壹方柒分貳釐每方肆百伍拾文計錢拾肆千貳百柒拾肆文

一同茂後門起至倉橋煥章後門止
計長拾丈　扯闊壹丈柒尺伍寸　濬深貳尺　折叁拾伍方每方肆百伍拾文計錢拾伍千柒百伍拾文

一張家塘後起至水倉止
計長叁拾貳丈捌尺　扯闊壹丈叁尺　濬深貳尺　折捌拾伍方貳分捌釐每方肆百伍拾文計錢叁拾捌千叁百柒拾陸文

一水倉起至聚福橋止
計長拾捌丈肆尺　扯闊叁丈貳尺　濬深貳尺　折壹百拾柒方柒分陸釐每方肆百伍拾文計錢伍拾貳千玖百玖拾貳文

一聚福橋起至亞元第止
計長貳拾丈肆尺　扯闊壹丈貳尺　濬深貳尺　折肆拾捌方玖分陸釐每方肆百伍拾文計錢貳拾貳千叁拾貳文

一亞元第起至林生號埠頭止
計長拾貳丈　扯闊壹丈陸尺　濬深貳尺　折叁拾捌方肆分每方肆百伍拾文計錢拾柒千貳百捌拾文

一林生號埠頭對出水倉
計長拾丈肆尺　扯闊壹丈陸尺　濬深貳尺　折叁拾叁方貳分捌釐每方肆百伍拾文計錢拾肆千玖百柒拾陸文

一林生號埠頭起至徐姓水倉東首止
計長叁拾肆丈肆尺　扯闊壹丈　濬深貳尺　折陸拾捌方捌分每方肆百伍拾文計錢叁拾千玖百陸拾文

一徐姓水倉起至倉橋頭止
計長叁拾叁丈陸尺　扯闊壹丈　濬深貳尺　折陸拾柒方貳分每方肆百伍拾文計錢叁拾千貳百肆拾文

一倉橋頭起至桂芳橋止
計長伍拾壹丈　扯闊壹丈叁尺　濬深貳尺　折壹百叁拾貳方陸分每方肆百伍拾文計錢伍拾玖千陸百柒拾文

一桂芳橋起至護城廟後止
計長貳拾肆丈　扯闊壹丈壹尺　濬深貳尺　折伍拾貳方捌分每方肆百伍拾文計錢貳拾叁千柒百陸拾文

一護城廟後起至南門城脚卡磡止
計長拾陸丈　扯闊壹丈叁尺伍寸　濬深貳尺　折肆拾叁方貳分每方肆百伍拾文計錢拾玖千肆百肆拾文

一南門內小橋起至外水門止
計長拾丈肆尺　扯闊壹丈　濬深貳尺　折貳拾方捌分每方肆百伍拾文計錢玖千叁百陸拾文

一南門內陳祠前河
計長柒丈　扯闊貳丈貳尺　濬深壹尺　折拾伍方肆分每方肆百伍拾文計錢陸千玖百叁拾文

一陳祠外邊河
折叁方伍分每方肆百伍拾文計錢壹千伍百柒拾伍文

一楊姓埠頭起至梅園橋止

計長貳拾伍丈　扯闊貳丈柒尺　濬深貳尺伍寸　折壹百陸拾捌方柒分伍釐每方肆百伍拾文計錢柒拾伍千玖百叁拾捌文

一梅園橋內起至湯姓漕止

計長拾壹丈柒尺　扯闊貳丈貳尺　濬深壹尺捌寸　折肆拾陸方叁分叁釐每方肆百伍拾文計錢貳拾千捌百肆拾捌文

一月湖橋外起至橋內止

計長伍丈　扯闊壹丈柒尺伍寸　濬深貳尺　折拾柒方伍分每方肆百伍拾文計錢柒千捌百柒拾伍文

一月湖橋內起至花果園廟臺亭止

計長貳拾叁丈　扯闊貳丈叁尺柒寸　濬深貳尺　折壹百玖方貳釐每方肆百伍拾文計錢肆拾玖千伍拾玖文

一花果園廟西首起至古問字橋止

計長貳拾捌丈　扯闊貳丈伍尺　濬深貳尺　折壹百肆拾方每方肆百伍拾文計錢陸拾叁千文

一古問字橋起至三叉大河止

計長拾壹丈貳尺　扯闊壹丈捌尺　濬深貳尺　折肆拾方叁分貳釐每方肆百伍拾文計錢拾捌千壹百肆拾肆文

一張姓埠頭三叉港口起至陸殿橋止

計長拾捌丈肆尺　扯闊壹丈　濬深壹尺貳寸伍分　折貳拾叁方每方肆百伍拾文計錢拾千叁百伍拾文

一陸殿橋脚高灘

折壹方叁分每方肆百伍拾文計錢伍百捌拾伍文

一陸殿橋對河南首左河

計長捌丈肆尺伍寸　扯闊貳丈叁尺　濬深伍寸　折玖方柒分每方肆百伍拾文計錢肆千叁百陸拾伍文

一陸殿橋起至敦泰後門止

計長拾柒丈　扯闊貳丈陸尺　濬深貳尺　折捌拾捌方肆分每方肆百伍拾文計錢叁拾玖千柒百捌拾文

一湖橋頭起至紅牆衖小橋止

計長肆拾丈　扯闊玖尺伍寸　濬深壹尺玖寸　折柒拾貳方貳分每方肆百伍拾文計錢叁拾貳千肆百玖拾文

一虹橋頭起至板橋止

計長伍拾陸丈　扯闊壹丈貳尺　濬深壹尺捌寸　折壹百貳拾方玖分陸釐每方肆百伍拾文計錢伍拾肆千肆百叁拾貳文

一板橋起至陳姓祠堂止

計長貳拾壹丈陸尺　扯闊壹丈伍尺　濬深壹尺捌寸　折伍拾捌方

叁分貳釐每方肆百伍拾文計錢貳拾陸千貳百肆拾肆文

一琅玡橋起至五顯靈官廟側止

計長玖拾丈　扯闊壹丈貳尺伍寸　濬深壹尺肆寸　折壹百伍拾柒方伍分每方貳百伍拾文計錢叁拾玖千叁百柒拾伍文

一五顯靈官廟側漕三處

折拾貳方伍分每方貳百伍拾文計錢叁千壹百貳拾伍文

一王家墩起至陸姓埠頭止

計長拾玖丈叁尺　扯闊壹丈柒尺捌寸　濬深壹尺肆寸　折肆拾捌方壹分每方貳百伍拾文計錢拾貳千貳拾伍文

一南門外吊橋起至竹行門口三角河止

折拾伍方伍分每方肆百伍拾文計錢陸千玖百柒拾伍文

一南門外吊橋西首起至陳姓墳莊止

計長肆拾肆丈　扯闊貳丈壹尺伍寸　濬深壹尺　折玖拾肆方陸分每方貳百肆拾文計錢貳拾貳千柒百肆文

一文廟內池

計長柒丈玖尺　扯闊貳丈貳尺　濬深叁尺伍寸　折陸拾方捌分每方貳百伍拾文計錢拾伍千貳百文

一又內小池

計長貳丈叁尺　扯闊捌尺　濬深叁尺伍寸　折陸方肆分每方貳百伍拾文計錢壹千陸百文

一月湖書院內池

計長伍丈　扯闊壹丈捌尺伍寸　濬深貳尺伍寸　折貳拾叁方每方貳百伍拾文計錢伍千柒百伍拾文

一腰刀河

計長玖丈　扯闊貳丈伍尺　濬深貳尺弍寸伍分　折伍拾方陸分叁釐每方肆百伍拾文計錢貳拾貳千柒百捌拾叁文

一南水門外起至長春橋脚止

計長貳拾壹丈伍尺　扯闊壹丈捌尺　濬深壹尺貳寸　折肆拾陸方肆分肆釐每方肆百貳拾文計錢拾玖千伍百伍文

一長春橋起至長春菴後門止

計長拾丈　扯闊玖尺　濬深壹尺貳寸　折拾方捌分每方肆百貳拾文計錢肆千伍百叁拾陸文

一板橋下起至長春菴左首大河

計長貳拾壹丈　扯闊壹丈　濬深壹尺伍寸　折叁拾壹方伍分每方肆百貳拾文計錢拾叁千貳百叁拾文

一長春菴右首大河

計長拾叁丈　扯闊壹丈柒尺　濬深壹尺　折貳拾貳方壹分每方肆百貳拾文計錢玖千貳百捌拾貳文

一向陽橋起至菴對河止

計長拾陸丈　扯闊柒尺　濬深壹尺伍寸　折拾陸方捌分每方肆百貳拾文計錢柒千伍拾陸文

一向陽橋起至丁姓埠頭止

計長陸拾貳丈　扯闊叁丈肆尺　濬深壹尺捌寸　折叁百柒拾玖方肆分肆釐每方肆百貳拾文計錢壹百伍拾玖千叁百陸拾伍文

一丁姓埠頭大河

計長陸丈　扯闊貳丈陸尺　濬深叁尺　折肆拾陸方捌分每方肆百貳拾文計錢拾玖千陸百伍拾陸文

一徐姓門前大河

計長叁拾貳丈　扯闊叁丈　濬深壹尺玖寸　折壹百捌拾貳方肆分每方肆百貳拾文計錢柒拾陸千陸百捌文

一楊家橋起至長豐衖止

計長貳拾貳丈　扯闊壹丈捌尺　濬深壹尺伍寸　折伍拾玖方肆分每方肆百貳拾文計錢貳拾肆千玖百肆拾捌文

一張姓埠頭大河

計長伍丈叁尺　扯闊壹丈捌尺　濬深貳尺叁寸　折貳拾壹方玖分肆釐每方肆百貳拾文計錢玖千貳百拾伍文

一楊家衖橋起至鸞場止

計長貳拾伍丈壹尺　扯闊壹丈捌尺　濬深貳尺　折玖拾方叁分陸釐每方肆百貳拾文計錢叁拾柒千玖百伍拾壹文

一長豐衖對出河

計長貳拾肆丈　扯闊壹丈捌尺　濬深壹尺捌寸　折柒拾柒方柒分
釐陸毎方肆百貳拾文計錢叁拾貳千陸百伍拾玖文
一胡姓埠頭河
計長貳丈貳尺伍寸　扯闊貳丈伍尺　濬深貳尺伍寸　折拾肆方陸
釐叁毫毎方肆百貳拾文計錢伍千玖百陸文
一承順埠頭對出河
計長伍丈　扯闊壹丈捌尺　濬深貳尺叁寸　折貳拾方柒分毎方肆
百貳拾文計錢捌千陸百玖拾肆文
一鷺塲起至柳亭巷止
計長拾玖丈柒尺　扯闊貳丈伍尺　濬深貳尺伍寸　折壹百貳拾叁
方壹分叁釐毎方肆百貳拾文計錢伍拾壹千柒百拾伍文
一柳亭巷對出河

計長拾柒丈貳尺　扯闊叁丈　濬深貳尺伍寸　折壹百貳拾玖方毎
方肆百貳拾文計錢伍拾肆千壹百捌拾文
一張姓牆脚起至水衖口止
計長壹丈肆尺　扯闊叁丈　濬深壹尺伍寸　折陸方叁分毎方肆百
貳拾文計錢貳千陸百肆拾陸文
一張姓牆對出南首河
計長玖丈　扯闊壹丈捌尺　濬深貳尺叁寸　折叁拾柒方貳分陸釐
毎方肆百貳拾文計錢拾伍千陸百肆拾玖文
一水衖口起至下駕橋止
計長貳拾肆丈陸尺　扯闊叁丈　濬深壹尺伍寸　折壹百拾方柒分
毎方肆百貳拾文計錢肆拾陸千肆百玖拾肆文
以上共計開濬河道工食錢貳千壹百玖拾貳千柒百拾柒文

郡城濬河徵信錄卷二

工程方數

西門外麗安水龍會經管開濬河道

麗安會董封職張善仿　監工 王良能 張家驤

一西水關外大河

計長捌丈肆尺　扯闊叁丈　濬深貳尺　折伍拾方每方貳百文計錢拾千文

一走馬塘大河

計長貳拾叁丈玖尺　扯闊壹丈陸尺　濬深壹尺伍寸　折伍拾柒方每方叁百叁拾文計錢拾捌千捌百拾文

一又大河邊高灘

計長柒丈伍尺　扯闊壹丈肆尺　濬深貳尺伍寸　折貳拾陸方每方叁百叁拾文計錢捌千伍百捌拾文

一望京橋下南首大河

計長貳拾捌丈貳尺伍寸　扯闊壹丈柒尺　濬深壹尺　折肆拾捌方每方肆百文計錢拾玖千貳百文

一望京橋大河

計長伍拾叁丈　扯闊貳丈壹尺　濬深貳尺伍寸　折貳百柒拾捌方每方肆百貳拾文計錢壹百拾陸千柒百陸拾文

一望京橋大河

計長肆丈　扯闊貳丈　濬深壹尺　折捌方每方肆百貳拾文計錢叁千叁百陸拾文

一望京橋南北大河邊

計長伍拾陸丈　扯闊伍尺　濬深壹尺

又計長肆拾貳丈　扯闊伍寸　濬深伍寸

又計長伍拾叁丈　扯闊伍尺　濬深伍寸　共折伍拾壹方伍分每方肆百貳拾文計錢貳拾壹千陸百叁拾文

一大卿橋東首大河

計長拾叁丈　扯闊貳丈貳尺　濬深壹尺伍寸

又計長柒丈　扯闊壹丈柒尺　濬深叁尺　共折柒拾捌方每方肆百貳拾文計錢叁拾貳千柒百陸拾文

一大卿橋東北首大河邊

計長拾捌丈伍尺　扯闊伍尺陸寸　濬深叁尺貳寸　折叁拾叁方每方肆百文計錢拾叁千貳百文

一又永盛樹行對出河邊

計長拾柒丈　扯闊捌尺伍寸　濬深肆尺貳寸　折陸拾方每方肆百文計錢貳拾肆千文

一大卿橋東北大河邊

計長貳拾貳丈　扯闊玖尺　濬深叁尺伍寸

又計長伍丈肆尺　扯闊肆尺　濬深壹尺　共折柒拾壹方每方肆百文計錢貳拾捌千肆百文

一東衕堂對出水倉

計長叁丈伍寸　扯闊叁丈玖尺　濬深壹尺陸寸　折拾玖方每方叁百陸拾文計錢陸千捌百肆拾文

一又水倉河邊

計長拾陸丈　扯闊肆尺肆寸　濬深壹尺　折柒方每方叁百陸拾文計錢貳千伍百貳拾文

一銀杏樹下大河

計長拾丈伍尺　扯闊貳丈貳尺　濬深壹尺叁寸　折叁拾方每方肆
百文計錢拾貳千文
一萬安橋外西車盤起至文昌閣側止
計長叁拾肆丈壹尺　扯闊貳丈壹尺　濬深貳尺捌寸　折貳百方每
方肆百文計錢捌拾千文
一西門吊橋下大河
計長拾柒丈　扯闊壹丈柒尺伍寸　濬深貳尺　折伍拾玖方肆分每
方叁百叁拾文計錢拾玖千陸百文
一吊橋北首大河
計長拾柒丈　扯闊壹丈陸尺　濬深壹尺伍寸　折肆拾方每方叁百
叁拾文計錢拾叁千貳百文
一古慶豐橋下出北斗河處

計長玖丈　扯闊貳丈伍尺　濬深貳尺　折肆拾伍方每方叁百陸拾
文計錢拾陸千貳百文
一東首大河口起至後河西行宮王姓屋側止
計長伍拾陸丈壹尺　扯闊玖尺壹寸　濬深貳尺　折壹百貳方每方
叁百陸拾文計錢叁拾陸千柒百貳拾文
一西行宮徐姓屋側水倉
計長肆丈　扯闊貳丈伍尺捌寸　濬深叁尺伍寸　折叁拾陸方每方
叁百陸拾文計錢拾貳千玖百陸拾文
一大背橋起至陳祠堂後止
計長伍拾伍丈壹尺　扯闊壹丈伍寸　濬深壹尺柒寸　折玖拾捌方
每方叁百陸拾文計錢叁拾伍千貳百捌拾文
一大背橋水倉

計長叁丈　扯闊壹丈柒尺　濬深貳尺　折拾方每方叁百陸拾文計
錢叁千陸百文
一後河陳祠堂東首起至李祠堂西河口止
計長壹百叁拾玖丈　扯闊貳丈　濬深貳尺　折伍百伍拾陸方每方
叁百陸拾文計錢貳百千文
一陳祠後河
計長伍丈捌尺伍寸　扯闊壹丈捌尺　濬深貳尺　折貳拾壹方每方
叁百陸拾文計錢柒千伍百陸拾文
一倪家橋河
計長捌丈玖尺伍寸　扯闊壹丈捌尺　濬深壹尺捌寸　折貳拾玖方
每方叁百陸拾文計錢拾千肆百肆拾文
一後河余姓屋側水倉

計長肆丈陸尺　扯闊壹丈捌尺　濬深貳尺　折拾陸方伍分每方叁
百陸拾文計錢伍千玖百肆拾文
一後河朱姓屋前水倉
計長叁丈貳尺　扯闊壹丈玖尺　濬深壹尺玖寸　折拾壹方伍分每
方叁百陸拾文計錢肆千壹百肆拾文
一倪家橋河邊
計長拾肆丈　扯闊壹丈伍寸　濬深壹尺柒寸　折貳拾伍方每方叁
百陸拾文計錢玖千文
一後河元和當對出高灘又快樂漕高灘
折叁拾壹方肆分每方叁百文計錢玖千肆百貳拾文
一後河小牆衕另做河邊
折叁拾方每方叁百文計錢玖千文

一小牆衕內火添漕河又壽昌寺西首河
折壹百伍拾叁方每方貳百肆拾文計錢叁拾陸千柒百貳拾文
一買魚橋魚塘外河口起至後莫家漕直出止
計長玖拾柒丈肆尺　扯闊壹丈捌尺　濬深貳尺　折叁百伍拾方每
方叁百陸拾文計錢壹百貳拾陸千文
一後莫家漕直出起至天燈下止
計長陸拾柒丈　扯闊貳丈肆尺　濬深壹尺　折壹百陸拾方捌分每
方叁百叁拾文計錢伍拾叁千文
一後莫家漕河
計長肆拾丈　扯闊壹丈貳尺伍寸　濬深貳尺　折壹百方每方叁百
貳拾文計錢叁拾貳千文
一天燈下河

計長肆拾玖丈陸尺　扯闊貳丈肆尺　濬深壹尺　折壹百拾玖方每
方叁百叁拾文計錢叁拾玖千貳百柒拾文
一夏家漕連池
計長玖丈玖尺　扯闊捌丈伍尺　濬深壹尺伍寸
又計長柒丈玖尺　扯闊陸丈肆尺　濬深壹尺肆寸　共折壹百玖拾柒
方每方叁百叁拾文計錢陸拾伍千拾文
一前莫家漕河
計長貳拾丈　扯闊壹丈玖尺　濬深壹尺玖寸　折柒拾貳方每方叁
百陸拾文計錢貳拾伍千玖百貳拾文
一聖旨亭跟河
計長拾叁丈伍尺　扯闊壹丈肆尺　濬深貳尺　折叁拾柒方捌分每
方貳百文計錢柒千伍百陸拾文

一聖旨亭跟河
計長拾陸丈　扯闊壹丈肆尺　濬深叁尺　折陸拾柒方每方貳百文
計錢拾叁千肆百文
一聖旨亭河連漕底
計長拾捌丈捌尺　扯闊捌尺　濬深叁尺　折肆拾伍方每方貳百文
計錢玖千文
一聖旨亭跟張家埠頭
計長貳拾玖丈貳尺　扯闊壹丈肆尺　濬深叁尺　折壹百貳拾貳方
伍分每方貳百文計錢貳拾肆千伍百文
一聖旨亭跟袁家埠頭
計長拾柒丈貳尺　扯闊壹丈肆尺　濬深叁尺　折柒拾貳方每方貳
百文計錢拾肆千肆百文

一聖旨亭跟橋外河又橋內河
計長叁拾伍丈叁尺　扯闊壹丈肆尺　濬深叁尺　折壹百肆拾捌方
每方貳百文計錢貳拾玖千陸百文
一聖旨亭跟大河
計長拾肆丈　扯闊壹丈肆尺　濬深貳尺　折叁拾玖方每方貳百文
計錢柒千捌百文
一西水關外灣南沿城河至魚塘止
計長柒拾玖丈柒尺　扯闊貳丈柒尺　濬深貳尺　折肆百叁拾方每
方貳百文計錢捌拾陸千文
一又沿城大河
計長拾伍丈　扯闊叁丈　濬深壹尺
又計長拾叁丈　扯闊壹丈肆尺　濬深壹尺

又計長貳拾伍丈　扯闊貳丈　濬深壹尺　共折壹百拾叁方每方貳百文計錢貳拾貳千陸百文

一又城脚下河邊

折拾方每方叁百叁拾文計錢叁千叁百文

一王祠礮對出起至詠歸橋北止

計長叁拾壹丈陸尺　扯闊壹丈柒尺　濬深貳尺　折壹百柒方每方肆百文計錢肆拾貳千捌百文

一詠歸橋下河

計長拾丈　扯闊壹丈柒尺　濬深叁尺伍寸　折伍拾玖方肆分每方叁百叁拾文計錢拾玖千陸百文

一詠歸橋南首河

計長貳拾陸丈　扯闊壹丈柒尺　濬深貳尺

又計長拾丈　扯闊壹丈柒尺　濬深壹尺伍寸　共折壹百拾肆方每方叁百叁拾文計錢叁拾柒千陸百文

一金家衕河

計長肆拾丈　扯闊壹丈柒尺　濬深貳尺　折壹百叁拾陸方每方貳百文計錢貳拾柒千貳百文

一葉家塘孫家畈河

計長叁拾貳丈　扯闊叁丈　濬深貳尺　折壹百玖拾貳方每方貳百文計錢叁拾捌千肆百文

一蟹臍港河

計長伍拾柒丈　扯闊叁丈　濬深貳尺　折叁百肆拾貳方每方貳百文計錢陸拾捌千肆百文

一會龍橋河

計長貳拾壹丈貳尺伍寸　扯闊貳丈　濬深貳尺　折捌拾伍方每方壹百捌拾文計錢拾伍千叁百文

一楊家莊河

計長拾玖丈　扯闊貳丈　濬深貳尺　折柒拾陸方每方壹百捌拾文計錢拾叁千陸百捌拾文

一迎龍橋河

計長伍拾柒丈陸尺　扯闊貳丈　濬深貳尺　折貳百叁拾方肆分每方壹百捌拾文計錢肆拾壹千肆百柒拾文

一陳家莊河

計長貳拾丈　扯闊貳丈　濬深貳尺　折捌拾方每方壹百捌拾文計錢拾肆千肆百文

一風水港河

計長貳拾叁丈　扯闊叁丈　濬深貳尺　折壹百叁拾捌方每方貳百文計錢貳拾柒千陸百文

一三層樓下河

計長貳拾捌丈　扯闊貳丈　濬深貳尺　折壹百拾貳方每方壹百捌拾文計錢貳拾千壹百陸拾文

一馮家橋河

計長拾陸丈　扯闊壹丈捌尺　濬深叁尺　折捌拾陸方肆分每方壹百捌拾文計錢拾伍千伍百伍拾文

一祖關山河

計長捌拾玖丈叁尺伍寸　扯闊貳丈　濬深貳尺　折叁百伍拾柒方肆分每方壹百捌拾文計錢陸拾肆千叁百貳拾文

一祖關菴漕

計長叁拾陸丈陸尺　扯闊壹丈肆尺　濬深貳尺伍寸　折壹百貳拾
捌方每方壹百陸拾文計錢貳拾千肆百捌拾文
一祖關菴漕
計長貳拾貳丈　扯闊壹丈　濬深叁尺
又計長拾丈柒尺　扯闊壹丈　濬深貳尺　共折捌拾柒方每方壹百陸
拾文計錢拾叁千玖百貳拾文
一張福房門對出河
計長拾貳丈　扯闊貳丈　濬深叁尺　折柒拾貳方每方叁百叁拾文
計錢貳拾叁千柒百陸拾文
一張壽房門對出河
計長玖丈壹尺　扯闊壹丈玖尺　濬深貳尺玖寸　折伍拾方每方叁
百叁拾文計錢拾陸千伍百文

一張福房對出河邊
計長拾丈　扯闊伍尺　濬深貳尺　折拾方每方叁百叁拾文計錢叁
千叁百文
一夏姓漕底連河
計長拾丈叁尺　扯闊貳丈伍寸　濬深貳尺玖寸　折陸拾壹方每方
叁百叁拾文計錢貳拾千壹百叁拾文
一湯家漕口河
計長肆丈貳尺　扯闊叁丈伍尺　濬深貳尺
又計長拾柒丈　扯闊壹丈陸尺　濬深貳尺叁寸
又計長貳丈貳尺　扯闊貳丈貳尺伍寸　濬深叁尺伍寸　共折壹百玖
方壹分每方叁百叁拾文計錢叁拾陸千文
以上共計開濬河道工食錢壹千玖百陸拾柒千柒百柒拾文

甬江永安水龍會咸安水龍會經管開濬河道　監工同知銜唐暉廷
永安會董監生張榮昌
咸安會董五品銜唐　鏞
一三喉總閘外江口
計長拾壹丈　扯闊壹丈　濬深壹尺　折拾壹方每方伍百伍拾文計
錢陸千伍拾文
一總閘口起至江心寺牆脚止
計長壹百伍拾陸丈　扯闊壹丈　濬深壹尺　折壹百伍拾陸方每方
伍百伍拾文計錢捌拾伍千捌百文
一江心寺牆脚起至三叉港止
計長壹百伍拾伍丈　扯闊壹丈　濬深壹尺　折壹百伍拾伍方每方
伍百伍拾文計錢捌拾伍千貳百伍拾文
一三叉港起至水喉口止

計長叁拾陸丈　扯闊壹丈　濬深壹尺　折叁拾陸方每方捌百伍拾
文計錢叁拾千陸百文
一三叉港起至小江橋止
計長伍拾柒丈　扯闊壹丈　濬深壹尺　折伍拾柒方每方捌百伍拾
文計錢肆拾捌千肆百伍拾文
一小江橋起至食喉直出外口止
計長叁拾陸丈陸尺　扯闊壹丈　濬深壹尺　折叁拾陸方陸分每方
捌百伍拾文計錢叁拾壹千壹百拾文
一食喉口起直出外河止
計長肆丈　扯闊壹丈　濬深壹尺　折肆方每方捌百伍拾文計錢叁
千肆百文
一食喉外河口起至天后宮前湯令公廟下止

計長柒拾伍丈肆尺　扯闊壹丈　濬深壹尺　折柒拾伍方肆分每方捌百伍拾文計錢陸拾肆千玖拾文

一濠河涼亭沿漕河

計長叁丈陸尺　扯闊肆丈捌尺　濬深貳尺　折叁拾肆方伍分陸釐每方肆百貳拾文計錢拾肆千伍百拾伍文

一濠河湯令公廟門前河

計長捌丈肆尺　扯闊壹丈貳尺　濬深叁尺　折叁拾方貳分肆釐每方肆百貳拾文計錢拾貳千柒百壹文

一積善橋起至石𥗽止

計長伍拾壹丈　扯闊叁丈　濬深貳尺　折叁百陸方每方肆百貳拾文計錢壹百貳拾捌千伍百貳拾文

一石𥗽起至氣喉口止

計長伍拾陸丈　扯闊叁丈　濬深貳尺肆寸　折肆百叁方貳分每方貳百貳拾文計錢捌拾捌千柒百肆文　以下俱出泥在外

一氣喉口起直出至河

計長叁丈陸尺　闊狹深淺扯算　折叁拾方每方貳百貳拾文計錢陸千陸百文

一氣喉起一直至高沙灘三處

折伍拾方每方貳百貳拾文計錢拾壹千文

一氣喉起至地藏殿止

計長壹百貳拾丈　扯闊叁丈　濬深貳尺陸寸　折玖百叁拾陸方每方貳百貳拾文計錢貳百伍千玖百貳拾文

一地藏殿起至府廠止

計長捌拾丈　扯闊叁丈　濬深貳尺肆寸　折伍百柒拾陸方每方貳百貳拾文計錢壹百貳拾陸千柒百貳拾文

一府廠起至生大皮坊止

計長叁拾柒丈　扯闊叁丈　濬深貳尺　折貳百貳拾貳方每方貳百貳拾文計錢肆拾捌千捌百肆拾文

一生大皮坊起至永甯橋止

計長伍拾丈　扯闊叁丈　濬深壹尺陸寸　折貳百肆拾方每方貳百貳拾文計錢伍拾貳千捌百文

一永甯橋內河灘

計長拾伍丈　扯闊壹丈　濬深貳尺　折叁拾方每方貳百貳拾文計錢陸千陸百文

一永甯橋外大河並沙灘

計長貳拾伍丈　扯闊壹丈　濬深貳尺　折伍拾方每方貳百貳拾文

計錢拾壹千文

一長春門外沿城大河並兩邊沙灘至永甯橋止

折伍拾方每方貳百貳拾文計錢拾壹千文

一天后宮前河棚下挑瓦礫

計錢叁拾千文

一氣喉沿城出泥

計錢壹百貳拾千文

一地藏殿府廠出泥

計錢肆拾千文

一永甯橋出泥

計錢貳拾千文

以上共計開濬河道工食錢壹千貳百捌拾玖千陸百柒拾文

江東均安水龍會經管開濬河道

均安會董同知銜鄒　榮　　監工王星甫

一碶浦橋起至混堂橋止

計長叁拾丈　扯闊壹丈貳尺　濬深壹尺伍寸　折伍拾肆方每方伍百貳拾文計錢貳拾捌千捌拾文

一混堂橋起至葛家橋止

計長貳拾捌丈貳尺伍寸　扯闊壹丈壹尺伍寸　濬深壹尺伍寸　折肆拾捌方柒分叁釐每方伍百貳拾文計錢貳拾伍千叁百肆拾文

一葛家橋起至米行橋止

計長肆拾丈　扯闊壹丈貳尺　濬深壹尺伍寸　折柒拾貳方每方伍百貳拾文計錢叁拾柒千肆百肆拾文

一米行橋起至江東碶橋止

計長肆拾伍丈　扯闊壹丈肆尺　濬深壹尺伍寸　折玖拾肆方伍分每方伍百貳拾文計錢肆拾玖千壹百肆拾文

一鎮安橋起至新河頭漕底止

計長壹百陸拾柒丈玖尺伍寸　扯闊貳丈陸尺　濬深叁尺　折壹千叁百拾方每方貳百伍拾文計錢叁百貳拾柒千伍百文

一會安橋起至大埠頭海溪橋止

計長壹百柒丈壹尺伍寸　扯闊壹丈陸尺　濬深壹尺肆寸　折貳百肆拾方每方貳百伍拾文計錢陸拾千文

一海溪橋起至樟木橋止

計長捌拾肆丈陸尺陸寸　扯闊壹丈叁尺伍寸　濬深壹尺肆寸　折壹百陸拾方每方貳百伍拾文計錢肆拾千文

以上共計開濬河道工食錢伍百陸拾柒千伍百文

江東和安水龍會經管開濬河道

和安會董四品銜吳　煊　　監工范中緯

一江東碶橋起至純孝橋止

計長叁拾壹丈伍尺　扯闊壹丈肆尺伍寸　濬深壹尺貳寸　折伍拾肆方捌分壹釐每方肆百伍拾文計錢貳拾肆千陸百陸拾肆文

一純孝橋起至崇壽橋止

計長肆拾伍丈　扯闊壹丈伍尺伍寸　濬深壹尺貳寸　折捌拾叁方柒分每方肆百伍拾文計錢叁拾柒千陸百陸拾伍文

一崇壽橋起至買飯橋止

計長叁拾貳丈　扯闊壹丈伍尺　濬深壹尺貳寸　折伍拾柒方陸分每方肆百伍拾文計錢貳拾伍千玖百貳拾文

一解院橋外口起至漕底止

計長叁拾丈伍尺陸寸　扯闊壹丈　濬深壹尺　折叁拾方伍分陸釐每方肆百伍拾文計錢拾叁千柒百伍拾貳文

一樟木橋起至和安橋止

計長陸拾陸丈　扯闊壹丈貳尺　濬深壹尺　折柒拾玖方貳分每方叁百陸拾文計錢貳拾捌千伍百拾貳文

一和安橋起至張斌橋止

計長貳百貳拾捌丈陸尺肆寸　扯闊壹丈貳尺伍寸　濬深壹尺　折貳百捌拾伍方捌分每方叁百陸拾文計錢壹百貳千捌百捌拾捌文

一五河橋起至三眼橋止

計長拾玖丈伍尺　扯闊貳丈伍寸　濬深壹尺貳寸　折肆拾柒方玖分柒釐每方肆百伍拾文計錢貳拾壹千伍百捌拾陸文

一三眼橋起至小橋內外漕底止

計長伍拾壹丈伍尺　扯闊壹丈捌尺　濬深壹尺貳寸　折壹百拾壹方貳分肆釐每方肆百伍拾文計錢伍拾千伍拾捌文

一五河橋起至楊柳衙頭漕底止

計長叁拾伍丈　扯闊壹丈貳尺　濬深壹尺壹寸　折肆拾陸方貳分每方肆百伍拾文計錢貳拾千柒百玖拾文

一五河橋起至王家坟頭小橋止

計長貳拾貳丈肆尺貳寸　扯闊柒尺伍寸　濬深壹尺　折拾陸方捌分壹釐伍毫每方肆百伍拾文計錢柒千伍百陸拾陸文

一五河橋起至大河橋外止

計長柒拾丈　扯闊壹丈肆尺　濬深壹尺貳寸　折壹百拾柒方陸分每方貳百文計錢貳拾叁千伍百貳拾文

一大河橋外起至文明橋外止

計長捌拾陸丈伍尺　扯闊貳丈　濬深壹尺貳寸　折貳百柒方陸分每方貳百文計錢肆拾壹千伍百貳拾文

一筲箕漕外起至漕底止

計長捌拾丈　扯闊壹丈叁尺　濬深壹尺貳寸　折壹百貳拾肆方捌分每方貳百文計錢貳拾肆千玖百陸拾文

一樟木橋外起至古大石碶橋止

計長壹百玖丈　扯闊壹丈壹尺　濬深壹尺　折壹百拾玖方玖分每方貳百文計錢貳拾叁千玖百捌拾文

一古大石碶橋起至嘉慶橋外止

計長貳百貳拾陸丈　扯闊貳丈陸尺　濬深壹尺　折伍百捌拾柒方陸分每方貳百文計錢壹百拾柒千伍百貳拾文

以上共計開濬河道工食錢伍百陸拾肆千玖百壹文

江東保安水龍會經管開濬河道

保安會董監工同知銜張恩綬

一大河橋起至鹽倉漕底止

計長捌拾捌丈玖尺　扯闊壹丈叁尺伍寸　濬深叁尺　折叁百陸拾方每方貳百伍拾文計錢玖拾千文

一泥堰頭起至外港口止

計長壹百陸拾丈　扯闊壹丈肆尺　濬深伍尺　折壹千壹百貳拾方每方貳百文計錢貳百貳拾肆千文

一厲家河頭起至姚隘橋止

計長壹百丈　扯闊壹丈伍尺　濬深伍尺　折柒百伍拾方每方貳百文計錢壹百伍拾千文

一姚隘橋起至聚奎橋止

計長陸拾丈　扯闊壹丈陸尺　濬深伍尺　折肆百捌拾方每方貳百文計錢玖拾陸千文

一聚奎橋起至戎宅門前止

計長貳拾伍丈　扯闊壹丈貳尺　濬深伍尺　折壹百伍拾方每方貳百文計錢叁拾千文

以上共計開濬河道工食錢伍百玖拾千文

各水龍會開濬河道總數

臨安普安會　共計工食錢壹千捌百叁拾叁千貳百貳拾叁文

來安會　共計工食錢柒百叁拾貳千壹百柒文

同安會　共計工食錢貳千叁百柒拾千壹百文

靖安會　共計工食錢貳千捌百叁千叁百貳拾伍文

長安小長安會　共計工食錢貳千壹百玖拾貳千柒百拾柒文

麗安會　共計工食錢壹千玖百陸拾柒千柒百柒拾文

永安咸安會　共計工食錢壹千貳百捌拾玖千陸百柒拾文

均安會　共計工食錢伍百陸拾柒千伍百文

和安會　共計工食錢伍百陸拾肆千玖百壹文

保安會　共計工食錢伍百玖拾千文

通共計濬河工食錢壹萬肆千玖百拾壹千叁百拾叁文

公費局用

光緒肆年戊寅歲

刊刻告示票簿紙劄印工錢貳拾千柒百貳拾伍文

添置器具什物裝折錢房錢陸拾千捌拾玖文

委員張呉薪水錢叁拾伍千捌百肆拾文

文案司帳兩人辛俸錢叁拾陸千文

寫房捐司事十人辛俸錢玖拾千文

收房捐司事十人辛俸錢玖拾千文

挑房捐錢夫五名火夫兩名局差兩名錢叁拾叁千陸百文

寫房捐差役四名及地保工食錢叁拾叁千叁百陸拾文

火食雜用等錢叁百拾壹千柒拾柒文

總共戊寅歲用公費錢柒百拾千陸百玖拾壹文

光緒伍年己卯歲

日湖等處打樁工食錢貳拾貳千玖百捌拾文

兵馬司橋東首修河磡錢拾叁千文

採蓮橋南首修河磡錢陸千文

大沙泥街修河磡錢捌千文

採蓮橋修河磡錢叁千文

延慶寺前淘屍骨錢叁千文

延慶寺前車泥錢叁千捌百肆拾文

擡亂石工食錢貳千文

淘河受傷醫藥等錢貳千捌百捌拾文

中秋各夫頭月餅錢肆千捌百文

告土福利轎船量河等錢貳千叁百肆拾捌文
紙劄白索丈竿桐油桶錢壹千貳百肆拾捌文
椿木並修跳板錢貳千伍百玖拾陸文
凉傘秋蒿打牆泥司木司工食錢壹千柒百貳拾文
監工司事錢陸千肆百捌拾文
造淸冊錢壹千陸百文
　以上普安會經手
華樓廟前高堆挑泥錢壹千陸百文
新街周宅牆下挑泥錢肆百文
食喉城脚高堆挑泥錢貳千文
告土香燭丈竿桐油桶紙劄錢壹千陸百伍拾玖文
淘河棚下用燭中秋各夫月餠錢壹千伍百玖拾陸文

修跳板工料錢壹千壹百伍拾文
淘河受傷醫物等錢叁千文
監工司事錢陸千文
　以上來安會經手
西門內沿城挑泥錢叁千壹百文
天甯寺內濬池築磡錢叁千陸百文
永安橋東首修河磡錢壹千陸百文
和利市橋修河磡錢柒千捌百文
㩡各處亂石歸磡錢拾叁千陸百文
東門內淘河棚下燭錢叁千壹百玖拾貳文
工人受石傷醫藥錢壹千柒百柒拾文
秋蒿杉木跳板椿木錢貳千肆百拾柒文

看道繳轎往桑園船錢柒百拾捌文
監工司事錢肆千伍百陸拾文
造淸冊錢壹千貳百文
　以上同安會經手
府東河及府西河築磡錢拾貳千陸拾捌文
濬深府署內河并築磡錢拾肆千柒百文
修築府後石橋外河磡錢拾叁千伍百文
修築府學前東首河磡錢拾捌千柒百貳拾文
挑府學前餘泥錢壹千文
明倫堂前挑泥平地錢叁千文
各處運出舊積泥錢拾肆千捌百文
大廟前亂石運至府學前僱船載工錢柒千貳百文

各處亂石修築河磡㩡工連船錢貳拾貳千捌百文
水則亭大港濬河各夫赿工賞酒錢壹千肆百文
中秋賞各夫月餠錢陸千文
量河船桐油桶白籐壹千貳百文
監工司事錢貳千貳百捌拾文
　以上靖安會經手
月湖書院運泥出城錢肆千陸百貳拾文
南水關修磡㩡亂石工食錢貳拾貳千肆百文
告土香燭看河船紙劄等錢壹千肆百柒拾貳文
手巾凉傘棕繩木料錢貳千肆百柒拾陸文
落河丈量値日監工點心錢伍千文
雜項另用等錢陸千文

監工司事錢拾叁千文
造清冊錢壹千陸百文
下駕橋快馬船埠修河磡錢捌千文
洪石稧溪浦橋修河磡錢捌千文
松木跳板等錢肆千伍百拾貳文
丈量河道船僱工錢貳千肆拾文
燭點心另用等錢叁千伍百柒拾壹文
監工司事錢柒千陸百文
造清冊錢捌百文
以上長安會經手
文昌閣側打樁修磡錢貳拾壹千捌百文
告土香燭紙劄另用錢壹千叁百伍拾肆文

監工司事錢拾貳千文
造清冊錢壹千肆百文
以上麗安會經手
氣喉外沿城打樁工食錢貳拾貳千文
杉木釘木司工食錢叁千玖拾陸文
告土香燭燈籠管空房錢貳千叁百叁拾捌文
淘河棚下燭錢貳千陸百肆拾陸文
紅靈丹行軍散艾繩秋蒿錢貳千陸百叁拾肆文
以上咸安會經手
新河頭凉亭修磡石料錢玖千肆百肆拾文
新河頭凉亭修磡工食拾伍千文
鎮安橋下打樁毛竹舖石等錢柒千貳百柒拾文

做稧板木司工錢陸百貳拾陸文
淘後街河棚下燭錢伍千貳百肆拾肆文
艾繩藥料錢玖百陸拾叁文
看後河僱人工食錢壹千叁拾陸文
大小竹帽連漆紗帶工食錢玖千伍百伍拾文
做黃旗看河船錢貳千壹百肆拾文
後河大埠頭修路錢壹千捌百肆拾捌文
另用雜項等錢拾千伍百捌拾伍文
造清冊錢壹千捌百文
以上均安會經手
松木鋸工背力錢壹千捌百貳拾文
松板木料等錢陸千柒百陸拾伍文

告土另用雜項錢肆千柒百玖拾伍文
藥料木司工等錢叁千壹百玖拾陸文
以上和安會經手
厲家河頭修磡工料錢拾柒千陸百柒拾文
厲家河頭打樁工料錢拾壹千肆百伍拾肆文
稧板木料連做工錢陸千叁百捌拾肆文
稧撑連鎖修稧工錢肆千肆百玖拾貳文
監工司事錢貳千貳百捌拾文
以上保安會經手
炎帝宮香金錢拾叁千捌百文
局內裝折廚竈門檻錢拾壹千叁百肆拾伍文
局內器皿物件等錢肆拾壹千捌百拾捌文

置造牛車工料連僱工錢肆拾陸千柒百貳拾伍文
三喉總閘夫頭工食錢柒千貳百文
繪河圖六十九工錢貳拾千柒百文
運泥出城檢船回籌二百八十工錢伍拾千肆百文
挑清城內淘河泥堆二百三十一船錢伍拾伍千肆百肆拾文
削勻城內舊積泥堆二百四十工錢肆拾伍千陸百文
常平倉運挑泥堆錢拾壹千肆百文
淘河受傷請醫錢貳拾叁千文
淘河藥料合丸藥錢拾捌千壹百拾柒文
淘河做牌木料黃旗白籐錢拾貳千伍百捌拾伍文
淘河工人失水棺木等物錢叁拾肆千伍百文
日湖等處椿木毛竹等錢陸拾肆千壹百玖拾玖文

氣喉外椿木毛竹等錢陸拾肆千文
三喉總閘水喉口碶板工料錢貳拾陸千玖百文
江東碶板工料錢拾貳千陸百肆拾肆文
道廠高泥堆挑出勻平工食錢拾肆千文
西河營新開河道修砌工料錢叁拾柒千文
浦石河修砌打牆工料錢拾陸千捌百玖拾伍文
開明山修築河砌工料錢貳拾叁千貳百文
縣學泮池修砌工料錢拾壹千玖拾柒文
修跳板杉木料錢壹千文
府差押拆河棚飯食錢肆千文
天后宮側裝扶手工料錢叁千柒百陸拾捌文
告土行香等錢拾玖千伍百文

清書寫稟稿等錢叁千柒百文
刻字並印告示錢拾千捌百文
收照門条捐簿錢貳拾玖千捌百文
道府縣工房筆資錢拾陸千貳百文
送委員縣勞金錢拾捌千肆百文又隨包錢壹千壹百伍拾文
送委員吳勞金錢叁拾陸千捌百文又隨包錢肆千陸百文
坐局司帳人兩辛俸火食錢貳百肆拾貳千文
收房捐錢司事人八辛俸火食錢貳百伍拾貳千文
北門外置買桑園田堆泥錢叁百玖拾伍千伍百文
彙造各會濬河工程冊錢伍拾千文
廵泥總督監工人兩辛俸火食錢陸拾叁千文
挑捐錢夫火夫名五工食錢壹百柒拾玖千陸百文

局內差役兩名工食錢陸拾肆千叁百肆拾文
員董看河轎船丈量廵泥船錢壹百貳拾玖千文
員董議事點心酒菜錢肆拾伍千文
筆墨紙劄銀硃簿紙錢叁拾貳千伍拾壹文
茶葉水烟火紙錢貳拾伍千捌百文
油燭燈籠火油錢拾叁千叁百柒拾玖文

總共已卯歲用公費錢貳千捌百伍拾叁千柒百玖拾貳文

光緒六年庚辰歲
濬深黃岳池工食錢柒千陸百文
迎春橋裝垃圾堆並修砌工料錢拾柒千肆百肆拾陸文
十六塊橋修築河砌工料錢叁拾肆千陸百捌拾伍文
府學前重修河砌工料錢叁拾壹千捌百文

五塊橋修築河磡工料錢肆千陸百文
江東會安橋修河磡工料錢壹千柒百文
食喉做碶板工料錢捌千伍百肆文
修理撈汚船兩隻工料錢柒千文
火藥局用水車錢壹千捌百文
繪河道分圖錢壹千壹百伍拾文
各處運挑瓦礫泥堆錢肆拾千叁百文
各處帶竹排打樁工料錢拾伍千柒百捌拾肆文
各河打撈汚泥夫頭工食錢伍拾壹千柒百陸文
各處修磡監工錢玖千文
丈量河道司事辛俸火食錢貳拾柒千文
丈量僱工連船工食錢拾肆千陸百文

丈量石作舖河道並火藥局濬河監工錢拾肆千文
造丈尺冊清書辛俸火食錢肆拾貳千捌百肆拾文
添置器皿等錢拾千捌百伍拾肆文
清書寫稟稿等錢壹千玖百文
府縣工房局差等錢貳拾玖千玖百貳拾文
捐簿收照門条紙劄錢肆拾陸千肆百陸拾伍文
員董點心酒菜轎錢叁拾伍千肆拾捌文
炎帝宮香金錢拾叁千捌百文
送委員吳勞金錢伍拾伍千貳百文又隨包錢陸千玖百文
坐局司帳人兩辛俸火食錢貳百陸拾肆千文
收房捐錢司事人辛俸火食錢叁百叁拾千文
收房捐錢挑夫火夫伙工食錢壹百柒拾壹千貳百文

茶葉水旱烟筆墨銀硃雜項等錢陸拾肆千柒百玖拾伍文
油燭燈籠火油等錢玖千捌百玖拾捌文
　總共戊辰歲用公費錢壹千叁百柒拾壹千肆百玖拾伍文
光緒七年辛巳歲
　南城下打樁工料錢壹百陸拾肆千捌拾文
府東河修築河磡工料錢貳拾貳千文
西南鄉撈浮草請示府縣工房筆資錢拾貳千陸百伍拾文
打樁監工錢玖千文
運挑各處瓦礫泥堆錢叁拾柒千伍百柒拾文
造划船兩隻錢拾捌千肆百文
查河棚局差地保飯食錢伍千文
清書寫稟稿等錢壹千伍百文

造河棚冊清書連印工錢貳拾伍千文
造房捐冊清書人兩辛俸火食錢陸拾玖千文
擺印丈尺圖志刻各圖工料錢連校工錢肆拾千文
擺印徵信錄刻匠工料連校工錢捌拾捌千柒百文
擺印徵信錄圖志紙劄等錢叁拾捌千文
收捐簿紙劄帳簿等錢拾肆千玖百陸拾文
各河打撈汚泥工食錢伍拾玖千文
炎帝宮香金錢拾肆千玖百伍拾文
送委員吳勞金錢拾捌千肆百文又隨包錢叁千叁百文
送委員張勞金錢肆拾陸千文又隨包錢伍千柒百伍拾文
坐局司帳人兩辛俸火食錢貳百捌拾陸千文
收剩房捐司事人兩辛俸火食錢捌拾肆千文

收捐錢挑夫火夫𦨭工食錢玖拾壹千肆百文
員董議事轎點心酒菜錢肆拾千陸百柒拾陸文
府縣工房局差等錢貳拾千肆百文
油燭燈籠火油等錢拾壹千捌百叁拾肆文
另星雜項茶葉水旱烟等錢陸拾貳千陸百叁文
平橋下造亭建碑等錢伍百伍拾壹千捌百貳拾玖文
總共辛巳歲用公費錢壹千捌百肆拾壹千貳文
通共用公費局用錢陸千柒百柒拾陸千玖百捌拾文

河工局收付總數開列於后
收房捐戊寅起庚辰止錢貳萬壹千捌百陸拾叁千貳百玖拾叁文
收借府署公欵洋柒千元申錢柒千玖百肆拾伍千文
付濬河工食錢壹萬肆千玖百拾壹千叁百拾叁文
付公費局用錢陸千柒百柒拾陸千玖百捌拾文
付還府署借欵洋伍千柒百捌拾貳元陸角玖釐申
錢陸千柒百念千文
付長安會借錢捌百千文
付和安會借錢陸百千文
除付過實存長安會應償錢捌百千文申洋陸百玖拾伍元陸角伍分貳釐
實存和安會應償錢陸百千文申洋伍百念壹元柒角叁分玖釐
以上通共應存洋壹千貳百拾柒元叁角玖分壹釐抵償府署借欵合訖

郡城濬河徵信錄

房捐收數

按照房租每千文抽捐錢叁拾文業主陸成租戶肆成業主姓名過繁不備列

衆錢莊糧莊稅行

錢業公所房捐錢捌千壹百文　晉恒房捐錢貳拾千貳百伍拾文
通泉房捐錢叁拾貳千肆百文　晉泉房捐錢貳拾千貳百伍拾文
瑞康房捐錢貳拾柒千文　愼康房捐錢貳拾千貳百伍拾文
世康房捐錢貳拾肆千叁百文　惠康房捐錢拾捌千玖百文
益康房捐錢貳拾貳千玖百伍拾文　晉德房捐錢拾玖千伍百柒拾伍文
資源房捐錢柒千肆百貳拾伍文　正元房捐錢拾壹千貳百伍拾文
祥和房捐錢拾肆千捌百伍拾文　敦裕房捐錢玖千文

貞吉房捐錢拾貳千叁百柒拾伍文　愼記房捐錢陸千柒百伍拾文
允吉房捐錢玖千玖百文　愼和房捐錢拾叁千伍百文
資生房捐錢貳拾千貳百伍拾文　太和房捐錢拾捌千玖百文
源和房捐錢拾捌千玖百文　文康房捐錢拾叁千捌文
同和房捐錢拾柒千伍百伍拾文　臻祥房捐錢拾千伍百文
咸和房捐錢拾柒千伍百伍拾文　祥餘房捐錢捌千肆百文
源甡房捐錢拾肆千捌百伍拾文　潤德房捐錢玖千柒百伍拾文
德康房捐錢拾壹千貳百伍拾文　厚豐房捐錢柒千捌百文
德豐房捐錢玖千文　德昌房捐錢玖千文
祥記房捐錢拾叁千肆百肆拾文　德恒房捐錢柒千貳百文
晉益房捐錢拾貳千柒百伍拾文　升亨房捐錢陸千叁百文
惠甡房捐錢拾貳千柒百伍拾文　升吉房捐錢拾貳千陸百文

晉豫房捐錢拾柒千伍百伍拾文　元吉房捐錢肆千伍百文
晉茂房捐錢柒千伍百文　懋康房捐錢肆千伍百文
吉康房捐錢拾肆千肆百文　養源房捐錢玖千玖百陸拾文
恒祥房捐錢拾叁千伍百文　惟康房捐錢捌千柒百陸拾文
恒益房捐錢拾叁千玖拾伍文　南來房捐錢玖千肆百伍拾文
益甡房捐錢拾貳千柒百伍拾文　通泰房捐錢玖千肆百伍拾文
怡德房捐錢拾千貳百文　天亨房捐錢玖千文
豐和房捐錢拾貳千捌百貳拾伍文　泰康房捐錢柒千貳百文
源通房捐錢拾貳千壹百伍拾文　鼎升房捐錢捌千玖百拾文
資深房捐錢拾壹千柒百陸拾文　洽和房捐錢柒千伍百文
惠安房捐錢拾壹千伍百伍拾文　安吉房捐錢陸千文
祥順房捐錢拾千壹百貳拾伍文　聚康房捐錢柒千肆百貳拾伍文

乾生房捐錢拾千壹百貳拾伍文　榆泉房捐錢陸千柒百伍拾文
寶康房捐錢拾千捌百文　沛生房捐錢肆千捌百柒拾伍文
乾大房捐錢伍千柒百文　升吉房捐錢伍千肆百文
震泰房捐錢伍千肆百文　阜成房捐錢伍千肆百文
壽康房捐錢伍千肆百文　恒源房捐錢伍千壹百叁拾文
晉泰房捐錢肆千捌百陸拾文　永康房捐錢肆千叁百貳拾文
晉豐房捐錢肆千伍拾文　惠泰房捐錢肆千叁百貳拾文
德大房捐錢肆千肆百伍拾伍文　聚泰房捐錢肆千貳百拾伍文
壽泰房捐錢肆千伍百文　福順房捐錢肆千叁百貳拾文
允泰房捐錢叁千文　精一房捐錢叁千玖百文
允和房捐錢叁千陸百文　豫昌房捐錢叁千玖百拾伍文
萬選房捐錢叁千伍百肆拾文　坤沅房捐錢叁千壹百伍文

通榆房捐錢叁千叁百文　慶源房捐錢壹千陸百伍拾文
豫大房捐錢貳千柒百文　乾和房捐錢壹千伍百文
豫亨房捐錢貳千肆百文　祥記房捐錢壹千肆百捌拾伍文
寶昌房捐錢貳千叁百肆拾文　怡生房捐錢壹千叁百捌拾文
進隆房捐錢貳千貳百伍拾文　慶緒房捐錢壹千叁百伍拾文
怡和房捐錢貳千壹百柒拾伍文　廣源房捐錢壹千叁百伍拾文
振大房捐錢貳千壹百陸拾文　豫泰房捐錢壹千叁百伍拾文
聚源房捐錢貳千壹百文　晉亨房捐錢壹千叁百伍拾文
裕春房捐錢壹千捌百文　同益房捐錢壹千貳百柒拾伍文
長源房捐錢壹千捌百文　億成房捐錢壹千貳百文
同福房捐錢壹千柒百伍拾伍文　振源房捐錢壹千壹百捌拾伍文
坤仁房捐錢壹千陸百貳拾文　震隆房捐錢壹千貳百拾伍文
甡和房捐錢壹千貳百拾伍文　寶泰房捐錢柒百捌拾文
聚成房捐錢壹千貳百文　榮康房捐錢柒百伍拾文
生初房捐錢壹千捌拾文　通源房捐錢柒百貳拾文
鋭亨房捐錢壹千捌拾文　德源房捐錢柒百貳拾文
阜泰房捐錢壹千伍拾文　恊成房捐錢陸百陸拾文
震豐房捐錢壹千貳拾文　寶大房捐錢陸百文
李萬泰房捐錢壹千貳百捌拾捌文　惠泰房捐錢伍百肆拾文
同豐房捐錢壹千貳百捌拾捌文　永緒房捐錢肆百玖拾伍文
祥康房捐錢玖百陸拾文　愼成房捐錢肆百陸拾伍文
大泉房捐錢玖百文　振新房捐錢叁百文
久大房捐錢捌百肆拾文　仁元房捐錢叁百文
生大房捐錢捌百拾貳文　阜成房捐錢叁百文

春榆房捐錢捌百拾文　源隆房捐錢貳百柒拾文
鋭增房捐錢肆百捌拾文　均和房捐錢貳百柒拾文
源源房捐錢伍百捌拾伍文　祥和房捐錢貳百拾文
同德房捐錢叁百伍拾文　晉豐房捐錢壹百陸拾伍文
咸亨房捐錢叁百拾伍文　源來房捐錢壹百陸拾伍文
源康房捐錢叁百文　和成房捐錢壹百伍拾文
永和房捐錢叁百文　兆源房捐錢玖拾文
順利房捐錢叁百文　瑞源房捐錢陸拾文
巽記房捐錢柒拾伍文　泰愼房捐錢貳千貳拾伍文
存仁房捐錢貳千柒百文　晉封房捐錢貳千貳拾伍文
新孚房捐錢貳千柒百文　同和房捐錢貳千貳拾伍文
萬興房捐錢拾千壹百貳拾伍文　萬利房捐錢叁千壹百玖拾玖文
咸順房捐錢柒千捌百文　隆順房捐錢肆千捌百捌拾貳文
順利房捐錢陸千伍百陸拾文　裕順房捐錢叁千捌百拾肆文
宇春房捐錢伍千壹百捌拾柒文　洽興房捐錢貳千捌百捌拾文

以上共收房捐錢壹千叁拾肆千柒百捌拾叁文

衆南號杉木雜木竹行

震豐房捐錢肆拾捌千捌百肆拾文　益豐房捐錢貳拾陸千柒百陸拾文
恊和房捐錢肆拾陸千玖拾捌文　富潤房捐錢貳拾伍千伍百文
德懋房捐錢叁拾柒千捌百文　瑞豐房捐錢貳拾肆千叁百文
源泰房捐錢叁拾肆千捌百文　恒大房捐錢貳拾柒千文
廣潤房捐錢叁拾肆千玖拾貳文　恊成房捐錢拾陸千伍百文
源潤房捐錢叁拾叁千柒百伍拾文　通生房捐錢拾叁千捌百文
元大房捐錢叁拾陸千肆百伍拾文　廣和房捐錢肆千伍百文

豫春房捐錢叁千柒百伍拾文　新順房捐錢拾陸千貳百文
茂豫房捐錢叁拾伍千壹百文　永興房捐錢捌千貳百叁拾伍文
同一房捐錢叁拾貳千陸百拾玖文　德昌房捐錢玖千肆百伍拾文
桐懋房捐錢貳拾壹千叁百叁拾文　頤昌房捐錢柒千伍百文
桐豫房捐錢拾捌千玖百文　敦順房捐錢陸千柒百伍拾文
同沅房捐錢肆千伍拾文　恒昌房捐錢叁千柒百伍拾文
萬椿房捐錢肆千伍拾文　榆森房捐錢壹千捌百玖拾文
甡生房捐錢貳千玖百柒拾文　復成房捐錢壹千伍百拾貳文
萬潤房捐錢貳千捌百叁拾伍文　德潤房捐錢壹千陸百貳拾文
同茂房捐錢貳千貳拾伍文　源昌房捐錢壹千伍拾文
振新房捐錢貳千壹百肆文　項大富房捐錢貳千伍拾文
同人房捐錢壹千伍百文　林源利房捐錢玖百柒拾伍文

合森房捐錢壹千叁百伍拾文　公和房捐錢壹百捌拾文
和記房捐錢玖百肆拾伍文　甬興房捐錢壹百貳拾文
福康房捐錢捌百貳拾伍文　協興房捐錢壹百伍文
泉順房捐錢陸百文　順記房捐錢肆拾玖文
合懋房捐錢拾陸千捌百柒拾伍文　懋生房捐錢叁千柒百伍拾文
合興房捐錢捌千貳百捌拾文　震和房捐錢叁千陸百文
洽泰房捐錢捌千貳百叁拾伍文　茂利房捐錢壹千叁百伍拾文
成和房捐錢伍千柒百文　松茂房捐錢壹千叁百伍拾文
榮順房捐錢伍千肆百文　公順房捐錢捌百拾文
恒茂房捐錢肆千伍拾文　孫源興房捐錢叁拾文

以上共收房捐錢陸百陸拾陸千玖文

衆北號小貨行

甬泰房捐錢肆拾柒千捌百貳拾肆文　恒記房捐錢陸千陸百拾文
立生房捐錢叁拾千叁百柒拾伍文　久大房捐錢伍千肆百玖拾壹文
瑞大房捐錢拾玖千伍百柒拾柒文　承順房捐錢伍千肆百文
余沅潤房捐錢拾玖千伍百文　同盛房捐錢伍千壹百叁拾文
寶大房捐錢拾捌千貳百貳拾伍文　復順房捐錢叁千文
義和房捐錢拾柒千伍百伍拾文　永裕房捐錢貳千肆百文
敦大房捐錢拾陸千陸百伍拾文　仁成房捐錢玖千陸百肆拾伍文
恒久房捐錢拾陸千貳百文　益懋房捐錢捌千玖百肆拾文
惇記房捐錢拾陸千貳百文　源成房捐錢柒千捌百陸拾文
乾利房捐錢拾叁千陸百伍拾文　泰來房捐錢柒千伍百文
洪生房捐錢拾貳千壹百伍拾文　咸利房捐錢柒千叁百伍拾文
仁記房捐錢玖千文　新順房捐錢柒千壹百貳拾伍文

淇春房捐錢陸千柒百伍拾文　震昌房捐錢肆千伍百文
升大房捐錢陸千柒百伍拾文　久泰房捐錢叁千伍百捌拾伍文
巨康森號房捐錢陸千叁百文　保太房捐錢叁千叁百柒拾伍文
咸生房捐錢伍千柒百柒拾伍文　乾亨房捐錢貳千陸百貳拾伍文
豐和房捐錢伍千肆百柒拾伍文　正源房捐錢貳千叁百柒拾文
彙生房捐錢伍千叁百貳拾伍文　震亨房捐錢貳千叁百柒拾文
慶賚房捐錢肆千玖百貳拾文　恒泰房捐錢貳千壹百文
益生房捐錢肆千捌百柒拾伍文　巨昌房捐錢壹千玖百伍拾文
震來房捐錢肆千捌百柒拾伍文　鼎泰房捐錢壹千捌百陸拾文
阜康房捐錢肆千捌百文　恒大房捐錢壹千捌百文
源和房捐錢肆千捌百文　順記房捐錢柒百伍拾文
合興房捐錢肆千陸百伍拾文　頤泰房捐錢肆百玖拾伍文

以上共收房捐錢肆百陸千肆百貳拾柒文

衆閩廣行海味鋪

安瀾公所房捐錢陸千貳百拾文
萃豫房捐錢拾捌千文
鼎和房捐錢伍拾陸千伍百貳拾文
寶豫房捐錢拾伍千陸百文
寶和房捐錢伍拾壹千叁百文
永豐房捐錢拾貳千文
升恒房捐錢肆拾叁千貳百文
大新恒記房捐錢拾壹千伍百伍拾文
益和房捐錢肆拾壹千陸百貳拾伍文
晉泰房捐錢玖千文
珍豐房捐錢叁拾伍千伍百伍文
萬甡房捐錢壹千貳百文
大懋房捐錢叁拾叁千柒百伍拾文
萬春成記房捐錢壹千伍拾文
晉和房捐錢叁拾貳千肆百文
信德房捐錢貳拾肆千柒百伍拾文
榮和房捐錢貳拾貳千伍百文
恒記房捐錢柒千伍百文
豫大房捐錢貳拾千貳百伍拾文
益昌房捐錢叁千壹百伍拾文

以上共收房捐錢肆百肆拾柒千陸拾文

衆米行鎮號穀行米棧鋪

仁和房捐錢陸拾肆千壹百貳拾伍文
乾豐房捐錢肆拾叁千貳百文
長豐房捐錢伍拾千陸百貳拾伍文
春榆房捐錢肆拾貳千叁百陸拾文
同源房捐錢肆拾壹千壹百柒拾伍文
成豐房捐錢肆拾千肆百伍拾伍文
和源房捐錢肆拾千捌百陸拾文
廣豐房捐錢拾壹千貳百伍拾文
穗興房捐錢叁拾玖千玖百陸拾文
新豐房捐錢拾千叁百伍拾文
義興隆房捐錢貳拾肆千柒百伍文
豫豐房捐錢玖千文
泰順房捐錢貳拾柒千文
進益房捐錢伍千肆百文
進豐房捐錢貳拾千壹百叁拾玖文
裕和房捐錢拾貳千文
五豐穗房捐錢玖千貳百陸拾貳文
穗豐房捐錢玖千柒百伍拾文
晉昌房捐錢拾肆千捌百伍拾文
滋豐房捐錢伍千陸百貳拾伍文

豫豐房捐錢拾千捌百文
和茂房捐錢陸千柒拾伍文
公和房捐錢肆千伍拾文
瑞和房捐錢叁千伍百拾文
穗生房捐錢叁千伍百肆拾文
復初房捐錢叁千壹百伍拾文
大和房捐錢肆拾壹千壹百文
元順房捐錢貳拾柒千陸百柒拾伍文
老協勝房捐錢叁拾陸千文
安泰房捐錢拾玖千捌百肆拾伍文
泰和房捐錢叁拾貳千柒百文
生記房捐錢拾柒千肆百叁拾文
義和房捐錢貳拾捌千伍百玖拾文
萬豐房捐錢拾柒千壹百肆拾伍文
協生房捐錢貳拾伍千陸百伍拾文
五豐房捐錢拾肆千捌百伍拾文
萬生房捐錢貳拾貳千貳百文
和昌房捐錢拾肆千捌百伍拾文
致和房捐錢拾捌千叁百肆拾貳文
大有房捐錢拾肆千肆百文
萃和房捐錢拾玖千玖百伍拾文
泰生房捐錢拾叁千伍百文
茂和房捐錢壹千伍百文
李義和房捐錢拾貳千陸百文

廣興房捐錢拾貳千壹百伍拾文
和泰房捐錢陸千柒百伍拾文
公泰房捐錢拾貳千壹百伍拾文
穗成房捐錢陸千柒百伍拾文
恒豐房捐錢拾貳千文
范同元房捐錢陸千貳百捌拾貳文
慶穗房捐錢拾壹千貳百伍拾文
萬生房捐錢陸千陸拾文
大成房捐錢拾千捌百文
五豐房捐錢伍千貳百拾文
義昌房捐錢玖千玖百文
德和房捐錢伍千貳百柒文
耕九房捐錢玖千陸百叁拾文
祥餘房捐錢伍千陸百貳拾伍文
順成房捐錢玖千肆百伍拾文
萬和房捐錢肆千壹百貳拾伍文
穗和房捐錢玖千肆百伍拾文
協成房捐錢肆千壹百貳拾伍文
厚生房捐錢捌千捌百伍拾文
年豐房捐錢肆千肆百拾文
公和房捐錢柒千陸百伍拾柒文
公泰房捐錢肆千叁百貳拾文
源泰房捐錢柒千壹百貳拾捌文
源泰房捐錢叁千叁百文

肇康房捐錢柒千肆百貳拾伍文
亦豐房捐錢叁千叁百柒拾伍文
乾和房捐錢肆千柒百貳拾伍文
瑞源房捐錢叁千文
萃孚房捐錢肆千柒百貳拾文
大豐房捐錢貳千捌百叁拾伍文
祥和房捐錢肆千叁百拾柒文
復泰仁記房捐錢貳千柒百文
恒盛房捐錢肆千壹百拾文
協盛順記房捐錢貳千柒百文
協茂房捐錢肆千伍拾文
穗生房捐錢貳千伍百陸拾伍文
公興房捐錢肆千伍拾文
盈餘房捐錢貳千肆百叁拾伍文
均和房捐錢叁千玖百文
合森房捐錢貳千肆百叁拾文
源隆房捐錢叁千捌百柒拾肆文
元生房捐錢貳千肆百叁拾文
恒豐房捐錢叁千捌百拾文
成泰房捐錢貳千肆百叁拾文
糦茂房捐錢叁千陸百文
穗孚房捐錢貳千壹百陸拾文
慶和房捐錢叁千叁百柒拾伍文
泰潤房捐錢壹千捌百貳拾柒文
裕和房捐錢叁千肆百叁拾伍文
穗大房捐錢壹千肆百文
福康房捐錢肆百伍拾文
公順房捐錢壹千叁百伍拾文
堃和房捐錢貳千貳百伍拾文
萬豐房捐錢壹千伍百拾伍文
協順房捐錢壹千捌百文
晉泰房捐錢壹千叁百貳拾文
裕豐房捐錢壹千捌百文
德大房捐錢壹千貳百文
紹遠房捐錢壹千柒百肆拾文
魏公順房捐錢壹千捌拾文
裕春房捐錢壹千柒百貳拾伍文
源順房捐錢壹千捌拾文
協生房捐錢壹千陸百貳拾文
復泰房捐錢壹千伍拾文
乾豐房捐錢壹千陸百貳拾文
尹生記房捐錢壹千拾柒文
元成房捐錢壹千伍百文
恒大房捐錢壹千貳百拾伍文
永大房捐錢壹千肆百捌拾伍文
協豐房捐錢貳百拾捌文
同昇房捐錢壹千肆百拾叁文
聚豐房捐錢壹千柒百肆拾肆文

新生泰房捐錢玖百肆拾伍文
豐裕房捐錢捌百文
崑源房捐錢玖百肆拾伍文
隆餘房捐錢柒百陸拾伍文
新協增房捐錢玖百叁拾文
瑞昌房捐錢柒百伍拾文
乾源房捐錢玖百文
和生房捐錢柒百叁拾伍文
協豐房捐錢玖百文
同生房捐錢柒百叁拾伍文
聚升房捐錢捌百捌拾貳文
震生房捐錢柒百貳拾文
仁餘房捐錢捌百肆拾文
耕餘房捐錢陸百柒拾伍文
震豐房捐錢捌百拾捌文
張承大房捐錢陸百柒拾伍文
天生房捐錢捌百拾文
進茂房捐錢陸百文
泉生房捐錢捌百拾文
乾和房捐錢陸百文
生順房捐錢捌百拾文
震生房捐錢陸百文
天生房捐錢捌百拾文
升泰房捐錢伍百捌拾伍文
李昇記房捐錢伍百肆拾文
協和房捐錢貳百拾文
復泰房捐錢肆百玖拾伍文
豫昌房捐錢壹百捌拾文
震和房捐錢肆百伍拾文
新和盛房捐錢壹百捌拾文
文泰房捐錢肆百伍拾文
裕成房捐錢壹百伍拾文
協甡房捐錢肆百文
泰康房捐錢壹百叁拾文
協盛房捐錢叁百叁拾文
泰豐房捐錢壹百貳拾文
九和房捐錢叁百拾陸文
順泰房捐錢玖拾文
生源房捐錢貳百伍拾伍文
貞孚房捐錢玖拾文
通源房捐錢貳百肆拾文
元和房捐錢陸拾文
泰順房捐錢貳百貳拾伍文
悅來房捐錢陸拾文
慶豐房捐錢貳百貳拾伍文
同升房捐錢肆拾伍文
永餘房捐錢貳百貳拾陸文
震興房捐錢肆拾伍文

以上共收房捐錢壹千貳百伍拾陸千壹百伍拾肆文

衆油行舖燭淘

恒源房捐錢伍拾伍千捌拾文　復大房捐錢拾千壹百貳拾伍文
老恒茂房捐錢肆拾叁千貳百文　東生房捐錢柒千玖百陸拾伍文
恒升房捐錢貳拾陸千玖百拾文　衡豐昇記房捐錢柒千貳拾文
成泰隆房捐錢貳拾伍千伍百拾貳文　滋茂房捐錢伍千肆百柒拾伍文
乾源房捐錢貳拾伍千伍百文　正大房捐錢肆千叁拾伍文
泉號房捐錢貳拾貳千捌百柒拾伍文　衡泉昇號房捐錢貳千玖百肆拾文
長源房捐錢拾肆千伍百捌拾伍文　成順房捐錢貳千肆百文
昇號房捐錢叁千文　新泰房捐錢貳千壹百陸拾文
老恒懋房捐錢拾柒千伍百伍拾文　敦大房捐錢貳千肆拾文
裕豐房捐錢拾壹千肆百柒拾伍文　恒豫房捐錢壹千壹百貳拾伍文

成大房捐錢壹千捌百柒拾伍文　椿源房捐錢叁百貳拾文
同源房捐錢壹千陸百捌拾文　震大房捐錢貳百捌拾伍文
新恒懋房捐錢壹千叁百伍拾文　震源房捐錢貳百肆拾文
德大房捐錢肆百文　大椿房捐錢拾千伍百叁拾文
愼德房捐錢貳拾貳千玖百伍拾文　新日生房捐錢玖千玖百玖拾文
復康房捐錢貳拾壹千叁百叁拾文　寶豐房捐錢捌千柒百柒拾伍文
瑞椿房捐錢貳拾千柒百文　新號房捐錢捌千壹百文
日生房捐錢拾捌千陸百叁拾文　范萬生房捐錢柒千捌百叁拾文
恒裕房捐錢拾捌千貳百貳拾伍文　同豐房捐錢柒千陸百玖拾伍文
成豐房捐錢拾肆千肆拾文　元升房捐錢陸千伍百伍拾貳文
恊茂房捐錢拾叁千伍百文　新大房捐錢陸千貳百文
愼德棧房捐錢拾壹千柒拾文　悅大房捐錢陸千文

元興房捐錢伍千捌百伍文　玉華房捐錢叁千貳百肆拾文
益大房捐錢伍千伍百叁拾伍文　愼昌房捐錢叁千叁百陸拾文
同德房捐錢伍千伍百拾伍文　復生房捐錢叁千肆拾陸文
恊泰房捐錢伍千壹百叁拾文　生生房捐錢貳千玖百柒拾文
祥茂房捐錢肆千玖百玖拾伍文　長豐房捐錢貳千玖百柒拾文
祥豐房捐錢肆千玖百玖拾伍文　宏昌房捐錢貳千捌百叁拾伍文
元生房捐錢肆千柒百貳拾伍文　大和房捐錢貳千柒百柒拾伍文
茂昌房捐錢肆千伍百玖拾文　德大房捐錢貳千柒百文
開泰房捐錢叁千伍百拾文　春生房捐錢貳千柒百文
益昌房捐錢叁千伍百拾文　順興房捐錢貳千伍百捌拾文
德昌房捐錢叁千叁百柒拾伍文　生大房捐錢壹千陸百貳拾文
廣源房捐錢叁千叁百柒拾伍文　同順房捐錢玖百肆拾伍文

大昌房捐錢玖百文　萬豐房捐錢捌百文
源和房捐錢捌百拾文　祥興房捐錢伍百肆拾文
同泰房捐錢柒百伍拾文　陸元全房捐錢壹千貳百拾伍文

以上共收房捐錢陸百壹千伍拾伍文

衆鮮鹹行水客漁帮公所鹹貨舖

恒昇房捐錢壹百貳拾柒千柒百拾文　萬成房捐錢肆拾伍千玖百文
廣潤房捐錢壹百拾捌千壹百念伍文　茂康房捐錢肆拾肆千捌百貳拾文
萬順房捐錢壹百貳千玖百柒拾伍文　瑞昌房捐錢肆拾壹千捌百伍拾文
鼎豐房捐錢玖拾柒千貳百文　宏源房捐錢叁拾肆千陸百伍拾文
萬豐房捐錢捌拾伍千柒百貳拾伍文　正大房捐錢叁拾叁千柒百伍拾文
東昇房捐錢陸拾壹千伍百陸拾文　德興房捐錢叁拾貳千肆百文
公茂房捐錢肆拾陸千伍百柒拾伍文　恒順房捐錢貳拾陸千叁百貳拾伍文

慎昌房捐錢叁拾伍千壹百文 蓉城棧房捐錢陸千柒百伍拾文
泰昌房捐錢拾千壹百貳拾伍文 福號房捐錢陸千貳百捌拾貳文
順發房捐錢叁拾壹千伍拾文 成順房捐錢拾貳千壹百伍拾文
和成房捐錢貳拾千貳百伍拾文 義昌房捐錢拾千貳百陸拾文
北蕭公所房捐錢玖千肆百伍拾文 魚商公所房捐錢貳千貳百伍拾文
和泰房捐錢叁拾肆千肆百貳拾伍文 生大房捐錢拾玖千肆百柒拾捌文
大生房捐錢叁拾壹千玖百玖拾伍文 餘生房捐錢拾陸千叁百叁拾伍文
方悅來房捐錢念柒千玖百肆拾伍文 久和房捐錢拾伍千玖百貳拾文
邵太和房捐錢念柒千肆百陸拾伍文 同昇房捐錢拾伍千伍百貳拾伍文
源盛房捐錢貳拾陸千柒百叁拾文 同元房捐錢拾肆千捌百伍拾文
同元房捐錢貳拾叁千玖百陸拾柒文 順得房捐錢拾千捌百文
永和房捐錢貳拾叁千捌百拾陸文 頤和房捐錢拾千陸百陸拾伍文

萬盛房捐錢拾千肆百貳拾柒文 嘉茂房捐錢肆千玖百叁拾貳文
恒生房捐錢拾千壹百貳拾伍文 同和房捐錢叁千玖百拾伍文
生泰房捐錢拾千壹百貳拾伍文 合生房捐錢叁千文
慶餘房捐錢玖千肆百伍拾文 祥和房捐錢貳千玖百柒拾文
公升房捐錢捌千陸百肆拾文 恒興房捐錢貳千柒百文
悅昌房捐錢柒千捌百玖拾文 森茂房捐錢貳千柒百文
公茂房捐錢柒千貳拾文 永茂房捐錢貳千柒百文
震和房捐錢陸千叁百文 德茂房捐錢貳千陸百叁拾柒文
慶源房捐錢伍千叁百叁拾伍文 合興房捐錢貳千肆百叁拾文
同協興房捐錢伍千貳百陸拾伍文 和生房捐錢貳千肆百叁拾文
萬潤房捐錢伍千壹百叁拾文 協茂房捐錢貳千肆百叁拾文
恒源房捐錢肆千玖百伍拾文 永興房捐錢貳千肆百叁拾文

寶興房捐錢貳千肆百叁拾文 錦盛房捐錢壹千壹百貳拾伍文
協和房捐錢貳千叁百肆拾文 乾利房捐錢壹千捌拾文
震興房捐錢貳千貳百伍拾文 陳順利房捐錢玖百陸拾文
公和房捐錢壹千捌百玖拾文 玉興房捐錢玖百肆拾伍文
大茂房捐錢壹千伍百文 萬和房捐錢玖百肆拾伍文
瑞豐房捐錢壹千肆百捌拾伍文 泰昌房捐錢捌百肆拾文
乾和房捐錢壹千叁百伍拾文 李宏泰房捐錢捌百拾文
全興房捐錢壹千叁百伍拾文 王源利房捐錢柒百伍拾文
同泰房捐錢壹千叁百伍拾文 李義生房捐錢陸百叁拾文
全號房捐錢壹千叁百伍拾文 永潤房捐錢陸百柒拾伍文
合記房捐錢壹千叁百伍拾文 昌記房捐錢肆百貳拾文
屠萬森房捐錢壹千叁百伍拾文 永興房捐錢壹百叁拾伍文

宏茂房捐錢貳百貳拾伍文 余承記房捐錢伍拾叁文
大和房捐錢壹百伍拾文 張孝仁房捐錢壹百伍文

以上共收房捐錢壹千肆百玖拾捌千玖百貳拾貳文

衆紙行帳簿草紙行經摺紙劄鋪

大亨通房捐錢陸拾叁千文 三泰房捐錢叁拾柒千叁百伍拾文
謙亨房捐錢肆拾玖千壹百陸拾肆文 同泰房捐錢念貳千陸百伍拾叁文
乾記房捐錢肆拾千伍拾文 同豐房捐錢拾柒千柒百拾伍文
阜泰房捐錢叁拾肆千叁百捌拾文 合豐房捐錢柒千捌百拾伍文
文珍房捐錢陸千捌百捌拾伍文 寶珍房捐錢陸百文
文源房捐錢貳千柒百文 寶康房捐錢肆百伍文
得順房捐錢壹千柒百伍拾伍文 鳳香房捐錢叁百陸拾文
邵寶聚房捐錢陸拾捌文 邵大成房捐錢叁拾肆文

公正永記房捐錢拾捌千玖百文
珍泰房捐錢叁百柒拾伍文
公正恒記房捐錢拾捌千陸百叁拾文
成泰房捐錢玖千叁百拾伍文
老大森房捐錢伍千捌百伍拾文
大興房捐錢柒百叁拾捌文
祥泰房捐錢貳千貳拾伍文
甯如房捐錢陸拾文
嘉泰房捐錢肆拾肆千玖百伍拾伍文
方永裕房捐錢捌千壹百玖拾文
公興房捐錢貳拾伍千貳拾文
萃昇房捐錢捌千壹百文
榮泰房捐錢貳拾叁千柒百文
順泰房捐錢柒千捌百肆拾玖文
升泰房捐錢貳拾壹千肆百陸拾肆文
同茂房捐錢柒千陸百玖拾伍文
隆昌房捐錢拾叁千肆百玖拾玖文
廣泰房捐錢陸千叁百肆拾伍文
森泰房捐錢捌千叁百柒拾文
文盛房捐錢伍千肆百文
東來房捐錢柒千陸百伍拾文
永泰房捐錢伍千伍百伍拾文
元泰房捐錢陸千肆百玖拾伍文
文泰房捐錢肆千捌百陸拾文

永錫房捐錢肆千捌百陸拾文
文興房捐錢貳千柒百文
恊成房捐錢肆千捌百文
得勝房捐錢貳千柒百文
張源興房捐錢肆千叁百貳拾文
聚成房捐錢貳千肆百叁拾文
泳吉房捐錢叁千柒百捌拾文
同利房捐錢貳千肆百叁拾文
公順房捐錢叁千肆百伍拾文
蓉養房捐錢貳千肆百拾伍文
余源泰房捐錢叁千叁百柒拾伍文
孫德泰房捐錢貳千叁百貳拾伍文
盈錩房捐錢叁千叁百文
蔡義記房捐錢貳千貳百貳拾文
長茂房捐錢叁千文
張義興房捐錢貳千貳拾伍文
鼎生房捐錢貳千捌百叁拾伍文
文盛房捐錢貳千貳拾伍文
文元房捐錢貳千伍百陸拾伍文
義興房捐錢壹千玖百柒拾壹文
同春房捐錢貳千柒百叁拾文
義昇房捐錢壹千玖百貳拾文
蔡新成房捐錢貳千柒百文
徐福興房捐錢壹千捌百玖拾文

順泰房捐錢壹千玖百伍拾文
恊隆房捐錢壹千貳百拾伍文
鼎元房捐錢壹千捌百玖拾文
復成牲記房捐錢壹千捌拾文
大有房捐錢壹千捌百玖拾文
福壽堂房捐錢壹千捌拾文
奎元房捐錢壹千捌百文
吉祥泰房捐錢壹千捌拾文
張義興房捐錢壹千柒百伍拾伍文
萬利房捐錢壹千捌拾文
天順房捐錢壹千柒百伍拾伍文
文林房捐錢壹千捌拾文
恒昌房捐錢壹千柒百伍拾伍文
源來房捐錢玖百肆拾伍文
豫泰房捐錢壹千陸百貳拾文
恒泰房捐錢玖百文
洪泰房捐錢壹千陸百貳拾文
同昇房捐錢玖百文
同泰房捐錢壹千陸百貳拾文
恒昇房捐錢伍百肆拾文
張義興房捐錢壹千肆百捌拾伍文
永茂房捐錢伍百肆拾文
元茂房捐錢壹千叁百伍拾文
敬心房捐錢伍百肆拾文

益泰房捐錢壹千肆百陸拾文
隆泰房捐錢柒百伍拾文
萬利房捐錢壹千捌拾文
同泰房捐錢陸百柒拾伍文
鑑泰房捐錢陸百玖拾文
豐泰房捐錢陸百柒拾伍文
陳德興房捐錢捌百捌拾貳文
祥興房捐錢陸百文
恒元房捐錢捌百肆拾文
順和房捐錢叁百陸拾文
臨泰房捐錢捌百肆拾文
義興房捐錢貳百肆拾文
同寶泰房捐錢捌百拾文
惠豐房捐錢貳百肆拾文
三壽堂房捐錢捌百拾文
永福房捐錢貳百叁文
張長興房捐錢柒百伍拾文
椿盛房捐錢壹百伍拾文
全福堂房捐錢陸百玖拾叁文
德興堂房捐錢壹百伍拾文
張隆泰房捐錢陸百柒拾伍文
文星房捐錢壹百貳拾文
錦萃房捐錢柒百肆拾柒文
恒興房捐錢陸拾捌文

萬壽堂房捐錢柒百伍拾文
晉泰房捐錢陸百柒拾伍文
甯泰房捐錢陸百叁拾文
隆泰豐房捐錢陸百文
同福泰房捐錢陸百文
三泰房捐錢貳百柒拾文
恊泰房捐錢壹百貳拾文
瑞泰房捐錢玖拾文
恒泰房捐錢柒拾伍文
姚永順房捐錢陸拾文
源來房捐錢陸拾文
豐泰房捐錢陸拾文
生記房捐錢陸拾文
廣信房捐錢陸拾文
同春房捐錢陸拾文
俞乾興房捐錢伍拾叁文
盧安泰房捐錢肆拾伍文
正泰房捐錢肆拾伍文
文興房捐錢叁拾捌文
萬生房捐錢叁拾捌文
百壽堂房捐錢叁拾捌文
和生房捐錢叁拾貳文
陳寶信房捐錢叁拾文
增福堂房捐錢陸拾文

以上共收捐錢陸百陸拾伍千壹百叁拾陸文

衆靛青行染坊紅坊印刷鋪

德昌房捐錢貳拾千叁百肆拾文
大昌房捐錢貳拾千貳百伍拾文
順昌房捐錢拾叁千貳百叁拾文
志和房捐錢拾貳千陸百文
乾元房捐錢拾貳千叁百文
新采房捐錢肆拾壹千肆百念壹文
盈泰房捐錢拾貳千伍百叁拾叁文
紹茂房捐錢拾壹千叁百捌拾伍文
新號房捐錢拾壹千貳百伍文
仁茂房捐錢拾千伍文
宏源房捐錢拾壹千肆百文
老南陽房捐錢捌千壹百文
曾甬昌房捐錢伍千貳百伍拾文
天一房捐錢壹千陸百捌拾文
慶宇房捐錢貳千肆百文
公一房捐錢玖千陸百文
德茂房捐錢捌千伍百伍文
五美房捐錢捌千肆百文
敦泰房捐錢捌千壹百文
五彰房捐錢柒千伍百陸拾文

復聚房捐錢陸千柒百伍拾文
東陽房捐錢伍千陸百貳拾伍文
大彰房捐錢伍千肆百文
鴻彰房捐錢伍千肆百文
彤和房捐錢伍千貳百伍拾文
大德房捐錢肆千捌百陸拾文
天甡房捐錢肆千捌百柒拾伍文
成順房捐錢肆千柒百貳拾伍文
趙天德房捐錢肆千伍拾文
宏源房捐錢叁千叁百柒拾伍文
仁成房捐錢叁千叁百柒拾伍文
宏章房捐錢叁千叁百柒拾伍文
恊源房捐錢叁千貳百肆拾文
恒春房捐錢貳千柒拾文
源成房捐錢壹千捌百柒拾陸文
五德房捐錢叁百柒拾伍文
源新房捐錢貳千肆百玖拾文
生大房捐錢壹千捌百文
生采房捐錢壹千陸百貳拾文
易大房捐錢壹千陸百貳拾文
德大房捐錢壹千肆百肆拾文
聚成房捐錢壹千叁百伍拾文
源記房捐錢壹千貳百拾伍文
福昌房捐錢壹千壹百貳拾伍文

天章房捐錢玖百柒拾伍文
大章房捐錢玖百文
源成順記房捐錢壹千伍百柒拾伍文
東升房捐錢陸千柒百伍拾文
東振興房捐錢肆千柒百貳拾伍文
大章房捐錢叁千柒百捌拾文
元章房捐錢叁千叁百柒拾伍文
朱聚源房捐錢叁千壹百伍文
裕森房捐錢貳千貳百玖拾伍文
孔和記房捐錢壹千陸百貳拾文
斐章房捐錢貳千壹百陸拾文
成美房捐錢捌百拾文
功茂房捐錢玖百玖拾文
晉泰房捐錢肆百伍拾文
聚源房捐錢壹千壹百貳拾伍文
東盛房捐錢壹千柒百肆拾文
同興房捐錢壹千捌拾文
童萬順房捐錢壹千拾柒文
順興房捐錢柒百玖拾伍文
元吉房捐錢陸百柒拾伍文
萬順房捐錢肆百伍拾文
受采房捐錢貳百拾文
金源房捐錢陸拾文
益美房捐錢陸拾文

以上共收房捐錢叁百伍拾　肆千貳百陸拾柒文

衆花蘇毡帽行花莊棉花鋪

慶餘房捐錢叁拾叁千壹百貳拾文　恒泰房捐錢拾肆千壹百柒拾伍文
瑞茂房捐錢叁拾貳千捌百伍文　鼎茂房捐錢拾貳千陸百玖拾文
同孚房捐錢貳拾捌千陸百貳拾文　大有房捐錢拾貳千陸百拾文
鼎亨房捐錢貳拾肆千叁百文　公茂房捐錢玖千陸百貳拾伍文
星號房捐錢拾玖千叁百伍拾文　泰記房捐錢貳千肆拾文
益泰房捐錢拾捌千貳百貳拾伍文　集成房捐錢捌百肆拾叁文
新永順房捐錢拾陸千捌百柒拾伍文　方懋興房捐錢肆拾伍文
玉興房捐錢肆拾肆千捌百伍拾文　方鼎興房捐錢肆拾伍文
時生房捐錢貳拾柒千文　湧興房捐錢肆拾伍文
正新房捐錢拾壹千肆百柒拾伍文　祥記房捐錢拾壹千肆百柒拾伍文

祥豐房捐錢陸千柒拾伍文　王瑞興房捐錢貳千陸百叁拾柒文
泰豐房捐錢叁千叁百柒拾伍文　陸錦盛房捐錢貳千伍百陸拾伍文
泰記房捐錢叁百柒拾伍文　恒利房捐錢捌百拾文
朱鼎興房捐錢肆千肆百伍拾伍文　森茂房捐錢捌百拾文
恒興房捐錢壹千陸百貳拾文　順興房捐錢柒百肆拾柒文
順興房捐錢壹千肆百捌拾伍文　項長興房捐錢陸百柒拾伍文
徐順興房捐錢壹千叁百伍拾文　李合順房捐錢陸百柒拾伍文
大生房捐錢壹千貳百拾伍文　振大房捐錢陸百叁拾文
振聲房捐錢壹千捌拾文　李生祥房捐錢伍百肆拾文
仁茂房捐錢壹千捌拾文　新公順房捐錢肆百柒拾伍文
大興房捐錢壹千捌拾文　林茂興房捐錢叁百柒拾伍文
董慎興房捐錢壹千捌拾文　裕泰房捐錢叁百文

大興房捐錢玖百肆拾伍文　周德興房捐錢陸拾文
鼎興房捐錢玖百肆拾伍文　源茂房捐錢陸拾文
陳鼎興房捐錢陸百柒拾捌文　隆興房捐錢伍拾肆文
張乾順房捐錢壹百叁拾伍文　德豐房捐錢伍拾叁文
新順記房捐錢柒拾伍文　高大房房捐錢肆拾伍文
徐珠富房捐錢陸拾捌文　葉順興房捐錢肆拾伍文
王大興房捐錢陸拾捌文　周永興房捐錢肆拾伍文
胡同興房捐錢陸拾文　呂大興房捐錢肆拾伍文
李恒昇房捐錢陸拾文　葛阿三房捐錢肆拾伍文
呂仁興房捐錢陸拾文　陳合興房捐錢叁拾捌文
黃三和房捐錢陸拾文　徐茂盛房捐錢叁拾文
范聚興房捐錢陸拾文　永泰房捐錢貳拾叁文

李順興房捐錢伍拾叁文

以上共收捐錢叁百伍拾玖千伍百叁拾貳文

衆螟蛹牛骨行貨客棧硝皮鋪

李廣興房捐錢肆拾陸千壹百念伍文　老順昌房捐錢拾叁千貳百文
裕森房捐錢叁拾伍千壹百文　穗昌房捐錢拾叁千捌百文
立昌房捐錢貳拾陸千壹百文　洪昌房捐錢陸千文
恒昌房捐錢拾陸千貳百文　裕豐房捐錢肆千文
豫昌房捐錢拾肆千柒百文　得利慎記房捐錢念壹千叁百拾伍文
大茂房捐錢貳拾捌千柒百貳拾伍文　益成房捐錢拾叁千伍百陸拾文
永成房捐錢拾陸千肆百肆拾文　洽成房捐錢拾叁千伍百文
成餘房捐錢貳拾叁千玖百貳拾伍文　松記房捐錢拾叁千伍百文
永記房捐錢拾玖千捌百文　慶餘房捐錢拾伍千文

永吉房捐錢拾叁千玖百伍拾文
皆春房捐錢壹千叁百伍拾文
寶順房捐錢拾貳千文
裕記房捐錢貳千柒百文
祥興房捐錢捌千壹百文
順億房捐錢壹千柒百貳拾伍文
元和房捐錢柒千伍百文
成興房捐錢壹千伍百文
源和房捐錢肆千伍拾文
慶安房捐錢陸百文
元茂房捐錢伍千壹百文
公記房捐錢叁千肆百陸拾伍文
乾大房捐錢陸千柒拾伍文
永懋愼房捐錢貳千壹百陸拾文
久和房捐錢肆千柒百貳拾伍文
恒和房捐錢貳千柒百文
建興房捐錢肆千伍百玖拾文
生大房捐錢貳千伍百拾玖文
正椿房捐錢肆千伍拾文
聚興房捐錢貳千肆百叁拾文
人和房捐錢叁千叁百柒拾伍文
萬祥房捐錢貳千貳百玖拾伍文
寶森房捐錢貳千捌百捌拾文
順昌房捐錢貳千壹百陸拾文

裕泰房捐錢貳千壹百陸拾文
大順房捐錢壹千貳百陸拾文
正泰房捐錢貳千壹百陸拾文
阜昌房捐錢玖百陸拾文
陳合順房捐錢壹千肆百捌拾伍文
震興房捐錢陸百叁拾文
大有房捐錢壹千叁百伍拾文
同順房捐錢肆百伍文
鉅泰房捐錢壹千叁百伍拾文
榮和房捐錢叁百叁拾玖文
大茂房捐錢壹千叁百貳拾叁文
慶和房捐錢肆百伍拾貳文
徐愼記房捐錢陸百文
王福興房捐錢肆百文

以上共收房捐錢肆百伍拾柒千捌百陸拾叁文

衆建帮廣號小南帮温州號

通泉元昌房捐錢伍拾肆千捌百伍拾伍文
勝源立記房捐錢柒千捌百文
泉益盈豐房捐錢叁拾柒千捌百文
晉豐房捐錢柒千伍百陸拾文
新合順房捐錢貳拾柒千壹百伍拾文
建興房捐錢伍千壹百柒拾伍文

新和記房捐錢貳拾肆千叁百文
仁興房捐錢拾壹千壹百肆拾貳文
鼎崇興房捐錢貳拾肆千叁百文
同豐房捐錢陸千陸百拾伍文
甬怡裕房捐錢拾柒千捌百貳拾文
協成房捐錢陸千陸百拾伍文
滋茂房捐錢拾玖千陸百伍拾文
全興房捐錢伍千肆百文
乾豐房捐錢拾叁千伍百文
茂德房捐錢叁千叁百拾伍文
三益房捐錢拾壹千肆百柒拾伍文
益成房捐錢貳千貳百伍拾文
啓興房捐錢玖千肆百伍拾文
順益房捐錢叁千柒百伍拾文
義隆房捐錢柒千肆百貳拾伍文
晉成房捐錢伍百拾文
謙泰房捐錢貳千陸百貳拾伍文
奕記房捐錢陸百柒拾陸文
益茂房捐錢拾捌千玖百文
義裕房捐錢拾叁千伍百文
泰昌房捐錢拾貳千捌百貳拾伍文
新怡裕房捐錢拾叁千伍百文
裕昌房捐錢拾壹千壹百叁拾叁文
南昌房捐錢拾壹千肆百柒拾伍文

生春房捐錢玖千肆百伍拾文
祥和房捐錢陸千柒百伍拾文
義源房捐錢柒千肆百貳拾伍文
仁昌房捐錢伍千肆百文
生昌房捐錢柒千肆百貳拾伍文
寶裕房捐錢肆千玖百玖拾伍文
東盛房捐錢貳拾陸千叁百念伍文
同福和房捐錢貳拾千貳百伍拾文
同生房捐錢貳拾肆千叁百文
恒泰祥房捐錢壹千捌百文
恒大房捐錢肆千陸百柒拾伍文
泰豐房捐錢壹千貳百陸拾文
增和房捐錢伍千玖百肆拾文
同元昌房捐錢肆千玖百伍拾文

以上收房捐錢伍百貳拾叁千肆百叁拾陸文

衆水菓蔬菜行舖

永源房捐錢叁拾貳千陸百柒拾文
永協泰房捐錢拾捌千玖百文
協順房捐錢貳拾伍千陸百伍拾文
鼎源房捐錢拾千玖百伍拾文
協源房捐錢貳拾伍千叁百捌拾文
棗源房捐錢陸千玖百文

合興房捐錢壹千捌拾文
合記房捐錢捌百拾文
大成房捐錢叁拾叁千柒百伍拾文
源聚房捐錢陸千伍百伍拾貳文
榮昌房捐錢叁拾壹千玖百玖拾伍文
萬茂房捐錢伍千壹百叁拾文
生人和房捐錢念陸千伍百叁拾貳文
大源房捐錢肆千伍拾文
同源房捐錢貳拾貳千玖百伍拾文
合興房捐錢叁千貳百肆拾文
同茂房捐錢貳拾壹千肆百陸拾伍文
森茂房捐錢貳千伍百捌拾壹文
祥茂房捐錢拾壹千壹百貳拾肆文
祥泰房捐錢貳千肆百叁拾文
利生祥房捐錢拾千肆百肆拾文
吉生房捐錢貳千貳拾伍文
恒豐祥房捐錢捌千貳百伍拾文
仁豐房捐錢壹千捌百玖拾文
和懋房捐錢捌千壹百文
合順房捐錢壹千叁百伍拾文
太乙房捐錢捌千壹百文
恒大房捐錢壹千貳百陸拾文
大茂房捐錢陸千陸百陸拾文
順興房捐錢壹千壹百伍拾貳文

福潤房捐錢壹千壹百拾文
畢全海房捐錢叁百柒拾伍文
永茂房捐錢壹千捌拾文
和祥懋房捐錢叁百拾伍文
同生房捐錢玖百柒拾伍文
甡泉房捐錢貳百貳拾伍文
王永興房捐錢壹千捌拾文
新泰房捐錢壹百捌拾文
黃娘子房捐錢玖百肆拾玖文
李天祥房捐錢陸拾文
大有祥房捐錢玖百文
何乾生房捐錢肆拾伍文
正和房捐錢捌百拾文
林才章房捐錢肆拾伍文
龔光利房捐錢陸百柒拾伍文
史才林房捐錢肆拾伍文
湯永記房捐錢陸百文
順記房捐錢肆拾伍文
金記房捐錢肆百捌拾文
徐忠寶房捐錢叁拾文

以上共收房捐錢叁百伍拾叁千叁百玖拾文

衆猪行肉鋪羊肉鋪

昇豐房捐錢拾捌千玖百文
萬隆房捐錢拾伍千叁百貳拾柒文
永豐房捐錢拾陸千貳百文
合豐房捐錢捌千肆百文
廣興房捐錢貳拾肆千玖百柒拾伍文
萬泰房捐錢柒千貳百肆拾伍文
三泰房捐錢貳拾肆千叁百柒拾貳文
泰和房捐錢陸千貳百拾文
源生房捐錢拾捌千叁百肆拾伍文
大成房捐錢伍千柒百拾伍文
森記房捐錢拾貳千壹百伍拾文
升元房捐錢伍千肆百文
德大房捐錢拾壹千叁百拾叁文
乾順泰房捐錢伍千拾伍文
得利房捐錢玖千玖百玖拾文
同泰房捐錢肆千捌百柒拾伍文
成泰房捐錢玖千肆拾伍文
源利房捐錢肆千捌百陸拾文
森甡房捐錢捌千貳百叁拾伍文
萬成房捐錢肆千捌百陸拾文
聚豐房捐錢捌千壹百文
森源房捐錢肆千捌百陸拾文
泰來森號房捐錢柒千叁百陸拾貳文
協順房捐錢肆千伍百玖拾文

益大房捐錢肆千伍百玖拾文
元泰房捐錢貳千陸百捌拾伍文
吳文興房捐錢肆千伍百玖拾文
永和房捐錢貳千伍百貳拾文
德順房捐錢肆千肆百伍拾捌文
祥豐房捐錢貳千伍百貳文
大利房捐錢肆千叁百伍拾陸文
豐號房捐錢貳千貳百玖拾伍文
得泰房捐錢肆千叁百伍拾文
順利房捐錢貳千貳百伍拾文
新泰房捐錢肆千叁百貳拾捌文
泰豐房捐錢貳千壹百陸拾文
恒泰房捐錢叁千柒百捌拾文
乾泰房捐錢貳千壹百文
泰記房捐錢叁千柒百捌拾文
洽泰房捐錢貳千貳拾伍文
泰來房捐錢叁千陸百肆拾伍文
德興房捐錢壹千捌百玖拾文
萬興房捐錢叁千伍百拾文
泰來房捐錢壹千捌百拾伍文
新同興房捐錢叁千貳百肆拾文
德興房捐錢壹千捌百文
余和記房捐錢叁千叁百拾貳文
得勝房捐錢叁百陸拾文

瑞生房捐錢貳千陸百貳拾伍文　合泰房捐錢壹千拾陸文
森泰房捐錢壹千柒百伍拾伍文　合記房捐錢柒百貳拾文
葆泰房捐錢壹千陸百貳拾文　生泰房捐錢陸百柒拾伍文
萃泰房捐錢壹千肆百柒拾文　錢阿三房捐錢捌百拾文
大裕房捐錢壹千肆百拾捌文　源來房捐錢肆百伍拾文
祥泰房捐錢壹千叁百捌拾文　源盛房捐錢貳百拾文
永和房捐錢壹千叁百伍拾文　大興房捐錢壹百捌拾文
合茂房捐錢壹千貳百拾伍文　源利房捐錢壹百玖拾陸文
石恒利房捐錢肆千叁百貳拾文　義成房捐錢貳千貳百玖拾伍文
周源順房捐錢叁千叁百伍拾文　源利房捐錢貳千壹百陸拾文
胡仁和房捐錢貳千柒百文　方雲興房捐錢壹千柒百伍拾伍文
義和房捐錢貳千柒百文　德順房捐錢壹千叁百叁拾伍文

德豐房捐錢壹千貳百文　順興房捐錢貳百柒拾文
源利房捐錢捌百拾文　恒泰房捐錢貳百貳拾伍文
史洽順房捐錢捌百貳拾伍文　共昌房捐錢玖拾文

以上共收房捐錢叁百伍拾玖千捌百拾文

衆洋貨行雜貨鋪碗行鋪釭廠

鼎元春房捐錢陸拾肆千伍百柒拾文　順興房捐錢肆拾肆千壹百肆拾伍文
鼎元房捐錢陸拾貳千伍百陸拾叁文　宏茂房捐錢叁拾肆千貳百文
順興記祥房捐錢伍拾叁千壹百玖拾文　鉅豐房捐錢貳拾陸千柒百叁拾文
新榮昌房捐錢貳拾肆千叁百文　同榮昌房捐錢肆千壹百肆拾壹文
新永利房捐錢叁千玖百拾伍文　仁興房捐錢肆千柒百貳拾伍文
德興房捐錢叁千叁百柒拾伍文　老永利房捐錢貳千叁百玖拾肆文
永盛房捐錢壹千捌百文　鄔德興房捐錢貳千壹百陸拾文

龔四海房捐錢貳千肆百叁拾文　俞祥興房捐錢柒百伍拾文
潘聚興房捐錢貳千貳百伍拾文　裕和房捐錢柒百玖拾伍文
王天和房捐錢壹千捌百玖拾文　丁大和房捐錢肆百叁拾伍文
同益房捐錢壹千陸百貳拾文　德昌房捐錢肆百貳拾文
德興房捐錢壹千貳百拾伍文　生順房捐錢叁百拾伍文
萃珍房捐錢壹千叁百伍拾文　震大房捐錢叁百叁拾玖文
施恒興房捐錢壹千捌拾文　萬順房捐錢貳百伍拾伍文
恒興房捐錢壹千拾柒文　曹德興房捐錢壹百捌拾文
茂泰房捐錢玖百叁拾文　恒泰房捐錢壹百叁拾伍文
沈大興房捐錢玖百肆拾伍文　巽利房捐錢玖拾文
泰來房捐錢捌百拾文　泉茂房捐錢伍拾叁文
恒成泰房捐錢玖千叁百捌拾貳文　朱隆茂房捐錢叁拾文

寶豫房捐錢肆拾玖千玖百伍拾文　滋豐房捐錢肆千伍百陸拾壹文
玉如房捐錢叁拾貳千陸拾柒文　豫生房捐錢叁千伍百肆拾文
新潤房捐錢貳拾柒千陸百柒拾伍文　豫昌房捐錢叁千肆百叁拾貳文
玉成房捐錢貳拾千貳百伍拾文　茂增房捐錢貳千柒百文
源茂房捐錢拾柒千肆百拾伍文　玉潤房捐錢壹千捌百肆拾伍文
豫豐房捐錢玖千捌百伍拾伍文　廣和房捐錢壹千捌拾文
玉豐房捐錢伍千陸拾捌文　元茂房捐錢叁百拾伍文
朱永和房捐錢貳千肆百叁拾文　同興房捐錢叁百柒拾伍文
范和茂房捐錢玖百肆拾伍文　范春記房捐錢肆拾伍文
夏永興房捐錢陸拾文　周金和房捐錢肆拾伍文
范宏泰房捐錢伍拾叁文　范時記房捐錢肆拾伍文

以上共收房捐錢伍百肆拾肆千陸百柒拾伍文

衆藥行號鋪參號戒烟丸鋪

元利房捐錢肆拾叁千伍拾文 廣盛房捐錢貳拾陸千伍拾伍文
廣成房捐錢肆拾千伍百文 源茂房捐錢貳拾伍千伍百柒拾伍文
震泰南房捐錢叁拾玖千玖百陸拾文 恒茂房捐錢貳拾伍千伍百叁拾文
寶盛房捐錢叁拾捌千肆百柒拾伍文 萬瑞房捐錢貳拾肆千叁百文
懋昌房捐錢叁拾柒千叁百伍拾文 寶和房捐錢貳拾叁千肆百拾伍文
萬成房捐錢叁拾肆千貳百玖拾文 榮昌房捐錢貳拾叁千肆拾文
五昌房捐錢貳拾捌千叁百伍拾文 萬茂房捐錢貳拾貳千捌百文
乾順房捐錢貳拾捌千壹百陸拾文 恒孚房捐錢貳拾貳千陸百捌文
裕春房捐錢貳拾柒千壹百叁拾伍文 天成房捐錢貳拾壹千柒百叁拾伍文
元成房捐錢貳拾柒千文 德昌房捐錢貳拾壹千壹百陸拾伍文
允興房捐錢貳拾柒千文 隆茂房捐錢貳拾千貳百伍拾文

聚成房捐錢拾柒千伍百伍拾文 寶源房捐錢拾陸千陸百伍拾文
晉昌房捐錢拾柒千肆百柒拾伍文 寶生房捐錢拾陸千貳拾文
永成房捐錢拾伍千文 震元房捐錢伍千柒百伍拾文
裕成房捐錢貳拾陸千叁百貳拾伍文 寶和森房捐錢拾壹十柒百捌拾壹文
大成榮記房捐錢貳拾千貳百伍拾文 泰記房捐錢拾壹千叁百叁拾貳文
永隆房捐錢拾捌千玖百文 泰隆房捐錢玖千肆百伍拾文
茂昌房捐錢拾捌千玖百文 受昌房捐錢柒千捌百叁拾文
聚豐房捐錢拾陸千捌百柒拾伍文 永源盛房捐錢陸千柒百伍拾文
永泰房捐錢拾陸千捌百文 悼泰房捐錢陸千文
裕全房捐錢拾伍千陸百柒拾伍文 和源昌房捐錢伍千捌百伍拾文
久源房捐錢拾貳千柒百伍文 成記房捐錢伍千壹百叁拾文
阜源房捐錢拾千伍百文 彙源房捐錢伍千陸拾柒文

萬甡房捐錢肆千伍拾文 益豐房捐錢貳千肆百文
恒久祥房捐錢叁千文 泰豐房捐錢壹千伍拾文
祥源房捐錢貳千柒百肆拾伍文 恒豐房捐錢伍百貳拾伍文
恒義泰捐錢貳千柒百肆文 廣懋房捐錢壹千肆百陸拾文
敦記房捐錢壹千玖百捌拾伍文 廣裕房捐錢貳百拾文
壽全房捐錢捌拾叁千貳拾伍文 養榮房捐錢拾貳千壹百伍拾文
德心房捐錢伍拾玖千玖拾肆文 頤壽房捐錢拾千玖百伍拾文
存仁房捐錢肆拾肆千捌百捌拾柒文 清一房捐錢玖千肆百伍拾文
香山房捐錢叁拾貳千肆百文 延齡房捐錢玖千肆百伍拾文
五康房捐錢叁拾壹千伍拾文 泰山房捐錢捌千貳百伍拾文
葆康房捐錢拾伍千貳百伍拾伍文 愼德房捐錢捌千壹百文
柯天寶房捐錢拾叁千陸百伍拾文 回春房捐錢柒千捌百叁拾文

介眉房捐錢陸千柒百伍拾文 功茂房捐錢肆千柒百貳拾伍文
南山房捐錢陸千貳百拾文 壽生房捐錢肆千伍百玖拾文
養元房捐錢陸千壹百伍拾陸文 懷德房捐錢肆千叁百貳拾文
大德房捐錢陸千柒拾伍文 松齡房捐錢肆千叁百貳拾文
太乙房捐錢伍千玖百肆拾文 椿生房捐錢肆千捌拾文
大春房捐錢伍千捌百伍文 樹德房捐錢肆千伍拾文
天福房捐錢伍千陸百捌拾伍文 永源房捐錢叁千玖百拾伍文
大乙房捐錢伍千陸百柒拾文 致遠房捐錢叁千柒百捌拾文
九叙房捐錢伍千伍百伍文 壽康房捐錢叁千柒百捌拾文
培德房捐錢伍千肆百文 廣和房捐錢叁千肆百伍文
寶善房捐錢伍千貳百捌拾文 乾元房捐錢叁千叁百柒拾伍文
天元房捐錢伍千壹百叁拾文 存心房捐錢叁千壹百伍文

寶蓀房捐錢貳千捌百叁拾伍文
養德房捐錢貳千柒百文
同仁房捐錢貳千柒百文
太和房捐錢貳千伍百叁拾伍文
性和房捐錢貳千肆百叁拾文
種德房捐錢貳千肆百文
鹿鶴房捐錢貳千叁百陸拾柒文
大和房捐錢貳千貳百玖拾伍文
長庚房捐錢貳千壹百陸拾文
以介房捐錢貳千貳拾伍文
九齡房捐錢貳千貳拾伍文
三寶房捐錢貳千貳拾伍文

鶴壽房捐錢貳千貳拾伍文
養椿房捐錢壹千捌百叁拾文
恒山房捐錢壹千捌百文
松壽房捐錢壹千捌百文
芝香房捐錢壹千柒百伍拾伍文
仁壽房捐錢壹千陸百玖拾貳文
芝靈房捐錢壹千陸百貳拾文
永春房捐錢壹千叁百貳拾文
介壽房捐錢壹千貳百柒拾伍文
永修房捐錢壹千貳百陸拾文
戴天行房捐錢壹千拾柒文
養春房捐錢玖百文

惠康房捐錢陸百玖拾柒文
永德房捐錢陸百柒拾伍文
葆誠房捐錢陸百伍拾叁文
宣一誠房捐錢陸百叁拾文
頤甯房捐錢拾陸千貳百文
元成房捐錢拾陸千貳百文
同福昌房捐錢拾肆千捌百伍拾文
元昌房捐錢拾叁千陸百叁拾伍文
通生房捐錢拾壹千陸百拾文
李林茂房捐錢拾肆千柒百文
延壽堂房捐錢肆千貳百文
浄室堂房捐錢叁千文

滋生房捐錢陸百文
介東房捐錢貳百貳拾文
永年房捐錢玖拾文
仁德房捐錢陸拾文
恒大房捐錢拾千伍百叁拾文
巽大房捐錢拾千伍百叁拾文
義成房捐錢玖千柒百玖拾貳文
恒益房捐錢陸千柒百伍拾文
同永春房捐錢叁千叁百文
元大房捐錢壹千捌拾文
務本生記房捐錢貳千貳拾伍文
務本得記房捐錢壹千陸拾伍文

省心堂房捐錢壹千貳百拾伍文
達本堂房捐錢柒百貳拾文
一生堂房捐錢柒百貳拾文
仙指堂房捐錢伍百肆拾文
存誠堂房捐錢肆百貳拾文

後慶堂房捐錢叁百玖拾文
達本堂房捐錢貳百貳拾伍文
廣濟房房捐錢壹百捌拾文
拈花堂房捐錢壹百捌拾文
寶裕房捐錢壹百拾叁文

以上共收房捐錢壹千陸百拾玖千陸百拾伍文

衆烟葉行水旱烟鋪

乾泰房捐錢拾捌千陸百玖拾文
怡生祥房捐錢拾陸千伍百柒拾伍文
章萬裕房捐錢叁拾玖千柒百伍拾文
宏裕房捐錢叁拾千叁百柒拾伍文
恒裕房捐錢貳拾壹千陸百文

瑞森房捐錢拾叁千壹百拾文
震豐房捐錢柒千貳拾文
裕和房捐錢貳拾千伍百伍文
信裕房捐錢拾肆千捌百伍拾文
大昌房捐錢拾肆千壹百柒拾伍文

建昌房捐錢拾柒千柒百陸拾文
萬利房捐錢拾壹千壹百貳拾伍文
九大房捐錢拾千捌百文
華其芳房捐錢拾千伍百叁拾文
萬興房捐錢拾千貳百叁拾捌文
恒大房捐錢捌千陸百肆拾文
瑞裕房捐錢捌千伍百伍文
永和隆房捐錢捌千壹百文
萬茂房捐錢柒千玖百陸拾伍文
新宏裕房捐錢柒千伍百陸拾文
三和興房捐錢柒千壹百肆拾文
長和房捐錢陸千柒百伍拾文

新合興房捐錢陸千伍百柒拾文
德昌房捐錢貳千壹百文
范長順房捐錢陸千叁百文
老久大房捐錢陸千柒拾伍文
坤源房捐錢伍千肆百文
瑞大房捐錢伍千肆百文
裕源房捐錢伍千貳百玖拾文
恒豐房捐錢肆千柒百貳拾伍文
椿裕房捐錢肆千柒百貳拾伍文
裕茂房捐錢肆千伍百玖拾文
萬順新號房捐錢肆千肆百伍拾伍文
頤豐房捐錢肆千伍拾文

大昌房捐錢肆千叁百貳拾文
九大房捐錢貳千貳拾伍文
咸永昌房捐錢肆千壹百貳拾貳文
德大房捐錢貳千貳拾伍文
源盛房捐錢叁千捌百伍拾貳文
煥章房捐錢壹千捌百玖拾文
逵昌房捐錢叁千柒百捌拾文
永順房捐錢壹千捌百玖拾文
甡生房捐錢叁千叁百柒拾伍文
椿裕房捐錢壹千捌百文
仁泰房捐錢貳千玖百柒拾文
廣順房捐錢壹千捌百文
仁泰房捐錢貳千捌百叁拾伍文
裕昌房捐錢壹千捌百文
王永成房捐錢貳千柒百文
恒源房捐錢壹千陸百捌拾文
春和源房捐錢貳千陸百肆拾文
永茂房捐錢壹千柒百伍拾伍文
同盛房捐錢貳千柒百文
乾興房捐錢壹千陸百捌拾文
芝茂房捐錢貳千肆百叁拾文
泰和房捐錢壹千肆百捌拾伍文
生盛房捐錢貳千壹百文
永茂房捐錢壹千貳百拾伍文

德興房捐錢壹千陸百捌拾文
洪新房捐錢捌百拾文
順裕房捐錢壹千陸百貳拾文
萬豐房捐錢柒百伍拾文
陳永興房捐錢壹千伍百文
張永盛房捐錢陸百柒拾伍文
廣和房捐錢壹千叁百玖拾伍文
天茂房捐錢陸百柒拾伍文
乾大房捐錢壹千貳百拾伍文
萬源房捐錢陸百叁拾文
乾豐房捐錢壹千貳百拾伍文
公茂房捐錢陸百文
德昌房捐錢壹千伍拾文
泰和房捐錢伍百拾文
皆美房捐錢壹千拾柒文
隆興房捐錢肆百捌拾文
廣大房捐錢玖百玖拾文
仁裕房捐錢叁百拾伍文
允大房捐錢捌百捌拾貳文
天和房捐錢貳百柒拾文
生茂房捐錢捌百肆拾陸文
張永盛房捐錢貳百肆拾文
洪新房捐錢捌百拾文
晉泰房捐錢壹百叁拾伍文

順昌房捐錢壹百伍文
增和房捐錢玖拾文
永盛房捐錢陸拾文

以上共收房捐錢肆百肆拾玖千捌百柒拾柒文

衆醬園磨坊鹽行蛋行

大美房捐錢肆拾千伍百文
棟茂記房捐錢貳拾千貳百伍拾文
史公和房捐錢貳拾柒千文
蔡春號房捐錢貳拾千貳百伍拾文
鼎和房捐錢貳拾貳千伍百柒拾伍文
恒源房捐錢貳拾千貳百伍拾文
增美房捐錢拾柒千伍百伍拾文
信茂房捐錢叁千柒百捌拾文
致和房捐錢拾陸千貳百文
其昌房捐錢叁千壹百伍拾文
具美房捐錢拾陸千貳百文
蔡祥泰房捐錢肆千叁百貳拾文
盧大茂房捐錢捌千貳百叁拾伍文
順記房捐錢貳千壹百貳拾柒文
邵堃記房捐錢伍千肆百文
王德記房捐錢陸百叁拾文

合順房捐錢拾陸千捌百柒拾伍文
協泰房捐錢肆千伍百玖拾文
永和房捐錢拾陸千貳百文
豐泰房捐錢肆千壹百捌拾伍文
恒久房捐錢拾肆千肆百玖拾文
廣和房捐錢肆千伍拾文
大成房捐錢玖千肆百伍拾文
合成房捐錢肆千伍拾文
同茂房捐錢玖千肆百伍拾文
恒和房捐錢叁千柒百捌拾文
協茂房捐錢玖千肆百伍拾文
鉅豐房捐錢叁千陸百柒拾貳文
成泰房捐錢捌千伍百貳拾文
乾大房捐錢叁千柒百捌拾文
新成興房捐錢柒千肆百貳拾伍文
德泰房捐錢貳千貳百叁拾伍文
大茂房捐錢陸千柒拾伍文
恒順房捐錢貳千壹百貳拾肆文
泰源房捐錢伍千肆百文
恒興房捐錢貳千壹百文
長源房捐錢肆千柒百貳拾伍文
老成興房捐錢貳千貳拾伍文
德興房捐錢肆千陸百陸拾伍文
協和房捐錢貳千貳拾伍文

順興房捐錢貳千貳拾伍文 咸泰房捐錢捌百伍拾伍文
祥和房捐錢壹千玖百貳拾文 同順房捐錢捌百貳拾伍文
恒大房捐錢壹千捌百文 乾泰房捐錢捌百拾文
協順房捐錢壹千陸百捌拾文 春林房捐錢捌百拾文
新玉順房捐錢壹千伍百玖拾文 協順房捐錢伍百肆拾文
和源房捐錢壹千肆百肆拾文 和泰房捐錢伍百肆拾文
顧順興房捐錢壹千叁百伍拾文 鼎興房捐錢肆百貳拾文
蔡萬興房捐錢壹千伍拾文 玉順房捐錢叁百陸拾玖文
大順房捐錢玖百肆拾伍文 新生祥房捐錢叁百陸拾文
恒豐房捐錢玖百肆拾伍文 春生房捐錢肆拾伍文
日生房捐錢叁千叁百柒拾伍文 祥興房捐錢壹千陸百伍拾文
復亨房捐錢壹千柒百伍拾伍文 悅來房捐錢壹千叁百伍拾文

集成房捐錢貳拾伍千壹百貳拾伍文 成大房捐錢肆千陸百玖拾伍文
肇域房捐錢肆千伍百玖拾文 億大房捐錢貳千捌百叁拾伍文
大成房捐錢肆千叁百貳拾文 正大房捐錢玖百叁拾文
復成房捐錢壹千捌拾文 永大房捐錢伍百貳拾伍文
蔣長茂房捐錢捌百拾文

以上共收房捐錢肆百伍拾叁千壹百拾柒文

衆南貨拆兌茶食蜜餞糖坊

大同房捐錢壹百伍千玖百柒拾伍文 同興房捐錢叁拾貳千肆百文
方怡和房捐錢捌拾壹千貳百念柒文 昇陽泰房捐錢拾陸千玖百捌拾陸文
同和房捐錢柒拾肆千叁百拾柒文 大泉房捐錢拾肆千捌百伍拾文
董生陽房捐錢伍拾肆千文 大懋房捐錢拾貳千柒百陸拾文
大有房捐錢肆拾千玖百陸拾伍文 仁昌房捐錢柒千貳百文

信和泰房捐錢肆拾壹千壹百柒拾伍 久大房捐錢貳拾叁千壹百肆拾伍文
戴寅房捐錢叁拾捌千肆百柒拾伍文 德大房捐錢貳拾貳千貳百柒拾伍文
萬懋房捐錢叁拾柒千捌百文 成泰房捐錢貳拾壹千陸百文
天生房捐錢叁拾柒千壹百貳拾伍文 同興房捐錢拾玖千叁百陸拾捌文
立大房捐錢叁拾陸千玖百玖文 厚生房捐錢拾捌千玖百文
元泰房捐錢叁拾叁千陸百拾玖文 成大房捐錢拾陸千捌百文
大源房捐錢叁拾壹千柒百貳拾伍文 乾和房捐錢拾陸千貳百文
合豐房捐錢叁拾壹千伍拾文 大泉棧房捐錢拾貳千捌百貳拾伍文
新厚生房捐錢叁拾壹千伍拾文 升大房捐錢玖千叁拾文
鼎泰房捐錢貳拾玖千柒百文 裕成房捐錢捌千伍拾伍文
瑞泰房捐錢貳拾玖千柒百文 同益房捐錢伍千捌百叁拾伍文
裕生房捐錢貳拾伍千陸百伍拾文 大茂房捐錢伍千玖百肆拾文

同春房捐錢伍千肆百文 同昌房捐錢叁千柒百捌拾文
嘉泰房捐錢伍千肆百文 景福房捐錢叁千貳百肆拾文
順和房捐錢肆千玖百叁拾貳文 同益房捐錢貳千玖百柒拾文
大源恒記房捐錢肆千伍百文 順泰房捐錢貳千玖百肆拾文
太和房捐錢肆千貳百文 一大房捐錢貳千捌百拾叁文
久和房捐錢肆千伍拾文 頤和房捐錢貳千柒百文
成順房捐錢肆千伍拾文 同興房捐錢貳千柒百文
同順房捐錢肆千伍拾文 天與房捐錢貳千伍百陸拾伍文
同生房捐錢肆千伍拾文 大和房捐錢貳千肆百叁拾文
大永房捐錢肆千伍拾文 甬大房捐錢貳千肆百叁拾文
萃昌房捐錢叁千玖百文 生大房捐錢貳千貳拾伍文
復昌房捐錢叁千陸百柒拾伍文 正大房捐錢壹千玖百捌拾文

合茂房捐錢壹千玖百叁拾伍文
李三和房捐錢壹千貳百陸拾文
祥泰房捐錢壹千玖百貳拾文
嘉泰房捐錢壹千貳百拾伍文
開泰房捐錢壹千捌百玖拾文
牲昌順記房捐錢壹千貳拾文
同仁房捐錢壹千柒百伍拾伍文
嘉泰道記房捐錢捌百貳拾伍文
興茂房捐錢壹千陸百貳拾文
廣大房捐錢捌百拾文
生大房捐錢壹千陸百貳拾文
增和房捐錢肆百捌拾文
仁昌房捐錢壹千陸百貳拾文
鼎茂房捐錢肆百伍拾文
景福泰房捐錢壹千肆百伍拾貳文
恭興房捐錢肆百叁拾伍文
森茂房捐錢壹千叁百伍拾文
萬盛房捐錢叁百陸拾文
益美房捐錢壹千叁百伍拾文
和泰房捐錢叁百文
日生房捐錢壹千叁百伍拾文
大興房捐錢貳百肆拾文
一大房捐錢壹千叁百伍拾文
宋紹記房捐錢肆拾伍文

合大房捐錢拾柒千伍百伍拾文
寶和房捐錢叁千陸百文
受昌房捐錢拾叁千柒百柒拾文
大茂房捐錢叁千陸百文
五昌房捐錢拾叁千伍百文
受和房捐錢叁千貳百肆拾文
同興房捐錢拾壹千陸百拾文
同順房捐錢貳千捌百叁拾伍文
寶大房捐錢拾壹千叁拾柒文
愼昌房捐錢貳千柒百文
同昌房捐錢拾千肆百肆拾文
大昌房捐錢貳千柒百文
協和房捐錢陸千貳百拾文
生泰房捐錢貳千肆百叁拾文
載昌房捐錢伍千伍百叁拾伍文
同泰房捐錢貳千壹百陸拾文
盈昌房捐錢伍千肆百文
大生房捐錢壹千捌百玖拾文
同椿房捐錢叁千捌百肆拾文
元茂房捐錢壹千捌百玖拾文
恒生泰房捐錢叁千柒百捌拾文
萬祥房捐錢壹千伍百文
其昌房捐錢叁千陸百文
太和房捐錢壹千肆百柒拾文

同興房捐錢壹千貳百陸拾文
祥泰房捐錢捌百拾文
永茂房捐錢壹千貳百拾伍文
大興房捐錢陸百叁拾文
成大房捐錢壹千壹百捌拾伍文
同餘房捐錢陸百文
源來房捐錢壹千捌拾文
新生泰房捐錢肆百玖拾伍文
楊大興房捐錢壹千捌拾文
姚生泰房捐錢貳百肆拾文
韓同興房捐錢壹千捌拾文
隆興房捐錢壹百伍文
順興房捐錢玖百肆拾伍文
生泰房捐錢壹百伍文
永和房捐錢捌百捌拾陸文
大興房捐錢肆拾伍文
長興房捐錢貳千肆百肆拾文
和美房捐錢貳千貳百叁拾貳文
同泰房捐錢壹千叁百伍拾文
大興房捐錢壹千捌拾文
一枝春房捐錢壹千貳百拾伍文
新春陽房捐錢叁拾文
林洽興房捐錢陸千柒百伍拾文
協泰房捐錢貳千捌百伍拾文

大興房捐錢貳千柒百文
聚順房捐錢壹千貳百拾伍文
萬興房捐錢壹千陸百捌拾文
得利房捐錢肆百伍拾文

以上共收房捐錢壹千叁百捌千壹百伍拾叁文

衆當鋪提莊裙衩鋪

保和房捐錢伍拾玖千肆百文
元和房捐錢肆拾千伍百文
公泰房捐錢肆拾玖千伍百文
致和房捐錢肆拾千伍百文
生泰房捐錢肆拾千伍百文
臻和房捐錢肆拾千伍百文
裕成房捐錢肆拾千伍百文
仁和房捐錢叁拾叁千柒百伍拾文
晉泰房捐錢肆拾千伍百文
泰來房捐錢叁拾壹千伍拾文
瑞大房捐錢肆拾千伍百文
源成房捐錢叁拾壹千伍拾文
惠安房捐錢肆拾千伍百文
源大房捐錢貳拾柒千文
恒昌房捐錢貳千伍百柒拾陸文
元記房捐錢壹千捌拾文

福興房捐錢壹千捌百玖拾文
聚成房捐錢壹千肆百捌拾伍文
源記房捐錢壹千貳百文
祥順房捐錢拾叁千叁百伍拾文
春成房捐錢拾壹千壹百叁拾文
泰裕房捐錢拾千捌百文
信昌房捐錢叁拾貳千肆百文
五繡房捐錢叁拾貳千肆百文
同豐房捐錢拾陸千捌百文
恒號房捐錢拾貳千壹百伍拾文
義和房捐錢拾千玖百叁拾伍文
元昌房捐錢拾千陸百柒拾捌文

協順房捐錢貳百肆拾文
沅記房捐錢貳百肆拾文
順記房捐錢壹百捌拾文
鼎源房捐錢玖千肆百伍拾文
源號房捐錢柒千肆百貳拾伍文
裕隆房捐錢貳拾千貳百伍拾文
恒豐房捐錢拾千貳百伍拾肆文
恒昌房捐錢玖千捌百伍拾伍文
福號房捐錢玖千柒百貳拾文
甡裕房捐錢玖千肆百伍拾文
源順房捐錢捌千柒百柒拾伍文
新恒昌房捐錢捌千柒百柒拾伍文

郡城濬河徵信錄　房捐收數卷四　三十七

乾順房捐錢捌千伍百伍文
協順房捐錢捌千壹百文
裕成房捐錢柒千陸百貳拾柒文
永大房捐錢柒千陸百貳拾柒文
恒裕房捐錢柒千陸百貳拾柒文
恒昇房捐錢陸千柒百伍拾文
協昌房捐錢陸千叁百肆拾伍文
鴻昌房捐錢陸千貳百叁拾叁文
萬昌房捐錢陸千文
悅來房捐錢伍千肆百文
椿裕房捐錢伍千貳百伍拾文
天來房捐錢肆千伍百玖拾文

順泰房捐錢肆千貳百肆拾柒文
萬錦房捐錢叁千柒百捌拾文
大用房捐錢叁千玖百拾伍文
隆號房捐錢貳千肆百叁拾文
恒泰房捐錢貳千肆百文
晉泰房捐錢貳千壹百陸拾文
泳森房捐錢貳千壹百陸拾文
萬興房捐錢壹千貳百捌拾肆文
祥泰房捐錢壹千捌拾伍文
益美房捐錢玖百肆拾伍文
隆裕房捐錢捌百拾文
裕昌房捐錢陸百叁拾伍文

恒豐房捐錢陸百文
坤記房捐錢伍百陸拾伍文
生號房捐錢伍千陸百柒拾文
生祥房捐錢叁千柒百叁拾伍文
生昌房捐錢叁千伍拾壹文
萃生房捐錢貳千柒百文
寶生房捐錢貳千柒百文
陳昇記房捐錢貳千壹百叁拾文
益生房捐錢貳千壹百陸拾文
順昌房捐錢壹千玖百柒拾陸文

萬順房捐錢伍百捌拾伍文
德慎房捐錢肆百貳拾玖文
陸同生房捐錢壹千玖百伍拾文
彩生房捐錢壹千捌百玖拾文
正昌房捐錢壹千伍百柒拾伍文
春生房捐錢壹千肆百伍拾伍文
汪聚興房捐錢壹千叁百伍拾文
新號房捐錢柒百陸拾伍文
陳苞記房捐錢柒百貳拾文
鴻生房捐錢貳百玖拾柒文

以上房捐錢玖百伍拾壹千肆百肆拾陸文

衆綢緞顧繡洋貨布莊

郡城濬河徵信錄　房捐收數卷四　三十八

雲章房捐錢肆拾壹千捌百伍拾文
仁成房捐錢叁拾肆千肆百貳拾伍文
景福房捐錢叁拾叁千柒百伍拾文
鴻彰房捐錢叁拾千叁百柒拾伍文
雲錦房捐錢貳拾千柒百陸拾肆文
裕新房捐錢拾玖千伍百柒拾伍文
馥彰房捐錢拾貳千壹百伍拾文
錦章房捐錢玖千肆百伍拾文
瑞成房捐錢捌千壹百文
新號房捐錢陸千貳百拾文
祥豐房捐錢肆千捌百文
懷安公所房捐錢捌千壹百文

綺盛房捐錢叁千柒百拾柒文
永號房捐錢貳千柒百文
生章房捐錢壹千伍百貳拾伍文
錦新房捐錢壹千伍百文
新文盛房捐錢貳千貳拾伍文
胡正興房捐錢伍千陸百柒拾文
裘寶興房捐錢肆千柒百貳拾伍文
王文錦房捐錢貳千壹百陸拾文
春記房捐錢陸百柒拾伍文
老甡記房捐錢肆百玖拾伍文
鋆記房捐錢柒拾伍文
春成順記房捐錢柒千陸拾伍文

昭文房捐錢貳拾千叁百貳拾捌文
華德茂房捐錢拾壹千壹百文
鳳苞房捐錢拾捌千柒百捌拾肆文
萬順乾記房捐錢壹千叁百玖拾伍文
彩章房捐錢叁千柒百伍拾文
劉仁成房捐錢貳千捌百伍拾文
祥和房捐錢叁千陸百肆拾肆文
繪章房捐錢貳千捌百捌拾文
錦昌房捐錢叁千陸百肆拾肆文
協盛房捐錢貳千壹百拾玖文
吉祥房捐錢叁千伍拾壹文
彩盛房捐錢壹千陸百貳拾文
協順房捐錢肆拾貳千玖百貳拾肆文
恒昇房捐錢拾玖千叁拾伍文
成大房捐錢貳拾伍千肆百捌拾伍文
錦盛房捐錢拾肆千捌百伍拾文
新森泰房捐錢貳拾伍千貳百捌拾叁文
永和祥房捐錢拾肆千伍百文
榮泰房捐錢貳拾貳千肆百捌拾貳文
寶森房捐錢拾叁千玖拾伍文
乾大房捐錢拾玖千捌百叁拾壹文
寶源房捐錢拾貳千捌百貳拾伍文
同生祥房捐錢拾玖千柒百陸拾文
鼎盛房捐錢拾壹千陸百拾文

日章房捐錢玖千叁百拾伍文
裕成房捐錢柒千陸百玖拾伍文
裕泰房捐錢玖千柒百貳拾文
恒益房捐錢柒千陸百玖拾伍文
新順房捐錢玖千肆百捌拾文
新萃豐房捐錢柒千陸百貳拾柒文
大章房捐錢玖千伍百捌拾伍文
老萃豐房捐錢肆千伍百柒拾陸文
恒昌房捐錢捌千捌百貳拾文
晉和房捐錢伍千壹百叁拾文
新裕泰房捐錢陸千柒百伍拾文
春號房捐錢肆千叁百玖拾貳文
益豐房捐錢貳千捌百伍拾文
春盛房捐錢肆千壹百捌拾伍文
錦昌房捐錢壹千捌百柒拾伍文
恒和房捐錢肆千肆百伍拾伍文
祥泰房捐錢叁千貳百肆拾文
衆興房捐錢叁千捌百拾肆文
永順房捐錢叁千叁百陸拾文
錦成房捐錢叁千捌百拾肆文
恒泰房捐錢壹千肆百貳拾貳文
寶森房捐錢叁十伍拾壹文
恒大房捐錢陸百叁拾文
增盛房捐錢貳千捌百捌拾捌文

聚興房捐錢貳千壹百陸拾文
順興房捐錢玖百肆拾伍文
泰昌房捐錢貳千肆百叁拾文
萬興房捐錢玖百肆拾伍文
萬順房捐錢貳千肆百叁拾文
益記房捐錢壹千貳百陸拾文
永源房捐錢壹千貳百拾伍文
三茂房捐錢壹千叁百玖拾伍文
榮興房捐錢壹千貳百文
順源房捐錢玖百肆拾伍文

以上共收房捐錢柒百貳拾千貳拾文

衆銀樓舖珠寶玉器眼鏡金銀箔舖

鳳寶房捐錢叁拾壹千壹百貳拾貳文
慶和房捐錢拾貳千壹百拾玖文
聚元房捐錢拾捌千貳百貳拾伍文
寶華房捐錢拾壹千肆百柒拾伍文
紫金房捐錢拾柒千貳百拾柒文
慶雲房捐錢陸千柒百伍拾文
文星房捐錢拾叁千柒百叁拾文
鳳祥房捐錢陸千柒百伍拾文
九鳳房捐錢拾叁千柒百叁拾文
元升房捐錢陸千壹百拾壹文

九華房捐錢伍千玖百肆拾文
湯錦鳳房捐錢貳千柒百文
寶聚房捐錢伍千叁百叁拾玖文
錦文房捐錢貳千肆百柒拾伍文
春和房捐錢伍千壹百叁拾文
麗源房捐錢貳千貳百叁拾貳文
文寶房捐錢肆千捌百陸拾文
鎣寶房捐錢貳千壹百玖拾陸文
春森房捐錢肆千柒百貳拾伍文
天吉房捐錢貳千壹百貳拾伍文
九和房捐錢肆千伍百玖拾文
元和房捐錢貳千貳百玖拾伍文
一元房捐錢叁千柒百捌拾文
錦雲房捐錢貳千貳百玖拾伍文
錦鳳房捐錢叁千貳百肆拾文
寶森房捐錢貳千貳百伍拾文
寶沅房捐錢叁千壹百伍文
羅元典房捐錢貳千壹百陸拾文
慶鳳房捐錢貳千玖百柒拾文
劉聚典房捐錢叁千伍百拾文
寶裕房捐錢貳千柒百文
同德昌房捐錢貳千肆拾文
寶新房捐錢貳千肆百叁拾文
仁源房捐錢貳千捌拾捌文

同瑞豐房捐錢壹千叁百伍拾文
五雲房捐錢壹千玖百捌拾文
三餘房捐錢壹千玖百陸文
九如房捐錢壹千捌百玖拾文
行遠房捐錢壹千捌百文
彙源房捐錢壹千柒百陸拾叁文
泰和房捐錢壹千陸百貳拾文
萬豐房捐錢壹千陸百貳拾文
沅華房捐錢壹千肆百捌拾伍文
大元房捐錢壹千肆百捌拾伍文
裕興房捐錢壹千肆百捌拾伍文
吳永泰房捐錢壹千肆百肆文

慶華房捐錢壹千叁百玖拾陸文
永和房捐錢壹千叁百柒拾陸文
[illegible]和房捐錢壹千叁百伍拾文
文華房捐錢壹千叁百伍拾文
錦章房捐錢壹千叁百伍拾文
祥元房捐錢壹千叁百伍拾文
費文元房捐錢壹千叁百伍拾文
彩鳳房捐錢壹千貳百陸拾文
吳萃寶房捐錢壹千貳百叁拾文
陳順記房捐錢壹千貳百拾伍文
鄖鎮記房捐錢壹千貳百拾伍文
五鳳房捐錢壹千貳百玖拾文

天章房捐錢壹千貳百拾伍文
寶成房捐錢壹千貳百文
萬興房捐錢壹千捌拾文
萬年房捐錢壹千捌拾文
萬和房捐錢壹千捌拾文
寶森房捐錢壹千捌拾文
王文和房捐錢壹千捌拾文
金吉祥房捐錢玖百肆拾伍文
三和房捐錢玖百陸拾文
榮華房捐錢玖百貳拾文
信源房捐錢玖百拾伍文
元華房捐錢玖百肆拾伍文

寶成房捐錢玖百文
寶愼房捐錢柒百捌拾文
元昌房捐錢柒百捌拾文
聯記房捐錢柒百柒拾文
史泰來房捐錢捌百肆拾文
雲章房捐錢捌百拾文
鳳祥房捐錢捌百拾文
寶甡房捐錢陸百捌拾陸文
三星房捐錢陸百柒拾伍文
錦孚房捐錢陸百柒拾伍文
錦源房捐錢伍百貳拾伍文
鳳和房捐錢伍百貳拾伍文

天寶房捐錢陸百叁拾文
鳳苞房捐錢伍百肆拾文
文興房捐錢肆百伍文
久鳳房捐錢肆百捌拾文
李仁豐房捐錢叁百玖拾文
董雲和房捐錢叁百陸拾文
新雲房捐錢叁百陸拾文
錦和房捐錢貳百肆拾文
陳德興房捐錢壹百捌拾文
應彙成房捐錢壹百伍拾文
瑞源房捐錢肆千柒百貳拾伍文
茂文房捐錢肆千伍拾文

胡銀作房捐錢壹百伍拾文
萬華房捐錢陸拾文
晉華房捐錢陸拾文
瑞興房捐錢陸拾文
公興房捐錢伍拾叁文
寶生房捐錢伍拾叁文
寶昇房捐錢肆拾伍文
萬森房捐錢肆拾伍文
余榮華房捐錢肆拾伍文
永興房捐錢叁拾捌文
協茂房捐錢捌百拾文
袁仁記房捐錢捌百拾文

彙豐房捐錢貳千伍百貳拾文
寶霞房捐錢壹千捌百玖拾文
玉興房捐錢壹千捌百玖拾文
森記房捐錢壹千貳百柒拾伍文
協成房捐錢壹千貳百拾伍文
寶豐房捐錢肆百貳拾文
晉森房捐錢壹百伍拾文
復盛房捐錢壹千陸百捌拾文
照明祥房捐錢陸千玖百陸拾文
光明房捐錢伍千陸百柒拾文
寶明房捐錢伍千肆百文
天明房捐錢肆千叁百貳拾文

邵泰昌房捐錢柒百肆拾柒文
乾泰房捐錢陸百叁拾文
懋興房捐錢肆百伍拾文
繆寶全房捐錢叁百文
五鳳房捐錢貳百柒拾文
成小裕房捐錢玖拾文
森順房捐錢陸拾文
寶源房捐錢陸拾文
招明房捐錢貳千柒百文
天明房捐錢肆千貳百文
文義房捐錢壹千肆百肆拾文
永明房捐錢壹千貳百拾伍文

成明房捐錢叁千陸百玖拾文
萬順房捐錢壹千捌拾文
春茂房捐錢貳千捌百叁拾伍文
復振房捐錢壹千陸百貳拾文
復成房捐錢伍千肆百文
源源房捐錢陸百肆拾伍文
源生房捐錢肆千叁百貳拾文
鼎升房捐錢叁百叁拾文
聚源房捐錢叁千叁百柒拾伍文
祥和房捐錢叁百文
蘇祥和房捐錢叁千文
陳巽記房捐錢陸拾文

以上共收房捐錢叁百伍拾捌千壹百肆拾陸文

衆洋藥行台象槳棧洋烟舖

茂生房捐錢拾柒千伍百伍拾文
聚源房捐錢拾陸千貳百文
合源房捐錢拾柒千貳百拾柒文
茂勝房捐錢拾陸千貳百文
德泰房捐錢拾陸千捌百柒拾伍文
晉源房捐錢拾伍千柒百伍拾文
華利房捐錢拾陸千貳百文
慎昌房捐錢拾肆千捌百伍拾文

茂源房捐錢拾叁千伍百文
合盛房捐錢貳千柒百文
益源房捐錢拾叁千叁百玖拾壹文
裕興房捐錢壹千玖百伍拾文
乾源房捐錢拾壹千柒拾文
合茂房捐錢壹千陸百捌拾玖文
坤源房捐錢捌千貳百叁拾伍文
協源房捐錢壹千伍百柒拾伍文
合和房捐錢捌千壹百文
廣成房捐錢伍百陸拾叁文
廣興房捐錢柒千捌百叁拾文
德昌房捐錢伍百柒拾文
和發房捐錢柒千壹百貳拾伍文
協昌房捐錢伍百伍拾伍文
萬源房捐錢陸千文
協記房捐錢伍百肆拾文
合泰源記房捐錢肆千伍百拾伍文
泰生房捐錢拾陸千貳百文
祥發房捐錢肆千叁拾貳文
益泰房捐錢陸千文
乾益房捐錢叁千伍百拾文
慎生房捐錢陸千柒百伍拾文
德祥房捐錢叁千貳百肆拾文
順益房捐錢肆千壹百捌拾伍文

三和房捐錢肆千柒拾文
通源房捐錢壹千陸百貳拾文
天和房捐錢肆千肆拾捌文
瑞源房捐錢壹千貳百文
泰康房捐錢叁千貳百肆拾文
乾記房捐錢貳千玖百肆拾文
大茂房捐錢叁千貳百肆拾文
春茂房捐錢貳千伍拾伍文
榮懋房捐錢伍百貳拾伍文
廣利房捐錢壹千陸百捌拾文
協春房捐錢肆百捌拾捌文
順興房捐錢壹千捌百玖拾文
源成房捐錢肆百伍拾文
合順房捐錢壹千伍百伍拾柒文
泉益房捐錢肆百伍拾文
茂康房捐錢壹千伍百陸拾文
合成房捐錢貳千柒百拾貳文
祥源房捐錢壹千叁百捌拾肆文
昇昌隆房捐錢貳千玖百文
正隆房捐錢壹千叁百伍拾文
新號澄記房捐錢肆千玖百玖拾伍文
泉源房捐錢壹千貳百文
謚生房捐錢壹千柒百叁拾叁文
埜和房捐錢壹千壹百貳拾文

合順房捐錢玖百肆拾伍文
勝記房捐錢叁百玖拾文
恒德房捐錢捌百柒拾文
瑞興房捐錢叁百叁拾玖文
慎和房捐錢捌百陸拾貳文
益興捐錢肆百叁拾伍文
利記房捐錢柒百伍拾文
鎮和房捐錢貳百柒拾文
東記房捐錢柒百肆拾柒文
松林房捐錢叁百文
泰和房捐錢陸百叁拾文
廣麗源房捐錢壹百陸拾伍文
同春房捐錢陸百文
彙芳房捐錢叁百陸拾文
源康房捐錢陸百文
森茂房捐錢貳百陸拾叁文
坤記房捐錢伍百肆拾文
復發房捐錢壹百陸拾伍文
和源房捐錢肆百玖拾伍文
復寶房捐錢叁百叁拾文
福昌房捐錢肆百玖拾伍文
春源房捐錢叁百柒拾伍文
森興房捐錢肆百伍拾文
進記房捐錢貳百肆拾文

源和房捐錢叁百陸拾文
合益房捐錢壹百叁拾伍文
信誠房捐錢叁百陸拾文
義誠房捐錢壹百伍拾文
合放房捐錢壹百陸拾伍文
洽興房捐錢柒拾伍文
天生房捐錢陸百伍拾文
誠大生房捐錢貳百伍拾伍文
全億房捐錢壹百玖拾伍文
恒德房捐錢伍拾叁文
裕泰房捐錢貳百玖拾肆文
潤記房捐錢肆拾壹文
景芳園房捐錢陸千柒百伍拾文
新錦園房捐錢肆千捌百陸拾文
王禮記房捐錢肆千伍拾文
南丹桂房捐錢肆千伍拾文
成美房捐錢叁千貳百陸文
陸招才房捐錢叁千壹百伍文
凝雲閣房捐錢叁千陸百肆拾伍文
范順記房捐錢貳千叁百拾文
合森隆房捐錢貳千肆百叁拾文
九香房捐錢壹千肆百捌拾伍文
福興房捐錢貳千肆百叁拾文
協成房捐錢壹千柒百貳拾伍文

振記房捐錢貳千肆百叁拾文
和合園房捐錢壹千陸百貳拾文
協和房捐錢貳千壹百陸拾文
陸信記房捐錢壹千貳百拾伍文
范姓記房捐錢壹千貳百捌拾柒文
景福園房捐錢壹千叁拾伍文
方姓房捐錢壹千陸百貳拾文
慎記房捐錢壹千捌拾文
祥記房捐錢壹千貳百拾伍文
陽春園房捐錢壹千捌拾文
趙玉記房捐錢壹千叁百貳拾文
邱公房房捐錢壹千貳百拾伍文
協發房捐錢壹千叁百伍拾文
顧心記房捐錢玖百叁拾文
益和房捐錢貳千玖百柒拾文
泉興房捐錢捌百拾文
祥記房捐錢貳千陸百拾文
汪順記房捐錢柒百伍拾文
榮發房捐錢壹千叁百伍拾文
順記房捐錢捌百貳拾伍文
源康房捐錢壹千叁百貳拾文
姓記房捐錢伍百捌拾壹文
丁益福發房捐錢壹千伍百伍拾柒文
徐春記房捐錢壹千拾柒文

乾生房捐錢壹千叁百貳拾文
陳和記房捐錢捌百拾文
泰和房捐錢壹千捌拾文
畢通記房捐錢捌百拾文
晉康房捐錢陸百陸拾伍文
胡玉堂房捐錢捌百拾文
新合利房捐錢壹千陸百陸拾伍文
陳肖記房捐錢柒百貳拾文
和茂房捐錢壹千壹百伍拾貳文
王森記房捐錢柒百叁拾伍文
瑞泰房捐錢壹千伍拾文
同樂園房捐錢陸百叁拾文
錦記房捐錢壹千捌拾文
德記房捐錢伍百貳拾伍文
復興房捐錢壹千伍百陸拾文
合興房捐錢玖百文
王銀記房捐錢壹千拾肆文
福記房捐錢捌百拾文
其昌房捐錢捌百拾文
時生房捐錢壹百叁拾伍文
春記房捐錢捌百拾文
竹記房捐錢肆百玖拾捌文
福記房捐錢玖百肆拾伍文
甬泉泰房捐錢壹百捌拾文

萬興隆記房捐錢壹千肆百肆拾文
陸阿五房捐錢貳百玖拾肆文
廣源房捐錢陸百柒拾陸文
王升號房捐錢叁百文
復成房捐錢捌百拾文
孔泉記房捐錢叁百文
吳德記房捐錢壹千貳百拾伍文
新悅來房捐錢叁百文
丁順興房捐錢伍百貳拾伍文
源茂園房捐錢陸百柒拾捌文
天成房捐錢伍百肆拾文
慶芳園房捐錢玖拾捌文
裕和房捐錢玖百肆文
升號房捐錢壹百捌拾文
萬茂房捐錢叁百玖拾文
福記房捐錢叁百柒拾伍文
合興房捐錢玖百文
余祖記房捐錢陸百柒拾伍文
協興隆房捐錢柒百伍拾文
丁阿測房捐錢捌百肆拾文
源記房捐錢柒百叁拾捌文
陳阿榜房捐錢貳百拾文
章仁記房捐錢伍百貳拾肆文
合興園房捐錢貳百柒拾文

成利房捐錢叁百柒拾伍文
王阿慶房捐錢壹百捌拾文
和利房捐錢叁百文
楊阿昂房捐錢叁百文
億中房捐錢貳百文
陳江房捐錢壹百叁拾伍文
天順房捐錢貳百柒拾文
森記房捐錢陸拾捌文
金記房捐錢捌百肆拾文
謝文華房捐錢陸拾文
和記房捐錢叁百拾伍文
金阿大房捐錢陸拾捌文
協發合記房捐錢肆百貳拾文
朱蘭軒房捐錢柒拾伍文
錦桂園房捐錢壹百貳拾捌文
謝四海房捐錢柒拾伍文
順成房捐錢叁百玖拾文
義記房捐錢肆拾伍文
王顯才房捐錢叁百陸拾文
星記房捐錢陸拾文
玉記房捐錢貳百柒拾文
源記房捐錢陸拾文
順興房捐錢壹百捌拾文
永記房捐錢伍拾叁文

新順房捐錢壹百玖拾伍文
有記房捐錢貳拾伍文
興記房捐錢壹百叁拾伍文
王金三房捐錢陸拾文
甡記房捐錢肆百伍拾文
沈姓房捐錢陸拾文
合德房捐錢壹百伍拾文
福記房捐錢陸拾文
順風園房捐錢貳百肆拾文
益大房捐錢陸拾文
合興房捐錢貳百捌拾伍文
王金寶房捐錢肆拾伍文
德盛房捐錢壹百叁拾伍文
范毛貨房捐錢肆拾捌文
天源房捐錢壹百伍拾文
邱立順房捐錢伍拾叁文
陳阿五房捐錢玖拾捌文
張元記房捐錢肆拾捌文
丁寶記房捐錢陸拾文
陳阿大房捐錢肆拾伍文
廷記房捐錢柒拾伍文
陳生記房捐錢伍拾肆文
堆香閣房捐錢陸拾文
楊德鏡房捐錢肆拾伍文

純德房捐錢陸拾文
益生房捐錢貳拾叁文
生記房捐錢陸拾文
順記房捐錢叁拾柒文
合興房捐錢陸拾文
春記房捐錢叁拾陸文
元利房捐錢陸拾文
源進房捐錢肆拾伍文
雙桂軒房捐錢陸拾文
鈞治房捐錢肆拾伍文
合生房捐錢陸拾文
詠梅園房捐錢貳拾叁文
萬利房捐錢陸拾文
永興園房捐錢叁拾捌文
乇里金房捐錢陸拾文
裕大房捐錢叁拾文
春和房捐錢陸拾文
祥記房捐錢伍拾叁文
林記房捐錢陸拾伍文
合記房捐錢肆拾伍文
成興房捐錢陸拾文
榮茂房捐錢叁拾文
順利房捐錢陸拾文
茂記房捐錢叁拾捌文

祥記房捐錢陸拾文
升生房捐錢叁拾捌文
錦記房捐錢玖拾文
楚記房捐錢肆拾伍文
鄭才生房捐錢壹百捌拾文
元記房捐錢肆拾伍文
袁阿方房捐錢壹百伍拾文
生記房捐錢肆拾伍文
朱長高房捐錢伍拾叁文
顧順興房捐錢叁拾文
甡記房捐錢伍拾叁文
炆記房捐錢叁拾捌文
蔡德記房捐錢壹百肆拾叁文
陳珪記房捐錢壹百叁拾伍文
平飛卿房捐錢壹百捌拾文
毛春和房捐錢壹百伍拾文

以上共收房捐錢肆百肆拾伍千玖百肆拾捌文

衆夏布皮貨莊股條布頭舊貨舖

祥泰房捐錢貳拾伍千貳百肆拾伍文
慶安房捐錢柒千伍百陸拾文
源豐房捐錢貳拾千玖百貳拾伍文
泰豐元房捐錢柒千貳百文

一大房捐錢貳拾千貳百伍拾文
豫大房捐錢叁千陸百文
老長興房捐錢貳拾千貳百伍拾文
同元房捐錢壹千捌百文
協大祥房捐錢拾捌千玖百文
協昌房捐錢壹千壹百肆拾文
震大房捐錢拾捌千玖百文
潤成房捐錢貳千肆百叁拾文
裕利房捐錢拾千貳百陸拾文
豐大房捐錢壹千伍百捌文
大和房捐錢伍千捌百伍文
石祥興房捐錢陸百叁拾捌文
協和房捐錢伍千壹百文
正和房捐錢伍百貳拾伍文
中和房捐錢叁千陸百玖拾文
寶記房捐錢肆百玖拾伍文
錦祥房捐錢壹千貳百陸拾文
協大房捐錢貳百捌拾伍文
其昌房捐錢壹千伍拾文
恒泰房捐錢貳百捌拾文
仁和房捐錢陸百肆拾伍文
協生房捐錢貳百柒拾文
增和房捐錢肆百伍拾文
德興房捐錢柒拾伍文

包得興房捐錢拾千貳百陸拾文
同生房捐錢叁千柒百捌拾文
老同泰房捐錢捌千壹百文
復生房捐錢叁千叁百文
成豐房捐錢陸千叁百肆拾伍文
復興房捐錢叁千陸拾陸文
泰興房捐錢陸千貳百拾文
合順房捐錢貳千柒百文
新洽興房捐錢伍千玖百肆拾文
源大甡記房捐錢貳千貳百玖拾伍文
林得興房捐錢伍千貳百伍拾文
包得興房捐錢貳千貳拾伍文
得泰房捐錢伍千壹百叁拾文
公興房捐錢貳千貳拾伍文
同源房捐錢肆千捌百文
立昌房捐錢壹千捌百玖拾文
恒豐房捐錢肆千伍百文
裕成房捐錢壹千肆百捌拾伍文
泰豐房捐錢肆千肆百伍拾伍文
源生房捐錢壹千肆百捌拾伍文
德生房捐錢肆千肆百伍拾伍文
合興房捐錢壹千貳百拾伍文
同勝房捐錢肆千伍拾文
寶順房捐錢壹千貳百拾伍文

宏昇房捐錢壹千叁百伍拾文
虞順興房捐錢壹千捌拾文
森源房捐錢壹千叁百伍拾文
裕興房捐錢壹千陸拾伍文
同灃房捐錢壹千貳百拾伍文
包順興房捐錢玖百肆拾伍文
得勝房捐錢壹千貳百拾伍文
順興房捐錢玖百肆拾伍文
全興房捐錢壹千貳百拾伍文
源成房捐錢玖百文
順成房捐錢壹千貳百拾伍文
張順興房捐錢玖百文
裕昇房捐錢壹千壹百貳拾伍文
同和房捐錢捌百拾文
裕豐房捐錢壹千捌拾文
陳同順房捐錢捌百拾文
元順房捐錢壹千捌拾文
吉興房捐錢陸百柒拾伍文
成山房捐錢壹千捌拾文
泉興房捐錢陸百柒拾伍文
源生房捐錢壹千捌拾文
虞順興房捐錢陸百柒拾伍文
得興房捐錢壹千捌拾文
春茂房捐錢柒百玖拾壹文

合興房捐錢陸百文
甡大房捐錢壹百伍拾文
福記房捐錢伍百伍拾陸文
順昌房捐錢壹百伍拾文
順興房捐錢肆百拾柒文
同興房捐錢壹百伍文
同和房捐錢叁百柒拾伍文
合順房捐錢壹百伍文
瑞興房捐錢叁百陸拾文
畢禮榮房捐錢壹百叁拾伍文
鼎泰房捐錢叁百拾伍文
虞順興房捐錢柒拾伍文
祠興房捐錢叁百拾伍文
萬興房捐錢柒拾伍文
袁恒盛房捐錢貳百貳拾伍文
全興房捐錢柒拾伍文
聚興房捐錢貳百玖拾叁文
永興房捐錢陸拾文
裕昇房捐錢壹百陸拾伍文
協興房捐錢陸拾文
董桂記房捐錢壹百伍拾文
恒泰房捐錢叁拾文

以上共收房捐錢叁百伍千陸百伍拾玖文

衆茶棧茶漆鋪漆作粉板招牌鋪

悅來房捐錢拾肆千肆百肆拾伍文　豫大房捐錢叁千陸百文
一新房捐錢拾壹千陸百貳拾伍文　進記房捐錢叁千陸百文
泰和房捐錢拾千伍拾文　隆昌房捐錢叁千叁百柒拾伍文
同泰房捐錢玖千肆百伍拾文　祥泰房捐錢貳千柒百文
萬成房捐錢柒千陸百伍拾玖文　祥春房捐錢壹千捌百文
安豐房捐錢柒千陸百伍拾文　祥和房捐錢叁千陸百文
萬豐房捐錢伍千伍百陸拾文　復泰房捐錢叁千文
同慎房捐錢肆千捌百文　春裕房捐錢貳千貳百伍拾文
同德房捐錢叁千陸百文　元泰房捐錢貳千陸百拾貳文
長春房捐錢叁千文　同裕房捐錢壹千捌百文
恒昇仁號房捐錢貳拾肆千叁百文　恒茂房捐錢拾壹千壹百文

周利和房捐錢貳拾千貳百伍拾文　恒昇房捐錢肆千伍百文
周成泰房捐錢拾捌千肆百玖拾伍文　柯一大房捐錢壹千柒百伍拾伍文
周恒豫房捐錢拾陸千貳百文　周長吉房捐錢壹千陸百貳拾文
周恒利房捐錢拾叁千壹百柒拾文　和美房捐錢壹千叁百伍拾文
周瑞成房捐錢玖千肆百伍拾文　源盛房捐錢壹千貳百陸拾文
周裕新房捐錢陸千柒百伍拾文　張聚興房捐錢壹千捌拾文
周德昇房捐錢陸千肆百伍拾文　源茂房捐錢柒百陸拾伍文
周長新房捐錢陸千柒拾伍文　泰升房捐錢伍百肆拾文
周天泰房捐錢肆千伍拾文　沈正隆房捐錢玖百肆拾伍文
周豫興房捐錢貳千玖百柒拾文　金德順房捐錢陸百文
周恒生房捐錢貳千肆百叁拾文　沈正源房捐錢叁拾文
陸順發房捐錢壹千壹百柒拾文　朱成富房捐錢陸拾捌文

汪海鶴房捐錢壹千捌拾文　俞隆順房捐錢伍拾叁文
陳萬順房捐錢捌百拾文　王正祥房捐錢肆拾伍文
萬豐房捐錢陸百柒拾伍文　張生祥房捐錢壹百伍拾文
嚴寶福房捐錢伍百肆拾文　福康房捐錢肆拾伍文
李震泰房捐錢伍百貳拾伍文　復興房捐錢肆拾伍文
永茂房捐錢貳百貳拾伍文　應配林房捐錢肆拾伍文
甡記房捐錢貳百拾文　李順泰房捐錢肆拾壹文
許德興房捐錢柒百貳拾文　協興房捐錢陸百陸拾文
張大房房捐錢貳千貳拾伍文　尹日章房捐錢玖百肆文
錢大房房捐錢壹千捌百玖拾文　錢大房房捐錢叁拾叁文

以上共收房捐錢貳百柒拾肆千貳百肆拾陸文

衆絲行絲線廻鬚包頭金線鋪

懋和房捐錢陸千伍百貳拾伍文　林萬順房捐錢貳千柒百文
王公升房捐錢捌千壹百文　王德興房捐錢貳千柒百文
王順興房捐錢柒千陸百貳拾柒文　乙亨房捐錢壹千捌百玖拾文
雜天元房捐錢柒千伍百陸拾文　恒興房捐錢壹千陸百貳拾文
林萬順房捐錢陸千柒百伍拾文　萬甡房捐錢壹千陸百貳拾文
允升房捐錢陸千柒拾伍文　生裕房捐錢壹千陸百貳拾文
泰號房捐錢伍千貳百陸拾伍文　范懋興房捐錢壹千陸百貳拾文
林裕泰房捐錢伍千貳百文　仁興房捐錢壹千伍百叁拾文
吳生裕房捐錢肆千柒百貳拾伍文　永全房捐錢壹千叁百伍拾伍文
毛大興房捐錢叁千陸百肆拾肆文　舒永盛房捐錢壹千叁百伍拾文
李清和房捐錢叁千貳百肆拾文　裕森房捐錢壹千貳百拾伍文
裕興房捐錢貳千玖拾柒文　萬興愼記房捐錢壹千貳百文

曹大成房捐錢壹千壹百貳拾伍文
公興房捐錢伍百肆拾文
黄德茂房捐錢壹千貳百拾伍文
彩泉房捐錢伍百肆拾文
萬利房捐錢壹千壹百伍拾貳文
李大成房捐錢肆百肆拾貳文
永順房捐錢壹千捌拾文
文興永記房捐錢肆百伍文
福記房捐錢壹千拾柒文
王源興房捐錢叁百柒拾伍文
錦泰房捐錢壹千拾柒文
裕昇房捐錢叁百柒拾伍文
萬泰房捐錢玖百肆拾伍文
泉泰房捐錢貳百柒拾文
德興房捐錢玖百肆拾伍文
永興房捐錢貳百柒拾文
周長昇房捐錢捌百捌拾伍文
文興房捐錢貳百肆拾文
森茂房捐錢捌百拾文
裕興房捐錢壹百貳拾文
萬泰房捐錢陸百柒拾伍文
彩文房捐錢肆拾伍文
東昇房捐錢伍百捌拾肆文
周恒成房捐錢叁拾捌文
紹隆房捐錢捌百拾文
聚興房捐錢柒百肆拾柒文
順興房捐錢捌百拾文
裕泰房捐錢陸百捌拾叁文
萬順房捐錢捌百拾文
順興房捐錢壹百捌拾文
永興房捐錢捌百拾文
任濠記捐錢壹百貳拾文
楊公順房捐錢捌百拾文
彩成房捐錢玖拾文
陳廣信房捐錢柒百陸拾捌文
陸記房捐錢柒拾伍文
王萬成房捐錢陸百柒拾伍文
順興房捐錢陸拾捌文
金萬利房捐錢陸百柒拾伍文
柯玉興房捐錢陸拾文
徐長興房捐錢陸百拾伍文
陳日新房捐錢壹千捌拾文
王復興房捐錢叁百玖拾文
沈德茂房捐錢玖百玖拾文
德泰房捐錢壹千陸百伍拾文
瑞興房捐錢陸百陸拾文
坤源房捐錢壹千壹百肆拾肆文
董允興房捐錢貳百肆拾文

沈德泰房捐錢壹百叁拾伍文
錦美房捐錢玖百叁拾文
益美房捐錢貳千肆百叁拾文
永大房捐錢捌百肆拾文
寶華房捐錢叁百文
楊萬興房捐錢柒百拾伍文
鉦記房捐錢貳千壹百陸拾文
雲孫房捐錢陸百柒拾伍文
黼章房捐錢壹千陸百捌拾文
謝彩彰房捐錢陸百叁拾文
彩生房捐錢壹千肆百捌拾伍文
彩鳳房捐錢肆百捌拾文
吉成房捐錢壹千叁百貳拾文
彩生仁記房捐錢叁百文
吉興房捐錢壹千捌拾文
載生房捐錢貳百伍拾伍文
益彰房捐錢壹千伍拾文
釆章房捐錢壹百陸拾伍文
源興房捐錢壹千貳百陸拾文
益和房捐錢壹百伍拾文
張源記房捐錢貳千玖百肆拾文
金馧成房捐錢柒百玖拾伍文
春來房捐錢壹千叁百壹文
協興春記房捐錢陸百陸拾文
陳順泰房捐錢玖百陸拾文
張慶益房捐錢肆百陸文
慎記房捐錢玖百玖拾文
新泰房捐錢壹百捌拾文
周寶元房捐錢捌百肆拾文
甡彰房捐錢壹百陸拾伍文
元彰房捐錢捌百拾文
春盛房捐錢壹百伍拾文
翔記房捐錢陸百柒拾伍文
和興房捐錢玖拾文
韓元興房捐錢肆千叁百貳拾文
陸森記房捐錢壹千肆百肆拾文
鼎昌房捐錢貳千肆百拾伍文
樓永興房捐錢壹千叁百伍拾文
洪義興房捐錢貳千貳拾伍文
濟昌房捐錢壹千伍百叁拾文
長興房捐錢貳千貳拾伍文
袁德興房捐錢捌百拾文

以上共收房捐錢壹百陸拾貳千貳百拾柒文

衆烟袋洋廣貨鐘表舖

王天成房捐錢拾壹千肆百柒拾伍文
老王天成房捐錢捌千叁百柒拾文

天成廷記房捐錢玖千文
老協森房捐錢叁千貳百肆拾文
王天成仁記房捐錢陸千柒百伍拾文
王天成房捐錢貳千壹百陸拾文
夏隆興房捐錢拾陸千柒百肆拾文
天成新號房捐錢玖千文
吳天生房捐錢拾叁千伍百文
王天成廷記房捐錢陸千壹百伍拾文
天成房捐錢拾千肆百肆拾文
汪雲從慶記房捐錢伍千肆百文
王天成慎記房捐錢拾千壹百柒拾文
協成房捐錢叁千柒百捌拾文
汪雲從房捐錢玖千肆百伍拾文
王天成廷記房捐錢叁千陸百陸拾文
廣隆興房捐錢柒千捌百叁拾文
王天成庭記房捐錢肆千柒百念伍文
升恒盛房捐錢柒千叁百拾柒文
汪雲從房捐錢肆千叁百貳拾文
大有豐房捐錢伍千玖百捌拾伍文
德興祥房捐錢貳千柒百肆拾文
升泰亨房捐錢陸千文
王天成房捐錢貳千玖百柒拾文
東成房捐錢陸千文
大興隆房捐錢玖百貳拾文

趙廣泰房捐錢叁千文
公和房捐錢捌百拾文
俞德泰房捐錢壹千陸百捌拾文
夏小金房捐錢柒百伍拾文
永順房捐錢壹千陸百貳拾文
周盈懋房捐錢貳百柒拾文
錢永興房捐錢壹千貳百拾伍文
甡祥房捐錢陸百文
周萬豐房捐錢壹千壹百貳拾伍文
祝松茂房捐錢捌百肆拾文
舒長興房捐錢壹千伍百柒拾伍文
金寶興房捐錢貳百肆拾文
寶大房捐錢壹千玖百貳拾文
景盛房捐錢貳百肆拾文
廣隆興房捐錢壹千叁百伍拾文
信茂房捐錢貳百貳拾伍文
張萬利房捐錢壹千叁百伍文
和記房捐錢陸百玖文
張元森房捐錢玖百肆拾伍文
怡昌房捐錢肆百肆拾文
魚永興房捐錢壹千拾柒文
王品記房捐錢壹百伍文
德利房捐錢陸百叁拾文
萬利房捐錢壹百貳拾文

汪雲從房捐錢叁千伍百捌拾伍文
周天成房捐錢壹千叁百貳拾文
李天成房捐錢貳千柒百文
吳天成房捐錢壹千貳百拾伍文
天和房捐錢貳千陸百壹文
王茂生房捐錢壹千貳百拾伍文
趙萬成房捐錢貳千壹百陸拾文
趙萬成房捐錢壹千捌拾文
舒瑞成房捐錢貳千壹百陸拾文
李順興房捐錢捌百肆拾文
天成近記房捐錢貳千壹百貳拾伍文
舒天成庭記房捐錢柒百玖文
天成廷記房捐錢壹千伍百捌拾肆文
朱雲興房捐錢陸百柒拾伍文
王天成生記房捐錢壹千陸百貳拾文
周大成房捐錢陸百文
李天成房捐錢壹千伍百柒拾伍文
郁天成房捐錢肆百伍文
天成生記房捐錢壹千肆百捌拾伍文
天泰房捐錢叁百陸拾文
林大成房捐錢壹千肆百貳拾伍文
天成房捐錢貳百肆拾文
老天成房捐錢壹千叁百陸拾伍文
惠成房捐錢壹百伍拾文

王天成英記房捐錢玖百柒拾伍文
信茂房捐錢捌拾叁文
老天成水記房捐錢玖百肆拾伍文
汪雲從房捐錢柒拾伍文
天成祥記房捐錢捌百拾文
天成潤記房捐錢陸拾捌文
泰興祥房捐錢捌百拾文
周天成房捐錢陸拾文
舒長興房捐錢捌百拾文
老天誠房捐錢陸拾文
源興隆房捐錢肆百玖拾文
胡恒泰房捐錢陸拾文
老天成房捐錢叁百叁拾文
天成房捐錢陸拾文
陳天成房捐錢肆拾伍文
王天成廷記房捐錢伍拾叁文
天成房捐錢貳百拾文
王萬興房捐錢伍拾叁文
陳天森房捐錢貳百貳拾伍文
李正記房捐錢伍拾陸文
天成房捐錢叁百叁拾文
施配記房捐錢陸拾文
大成房捐錢肆百伍文
天成廷記房捐錢肆拾伍文

羨璣房捐錢陸千柒百伍拾文　春森房捐錢貳千壹百陸拾文
二妙房捐錢叁千陸百肆拾肆文　同音房捐錢壹千陸百貳拾文
協政房捐錢叁千伍百柒拾文　九章房捐錢捌百拾文
鳴鳳房捐錢叁千叁百柒拾伍文　鳳儀房捐錢肆百伍拾文
懋源房捐錢貳千伍百貳拾文　鳴德房捐錢叁百柒拾伍文
協鳳房捐錢貳千壹百陸拾文　天成房捐錢壹百伍文

以上共收房捐錢貳百陸拾捌千伍百柒拾肆文

衆酒行七字酒坊

萬合德記房捐錢念壹千叁百叁拾文　潤泰房捐錢玖千壹百捌拾文
萬合房捐錢拾玖千伍百柒拾伍文　永恒大房捐錢捌千貳百叁拾伍文
恒豐房捐錢拾千捌百文　陳生號房捐錢捌千壹百文
瑞康房捐錢玖千柒百伍拾文　潤豐房捐錢柒千貳拾文

潤成房捐錢伍千陸百柒拾文　生茂房捐錢貳千捌百叁拾伍文
袁泉利房捐錢伍千肆百文　集生房捐錢貳千捌百貳拾肆文
萬潤房捐錢伍千壹百叁拾文　信茂房捐錢貳千柒百文
萬豐房捐錢肆千壹百捌拾伍文　瑞興房捐錢貳千柒百文
豫森房捐錢肆千伍拾文　宏茂房捐錢貳千柒百文
萬豐房捐錢肆千伍拾文　萬潤房捐錢貳千柒百文
燕成房捐錢叁千玖百拾伍文　億餘房捐錢貳千陸百貳拾文
同生房捐錢叁千柒百捌拾文　順美房捐錢貳千伍百玖拾叁文
萬潤房捐錢叁千伍百拾文　同生房捐錢貳千伍百貳拾文
源昌房捐錢叁千伍百拾文　長春房捐錢貳千叁百肆拾文
祥和房捐錢叁千壹百伍文　源和房捐錢貳千貳百叁拾貳文
李和昇房捐錢貳千玖百柒拾文　雲和房捐錢貳千壹百陸拾文

范賓利房捐錢貳千壹百陸拾文　義生房捐錢壹千陸百貳拾文
恒和房捐錢貳千壹百陸拾文　萬潤房捐錢壹千陸百貳拾文
豫昌房捐錢貳千壹百陸拾文　新永順房捐錢壹千陸百貳拾文
萬潤房捐錢貳千壹百陸拾文　陳大興房捐錢壹千陸百貳拾文
和生房捐錢貳千壹百陸拾文　新春茂房捐錢壹千陸百貳拾文
盈豐房捐錢貳千貳拾伍文　新生泰房捐錢壹千陸百貳拾文
永順房捐錢壹千玖百貳拾文　悅生房捐錢壹千陸百貳拾文
宋萬豐房捐錢壹千玖百貳拾文　德馨房捐錢壹千陸百貳拾文
恒源房捐錢壹千捌百玖拾文　協盛房捐錢壹千伍百叁拾文
滋生房捐錢壹千捌百玖拾文　和美房捐錢壹千伍百文
鄭公和房捐錢壹千捌百文　毛源號房捐錢壹千叁百捌拾文
乾生房捐錢壹千捌百文　張萬豐房捐錢壹千叁百捌拾文

瑞生房捐錢壹千肆百捌拾文　瑞泉房捐錢壹千貳百文
萃生房捐錢壹千肆百捌拾伍文　福沅房捐錢壹千貳百文
潤利房捐錢壹千肆百捌拾伍文　乾甡房捐錢壹千壹百捌拾伍文
裕大房捐錢壹千叁百陸拾伍文　源大房捐錢壹千壹百伍拾貳文
張永利房捐錢壹千叁百伍拾文　吳瑞大房捐錢壹千壹百貳拾伍文
恒泉房捐錢壹千叁百伍拾文　大興瑞記房捐錢壹千捌拾文
成興房捐錢壹千叁百伍拾文　舒恒和房捐錢壹千捌拾文
永泰房捐錢壹千叁百伍文　滋生房捐錢壹千捌拾文
洪利房捐錢壹千貳百陸拾文　恒有房捐錢壹千捌拾文
永利房捐錢壹千貳百拾伍文　泰昌房捐錢玖百玖拾文
洪利瑾記房捐錢壹千貳百拾伍文　人祿房捐錢玖百柒拾伍文
永豐房捐錢壹千貳百拾伍文　益豐房捐錢捌百玖拾陸文

合順房捐錢壹千捌拾文
滋泉房捐錢柒百捌拾文
寶興房捐錢壹千捌拾文
宏泰房捐錢柒百伍拾文
清一局房捐錢玖百陸拾文
乾潤房捐錢壹千捌拾文
生記房捐錢玖百陸拾文
順記房捐錢壹千捌拾文
震興房捐錢玖百陸拾文
萬泰房捐錢壹千捌拾文
萬茂房捐錢玖百肆拾伍文
李洪昇房捐錢壹千捌拾文
乾沅房捐錢玖百肆拾伍文
楊義生房捐錢壹千伍拾文
萃和房捐錢玖百肆拾伍文
王順興房捐錢壹千拾柒文
淥利房捐錢玖百肆拾伍文
寶興泰記房捐錢捌百拾文
豐茂房捐錢玖百肆拾伍文
寶興恒記房捐錢捌百拾文
甯泰房捐錢玖百肆拾伍文
胡永春房捐錢捌百肆拾文
源茂房捐錢玖百肆拾伍文
張萬順房捐錢陸百陸拾文

董大興房捐錢玖百肆拾伍文
滋香房捐錢捌百拾文
仁和房捐錢玖百肆拾伍文
天與房捐錢捌百拾文
陳春記房捐錢玖百拾文
永興房捐錢伍百柒拾文
潤記房捐錢玖百文
椿生房捐錢伍百肆拾文
源利房捐錢捌百捌拾伍文
宏利房捐錢伍百肆拾文
同美房捐錢捌百捌拾伍文
泰生房捐錢伍百貳拾伍文
甬豐房捐錢捌百捌拾伍文
謝森森房捐錢伍百肆拾文
萬潤房捐錢捌百伍拾伍文
德和房捐錢伍百貳拾伍文
宏生房捐錢捌百伍拾伍文
緒源房捐錢肆百玖拾伍文
長順房捐錢捌百貳拾伍文
永興房捐錢肆百捌拾文
馮永順房捐錢捌百拾文
永源房捐錢肆百捌拾文
晉泉房捐錢捌百肆拾文
永順房捐錢肆百伍拾文

醇美房捐錢捌百肆拾文
潤德房捐錢柒百伍拾文
永源房捐錢捌百肆拾文
泰順房捐錢柒百伍拾文
張萬順房捐錢捌百拾文
史泉茂房捐錢柒百伍文
范賓利房捐錢壹千拾柒文
范宏利房捐錢柒百貳拾文
晉生房捐錢捌百拾文
醇浥房捐錢柒百貳拾文
德順房捐錢捌百拾文
寶興房捐錢柒百貳拾文
萬潤房捐錢捌百拾文
源記房捐錢柒百貳拾文
永順房捐錢捌百拾文
順和房捐錢柒百貳拾文
泰豐房捐錢柒百捌拾肆文
范合興房捐錢陸百柒拾伍文
合興房捐錢柒百捌拾文
張三和房捐錢陸百柒拾伍文
宏茂房捐錢柒百陸拾捌文
順源房捐錢陸百柒拾伍文
萬潤房捐錢柒百叁拾伍文
曹瑞源房捐錢陸百柒拾伍文

戴立成房捐錢陸百玖拾文
新永醞房捐錢叁百陸拾文
棗源房捐錢陸百柒拾伍文
魏裕豐房捐錢肆百伍拾文
恒春房捐錢陸百柒拾伍文
蔣裕豐房捐錢叁百叁拾陸文
全源房捐錢陸百柒拾伍文
朱豐美房捐錢肆百伍拾文
萬生房捐錢陸百柒拾伍文
愼成恒號房捐錢叁百拾伍文
永順房捐錢陸百柒拾伍文
張萬豐房捐錢肆百伍拾文
星茂房捐錢肆百伍拾文
隆潤房捐錢叁百叁拾玖文
蔡義成房捐錢叁百玖拾捌文
益大房捐錢肆百伍拾文
恊興房捐錢叁百陸拾文
森泰房捐錢肆百伍拾文
成豐房捐錢叁百陸拾文
萬春房捐錢叁百陸拾文
恒利房捐錢叁百柒拾伍文
天成房捐錢叁百陸拾文
源生房捐錢叁百貳拾文
大森房捐錢叁百拾伍文

阜康房捐錢陸百柒拾捌文
萬生房捐錢陸百陸拾文
隆順房捐錢陸百陸拾文
和豐房捐錢陸百叁拾文
泉香房捐錢陸百文
順茂房捐錢陸百文
萬豐房捐錢陸百文
德潤房捐錢陸百文
台茂房捐錢陸百文
永和房捐錢肆百伍拾文
順康房捐錢叁百文
永利房捐錢叁百文

宏茂房捐錢叁百文
德大房捐錢叁百文
順成房捐錢貳百柒拾文
源大房捐錢貳百柒拾文
茂泰房捐錢貳百肆拾文
裕泰房捐錢貳百肆拾文
和興房捐錢貳百肆拾文
瑞昌房捐錢貳百肆拾文
成茂房捐錢貳百肆拾文
源和房捐錢貳百貳拾伍文
慎泰房捐錢貳百貳拾伍文
升元房捐錢貳百貳拾伍文

源利房捐錢貳百拾文
泳順房捐錢貳百拾文
恒記房捐錢貳百拾文
醇生房捐錢貳百拾文
泰昌房捐錢貳百拾文
順興房捐錢玖拾文
太和房捐錢玖拾文
寅利房捐錢玖拾文
裕順房捐錢玖拾文
福康房捐錢玖拾文
椿陽房捐錢玖拾文
春和房捐錢柒拾捌文

順泰房捐錢壹百捌拾文
聚豐房捐錢壹百捌拾文
長源房捐錢壹百捌拾文
源成房捐錢壹百捌拾文
同利房捐錢陸拾文
一大房捐錢陸拾文
晉裕房捐錢陸拾文
萬生房捐錢陸拾文
隆大房捐錢陸拾文
滋和房捐錢陸拾文
合興房捐錢陸拾文
亨記房捐錢陸拾文

廣通房捐錢壹百玖拾伍文
亨泰房捐錢壹百伍拾文
洪記房捐錢壹百伍拾文
聚興房捐錢壹百伍拾文
生和房捐錢壹百伍拾文
洪源房捐錢壹百肆拾叁文
生記房捐錢壹百叁拾伍文
大和房捐錢壹百叁拾伍文
廣順房捐錢壹百叁拾伍文
陳德興房捐錢壹百叁拾伍文
裕成房捐錢壹百叁拾伍文
洽禮房捐錢壹百叁拾伍文

協豐房捐錢壹百貳拾捌文
黃德泰房捐錢壹百貳拾文
敦大房捐錢壹百貳拾文
生源房捐錢壹百貳拾文
振興房捐錢壹百貳拾文
春和房捐錢壹百貳拾文
元隆房捐錢壹百貳拾文
源茂房捐錢壹百貳拾文
榆興房捐錢壹百伍文
新源生房捐錢壹百伍文
畢元茂房捐錢玖拾文
樓永昌房捐錢玖拾文

俞仁記房捐錢柒拾伍文
泉生房捐錢柒拾伍文
長興房捐錢柒拾伍文
潤生房捐錢柒拾伍文
陳順興房捐錢捌拾叁文
李順興房捐錢陸拾文
張三記房捐錢陸拾捌文
章鶴亭房捐錢陸拾肆文
周大和房捐錢肆拾伍文
順利房捐錢陸拾文
李春記房捐錢陸拾文
鍾具美房捐錢陸拾文

五昌房捐錢陸拾捌文
穗生房捐錢陸拾叁文
聚源房捐錢陸拾肆文
仁興房捐錢伍拾叁文
隆昇房捐錢伍拾叁文
祥興房捐錢肆拾伍文
鼎源房捐錢肆拾伍文
椿茂房捐錢肆拾伍文
順興房捐錢肆拾伍文
德泰房捐錢肆拾伍文
麗芳房捐錢肆拾伍文
萬生房捐錢肆拾伍文

潤德房捐錢柒百貳拾文
萬順房捐錢壹百拾叁文
盈生房捐錢壹百伍文
郭順興房捐錢陸拾捌文
惠生房捐錢陸拾文
陳永和房捐錢陸拾文
鍾七記房捐錢陸拾文
恒泉房捐錢陸拾文
天祚房捐錢陸拾文
泰記房捐錢陸拾文
張承記房捐錢陸拾文
椿森房捐錢陸拾文

泉號房捐錢陸拾文
晉源房捐錢陸拾文
祖標房捐錢伍拾叁文
包榮記房捐錢肆拾伍文
陳生記房捐錢肆拾伍文
醇馨房捐錢肆拾伍文
李順正房捐錢肆拾伍文
沈懋興房捐錢肆拾伍文
萬豐房捐錢肆拾壹文
合利房捐錢肆拾伍文
寶聚房捐錢陸拾文
裕大房捐錢叁拾文

復興房捐錢叁拾文
成美房捐錢叁拾文
公和房捐錢叁拾文
仁泰房捐錢叁拾文
永森房捐錢叁拾陸文
生記房捐錢叁拾文
泉利房捐錢肆拾伍文
成豐房捐錢叁拾捌文

源生房捐錢陸拾文
源興房捐錢陸拾文
源泉房捐錢叁拾捌文
張源茂房捐錢叁拾文
吳大魁房捐錢叁拾文
同豐房捐錢叁拾文
陸昌記房捐錢叁拾文
邵萬順房捐錢貳拾叁文

以上共收房捐錢叁百叁拾伍千玖拾玖文

郡城濬河徵信錄

房捐收數

衆銅錫鋪鉳錧鼓班洋鐵鋪

恒源房捐錢貳拾柒千文
福順房捐錢拾玖千伍百柒拾伍文
恒茂房捐錢玖千肆百捌拾文
薛元茂房捐錢玖千壹百捌拾文
協泰房捐錢捌千壹百文
順泰房捐錢捌千壹百文
裕隆房捐錢柒千陸百貳拾柒文
衡泰房捐錢陸千伍拾柒文
福潤泰房捐錢肆千玖百玖拾伍文

萃生房捐錢肆千捌百陸拾文
仁泰房捐錢肆千柒百貳拾伍文
裕盛房捐錢肆千柒百貳拾伍文
隆順房捐錢肆千叁百伍拾文
源興房捐錢肆千伍百柒拾伍文
元興房捐錢叁千陸百肆拾伍文
乾源房捐錢叁千叁百柒拾伍文
人和房捐錢叁千叁百柒拾伍文
同裕房捐錢叁千貳百肆拾文

仁興房捐錢貳千玖百柒拾文
山和房捐錢貳千玖百柒拾文
吳和茂房捐錢貳千柒百文
洪裕房捐錢貳千肆百叁拾文
新泰房捐錢貳千貳百柒拾伍文
公泰房捐錢貳千貳百貳拾文
元隆房捐錢貳千壹百陸拾文
朱合興房捐錢貳千貳拾伍文
仁和房捐錢壹千陸百捌拾文
萬成房捐錢壹千陸百貳拾捌文
元成房捐錢壹千肆百捌拾伍文
復順房捐錢壹千肆百肆拾文

徐泰順房捐錢壹千陸百玖拾貳文
邱大興房捐錢壹千肆百肆拾文
同茂房捐錢壹千叁百伍拾文
福興房捐錢壹千叁百伍拾文
源豐房捐錢壹千貳百玖拾文
勵緒新房捐錢壹千貳百肆拾伍文
福盛房捐錢壹千貳百柒拾伍文
新順房捐錢壹千貳百拾伍文
順興房捐錢壹千貳百拾伍文
萬森房捐錢壹千貳百拾伍文
永興房捐錢壹千貳百拾伍文
裕興房捐錢壹千壹百伍拾伍文

董日昇房捐錢壹千壹百伍拾伍文
乾大房捐錢玖百陸拾文
隆興房捐錢壹千壹百肆拾肆文
乾生房捐錢玖百肆拾柒文
裕春房捐錢壹千壹百肆拾文
萬興房捐錢玖百肆拾文
坤源房捐錢壹千壹百貳拾捌文
源順房捐錢玖百肆拾伍文
天元房捐錢壹千捌拾文
隆順房捐錢玖百肆拾伍文
生大房捐錢壹千捌拾文
隆昌房捐錢玖百文
鋐森房捐錢壹千捌拾文
順興房捐錢捌百肆拾文
隆茂房捐錢壹千伍拾文
合興房捐錢捌百肆拾文
王新茂房捐錢壹千拾柒文
德興房捐錢捌百肆拾文
戴大成房捐錢玖百陸拾文
李永興房捐錢捌百貳拾伍文
錢大興房捐錢玖百肆拾伍文
萬源房捐錢捌百貳拾伍文
柒福興房捐錢捌百伍拾捌文
永興房捐錢捌百拾文

新春陽房捐錢捌百拾文
茂興房捐錢陸百叁拾文
張北海房捐錢捌百拾文
仁興房捐錢陸百叁拾文
福昌房捐錢柒百捌拾肆文
恊茂房捐錢陸百叁拾文
全興房捐錢柒百捌拾文
寶泰房捐錢陸百叁拾捌文
裕大房捐錢柒百肆拾捌文
復泰房捐錢陸百陸拾文
周開記房捐錢柒百肆拾柒文
順泰房捐錢陸百文
忻全泰房捐錢柒百貳拾文
順興房捐錢陸百文
王太源房捐錢柒百貳拾文
永泉房捐錢陸百文
順泰房捐錢捌百拾文
永順房捐錢陸百文
隆興房捐錢陸百玖拾文
一大房捐錢陸百文
泰和房捐錢陸百柒拾伍文
邵順興房捐錢陸百柒拾伍文
祥源房捐錢陸百叁拾文
金合興房捐錢陸百文

順興房捐錢陸百叁拾文
聚興房捐錢肆百伍文
正泰房捐錢陸百文
新潤房捐錢叁百玖拾文
順興房捐錢伍百陸拾文
源泰房捐錢叁百柒拾伍文
鄭四福房捐錢伍百肆拾文
董小狗房捐錢叁百陸拾文
大成房捐錢伍百貳拾伍文
鼎泰房捐錢叁百陸拾文
義昌房捐錢伍百拾文
德興房捐錢叁百叁拾貳文
郁永興房捐錢肆百玖拾捌文
夏隆興房捐錢叁百叁拾貳文
茂盛房捐錢肆百捌拾文
全泰房捐錢叁百拾伍文
聚興房捐錢肆百伍拾文
通生房捐錢貳百柒拾文
通裕房捐錢肆百伍拾文
陳懋昌房捐錢貳百貳拾伍文
順興房捐錢肆百拾叁文
俞順興房捐錢貳百貳拾伍文
順生房捐錢肆百伍文
振和房捐錢貳百拾文

陳萬昌房捐錢壹百玖拾伍文
李德順房捐錢玖拾文
德潤房捐錢壹百捌拾文
同興房捐錢柒拾伍文
乾順房捐錢壹百捌拾文
同裕房捐錢陸拾文
森昌房捐錢壹百陸拾伍文
李六記房捐錢陸拾捌文
順興房捐錢貳百拾文
萬隆房捐錢陸拾文
錢順興房捐錢壹百陸拾伍文
天生房捐錢陸拾文
合記房捐錢壹百伍拾文
合順房捐錢陸拾文
同麗源房捐錢壹百伍拾文
徐正元房捐錢陸拾文
山和坤記房捐錢壹百貳拾文
李順昌房捐錢陸拾文
董順興房捐錢壹百貳拾文
俞隆興房捐錢陸拾文
合興房捐錢玖拾文
源順房捐錢伍拾陸文
韓恊茂房捐錢玖拾文
隆昇房捐錢伍拾叁文

元茂房捐錢伍百肆拾文
邵福興房捐錢肆拾貳文
和泰房捐錢伍拾叁文
源茂房捐錢肆拾伍文
德昇房捐錢肆拾伍文
正大房捐錢肆拾壹文
章義興房捐錢肆拾伍文
祥源房捐錢叁拾陸文
萬茂房捐錢肆千肆百伍拾伍文
潘隆泰房捐錢貳千肆百玖拾文
順發房捐錢肆千伍拾文
愼德房捐錢貳千肆百叁拾文
張順昌房捐錢叁千伍百拾文
恒順房捐錢貳千肆百叁拾文
震興房捐錢叁千叁百柒拾伍文
泰順房捐錢貳千叁百陸拾柒文
泰昌房捐錢貳千柒百文
順德房捐錢貳千壹百陸拾文
馬鎰豐房捐錢貳千柒百文
恒順房捐錢貳千壹百陸拾文
恒興房捐錢貳千伍百伍文
福順房捐錢壹千捌百肆拾文
德泰房捐錢貳千肆百叁拾文
順興房捐錢壹千柒百伍拾伍文

萬興房捐錢壹千肆百叁拾伍文
張泰和房捐錢捌百拾文
復源泰房捐錢壹千叁百伍拾文
姚順泰房捐錢柒百貳拾文
王元隆房捐錢壹千貳百拾伍文
馮大興房捐錢柒百貳拾文
恒豐房捐錢壹千貳百拾捌文
大興房捐錢陸百柒拾伍文
邵宏泰房捐錢壹千捌拾文
馮森泰房捐錢陸百柒拾伍文
符同興房捐錢壹千捌拾文
和興房捐錢陸百叁拾文
潘明記房捐錢壹千捌拾文
潘盈泰房捐錢伍百貳拾伍文
陳源順房捐錢壹千拾柒文
楊一成房捐錢叁百柒拾伍文
同興房捐錢玖百陸拾文
萬盛房捐錢叁百陸拾文
朱萬成房捐錢玖百肆拾伍文
勝順房捐錢貳百貳拾伍文
費順和房捐錢捌百捌拾貳文
聚源房捐錢壹百伍拾文
張潤茂房捐錢捌百肆拾文
永興房捐錢玖拾文

費源茂房捐錢捌拾叁文
順泰房捐錢肆拾伍文
和順房捐錢陸拾文
王萬興房捐錢肆拾伍文
萬興房捐錢陸拾文
馮大生房捐錢肆拾伍文
聚興房捐錢陸拾文
李友生房捐錢肆拾伍文
寶泰房捐錢陸拾文
楊興順房捐錢貳拾陸文
順益房捐錢肆千柒百貳拾伍文
源記房捐錢叁百玖拾文
宏興房捐錢叁千肆百貳拾捌文
周德興房捐錢叁千貳百肆拾文
陳德聲房捐錢伍千陸拾柒文
婁美聲房捐錢陸拾文
同豐房捐錢肆千伍拾文
周萬興房捐錢陸百叁拾捌文
羅永豐房捐錢叁千壹百伍文
周萬豐房捐錢伍百柒拾文
曹源順房捐錢貳千柒百文
周萬源房捐錢伍百貳拾伍文
蔡萬順房捐錢貳千肆百叁拾文
蔡萬生房捐錢貳百貳拾伍文

鋐利房捐錢叁百陸拾文
春記房捐錢肆拾壹文

以上共收房捐錢叁百貳拾陸千伍拾陸文

衆神冠領帽雅扇盛頭會器舖

黃聚源房捐錢柒百玖拾伍文
彩章房捐錢伍千玖百肆拾文
重華房捐錢拾千捌拾文
震泰房捐錢伍千柒百肆拾陸文
生章房捐錢柒千肆百貳拾伍文
元昌房捐錢伍千肆百文
文元房捐錢陸千柒百捌拾文
隆昌房捐錢伍千叁百叁拾柒文
增元房捐錢陸千柒百伍拾文
三多房捐錢伍千壹百叁拾文
大章房捐錢陸千柒百伍拾文
文華房捐錢肆千捌百陸拾文
東一房捐錢陸千陸百拾伍文
正華房捐錢肆千叁百玖拾貳文
緯成房捐錢陸千貳百拾文
添元房捐錢肆千壹百捌拾伍文
老泳豐房捐錢陸千柒拾伍文
鴻彰房捐錢叁千陸百肆拾肆文

玉章房捐錢叁千陸百陸拾壹文　瑞昌房捐錢貳千伍百貳拾文
乾元房捐錢叁千陸百肆拾肆文　元生房捐錢貳千叁百拾玖文
景春房捐錢叁千伍百拾文　姚永興房捐錢貳千貳百陸拾伍文
九峩房捐錢叁千伍百拾文　巨昌房捐錢貳千壹百柒拾伍文
福源房捐錢叁千叁百玖拾文　同華房捐錢貳千壹百陸拾文
景華房捐錢叁千叁百柒拾伍文　天成房捐錢貳千壹百陸拾文
文盛房捐錢叁千叁百柒拾伍文　裕昌房捐錢貳千壹百陸拾文
天一房捐錢叁千文　吉祥房捐錢貳千壹百陸拾文
源盛房捐錢貳千玖百柒拾文　有章房捐錢貳千貳拾伍文
吳泰源房捐錢貳千玖百柒拾文　天元房捐錢壹千玖百伍拾捌文
泰豐房捐錢貳千柒百文　泰和房捐錢壹千玖百拾柒文
馮大元房捐錢貳千陸百叁拾柒文　祥元房捐錢壹千捌百玖拾文

錦文房捐錢壹千捌百貳拾文　湯恭茂房捐錢壹千叁百伍拾文
文星房捐錢壹千陸百玖拾貳文　湯震茂房捐錢壹千叁百伍拾文
時豐房捐錢壹千陸百玖拾貳文　吉升房捐錢壹千叁百伍拾文
三華房捐錢壹千陸百陸拾伍文　元華房捐錢壹千叁百伍拾文
大昌房捐錢壹千陸百貳拾文　一品房捐錢壹千捌拾文
錦記房捐錢壹千陸百貳拾文　其昌房捐錢壹千捌拾文
錦文房捐錢壹千伍百文　丁永豐房捐錢壹千捌拾文
春成房捐錢壹千伍百文　慶華房捐錢壹千拾柒文
天錦房捐錢壹千肆百陸拾伍文　繪章房捐錢壹千伍文
晉豐房捐錢壹千肆百貳拾貳文　崇華房捐錢玖百文
元和房捐錢壹千叁百伍拾文　生昌房捐錢捌百拾文
彩豐房捐錢壹千叁百伍拾文　祥華房捐錢捌百拾文

錦茂房捐錢壹千伍百叁拾文　恒昌房捐錢柒百伍拾文
同昌房捐錢陸百柒拾伍文　裕昌房捐錢肆百伍拾文
吉慶房捐錢陸百陸拾肆文　宏昌房捐錢肆百貳拾文
永興房捐錢陸百柒拾伍文　重興房捐錢叁百陸拾文
正泰元房捐錢陸百文　協興房捐錢貳百柒拾文
重元房捐錢伍百伍拾伍文　正昌房捐錢壹百捌拾文
信泰房捐錢肆百玖拾捌文　生茂房捐錢壹百叁拾伍文
彩彰房捐錢肆百伍拾文　錦生房捐錢玖拾文
五章房捐錢肆百伍拾文　新元房捐錢肆拾伍文
榮彰房捐錢壹千伍拾文　寶華房捐錢肆拾伍文
清福齋房捐錢捌百拾文　源泉房捐錢肆百玖拾伍文
芳風館房捐錢拾千壹百貳拾伍文　錦旋房捐錢貳百肆拾文

老錦雲房捐錢肆千伍百玖拾文　方錦雲房捐錢玖百肆拾伍文
芳風館房捐錢貳千柒百文　芳風館房捐錢肆百貳拾文
錦雲堂房捐錢貳千伍百捌拾肆文　張子元房捐錢叁百貳拾叁文
續蘭堂房捐錢壹千柒百伍拾伍文　景月齋房捐錢貳百拾文
孚椿房捐錢貳千伍百陸拾伍文　柯允升房捐錢捌百肆拾文
富春房捐錢貳千伍百陸拾伍文　趙源興房捐錢捌百肆拾文
永興房捐錢貳千肆百叁拾文　渭源房捐錢捌百拾文
順泰房捐錢貳千貳百玖拾伍文　長興房捐錢捌百拾文
元來房捐錢壹千捌百文　允昇房捐錢陸百叁拾文
乾興房捐錢壹千叁百伍拾文　恒興房捐錢陸百文
德興房捐錢玖百陸拾文　高永興房捐錢伍百貳拾伍文
晉興房捐錢陸百柒拾伍文　丁德順房捐錢肆百叁拾伍文

以上共收房捐錢貳百伍拾叁千陸百陸拾貳文

衆鞋襪搭膊釘履木鞋舖

老得利房捐錢拾捌千玖拾文　老萬盛房捐錢肆千柒百貳拾伍文
老得利房捐錢拾柒千貳百捌拾文　鼎履元房捐錢肆千伍百文
老天和房捐錢拾千捌百文　祥泰房捐錢肆千肆百文
廣茂房捐錢拾千陸百柒拾捌文　大勝隆房捐錢叁千捌百肆拾文
永懋房捐錢捌千捌百伍拾文　老得利進記房捐錢叁千柒百捌拾文
老得利房捐錢柒千玖百陸拾伍文　天順房捐錢叁千伍百拾文
公茂房捐錢陸千肆百捌拾文　袁寶綦房捐錢叁千壹百伍拾文
得利明記房捐錢陸千肆百肆拾壹文　得利房捐錢貳千肆百叁拾文
老永春房捐錢陸千陸拾文　老泉興房捐錢貳千貳拾伍文
戎得利房捐錢伍千伍百叁拾伍文　德順房捐錢貳千貳拾伍文

合利房捐錢壹千捌百玖拾文　裕成隆房捐錢壹千壹百肆拾肆文
汪得利房捐錢壹千柒百伍拾伍文　得利興記房捐錢壹千壹百陸拾叁文
老得利房捐錢壹千陸百貳拾文　合利房捐錢壹千捌拾柒文
祥茂房捐錢壹千陸百貳拾文　寶興隆房捐錢玖百玖拾文
聚興房捐錢壹千伍百文　羅天元房捐錢玖百陸拾文
茂椿房捐錢壹千叁百伍拾文　寶成房捐錢玖百肆拾伍文
李得森房捐錢壹千叁百伍拾文　祥順房捐錢玖百肆拾伍文
得裕房捐錢壹千貳百捌拾柒文　新得利房捐錢玖百文
衡茂房捐錢壹千貳百拾伍文　萬興房捐錢玖百文
得森茂房捐錢壹千貳百拾伍文　萬椿房捐錢捌百伍拾伍文
順茂房捐錢壹千貳百文　雙和房捐錢捌百拾文
祥茂房捐錢壹千壹百玖拾肆文　永興房捐錢捌百拾文

順茂房捐錢捌百拾文　張福興房捐錢陸百柒拾伍文
洪森懋房捐錢捌百拾文　得順房捐錢伍百捌拾伍文
老得利林記房捐錢陸百柒拾伍文　得生祥房捐錢肆百肆拾文
倪春和房捐錢伍千肆百柒拾伍文　松盛房捐錢伍千捌百伍文
春盛房捐錢貳千伍百貳文　峻豐房捐錢壹千伍百文
春和房捐錢叁千肆百貳拾文　森盛房捐錢玖百肆拾伍文
姚泰和房捐錢貳千肆百叁拾文　順成房捐錢捌百伍拾伍文
公盛房捐錢貳千貳拾伍文　新春茂房捐錢陸百文
孔全茂房捐錢壹千玖百貳拾文　源盛房捐錢伍百文
方春泉房捐錢壹千柒百伍拾伍文　仁盛房捐錢叁百文
咸泰房捐錢拾壹千柒拾文　慶來房捐錢柒千陸百貳拾柒文
老眞得利房捐錢捌千叁百柒拾文　得利惠記房捐錢柒千陸百念柒文

老得利房捐錢貳千柒百文　惠源房捐錢叁千壹百伍拾文
章義興房捐錢貳千柒百文　衡利房捐錢叁千肆百陸拾玖文
森茂房捐錢貳千伍百伍拾文　慶森房捐錢貳千伍百陸拾伍文
錦和房捐錢貳千捌百叁拾伍文　老大森房捐錢貳千叁百柒拾文
福順房捐錢伍千捌百伍文　聚興房捐錢貳千貳拾伍文
蔣得利房捐錢伍千壹百叁拾文　萬成房捐錢柒百玖拾陸文
老得利餘記房捐錢肆千捌百陸拾文　老得利房捐錢陸百玖拾文
老如意房捐錢肆千捌百陸拾文　瑞泰房捐錢肆百伍拾文
老天和房捐錢肆千柒百貳拾伍文　寶興房捐錢伍百捌拾伍文
松茂房捐錢肆千伍拾文　合大房捐錢捌百肆拾文
老得利全記房捐錢肆千伍拾文　瑞和房捐錢肆百伍拾文
得利椿號房捐錢叁千捌百拾肆文　金得利房捐錢叁百叁拾文

九龍齋房捐錢壹千玖百伍拾文
錦興房捐錢壹千捌百拾伍文
老萬興房捐錢壹千柒百伍拾伍文
戎大興房捐錢壹千陸百貳拾文
春茂房捐錢壹千伍百叁拾文
老錦春房捐錢壹千叁百伍拾文
老萶茂房捐錢壹千貳百拾伍文
錦泰房捐錢壹千捌拾文
源興房捐錢壹千貳拾文
泳和房捐錢玖百陸拾文
德裕房捐錢玖百肆拾伍文
大興房捐錢柒百捌拾文

天生房捐錢柒百肆拾柒文
順和房捐錢陸百柒拾伍文
天成齋房捐錢陸百柒拾伍文
得利房捐錢陸百文
老萬盛房捐錢伍百捌拾伍文
天順房捐錢伍百貳拾伍文
聚源房捐錢肆百玖拾伍文
元興房捐錢肆百玖拾伍文
老得利房捐錢肆百伍拾文
老同森房捐錢肆百伍文
萬順房捐錢肆百伍文
永興隆房捐錢叁百柒拾伍文

張萬順房捐錢叁百陸拾文
祥興房捐錢叁百拾伍文
得興房捐錢貳百柒拾文
老大森房捐錢貳百貳拾陸文
源盛房捐錢貳百拾陸文
源成房捐錢貳百拾文
合森房捐錢壹百捌拾文
老榮森房捐錢壹百捌拾文
老泉來房捐錢壹百捌拾伍文
泰記房捐錢壹百捌拾文
聚興房捐錢壹百叁拾伍文
順利房捐錢伍百拾文

吉祥泰房捐錢捌拾叁文
履翔房捐錢捌拾叁文
沈萬來房捐錢柒拾陸文
胡德生房捐錢柒拾伍文
陳振源房捐錢柒拾伍文
應天德房捐錢陸拾文
老榮茂房捐錢陸拾文
陳如法房捐錢伍拾叁文
徐祥順房捐錢伍拾叁文
錢茂記房捐錢肆拾壹文
董永興房捐錢叁拾捌文
邱長興房捐錢叁拾捌文

袁泉記房捐錢陸百柒拾伍文
李瑞茂房捐錢陸百伍拾叁文
邵紀壽房捐錢陸百拾叁文
張榮華房捐錢陸百叁拾文
董順林房捐錢伍百肆拾文
連陞齋房捐錢叁百文
呂大興房捐錢貳百柒拾文
老洪昌房捐錢貳百柒拾文
張芝福房捐錢貳百貳拾伍文
源興房捐錢貳百拾文
永興房捐錢貳百拾文
林連記房捐錢壹百捌拾文

夏恒記房捐錢壹百陸拾伍文
萬順房捐錢壹百伍拾文
泰源房捐錢壹百伍拾文
德興房捐錢壹百伍文
合利房捐錢玖拾文
瑞興房捐錢柒拾伍文
裕興房捐錢柒拾伍文
永順房捐錢陸拾捌文
老森泰房捐錢陸拾文
徐松茂房捐錢陸拾文
椿源房捐錢玖拾文
董大成房捐錢陸拾文

合興房捐錢陸拾文
履泰房捐錢陸拾文
順興房捐錢陸拾文
合茂房捐錢陸拾文
泰順房捐錢伍拾伍文
張順泰房捐錢肆拾伍文
史長興房捐錢肆拾伍文
劉順富房捐錢肆拾伍文
徐安祥房捐錢肆拾壹文
張阿明房捐錢肆拾伍文
張察來房捐錢肆拾伍文
老天森房捐錢壹百叁拾伍文

郭順興房捐錢玖拾文
源興房捐錢肆拾伍文
福興房捐錢叁拾玖文
萬生房捐錢叁拾捌文
陳萬興房捐錢叁拾捌文
永興房捐錢叁拾文
德順房捐錢叁拾文
李順興房捐錢叁拾文
張六記房捐錢貳拾叁文
李信珏房捐錢貳拾文
陸茂興房捐錢肆拾伍文
老春森房捐錢伍拾叁文

以上共收房捐錢叁百貳拾玖千陸拾壹文

衆嫁粧桶缽棕棚舖筠桶作

裕泰房捐錢貳拾千貳百伍拾文　源順房捐錢捌千叁百柒文
文元房捐錢拾玖千陸百貳拾文　萬源房捐錢柒千玖百陸拾伍文
春森房捐錢拾伍千玖百叁拾文　源泰房捐錢柒千捌百玖拾叁文
生大房捐錢拾貳千陸百玖拾文　福順房捐錢柒千伍百陸拾陸文
三懋房捐錢拾貳千壹百伍拾文　萬隆房捐錢陸千肆百伍拾文
生生房捐錢拾壹千柒百肆拾伍文　森懋房捐錢陸千柒拾伍文
祥記房捐錢拾千伍百陸拾文　永泰房捐錢伍千貳百伍拾貳文
同昌房捐錢拾千壹百貳拾伍文　瑾號房捐錢肆千捌百陸拾肆文
文興房捐錢玖千捌百伍拾文　萬順房捐錢肆千叁百玖拾伍文
福大房捐錢玖千捌百肆拾文　張萬茂房捐錢肆千叁百伍文

益源房捐錢肆千貳百柒拾伍文　復泰房捐錢壹千肆百貳拾貳文
李萬森房捐錢肆千貳百叁拾文　元生房捐錢壹千肆百貳拾貳文
邵萬興房捐錢肆千貳百叁拾文　張茂興房捐錢壹千貳百玖拾文
開泰房捐錢叁千陸百肆拾伍文　祥源房捐錢壹千壹百柒拾文
永興房捐錢貳千伍百伍拾文　恒昌房捐錢壹千伍文
生號房捐錢貳千肆百文　萃和房捐錢玖百肆拾伍文
鄭長興房捐錢貳千壹百陸拾文　大昌房捐錢玖百文
恒新房捐錢貳千貳百玖拾伍文　同泰房捐錢捌百肆拾文
葉承昌房捐錢壹千玖百貳拾文　生和房捐錢柒百柒拾叁文
徐震記房捐錢壹千陸百捌拾文　森潤房捐錢柒百叁拾伍文
源大房捐錢壹千伍百陸拾文　生泉房捐錢陸百柒拾伍文
椿茂房捐錢壹千肆百貳拾伍文　瑞榆房捐錢陸百肆拾伍文

祥和房捐錢捌百捌拾文　德昌房捐錢陸百叁拾文
施隆興房捐錢貳千貳百玖拾伍文　林寶興房捐錢捌百肆拾文
包永昌房捐錢壹千柒百拾文　陸鎮興房捐錢肆百拾叁文
元來房捐錢壹千陸百伍拾文　永生房捐錢叁百文
森泰房捐錢壹千貳百拾伍文　順泰房捐錢貳百貳拾伍文
施實信房捐錢壹千伍百文　生泉房捐錢貳百貳拾伍文
慎益房捐錢壹千肆百陸拾陸文　祥泰房捐錢貳百拾捌文
張順記房捐錢壹千叁百貳拾文　傅來順房捐錢壹百伍文
全記房捐錢壹千貳百拾伍文　施永興房捐錢陸拾捌文
朱三和房捐錢壹千柒百拾文　葉長春房捐錢壹千叁百伍拾文
義順房捐錢壹千陸百伍拾文　協興房捐錢壹千貳百拾伍文
順昌房捐錢壹千陸百貳拾文　錦和房捐錢壹千捌拾文

源興房捐錢壹千叁百伍拾文　仁記房捐錢玖百叁拾文
順記房捐錢陸百叁拾文　錦泉房捐錢壹百伍文
萬順房捐錢陸百文　復升房捐錢壹百文
慎源房捐錢肆百陸拾伍文　金全興房捐錢玖拾捌文
椿和房捐錢叁百陸拾文　王生記房捐錢玖拾文
王義興房捐錢捌百肆拾文　呂林寶房捐錢陸拾捌文
陳寶興房捐錢壹百貳拾文　復新房捐錢陸拾文
聚興房捐錢陸千玖百文　林榮昌房捐錢壹千捌百玖拾文
大椿房捐錢肆千陸百貳拾叁文　陳順興房捐錢壹千叁百伍拾文
彙錦房捐錢肆千伍拾文　顧永和房捐錢玖百文
曹萬興房捐錢叁千壹百捌拾文　嚴萬興房捐錢捌百拾文
錢榆興房捐錢貳千肆百文　聚興房捐錢捌百拾文

郡祥興房捐錢貳千貳拾伍文
方全興房捐錢貳百肆拾文
松盛房捐錢壹千貳百文
協興房捐錢壹百叁拾玖文
何日新房捐錢貳千壹百陸拾文
陳生潤房捐錢捌百拾文
陳聚興房捐錢壹千陸百貳拾文
徐永興捐錢捌百拾文
陳同興房捐錢壹千伍百文
徐合興房捐錢捌百拾文
何日成房捐錢壹千捌百文
順興房捐錢陸百柒拾伍文
永興房捐錢壹千捌拾文
日森房捐錢貳百捌拾伍文
方茂生房捐錢壹千捌拾文
陳德興房捐錢貳百貳拾伍文
嚴聚興房捐錢玖百陸拾文
王萬興房捐錢肆拾伍文
施萬興房捐錢捌百肆拾文
隆興房捐錢肆拾伍文
胡萬興房捐錢捌百拾文

以上共收房捐錢叁百拾陸千捌百拾貳文

衆酒樓麪館葷菜粥飯舖

義如房捐錢叁拾叁千柒百伍拾文
通源房捐錢拾千捌百文
狀元房捐錢貳拾伍千伍百拾伍文
養和房捐錢捌千捌百伍拾文
大觀房捐錢貳拾肆千叁百文
新泰房捐錢柒千貳百陸拾文
三陽房捐錢拾柒千玖百貳拾玖文
正泰房捐錢伍千陸百柒拾文
聚源房捐錢拾肆千捌百伍拾文
新源房捐錢肆千捌百陸拾文
狀元館房捐錢拾肆千伍百捌拾文
豐和房捐錢肆千捌百陸拾文
甬江房捐錢拾叁千柒百貳拾伍文
源和房捐錢貳千玖百柒拾文
聚金房捐錢拾叁千伍百文
王恒源房捐錢貳千柒百文
和美房捐錢拾叁千伍百文
衡茂房捐錢貳千柒百文
襟江房捐錢拾壹千玖百伍拾貳文
恒泰房捐錢貳千柒百文
重元房捐錢捌千捌百叁拾伍文
老協沅房捐錢貳千肆百叁拾文

集賢房捐錢捌千壹百文
豫美房捐錢壹千貳百叁拾陸文
雲江房捐錢柒千伍百陸拾文
李榮昌房捐錢壹千貳百拾伍文
景元房捐錢叁千叁百玖拾玖文
同永昌房捐錢壹千壹百貳拾伍文
永利房捐錢叁千貳百肆拾文
震茂房捐錢壹千捌拾文
景陽房捐錢壹千玖拾伍文
順興房捐錢壹千捌拾文
茂興房捐錢貳千肆百叁拾文
衡泉房捐錢壹千拾柒文
源昌房捐錢貳千貳百玖拾伍文
寶和房捐錢捌百拾文
山茂房捐錢貳千貳拾伍文
萬順房捐錢柒百陸拾伍文
張仁和房捐錢壹千捌百玖拾文
乾和房捐錢陸百柒拾伍文
順茂房捐錢壹千捌百玖拾文
順興房捐錢伍百伍拾伍文
萬利房捐錢壹千柒百伍拾伍文
正和房捐錢伍百肆拾文
懋泰房捐錢壹千叁百伍拾文
人和房捐錢肆百伍文

合興齋房捐錢貳千陸百肆拾文
寶豐房捐錢壹千貳百拾伍文
合興房捐錢貳千肆百叁拾文
方正大房捐錢捌百拾文
林寶記房捐錢柒百文
王福林房捐錢陸百文
麗生居房捐錢叁百文
新景元房捐錢叁百拾伍文
復昇園房捐錢肆百玖拾伍文
恒和房捐錢叁百陸拾文
順風園房捐錢叁百叁拾玖文
懷記房捐錢叁百陸拾文
怡甡房捐錢叁百柒拾伍文
源利房捐錢壹百柒拾伍文
同興房捐錢肆千肆百伍拾伍文
東來房捐錢貳千貳拾伍文
陳阿三房捐錢叁千陸百肆拾伍文
福興房捐錢壹千玖百貳拾文
永興房捐錢貳千壹百文
同雲房捐錢壹千捌百玖拾文
順興房捐錢貳千玖拾柒文
同慶房捐錢壹千伍百拾伍文
聚興房捐錢貳千貳拾伍文
順興房捐錢壹千伍百文

三元房捐錢壹千陸百捌拾文
春生房捐錢壹千陸百貳拾文
慶和房捐錢壹千肆百柒拾文
董源泰房捐錢壹千叁百伍拾文
董生泰房捐錢壹千貳百文
景元房捐錢壹千壹百柒拾文
得勝房捐錢壹千壹百肆拾文
聽月房捐錢壹千捌拾文
聚錦房捐錢壹千捌拾文
一鳳房捐錢玖百玖拾文
正和房捐錢捌百肆拾文
勝元房捐錢柒百玖拾伍文

順興房捐錢柒百貳拾文
桂林房捐錢陸百叁拾文
天興房捐錢陸百拾文
三星房捐錢伍百貳拾伍文
聚源房捐錢肆百捌拾文
義和房捐錢肆百伍拾文
雙和房捐錢肆百貳拾文
隆興房捐錢叁百陸拾文
同和房捐錢叁百文
立生房捐錢壹百伍拾文
長集房捐錢柒拾伍文
成興房捐錢陸拾文

益美房捐錢玖百肆拾伍文
義和房捐錢玖百肆拾伍文
長興房捐錢玖百肆拾伍文
三雲房捐錢玖百肆拾伍文
福順房捐錢壹百伍文
傳連陞房捐錢壹千壹百貳拾伍文
慶陽房捐錢肆千壹百捌拾伍文
金谷房捐錢肆千伍拾文
鴻運房捐錢叁千柒百捌拾文
陽春房捐錢叁千貳百肆拾文
春源房捐錢貳千捌百叁拾伍文
同慶房捐錢貳千柒百文

得勝房捐錢叁百文
景陽房捐錢貳百肆拾文
三和房捐錢柒拾伍文
祥興房捐錢伍拾叁文
同源房捐錢陸拾文
楊福星房捐錢玖百文
同昇房捐錢貳千伍百文
福順房捐錢貳千肆百叁拾文
萬生房捐錢貳千壹百陸拾文
南陽房捐錢貳千壹百陸拾文
同春房捐錢壹千捌百玖拾文
珍陽房捐錢壹千陸百貳拾文

聚興房捐錢壹千肆百肆拾文
三福房捐錢壹千叁百伍拾文
東星房捐錢壹千叁百伍拾文
春陽房捐錢壹千叁百伍拾文
同福房捐錢壹千叁百伍拾文
鶴鳴房捐錢壹千貳百玖拾文
三鳳房捐錢壹千貳百拾伍文
日昇房捐錢壹千貳百拾伍文
福景房捐錢壹千捌拾文
甬源房捐錢壹千捌拾文
范福興房捐錢壹千捌拾文
三元房捐錢壹千伍拾貳文

吉祥房捐錢壹千伍拾文
聚星房捐錢壹千拾柒文
新元房捐錢玖百玖拾文
五福房捐錢玖百陸拾肆文
鳳仙房捐錢玖百肆拾伍文
雙和房捐錢玖百肆拾伍文
大星房捐錢玖百肆拾伍文
東陽房捐錢捌百拾文
大慶房捐錢捌百拾文
鳳春房捐錢陸百柒拾柒文
景福房捐錢陸百柒拾伍文
三星房捐錢柒百伍拾文

慶福房捐錢伍百肆拾文
源興房捐錢伍百肆拾文
載陽房捐錢肆百伍拾文
同源房捐錢貳百貳拾伍文
永緒房捐錢伍百拾文
立興房捐錢捌千叁百叁拾肆文
福勝房捐錢柒千貳百文
森生房捐錢陸千柒百伍拾文
源茂房捐錢叁千肆百貳拾文
源泰房捐錢壹千玖百貳拾文
乾泰房捐錢拾伍千柒百玖拾伍文
宏興房捐錢拾叁千伍百文

永源房捐錢叁百文
祥源房捐錢叁百文
大春房捐錢壹百捌拾文
聚源房捐錢壹百伍拾文
宏元房捐錢叁百玖拾文
仁記房捐錢壹千伍拾文
萬茂房捐錢陸百文
永興房捐錢陸百文
福記房捐錢伍百肆拾文
協泰房捐錢叁百捌拾文
甬源房捐錢捌千柒百伍拾文
長潤房捐錢捌千壹百文

頤泰房捐錢拾千玖百柒拾叁文　同泰房捐錢柒千玖百陸拾伍文
乾順房捐錢拾千捌百文　王仁泰房捐錢壹千陸百捌拾文
新泰房捐錢拾千陸百陸拾伍文　源豐房捐錢壹千肆百捌拾伍文
秉昌房捐錢柒千貳百文　何順興房捐錢壹千壹百貳拾伍文
春和房捐錢陸千叁百文　春和房捐錢壹千捌拾文
協森房捐錢肆千玖百玖拾伍文　順和房捐錢捌百拾文
祥興房捐錢肆千柒百捌拾壹文　蔣源茂房捐錢捌百拾文
震泰房捐錢肆千伍百文　董大興房捐錢柒百貳拾文
協興房捐錢肆千叁百貳拾文　滋泰房捐錢柒百貳拾文
湧興房捐錢叁千柒百捌拾文　源泰房捐錢肆百捌拾文
台興房捐錢叁千陸百肆拾伍文　劉正和房捐錢伍百捌拾壹文
全興房捐錢貳千玖百柒拾文　順和房捐錢叁百陸拾文
湧泉房捐錢貳千柒百文　順興房捐錢壹千玖百捌拾柒文
合記房捐錢貳千叁百貳拾伍文　重興房捐錢伍拾叁文
老順興房捐錢貳千伍百伍拾文　永興房捐錢伍拾叁文
永泰房捐錢貳千壹百文　聚星房捐錢叁拾文
協泰房捐錢貳千貳拾伍文　春源房捐錢叁拾文

以上共收房捐錢陸百壹千玖百捌拾玖文

衆書坊筆墨刻字鋪信班船局

汲綆房捐錢貳拾千伍百玖拾貳文　三餘房捐錢壹千貳百拾伍文
簡香房捐錢拾伍千壹百貳拾文　天祿閣房捐錢捌百拾文
三元房捐錢肆千玖百伍拾文　奎照房捐錢捌百拾文
三味房捐錢叁千叁百柒拾伍文　奎元房捐錢叁百柒拾伍文
寶文房捐錢貳千柒百拾伍文　修竹房捐錢陸拾捌文

宜今房捐錢貳千肆百文　鑒古房捐錢壹百玖拾陸文
三味房捐錢貳千貳百伍拾文　味經房捐錢壹百捌拾文
羣玉山房房捐錢壹千貳百文　大壯房捐錢陸拾文
查二妙房捐錢拾壹千捌百捌拾文　一品房捐錢壹千陸百貳拾文
二妙房捐錢伍千肆百文　友心房捐錢壹千肆百捌拾伍文
奎元房捐錢叁千陸百肆拾伍文　三畏房捐錢壹千叁百伍拾文
文星房捐錢貳千捌百叁拾伍文　翰香房捐錢壹千捌拾文
張進元房捐錢貳千柒百文　許正心房捐錢陸百叁拾文
文魁房捐錢貳千柒百文　文宜房捐錢伍百貳拾伍文
文林房捐錢貳千叁百陸拾柒文　夢花房捐錢壹百捌拾文
正文房捐錢貳千貳百肆拾伍文　奎文房捐錢壹百捌拾文
文元房捐錢貳千肆拾文　正揚房捐錢肆拾伍文
繡文房捐錢伍千壹百叁拾文　蔣文照純記房捐錢捌百拾文
嚴天成房捐錢肆千伍拾文　蔣文照瑞記房捐錢捌百拾文
尺木房捐錢壹千叁百伍拾文　蔣文照寶記房捐錢捌百拾文
鐵耕房捐錢玖百文　蔣文照宏記房捐錢伍拾叁文
鋤經房捐錢捌百拾文　蔣文照坤記房捐錢叁拾捌文
芝香房捐錢陸百叁拾文　翰香房捐錢陸拾文
宜雅房捐錢伍百捌拾伍文　翰墨房捐錢柒拾伍文
耕餘房捐錢伍百肆拾文　芹香房捐錢陸拾文
大文房捐錢肆百伍拾文　芸香房捐錢陸拾文
聚文房捐錢叁百玖拾文　三益房捐錢陸拾文
梓香房捐錢叁百陸拾文　述古房捐錢陸拾文
沈文元房捐錢叁百拾伍文　源順房捐錢捌百伍拾伍文

正和房捐錢拾肆千柒百陸拾文
廣大房捐錢柒千肆百貳拾伍文
永利房捐錢柒千壹百伍拾伍文
全盛房捐錢柒千貳拾文
恊興房捐錢陸千柒百伍拾文
永大房捐錢陸千肆百捌拾文
正大房捐錢陸千柒拾伍文
泉順房捐錢柒千玖百陸拾伍文
和泰房捐錢伍千肆百文
通沅房捐錢肆千伍百玖拾文
仁源房捐錢叁千壹百貳拾文

正和仁記房捐錢叁千陸百文
馥順房捐錢叁千貳百肆拾文
福順房捐錢貳千捌百叁拾伍文
安泰房捐錢貳千叁百貳拾伍文
福潤房捐錢貳千貳百伍拾文
寶泰房捐錢壹千柒百肆拾文
老順記房捐錢叁千柒百拾柒文
通泉房捐錢貳千壹百陸拾文
永興房捐錢玖百肆拾伍文
馬得勝房捐錢玖百肆拾伍文

以上共收房捐錢貳百拾捌千玖百捌拾壹文

衆柴炭行舖

森順房捐錢拾捌千玖百文
裕順房捐錢拾柒千壹百肆拾伍文
天生房捐錢拾陸千貳百文
同升房捐錢拾千叁百伍拾文
同源房捐錢拾千貳百陸拾文
春裕房捐錢捌千玖百捌拾伍文
隆興房捐錢捌千肆百文
仁成房捐錢捌千肆百文
寶泉房捐錢捌千貳百叁拾伍文
同森房捐錢捌千貳百叁拾伍文
益榆房捐錢捌千壹百文

立仁房捐錢捌千文
嘉泰房捐錢陸千伍百柒拾文
大興房捐錢陸千貳百貳拾伍文
萬順房捐錢陸千壹百貳文
李正興房捐錢陸千文
允新房捐錢肆千捌百文
恊順房捐錢伍千肆百文
同新房捐錢肆千柒百肆拾陸文
寶新房捐錢肆千柒百貳拾伍文
吉昇房捐錢肆千肆百伍拾伍文
毛公茂房捐錢肆千叁百玖拾伍文

仁昌房捐錢肆千壹百貳拾伍文
毛大興房捐錢叁千陸百柒拾伍文
源茂房捐錢肆千伍拾文
瑞興房捐錢肆千伍拾文
通源房捐錢叁千陸百文
順興房捐錢叁千肆百伍拾文
源新房捐錢叁千叁百柒拾伍文
坤源房捐錢叁千叁百陸拾文
合森房捐錢貳千伍百陸拾伍文
張大昌房捐錢貳千肆百柒拾伍文
聚興房捐錢貳千肆百叁拾文
松茂房捐錢貳千叁百陸拾柒文

洽森房捐錢貳千貳拾伍文
源泉房捐錢貳千貳拾伍文
永利房捐錢壹千玖百陸拾貳文
施文興房捐錢壹千玖百伍拾文
永順房捐錢壹千玖百貳拾文
集薪房捐錢壹千捌百玖拾文
張益興房捐錢壹千捌百玖拾文
源盛房捐錢壹千捌百拾捌文
公和房捐錢壹千陸百貳拾文
樓順興房捐錢壹千伍百叁拾玖文
王泰記房捐錢壹千叁百伍拾文
李萬興房捐錢壹千貳百拾伍文

順和房捐錢壹千壹百伍拾伍文
毛正茂房捐錢壹千捌拾文
生茂房捐錢壹千捌拾文
薪泰房捐錢壹千文
永順房捐錢玖百肆拾伍文
薪豐房捐錢玖百肆拾伍文
楊公源房捐錢玖百肆拾伍文
永吉房捐錢捌百拾文
生春房捐錢捌百拾文
萬豐房捐錢捌百拾文
毛三泰房捐錢捌百拾文
李寶林房捐錢捌百拾文

謝恒茂房捐錢柒百貳拾文
森大房捐錢柒百貳拾文
恒有房捐錢柒百貳拾文
樊源生房捐錢柒百拾文
仁昌房捐錢陸百柒拾玖文
文興房捐錢陸百柒拾伍文
老餘生房捐錢陸百柒拾伍文
陳艮善房捐錢陸百柒拾伍文
謝恊茂房捐錢陸百陸拾文
董大生房捐錢陸百陸拾文
滕炳榮房捐錢陸百叁拾文
王阿世房捐錢陸百叁拾文

姚德榮房捐錢陸百柒拾伍文　趙金記房捐錢肆百伍拾文
愼泰房捐錢伍百肆拾文　嚴永順房捐錢肆百貳拾文
裕興房捐錢陸百叁拾文　琛記房捐錢肆百伍文
源興房捐錢陸百文　順和房捐錢叁百拾陸文
茂興房捐錢伍百伍拾伍文　徐如芬房捐錢叁百文
榆茂房捐錢伍百肆拾文　永興房捐錢貳百柒拾文
范懋興房捐錢伍百肆拾文　時生房捐錢貳百肆拾文
葛泰記房捐錢伍百肆拾文　恒泰房捐錢貳百貳拾伍文
同順房捐錢肆百捌拾文　順茂房捐錢貳百叁文
億椿房捐錢肆百捌拾文　順興房捐錢壹百捌拾文
三陽房捐錢肆百捌拾文　福興房捐錢壹百捌拾文
嘉茂房捐錢肆百伍拾文　和興房捐錢壹百捌拾文
薪茂房捐錢壹百捌拾文　永茂房捐錢柒拾伍文
王合記房捐錢壹百陸拾伍文　李公發房捐錢陸拾文
長和房捐錢壹百貳拾文　吳玉順房捐錢陸拾文
三生房捐錢壹百伍文　應德順房捐錢陸拾文
恒豐房捐錢玖拾文　新順興房捐錢陸拾文
俞阿六房捐錢柒拾壹文　源興房捐錢伍拾叁文
泉記房捐錢陸拾肆文　俞大松房捐錢伍拾叁文
寶興房捐錢陸拾文　合興房捐錢肆拾伍文
裕昌房捐錢陸拾文　楊益坤房捐錢肆拾伍文
光記房捐錢陸拾文　許士雲房捐錢貳拾叁文

以上共收房捐錢貳百柒拾陸千玖拾陸文

衆貰器貰衣零剪成衣鋪

裕生房捐錢陸千壹百肆拾柒文　隆錩房捐錢壹千肆百柒拾文
新鳳儀房捐錢肆千叁百貳拾文　萃記房捐錢壹千肆百拾文
祥記房捐錢叁千玖百拾陸文　徐鳳儀房捐錢玖百文
新春記房捐錢貳千柒百文　正春房捐錢捌百柒拾文
源記房捐錢貳千伍百伍文　仇永源房捐錢捌百拾文
林元吉房捐錢貳千肆百叁拾文　穗豐房捐錢肆百陸拾伍文
鳳儀房捐錢貳千肆百叁拾文　裕昌房捐錢叁百叁拾文
吉祥房捐錢貳千貳百伍拾文　祥吉房捐錢玖拾文
聚興房捐錢貳千壹百陸拾文　盧鳳儀房捐錢陸拾文
生記房捐錢壹千捌百玖拾文　如意房捐錢叁拾捌文
董源順房捐錢壹千陸百貳拾捌文　盧永興三房房捐錢叁拾捌文
餘昌房捐錢壹千伍百文　盧永興四房房捐錢叁拾捌文
唐安吉房捐錢肆千伍拾文　緯昌房捐錢壹千貳百陸拾文
周寶成房捐錢叁千貳百肆拾文　徐錦榮房捐錢陸百叁拾文
吉生房捐錢叁千肆拾貳文　汪采新房捐錢肆百伍拾文
唐永福房捐錢貳千柒百文　陸忠房房捐錢叁百柒拾伍文
成三和房捐錢貳千貳拾伍文　錦昌房捐錢叁百文
董德榮房捐錢壹千貳百拾伍文　其昌房捐錢壹百伍拾文
楊吉興房捐錢壹千叁百伍拾文　吉興房捐錢壹百叁拾伍文
竺錦泰房捐錢貳千玖百柒拾文　敦和房捐錢貳千壹百陸拾文
聚興房捐錢貳千柒百拾貳文　保和房捐錢貳千玖拾柒文
元盛房捐錢貳千柒百文　萬興房捐錢貳千伍拾柒文
協森房捐錢貳千肆百叁拾文　萬豐房捐錢貳千貳拾伍文
錦文房捐錢貳千肆百叁拾文　增泰房捐錢貳千貳拾伍文

張榮昌房捐錢貳千壹百陸拾文
萬豐房捐錢貳千貳拾伍文
立成房捐錢貳千貳拾伍文
劉彩成房捐錢壹千玖百伍拾文
景春房捐錢壹千捌百伍文
源成房捐錢壹千柒百柒拾文
錦生房捐錢壹千柒百伍拾伍文
茂興蔵捐錢壹千柒百伍拾伍文
大章房捐錢壹千柒百伍拾伍文
王福昌房捐錢壹千柒百貳拾伍文
邱天錦房捐錢壹千陸百貳拾文
源興房捐錢壹千陸百貳拾文

森泉房捐錢壹千陸百貳拾文
春成房捐錢壹千陸百貳拾文
聚興房捐錢壹千陸百貳拾文
慎巽房捐錢壹千陸百貳拾文
泉生房捐錢壹千陸百貳拾文
全信房捐錢壹千陸百貳拾文
合順房捐錢壹千陸百陸文
順成房捐錢壹千肆百捌拾伍文
萬順房捐錢壹千肆百捌拾伍文
天森房捐錢壹千肆百捌拾伍文
楡興房捐錢壹千肆百捌拾伍文
大和房捐錢壹千叁百陸拾伍文

郡城濬河徵信錄　房捐收數卷五　二十四

信和房捐錢壹千叁百伍拾陸文
楊長順房捐錢壹千叁百伍拾文
順利房捐錢壹千叁百伍拾文
森大房捐錢壹千叁百伍拾文
益森房捐錢壹千叁百伍拾文
震森房捐錢壹千叁百伍拾文
源泰房捐錢壹千叁百伍拾文
周渭生房捐錢壹千貳百捌拾柒文
薛丙元房捐錢壹千貳百捌拾柒文
瑞泰房捐錢壹千貳百陸拾叁文
寶生房捐錢壹千貳百陸拾文
裕盛房捐錢壹千貳百肆拾伍文

莊益生房捐錢壹千貳百拾伍文
朱萬興房捐錢壹千貳百拾伍文
樂隆興房捐錢壹千貳百拾伍文
祥源房捐錢壹千貳百拾伍文
順興房捐錢壹千貳百拾伍文
開泰房捐錢壹千貳百拾伍文
成順房捐錢壹千貳百拾伍文
張配成房捐錢壹千貳百文
祥泰房捐錢壹千貳百文
同興房捐錢壹千貳百文
同和房捐錢壹千壹百伍拾伍文
信昌房捐錢壹千壹百伍拾貳文

周天孫房捐錢壹千壹百伍拾貳文
寶成房捐錢壹千玖拾伍文
忻萬茂房捐錢壹千捌拾文
永興房捐錢壹千捌拾文
泰順房捐錢壹千捌拾文
萬興房捐錢壹千捌拾文
錦泰房捐錢壹千捌拾文
裕成房捐錢壹千捌拾文
文成房捐錢壹千伍拾文
高仁和房捐錢玖百玖拾貳文
周裕豐房捐錢玖百玖拾文
錦章房捐錢玖百玖拾文

泰記房捐錢玖百陸拾文
大和全記房捐錢玖百肆拾伍文
瑞泰房捐錢玖百肆拾伍文
錦華房捐錢捌百捌拾貳文
雲章房捐錢捌百伍拾伍文
隆順房捐錢捌百拾文
天森房捐錢捌百拾文
成興房捐錢捌百拾文
公茂房捐錢捌百拾文
劉英才房捐錢捌百拾文
翁寶興房捐錢捌百拾文
孫萬茂房捐錢捌百拾文

郡城濬河徵信錄　房捐收數卷五　二十五

恒豐房捐錢捌百拾文
乾生房捐錢柒百陸拾伍文
鄔公正房捐錢柒百柒拾叁文
萬隆房捐錢柒百叁拾伍文
敦祥房捐錢柒百叁拾伍文
林榮記房捐錢柒百叁拾伍文
樂永盛房捐錢柒百叁拾伍文
永興房捐錢柒百貳拾文
恊興房捐錢柒百貳拾文
美記房捐錢柒百貳拾文
張英棠房捐錢柒百貳拾文
盧泉森房捐錢柒百柒文

新錦文房捐錢柒百伍文
日新房捐錢陸百柒拾伍文
萬森房捐錢陸百陸拾文
奎聚房捐錢陸百叁拾文
仇錦泰房捐錢陸百文
恊昌房捐錢伍百捌拾伍文
吳天生房捐錢伍百肆拾文
振記房捐錢伍百肆拾文
彩生房捐錢伍百貳拾伍文
陸源茂房捐錢肆百玖拾伍文
孫萬泉房捐錢肆百玖拾文
王來順房捐錢肆百玖拾文

張益興房捐錢肆百捌拾文
協茂房捐錢肆百捌拾文
增大房捐錢肆百肆拾壹文
徐元記房捐錢肆百伍拾文
裕潤房捐錢肆百伍拾文
勵泉興房捐錢肆百貳拾文
集成房捐錢肆百貳拾文
長興房捐錢肆百伍文
文鼎房捐錢叁百柒拾伍文
合茂祥房捐錢叁百肆拾伍文
源盛房捐錢叁百叁拾玖文
永盛房捐錢叁百貳拾叁文

新震生房捐錢叁百陸拾文
福興房捐錢叁百陸拾文
源甡房捐錢叁百文
順盛房捐錢貳百柒拾文
鼎新房捐錢貳百柒拾文
聚成房捐錢貳百柒拾文
袁久照房捐錢貳百柒拾文
張振三房捐錢貳百柒拾文
合潤房捐錢貳百伍拾陸文
榮泰房捐錢貳百肆拾文
甡祥房捐錢貳百肆拾文
源大房捐錢壹百陸拾伍文

同和房捐錢貳百貳拾伍文
生順房捐錢貳百貳拾伍文
景和房捐錢貳百拾文
椿源房捐錢貳百拾文
劉萬順房捐錢貳百拾文
李德震房捐錢壹百捌拾文
崔萬興房捐錢壹百捌拾文
生泰房捐錢壹百捌拾文
陳永興房捐錢壹百伍拾文
樓福記房捐錢壹百伍拾文
成順房捐錢壹百伍拾文
蔣復興房捐錢壹百玖拾陸文

元泰房捐錢壹百伍拾文
泰順房捐錢壹百叁拾伍文
徐正興房捐錢壹百貳拾玖文
陳紹元房捐錢壹百貳拾捌文
周永章房捐錢壹百拾柒文
錦文成房捐錢壹百貳拾文
徐明玉房捐錢壹百貳拾文
裕豐房捐錢壹百貳拾文
源泰房捐錢壹百貳拾文
同興房捐錢壹百貳拾文
彩章房捐錢壹百貳拾文
葉萬錩房捐錢壹百伍拾文

曹成高房捐錢肆百拾伍文
屠順興房捐錢壹百肆拾叁文
春成房捐錢壹百伍文
正大房捐錢壹百伍文
德昌房捐錢玖拾伍文
鮑德華房捐錢玖拾文
春生房捐錢玖拾文
祥豐房捐錢玖拾文
萬興房捐錢玖拾文
豐順房捐錢柒拾伍文
乾生房捐錢柒拾伍文
日茂房捐錢柒拾伍文

方慶福房捐錢柒拾貳文
徐嘉茂房捐錢柒拾伍文
王萬生房捐錢陸拾伍文
張宏全房捐錢陸拾文
李文明房捐錢陸拾文
吳加豐房捐錢陸拾文
邵吉象房捐錢陸拾文
邱大森房捐錢伍拾叁文
張春林房捐錢伍拾叁文
徐東來房捐錢伍拾叁文
樂春記房捐錢伍拾叁文
張全元房捐錢伍拾貳文

恒和房捐錢陸拾文
春茂房捐錢陸拾文
雲順房捐錢陸拾文
順記房捐錢陸拾文
彙成房捐錢伍拾叁文
雲錦房捐錢伍拾叁文
萬順房捐錢伍拾叁文
既成房捐錢伍拾文
王炳照房捐錢肆拾伍文
鄭德記房捐錢肆拾伍文
管元記房捐錢肆拾伍文
吳啓南房捐錢肆拾伍文

源興房捐錢肆拾伍文
寶興房捐錢肆拾伍文
仁成房捐錢肆拾伍文
彩成房捐錢肆拾壹文
江祥順房捐錢叁拾捌文
文琴房捐錢叁拾捌文
徐福記房捐錢叁拾叁文
盧協成房捐錢叁拾文
舒源興房捐錢叁拾文
李春記房捐錢叁拾文
悅章房捐錢叁拾文

以上共收房捐錢貳百玖千柒百叁拾柒文

衆鐵行鑊廠台公所剪刀釘鐵鋪

乾和房捐錢貳拾千貳百伍拾文　新益大房捐錢玖千壹百貳拾文
源大房捐錢貳拾千貳百伍拾文　瑞和房捐錢柒千玖百陸拾伍文
復大房捐錢拾柒千捌百貳拾文　天和房捐錢陸千貳百拾文
晉和房捐錢拾陸千伍百捌拾伍文　阜成房捐錢陸千柒拾伍文
北榮來房捐錢拾肆千貳百伍拾文　合利房捐錢叁千陸百玖拾文
源順房捐錢拾壹千玖百伍拾伍文　德大房捐錢叁千陸百文
寶晉房捐錢玖千肆百伍拾文　同和房捐錢貳千柒百伍拾文
年豐房捐錢玖千貳百捌拾伍文　恊生房捐錢壹千貳百拾伍文
新洽和房捐錢拾伍千壹百玖拾貳文　新號房捐錢壹千柒百伍拾伍文
單順得房捐錢貳千叁百肆拾陸文　順得房捐錢壹千伍百文

天台公所房捐錢叁千壹百伍文　新源和房捐錢肆百貳拾文
三台公所房捐錢壹千柒百伍拾文　台州公所房捐錢陸百柒拾伍文
張小湶房捐錢叁千叁百柒拾伍文　張小湶房捐錢捌百肆拾文
張小全房捐錢貳千玖百柒拾文　太隆房捐錢捌百拾文
小全庭記房捐錢貳千伍百陸拾伍文　張小湶靳記房捐錢陸百叁拾文
大隆房捐錢壹千肆百肆拾文　張小全房捐錢陸百文
張小全房捐錢壹千貳百文　張小全房捐錢叁百叁拾文
呂顯公房捐錢壹千捌拾文　張小全房捐錢貳百伍拾伍文
張小全芹記房捐錢伍百陸拾伍文　張金生房捐錢叁拾捌文
張小全雙記房捐錢捌百肆拾文　金萬順房捐錢叁拾文
大有房捐錢貳千捌百叁拾伍文　順興房捐錢貳千壹百陸拾文
胡合義房捐錢貳千肆百叁拾文　萬利房捐錢貳千壹百陸拾文

源泉房捐錢壹千柒百伍拾伍文　源興房捐錢壹千叁百伍拾文
周順興房捐錢壹千柒百伍拾伍文　黃合記房捐錢壹千叁百伍拾文
古永興房捐錢壹千柒百伍拾伍文　李萬興房捐錢壹千貳百拾伍文
史合順房捐錢壹千肆百捌拾伍文　王湶興房捐錢壹千貳百拾伍文
王永興房捐錢壹千肆百肆拾文　施順興房捐錢壹千貳百拾伍文
高源昌房捐錢壹千肆百肆拾文　胡順興房捐錢壹千貳百拾伍文
徐同源房捐錢壹千叁百陸拾伍文　張聚興房捐錢壹千貳百拾伍文
徐福興房捐錢壹千叁百伍拾文　姚大興房捐錢壹千貳百拾伍文
厲順興房捐錢壹千叁百伍拾文　萬源房捐錢壹千貳百拾伍文
高聚興房捐錢壹千叁百伍拾文　忻大生房捐錢壹千貳百文
恒興房捐錢壹千叁百伍拾文　順昌房捐錢壹千壹百伍拾貳文
順興房捐錢壹千叁百伍拾文　永興房捐錢壹千壹百伍拾貳文

大興房捐錢壹千壹百伍拾貳文　徐天生房捐錢玖百肆拾伍文
瑞泰房捐錢壹千捌拾文　高聚興房捐錢玖百肆拾伍文
協順房捐錢壹千捌拾文　永森房捐錢柒百伍拾陸文
大成房捐錢壹千捌拾文　楊順興房捐錢柒百貳拾文
永興房捐錢壹千捌拾文　順利房捐錢捌百肆拾文
恒興房捐錢壹千捌拾文　王合興房捐錢捌百拾文
楊爲富房捐錢壹千伍拾文　老天成房捐錢捌百拾文
吳萬順房捐錢壹千伍拾文　嚴順利房捐錢捌百拾文
三協興房捐錢壹千叁拾捌文　徐順記房捐錢捌百拾文
陳德興房捐錢壹千伍文　張永興房捐錢捌百拾文
顧萬興房捐錢玖百陸拾文　陸正興房捐錢捌百拾文
呂東壽房捐錢玖百肆拾伍文　鏞大房捐錢捌百拾文

甯利房捐錢捌百拾文
萬興房捐錢捌百拾文
應阿毛房捐錢柒百拾壹文
王大興房捐錢柒百玖文
顧源興房捐錢陸百柒拾伍文
森大房捐錢陸百柒拾伍文
源興房捐錢陸百柒拾伍文
包樂招房捐錢陸百柒拾伍文
大興房捐錢陸百柒拾伍文
吳源興房捐錢陸百叁拾文
徐福興房捐錢陸百拾陸文
任萬順房捐錢陸百文
鎮興房捐錢陸百文
呂東明房捐錢陸百文
鍾順興房捐錢伍百肆拾文
高聚興房捐錢伍百貳拾伍文
合記房捐錢貳百捌拾文
張萬順房捐錢貳百貳拾伍文
包萬興房捐錢壹百玖拾伍文
包和興房捐錢壹百玖拾陸文
張得升房捐錢玖拾文
順興房捐錢玖拾文
方源茂房捐錢玖拾文
李合昌房捐錢陸拾文

萬興房捐錢陸拾捌文
王萬茂房捐錢陸拾捌文
永興房捐錢陸拾捌文
永昌房捐錢陸拾文
包順興房捐錢陸拾文
合興房捐錢陸拾文
鼎興房捐錢陸拾文
合記房捐錢陸拾文
太元房捐錢伍拾叁文
王振升房捐錢肆拾玖文
鏞大房捐錢肆拾伍文
瑞昌房捐錢肆拾伍文
任萬興房捐錢壹百貳拾文
夏信泰房捐錢肆拾伍文
葉萬興房捐錢肆拾肆文
包聚興房捐錢肆拾伍文
張永興房捐錢叁拾柒文
周和尚房捐錢叁拾陸文
周長林房捐錢叁拾文
姜阿毛房捐錢叁拾文
張阿三房捐錢叁拾文
萬興房捐錢叁拾捌文
李得升房捐錢叁拾文
陳順寶房捐錢叁拾文

以上共收房捐錢貳百捌拾貳千貳百伍拾玖文

衆香粉後髻紙花篦箕假髮針舖

老春和房捐錢捌千柒百柒拾伍文
九香房捐錢捌千肆百文
彩鳳房捐錢柒千陸百貳拾柒文
天和房捐錢柒千伍百陸拾文
鳳翔房捐錢柒千壹百拾伍文
涵芳房捐錢陸千捌百貳拾伍文
祥鳳房捐錢伍千伍百叁拾伍文
文寶房捐錢伍千肆百文
采文房捐錢伍千叁百貳拾捌文
吉祥泰房捐錢肆千伍拾文
醉香室房捐錢肆千伍拾文
鼎春房捐錢叁千陸百肆拾伍文
瑞元房捐錢叁千陸百肆拾肆文
馥春房捐錢叁千叁百柒拾伍文
鳳春房捐錢叁千貳百貳拾伍文
鳳寶房捐錢貳千肆百捌拾伍文
范彩彰房捐錢貳千貳拾伍文
施順興房捐錢壹千捌百柒拾伍文
雲華房捐錢壹千叁百伍拾文
錦芳房捐錢壹千貳百拾伍文

吉祥室房捐錢壹千壹百肆拾文
天潤房捐錢壹千捌拾文
天吉房捐錢壹千伍拾文
慶祥興房捐錢壹千貳拾文
天香房捐錢玖百陸拾文
月中桂房捐錢玖百肆拾伍文
錦春房捐錢伍百肆拾文
長興房捐錢貳千壹百陸拾文
洽興房捐錢壹千叁百玖拾伍文
五美房捐錢伍千陸百貳拾伍文
和美房捐錢肆千伍百玖拾文
周永記房捐錢叁千伍百拾文
鼎芳房捐錢叁百柒拾伍文
天苞房捐錢貳百柒拾文
文記房捐錢壹百捌拾文
鳳翔房捐錢柒拾伍文
文苞房捐錢陸拾捌文
久香房捐錢肆拾伍文
汪四記房捐錢叁拾文
張源興房捐錢貳百柒拾文
傅恒興房捐錢陸拾文
合興源記房捐錢叁千貳百肆拾文
錦鳳房捐錢貳千柒百文
錦泰房捐錢貳千壹百陸拾文

四美房捐錢貳千陸百貳拾伍文
泉記房捐錢伍百貳拾伍文
甡美房捐錢壹千壹百肆拾文
曹源興房捐錢貳百叁拾叁文
震美房捐錢捌百伍拾捌文
源茂房捐錢壹百陸拾伍文
鳳美房捐錢伍百捌拾陸文
增美房捐錢肆拾伍文
丁全盛房捐錢壹千拾柒文
邵立大房捐錢叁百貳拾叁文
史順興房捐錢壹千捌百玖拾文
毛春泉房捐錢玖百陸拾文
朱順泰房捐錢壹千叁百伍拾文
雲和房捐錢柒百貳拾文
聚元房捐錢壹千叁百伍拾文
董元興房捐錢陸百柒拾伍文
朱宏茂房捐錢壹千捌拾文
陳如意房捐錢肆百玖拾捌文
張萬順房捐錢壹千捌拾文
永茂房捐錢肆百玖拾伍文
鍾明興房捐錢壹千捌拾文
王萬和房捐錢肆百捌拾文
任隆盛房捐錢壹千捌拾文
萬茂房捐錢壹百捌拾文
張萬順房捐錢捌百拾文
郭祥興房捐錢壹百拾叁文
王萬興房捐錢捌百拾文
鄭德順房捐錢陸拾文
德茂房捐錢捌百拾文
同興房捐錢陸百玖拾捌文
王萬茂房捐錢叁千柒百陸拾伍文
韓永順房捐錢壹千貳百拾伍文
泰來房捐錢叁千柒百拾柒文
劉福森房捐錢捌百肆拾陸文
周斌興房捐錢貳千肆百叁拾文
顧大興房捐錢捌百叁拾肆文
沈合興房捐錢貳千貳百玖拾伍文
蔡祥興房捐錢捌百拾文
周同興房捐錢壹千叁百伍拾文
福森房捐錢捌百拾文
萬興房捐錢壹千玖百叁拾伍文
椿榮房捐錢柒百貳拾文
徐大生房捐錢壹千捌百玖拾文
俞振泰房捐錢陸百柒拾伍文
殷文貴房捐錢壹千捌百文
沈廷佐房捐錢伍百貳拾伍文
朱元順房捐錢壹千貳百拾伍文
昇昌房捐錢陸百貳拾伍文

柒德興房捐錢壹千捌拾文
忻祥順房捐錢貳百柒拾捌文
徐隆順房捐錢壹千捌拾文
陳永茂房捐錢肆百玖拾捌文
陳增榮房捐錢壹千捌拾文
永順房捐錢伍百柒拾文
徐德順房捐錢壹千捌拾文
永茂老店房捐錢伍百貳拾伍文
俞文興房捐錢壹千捌拾文
戴永茂房捐錢陸拾文
王萬順房捐錢肆百伍拾文
謝永興房捐錢陸拾文
殷文貴房捐錢肆百伍拾文
史萬興房捐錢伍拾叁文
蔡永興房捐錢肆百伍拾文
張順泰房捐錢壹百貳拾陸文
周正泰房捐錢捌百玖拾叁文
王銀寶房捐錢叁拾伍文
錦泰房捐錢伍百貳拾伍文

以上共收房捐錢壹百捌拾捌千伍百伍拾捌文

衆紙棧錫箔舖花炮香舖

三和房捐錢捌千壹百文
吉泰房捐錢玖千肆百伍拾文
茂記房捐錢陸千柒拾伍文
德泰房捐錢貳千捌百貳拾文
恒茂房捐錢肆千伍拾文
瑞泰房捐錢貳千柒百叁拾文
豫成房捐錢叁千貳百肆拾文
福泰房捐錢壹千叁百貳拾文
衡記房捐錢貳千壹百陸拾文
協泰房捐錢壹千叁百貳拾文
同泰全號房捐錢拾貳千壹百伍拾文
同吉房捐錢肆千壹百伍拾伍文
瑞泰房捐錢拾千貳百陸拾文
同潤房捐錢叁千陸百文
同順房捐錢拾千叁百玖拾伍文
同興泰記房捐錢叁千叁百陸拾文
方同泰房捐錢捌千壹百文
畢同森房捐錢叁千叁百陸拾文
李同吉房捐錢肆千捌百文
茂利房捐錢叁千壹百貳拾文
莊同勝房捐錢叁千陸百文
王同巽房捐錢叁千文
同泰鎮號房捐錢貳千柒百叁拾文
邱和茂房捐錢貳千玖百捌拾伍文

甯泰房捐錢壹千陸百捌拾文
張同泰房捐錢玖百肆拾伍文
同泰成記房捐錢貳千柒百文
同泰生記房捐錢玖百肆拾伍文
同茂房捐錢壹千捌百文
同泰德記房捐錢玖百肆拾伍文
同昌房捐錢壹千陸百玖拾文
同勝房捐錢玖百肆拾伍文
森茂埜記房捐錢壹千陸百伍拾文
同椿房捐錢捌百肆拾文
桑增茂房捐錢壹千叁百伍拾文
何永興房捐錢柒百貳拾文
永茂房捐錢壹千叁百伍拾文
同興房捐錢陸百陸拾文
吳永泰房捐錢壹千捌拾文
同裕泰房捐錢陸百叁拾文
同源房捐錢壹千捌拾文
老同興房捐錢伍百肆拾文
邱廣裕房捐錢玖百捌拾壹文
樓春生房捐錢玖百陸拾文
鄭順記房捐錢玖百陸拾文
童大興房捐錢柒百貳拾文
同和房捐錢陸百柒拾伍文
史順記房捐錢陸百柒拾伍文
源泰房捐錢捌百拾文
夏集照房捐錢陸拾文
吳生泰房捐錢陸百玖拾文
同昇房捐錢陸拾文
瑞興房捐錢肆百伍拾文
同康房捐錢陸拾文
張乾記房捐錢叁百拾捌文
鏞泰房捐錢陸拾文
應德興房捐錢貳百貳拾陸文
祥泰房捐錢陸拾文
大茂房捐錢壹百貳拾文
常泰房捐錢伍拾叁文
周順興房捐錢壹百伍文
順興房捐錢伍拾叁文
寶興房捐錢玖拾柒文
陳寶順房捐錢伍拾叁文
增祥房捐錢玖拾文
中和房捐錢肆拾伍文
信泉房捐錢柒拾伍文
祥泰房捐錢肆拾伍文
同源房捐錢陸拾捌文
余重順房捐錢叁拾陸文
周晉泰房捐錢陸拾文
陳文寶房捐錢叁拾肆文

徐小高房捐錢叁拾文
翁安泰房捐錢貳拾叁文
敬天順房捐錢貳千貳拾伍文
王隆興大房房捐錢陸百柒拾伍文
如意齋房捐錢壹千捌百文
王隆興三房房捐錢陸百柒拾伍文
吳奎記房捐錢壹千柒百伍拾伍文
王隆興房捐錢陸百柒拾伍文
周聚記房捐錢壹千叁百伍拾文
王隆興房捐錢叁百陸拾文
全福堂房捐錢壹千叁百伍拾文
王隆興房捐錢陸拾捌文
天福堂房捐錢壹千壹百捌拾文
王隆興房捐錢陸拾文
萃興房捐錢陸百柒拾伍文
吳奎記仁房房捐錢肆拾貳文
春生堂房捐錢陸拾文
吳奎記金記房捐錢叁拾捌文
萃成大房房捐錢叁拾文
吳協興房捐錢貳拾叁文
吳萃成房捐錢叁拾文
吳茂記房捐錢貳拾叁文
德馨房捐錢陸千壹百伍拾文
鮑順興生記房捐錢捌百拾文
舒隆順房捐錢叁千肆拾貳文
徐聚勝房捐錢陸百文
桂芳齋房捐錢壹千陸百貳拾文
生順房捐錢貳百柒拾文
恒泰房捐錢壹千貳百陸拾文
老廣信房捐錢貳百伍拾貳文
管公憲房捐錢壹千貳百拾伍文
桂芳仁記房捐錢貳百貳拾伍文
順興仁記房捐錢壹千壹百伍拾貳文
復成房捐錢壹百伍拾文
天愼房捐錢壹千捌拾文
周聚興房捐錢壹百叁拾伍文
一誠房捐錢玖百肆拾伍文
從興房捐錢壹百伍文
大有房捐錢玖百肆拾伍文
永盛房捐錢壹百伍文
順泰房捐錢玖百文
周大興房捐錢玖拾文
信隆房捐錢捌百肆拾文
信泰房捐錢柒拾伍文
得利房捐錢捌百拾文
蔣日新房捐錢陸拾文
信昌房捐錢捌百拾文
陳留餘房捐錢肆拾伍文

鮑順興房捐錢肆拾伍文　得利房捐錢叁拾文
茂興房捐錢叁拾文　得順房捐錢叁拾文
　　以上共收房捐錢壹百捌拾叁千玖百貳文
　衆裝璜裱畫錦盒丹青塑佛戲寓
有容房捐錢玖千肆百伍拾文　文雲閣房捐錢叁千柒百捌拾文
蓉養房捐錢捌千壹百文　四美房捐錢叁千叁百柒拾伍文
雲藍閣房捐錢柒千伍百陸拾文　容祿房捐錢貳千壹百陸拾文
盧白房捐錢伍千肆百文　寶星房捐錢貳千玖拾伍文
墨林房捐錢伍千陸拾柒文　清芬房捐錢壹千陸百捌拾文
書畫舫房捐錢肆千玖百玖拾伍文　古香房捐錢壹千陸百貳拾文
松竹房捐錢肆千陸百陸拾文　文林房捐錢壹千伍百柒拾伍文
寶墨房捐錢肆千伍拾文　米家船房捐錢壹千肆百捌拾伍文

文一房捐錢壹千肆百捌拾伍文　織錦房捐錢捌百拾文
有容房捐錢壹千肆百捌拾伍文　文元房捐錢捌百拾文
文勝房捐錢壹千肆百捌拾伍文　尙古房捐錢捌百拾文
慶雲閣房捐錢壹千叁百伍拾文　五雲房捐錢捌百拾文
文錦房捐錢壹千叁百伍拾文　漱六山房房捐錢柒百貳拾文
文雅房捐錢壹千貳百文　元林房捐錢陸百柒拾伍文
鳳鳴房捐錢壹千壹百伍拾伍文　翔華房捐錢陸百柒拾伍文
墨香房捐錢玖百陸拾文　瑾記房捐錢肆百伍拾文
文宜房捐錢玖百陸拾文　文林房捐錢陸百叁拾文
吉祥房捐錢玖百肆拾伍文　彙新房捐錢肆百伍拾文
有墨房捐錢玖百肆拾伍文　縵雲閣房捐錢叁百文
墨海樓房捐錢捌百伍拾伍文　仿古房捐錢貳百柒拾文

蓉芳房捐錢貳百拾捌文　芝香房捐錢壹百伍文
文珍房捐錢貳百拾文　含香房捐錢玖拾文
尙雅房捐錢貳百拾文　文古房捐錢柒拾伍文
與古房捐錢壹百捌拾文　九霞房捐錢叁拾文
文星房捐錢壹百伍拾文　盧天章房捐錢壹千玖拾伍文
錦芳房捐錢貳千陸百壹文　蘊泉房捐錢壹千拾伍文
頤巽房捐錢壹千叁百伍拾文　天福房捐錢玖百肆拾伍文
大泉房捐錢壹千貳百叁拾文　天元房捐錢玖百文
順興房捐錢壹千貳百拾伍文　盧巽記房捐錢壹百陸拾伍文
瑞記房捐錢壹千貳百拾伍文　春芳房捐錢陸拾文
李隆昌房捐錢壹千貳百拾伍文　六也軒房捐錢叁拾捌文
益美房捐錢壹千陸百貳拾文　得勝房捐錢壹百玖拾伍文

文美房捐錢叁百柒拾伍文　古文房捐錢肆拾伍文
黃炳記房捐錢壹千陸百貳拾文　邵馥卿房捐錢叁百拾伍文
宋乾順房捐錢壹千貳百拾伍文　金名佑房捐錢壹百伍拾文
王鏡容房捐錢玖百肆拾伍文　吳鐘金房捐錢玖拾捌文
陳家富房捐錢捌百拾文　芝蘭房捐錢陸拾肆文
紫雲居房捐錢捌百拾文　馮全興房捐錢肆拾伍文
萬茂房捐錢捌百拾文　許士蘭房捐錢肆拾伍文
徐春林房捐錢叁百柒拾伍文　全興房捐錢叁拾叁文
范挺記房捐錢叁百陸拾文　鍾酉山房捐錢叁拾文
錦芳房捐錢捌百肆拾文　芝芳房捐錢肆百伍拾文
袁可才房捐錢柒百伍拾文　許德來房捐錢壹百伍拾玖文
周萬順房捐錢玖百陸拾文　周大房房捐錢肆拾伍文

孫德順房捐錢貳百柒拾文
成全房捐錢玖拾文
復成房捐錢陸百文
鳴盛房捐錢貳百伍拾伍文
宏生房捐錢肆百貳拾文
靜逸軒房捐錢陸百叁拾文
以上共收房捐錢壹百拾捌千叁百柒拾捌文

衆席鋪棕繩袋皮棚行

安吉房捐錢拾柒千拾文
任恒泰房捐錢陸千伍百柒拾文
安慶房捐錢拾肆千捌拾伍文
正和房捐錢伍千肆百文
萬和房捐錢拾叁千壹百陸拾柒文
德昇房捐錢伍千貳百陸拾伍文
安康房捐錢玖千玖百玖拾文
恒昇房捐錢肆千叁百貳拾文
永泰房捐錢捌千陸百肆拾文
其全房捐錢叁千叁百柒拾伍文
張鴻成房捐錢捌千壹百文
元茂房捐錢叁千貳百肆拾文
安泰房捐錢陸千柒百伍拾文
源泰房捐錢貳千玖百柒拾文
義全房捐錢貳千肆百拾文
童仁興房捐錢壹千壹百伍拾伍文
張鴻泰房捐錢貳千肆百文
陳天順房捐錢玖百肆拾伍文
永協興房捐錢貳千貳拾伍文
周斌興房捐錢玖百肆拾伍文
張萬順房捐錢壹千陸百貳拾文
鴻成大房房捐錢柒百捌拾文
順興合記房捐錢壹千陸百貳拾文
恒升房捐錢壹百陸拾伍文
張合興房捐錢壹千叁百貳拾文
竺廷元房捐錢陸拾文
范恒茂房捐錢陸拾捌文
泉泰房捐錢壹百伍文
德興房捐錢叁千伍百拾文
王成記房捐錢柒百捌拾文
宋得興房捐錢貳千肆百叁拾文
正興房捐錢伍百肆拾文
屠聚興房捐錢壹千捌百叁拾文
徐森茂房捐錢伍百貳拾伍文
林隆興房捐錢壹千陸百貳拾文
協成房捐錢肆百玖拾伍文
徐裕興房捐錢玖百文
順得房捐錢肆百陸拾伍文

林順興房捐錢捌百拾文
沈順茂房捐錢肆百貳拾文
林隆興順記房捐錢捌百拾文
林源興房捐錢叁百柒拾伍文
林隆興豐記房捐錢捌百拾文
張合興房捐錢壹百玖拾伍文
張協興房捐錢捌百拾文
俞茂興房捐錢壹百叁拾伍文
德興房捐錢捌百拾文
德茂房捐錢壹百伍文
寶興房捐錢捌百拾文
順興房捐錢陸拾文
施順興房捐錢陸百柒拾伍文
林金才房捐錢陸拾文
周生林房捐錢陸百柒拾伍文
張松喜房捐錢叁拾文
順記房捐錢肆千柒百貳拾伍文
復興房捐錢捌百捌拾貳文
新泰房捐錢肆千柒百貳拾伍文
萬祥房捐錢捌百拾文
同興房捐錢肆千貳百伍拾柒文
隆泰房捐錢陸百文
久大房捐錢叁千捌百柒拾文
協泰房捐錢陸百文
合大房捐錢叁千肆百肆文
仁豐房捐錢肆百伍拾文
和興房捐錢貳千陸百肆拾文
順利房捐錢肆百叁拾伍文
洽源房捐錢貳千肆百叁拾文
新全泰房捐錢肆百貳拾文
恒源房捐錢貳千貳百玖拾伍文
勝和房捐錢肆百拾叁文
楊寶興房捐錢貳千貳百貳拾文
順興房捐錢叁百玖拾捌文
同生房捐錢壹千陸百貳拾文
得興房捐錢貳百陸拾壹文
新洽泰房捐錢壹千叁百伍拾文
成大垚房捐錢壹百柒拾肆文
萬祥房捐錢壹千貳百陸拾文
和泰順房捐錢肆拾伍文
寶潤房捐錢壹千貳百拾伍文
郁順利房捐錢肆拾壹文
以上共收房捐錢壹百捌拾陸千柒百貳拾伍文

衆雨傘燈籠油簍明瓦鳥籠舖

裕生開記房捐錢拾壹千柒拾文
恒茂房捐錢伍千肆百文

正和房捐錢拾千伍拾文
天一房捐錢玖千玖百陸拾貳文
天順房捐錢玖千陸百柒拾伍文
應玉佩房捐錢玖千壹百貳拾文
順泰房捐錢柒千貳拾文
正大房捐錢陸千陸百肆拾伍文
春和房捐錢陸千柒拾伍文
同泰房捐錢伍千肆百文
天成房捐錢肆千玖百叁拾伍文
祥和房捐錢肆千叁百陸拾伍文
德生元記房捐錢肆千伍拾文
胡德生房捐錢叁千玖百拾伍文

長源房捐錢叁千玖百柒拾伍文
玉順房捐錢叁千柒百捌拾文
振和房捐錢叁千伍百拾文
源泰房捐錢叁千叁百柒拾伍文
同和房捐錢叁千貳百肆拾文
元生房捐錢叁千壹百伍拾文
生和房捐錢叁千文
德生房捐錢貳千肆百叁拾文
陳源順房捐錢貳千壹百陸拾文
德建房捐錢壹千捌百玖拾文
天來房捐錢壹千陸百貳拾文
王裕順房捐錢壹千陸百貳拾文

德生房捐錢壹千陸百貳拾文
泰和房捐錢壹千伍百陸拾文
大和房捐錢壹千伍百文
景春陽房捐錢壹千貳百拾伍文
德大房捐錢壹千貳百文
德生房捐錢壹千壹百拾文
德生房捐錢壹千捌拾文
源生房捐錢玖百肆拾伍文
長茂房捐錢捌百肆拾貳文
合和房捐錢捌百肆拾文
益大房捐錢捌百拾文
春和房捐錢捌百貳拾伍文

祥潤房捐錢柒百玖拾壹文
洽德房捐錢柒百貳拾文
恒泉房捐錢陸百捌拾玖文
聚源房捐錢陸百柒拾伍文
宏記房捐錢陸百柒拾伍文
慶餘房捐錢陸百文
大興房捐錢陸百文
銀記房捐錢伍百肆拾文
德生房捐錢伍百貳拾伍文
元和房捐錢肆百伍拾文
復生房捐錢貳百柒拾文
大德合記房捐錢壹百玖拾伍文

周允大房捐錢陸拾捌文
光裕房捐錢叁千柒百捌拾文
光利房捐錢叁千貳百肆拾文
胡光裕房捐錢貳千玖百柒拾文
胡二房房捐錢壹千叁百伍拾文
應三房房捐錢壹千叁百伍拾文
胡大房房捐錢陸百柒拾伍文
協源房捐錢貳千貳拾伍文
保慎房捐錢貳千貳拾伍文
公順房捐錢壹千壹百肆拾肆文
順興房捐錢壹千貳百文
俞阿滙房捐錢肆百伍拾文

老三和房捐錢肆拾伍文
明發房捐錢玖百陸拾文
正大房捐錢柒百伍拾文
裕大房捐錢伍百捌拾伍文
胡大房捐錢叁百玖拾文
震大房捐錢壹百叁拾伍文
景大房捐錢玖拾文
王聚興房捐錢貳百捌拾伍文
泉來房捐錢壹百伍拾文
潘德記房捐錢叁拾文
老順興房捐錢壹千貳百文
孫金陽房捐錢陸拾文

俞懷記房捐錢叁百陸拾文
萃記房捐錢肆百伍拾文

大東狗房捐錢肆拾貳文
傅長壽房捐錢陸百柒拾伍文

以上共收房捐錢壹百柒拾捌千壹百玖拾叁文

衆磚瓦行石破石作廠

寶生房捐錢陸千肆百捌拾文
寶成房捐錢肆千柒百貳拾伍文
順成房捐錢叁千柒百捌拾文
東升房捐錢叁千柒百捌拾文
萃升房捐錢叁千伍百拾文
萃成房捐錢貳千玖百柒拾文
長興房捐錢貳千捌百伍拾文
咸泰房捐錢貳千柒百文

協茂房捐錢貳千柒百文
協順房捐錢貳千貳百叁拾貳文
大順房捐錢貳千壹百陸拾文
合豐房捐錢貳千壹百陸拾文
阜成房捐錢貳千貳拾伍文
協成房捐錢貳千貳拾伍文
天錫房捐錢壹千玖百伍文
合興房捐錢壹千捌百玖拾文

萃裕房捐錢貳千柒百文
同茂房捐錢壹千捌拾文
源孚房捐錢壹千叁百伍拾文
協記房捐錢壹千捌拾文
寶泰房捐錢壹千叁百伍拾文
恒大房捐錢伍百柒拾文
大勝房捐錢壹千叁百伍拾文
益美豐房捐錢壹千貳百文
李長順房捐錢貳千壹百陸拾文
傅玉隆房捐錢玖拾文
張玉順房捐錢捌百肆拾文
永利合記房捐錢陸拾文
沈萬森房捐錢捌百拾文
張裕順房捐錢陸拾文
黃德興房捐錢陸百柒拾伍文
史立順房捐錢陸拾文
王萬順房捐錢陸百文
周大興房捐錢陸拾文
鄔德興房捐錢貳百貳拾伍文
張和順房捐錢伍拾叁文
德興智記房捐錢壹百伍拾文
鄔仁興房捐錢伍拾叁文

以上共收房捐錢陸拾肆千肆百陸拾捌文

衆傷科內外科擇日命館花園

陸肇渭房捐錢伍千伍百叁拾伍文
存德堂房捐錢貳千貳拾伍文
惠德堂房捐錢肆千捌百陸拾文
培德堂房捐錢壹千叁百伍拾文
陸基鳳房捐錢貳千柒百文
惠濟堂房捐錢壹千貳百拾伍文
趙慶棠房捐錢貳千玖百柒拾文
劉尺雲房捐錢壹千貳百陸拾文
蔡聲初房捐錢壹千玖百捌拾文
姜順茂房捐錢壹千捌拾文
錢振堂房捐錢壹千陸百貳拾文
顧槐庭房捐錢捌百拾文
楊景華堂房捐錢貳千柒百文
黃釆南房捐錢壹千捌拾文
陽春堂房捐錢貳千貳拾伍文
繆濬源房捐錢壹千陸拾陸文
林際唐房捐錢壹千捌百貳拾柒文
周文琳房捐錢壹千陸拾伍文
蔡春芳房捐錢壹千叁百伍拾文
汪韻堂房捐錢玖百陸拾陸文
仁壽堂房捐錢壹千叁百伍拾文
陳世瑞房捐錢玖百陸拾文

秦源顯房捐錢玖百肆拾伍文
善和堂房捐錢肆百陸拾伍文
周鳳江房捐錢捌百拾文
吳台茂房捐錢叁百柒拾伍文
李甯福房捐錢捌百拾文
謝逢春房捐錢叁百陸拾捌文
劉大房房捐錢捌百拾文
宋在本房捐錢叁百叁拾貳文
劉明德堂房捐錢捌百拾文
保和堂房捐錢叁百拾伍文
盧彭年房捐錢柒百貳拾文
永濟堂房捐錢叁百拾伍文
周存心堂房捐錢陸百柒拾伍文
太乙齋房捐錢貳百柒拾文
徐棟馥房捐錢陸百柒拾伍文
鮑聲揚房捐錢貳百肆拾文
竺春船房捐錢陸百叁拾文
施載榮房捐錢壹百玖拾伍文
濟世堂房捐錢陸百文
董氏房捐錢壹百陸拾伍文
蟾桂堂房捐錢伍百捌拾伍文
陸彭年房捐錢壹百伍拾文
利人堂房捐錢肆百捌拾文
顧啓東房捐錢壹百伍拾文

浣月山房房捐錢壹百伍拾文
吳鳳輝房捐錢陸拾文
傅仁書房捐錢壹百伍文
張宗睦房捐錢陸拾文
陳振樵房捐錢玖拾捌文
陳林通房捐錢肆拾伍文
柴冠英房捐錢玖拾文
胡修濟房捐錢肆拾伍文
仁滋堂房捐錢捌拾叁文
柯振聲房捐錢肆拾伍文
種德堂房捐錢柒拾伍文
唐春陽房捐錢肆拾伍文
袁一騄房捐錢陸拾捌文
葉二房房捐錢肆拾伍文
精一堂房捐錢陸拾文
葉三房房捐錢肆拾伍文
林星甫房捐錢陸拾文
葉茂房房捐錢叁拾捌文
積德堂房捐錢陸拾文
呂樵翁房捐錢叁拾捌文
姚元桂房捐錢陸拾文
張芝亭房捐錢叁拾文
陳世德堂房捐錢陸拾文
恒順堂房捐錢叁拾文

符世賢房捐錢壹百玖拾伍文　胡泉榮房捐錢叁拾文
熊啓明房捐錢伍拾叁文　朱文和房捐錢貳拾叁文
敬時堂房捐錢叁千伍百拾文　王誠堂房捐錢柒百柒拾伍文
合敬堂房捐錢貳千肆拾文　俞丹林房捐錢伍拾叁文
崇古堂房捐錢壹千叁百伍拾文　一一齋房捐錢肆拾伍文
敬壽堂房捐錢肆百玖拾伍文　天一齋房捐錢肆拾伍文
樂種德堂房捐錢伍百肆拾文　鄔卿賜房捐錢捌百貳拾伍文
孔春榮房捐錢壹千捌拾文　方春水房捐錢伍拾叁文
陳昌綬房捐錢玖百肆拾伍文　張聖全房捐錢伍拾叁文
史鴻章房捐錢陸拾文　林煥章房捐錢叁拾文
周蓉章房捐錢壹百叁拾伍文　周啓南房捐錢叁拾文
錦繡園房捐錢壹千叁百伍拾文　新逸園房捐錢陸百柒拾伍文

以上共收房捐錢陸拾玖千伍百陸拾玖文

衆皮箱烏木作木筷棺材磚舖

德懋房捐錢捌千壹百文　許德泰房捐錢叁千叁百柒拾伍文
裕豐房捐錢陸千柒拾伍文　雲興房捐錢叁千貳百伍拾伍文
茂興房捐錢陸千柒拾伍文　仁興房捐錢貳千柒百文
夏隆興房捐錢伍千伍百叁拾伍文　寶興房捐錢貳千伍百陸拾伍文
隆順房捐錢伍千叁百貳拾伍文　順昌房捐錢貳千貳百伍拾文
老萬豐房捐錢伍千壹百叁拾文　源豐房捐錢貳千壹百文
袁萬順房捐錢肆千伍百文　大生房捐錢貳千肆拾文
安泰房捐錢叁千伍百拾文　萬豐元記房捐錢壹千叁百陸拾伍文
俞全興房捐錢叁百玖拾文　仁成房捐錢叁百陸拾文
天成房捐錢叁百陸拾文　順記房捐錢叁百文

元盛房捐錢柒千貳百貳拾柒文　順利房捐錢貳千捌拾捌文
榆生仁房捐錢肆千玖百玖拾伍文　萬茂祥記房捐錢貳千貳拾伍文
徐協興房捐錢陸千柒百伍拾文　萬茂仁記房捐錢貳千貳拾伍文
晉昌房捐錢肆千叁百貳拾文　永泰祥房捐錢壹千玖百伍拾文
同泰禮房捐錢叁千叁百柒拾貳文　增盛房捐錢壹千捌百文
潤昌房捐錢叁千壹百伍拾文　聚成房捐錢壹千柒百伍拾伍文
信茂房捐錢貳千玖百肆拾文　天吉仁房捐錢壹千叁百伍拾文
同生房捐錢叁千拾伍文　榆茂房捐錢玖百拾陸文
聯盛房捐錢貳千柒百叁拾文　同茂成記房捐錢柒百伍拾文
成孚房捐錢貳千伍百陸拾伍文　森祥房捐錢肆百伍拾文
張天成房捐錢壹千捌百玖拾文　天成房捐錢壹千貳百拾伍文
協興房捐錢壹千柒百貳拾伍文　萬成房捐錢壹千貳百拾伍文

生茂房捐錢壹千叁百伍拾文　張天成房捐錢玖百拾伍文
蔡天成房捐錢壹千叁百貳拾文　萬椿房捐錢捌百拾文
羅天成房捐錢壹千貳百陸拾文　郁高雲房捐錢貳百柒拾文
萬興房捐錢壹千貳百拾伍文　元森房捐錢陸拾文
隆順房捐錢貳千貳拾伍文　周德利房捐錢玖百肆拾伍文
應萬興房捐錢壹千玖百玖拾伍文　順興房捐錢玖百肆拾伍文
徐永興房捐錢壹千柒百伍拾伍文　徐裕順房捐錢玖百文
應萬茂房捐錢壹千叁百貳拾文　同仁昌房捐錢玖百文
郁合興房捐錢壹千貳百文　孫永興房捐錢捌百拾文
德昌房捐錢壹千壹百柒拾文　徐永興房捐錢捌百拾文
李元興房捐錢壹千捌拾文　郁合興房捐錢捌百拾文
陳萬利房捐錢壹千陸拾伍文　張萬順房捐錢捌百拾文

萬潤房捐錢捌百拾文
恒順房捐錢叁百柒拾伍文
元興房捐錢捌百拾文
永興房捐錢貳百柒拾文
傅乾順房捐錢柒百捌拾文
應阿大房捐錢貳百貳拾伍文
邵順和房捐錢柒百肆拾柒文
萬利房捐錢陸拾捌文
義興房捐錢柒百貳拾文
應萬興房捐錢陸拾文
合興房捐錢柒百貳拾文
包元興房捐錢陸拾文
張同興房捐錢陸百柒拾伍文
源順房捐錢陸拾文
高永興房捐錢陸百柒拾伍文
張大元房捐錢陸拾文
張承順房捐錢陸百柒拾伍文
協興房捐錢伍拾柒文
順興和記房捐錢陸百柒拾伍文
合興房捐錢肆拾伍文
順興三房房捐錢陸百柒拾伍文
源興房捐錢肆拾伍文
周恒興房捐錢伍百肆拾文
張富順房捐錢叁拾捌文

合源房捐錢叁千貳百肆拾文
任恒泰房捐錢捌百拾文
森順房捐錢壹千捌百玖拾文
永茂房捐錢捌百拾文
李宏源房捐錢壹千叁百捌拾陸文
陳源大房捐錢陸百柒拾伍文
德源房捐錢壹千壹百肆拾文
合順房捐錢陸百柒拾伍文
萬興房捐錢玖百肆拾伍文
源興房捐錢陸百文
何仁興房捐錢玖百肆拾伍文
俞德興房捐錢肆百捌拾文
任大興房捐錢柒百伍文
張順興房捐錢肆拾伍文

以上共收房捐錢壹百柒拾柒千肆百捌拾貳文

栄雕花風箱車木紅木秤舖

老二房房捐錢叁千貳百肆拾文
方源元房捐錢叁百陸拾文
聚盛房捐錢壹千陸百貳拾文
緒勝房捐錢叁百文
吳瑞泉房捐錢玖百陸拾文
萬興房捐錢叁百文

洪永和房捐錢捌百肆拾文
張聚興房捐錢陸拾文
全順興房捐錢捌百拾文
順昌房捐錢陸拾文
章信元房捐錢陸百柒拾伍文
劉阿大房捐錢伍拾叁文
顧椿源房捐錢叁百陸拾文
許阿五房捐錢肆拾玖文
洪萬成房捐錢叁百叁拾文
舒開瑞房捐錢肆拾伍文
福興房捐錢壹百捌拾文
邵三維房捐錢叁拾捌文
德順房捐錢壹百叁拾伍文
常阿五房捐錢叁拾文
永興房捐錢柒拾伍文
永興房捐錢叁拾文
萬順房捐錢貳千玖百肆拾柒文
泰順房捐錢玖拾捌文
竺萬順房捐錢壹千捌百文
同和房捐錢陸拾捌文
同順房捐錢柒百壹文
桐仁房捐錢陸拾捌文
同興房捐錢陸百柒拾伍文
同泰房捐錢陸拾文

桐潤房捐錢伍拾叁文
同順房捐錢肆拾伍文
萬順房捐錢伍拾叁文
順興房捐錢叁拾捌文
順興房捐錢貳千貳拾伍文
朱文興房捐錢伍百肆拾文
陳聚興房捐錢壹千陸百貳拾文
陳德興房捐錢伍百肆拾文
林萬森房捐錢壹千捌拾文
朱東林房捐錢伍百肆拾文
森泰房捐錢壹千捌拾文
樓泰記房捐錢伍百貳拾伍文
森順房捐錢壹千捌拾文
郭文記房捐錢肆百伍拾文
朱永興房捐錢玖百肆拾伍文
張阿七房捐錢貳百貳拾伍文
錢祥興房捐錢柒百叁拾伍文
馮永順房捐錢壹百伍拾文
趙明三房捐錢柒百貳拾文
趙順興房捐錢壹百貳拾文
蕭文錦房捐錢陸百柒拾伍文
吳長寶房捐錢陸拾文
張四寶房捐錢陸百叁拾文
陳本泉房捐錢陸拾文

姚得興房捐錢陸拾文
朱仲興房捐錢陸拾文
姚四記房捐錢陸拾文
王文和房捐錢伍拾叁文
張順發房捐錢伍拾叁文
張阿寶房捐錢伍拾叁文
震泰房捐錢貳千柒百文
樓鴻泰房捐錢貳千壹百陸拾文
順興房捐錢壹千肆百貳拾伍文
張台昌房捐錢壹千貳百文
慎泰房捐錢壹千叁百伍拾文
森茂房捐錢壹千叁百伍拾文
趙福興房捐錢伍拾叁文
姚六記房捐錢肆拾伍文
陳生茂房捐錢肆拾伍文
蕭文斌房捐錢叁拾文
恒興房捐錢叁拾文
餘森房捐錢叁拾文
應同昌房捐錢壹千捌拾文
天成泰房捐錢壹千捌拾文
永興房捐錢玖百肆拾伍文
森昌房捐錢捌百陸拾文
鄭瑞興房捐錢捌百肆拾文
戴永茂房捐錢柒百玖拾伍文

汪福記房捐錢柒百捌拾肆文
盈豐房捐錢陸百柒拾伍文
正大房捐錢陸百柒拾伍文
大興房捐錢陸百叁拾文
林茂昌房捐錢陸百文
裕昇房捐錢陸百文
王順泰房捐錢伍百肆拾文
應德昌房捐錢伍百肆拾文
葉恒昌房捐錢伍百肆拾文
德泰房捐錢伍百肆拾文
邵聚興房捐錢伍百貳拾伍文
牲泰房捐錢伍百貳拾伍文
王大興房捐錢肆百玖拾伍文
樓裕泰房捐錢叁百肆拾伍文
其昌房捐錢叁百拾伍文
萬順房捐錢貳百肆拾玖文
夏順興房捐錢貳百拾文
王大興房捐錢壹百玖拾伍文
李聚興房捐錢壹百玖拾伍文
萬森房捐錢壹百陸拾伍文
劉信泰房捐錢壹百貳拾文
正成房捐錢壹百伍文
榮昌房捐錢陸拾捌文
周順興房捐錢伍拾叁文

李全記房捐錢伍拾叁文
李正泰房捐錢伍拾叁文
信泰房捐錢伍拾叁文
洪永興房捐錢叁拾文
聚興房捐錢陸千捌百捌拾伍文
長興房捐錢伍千陸百肆拾文
張乾利房捐錢伍千肆百文
德興房捐錢叁千玖百拾伍文
如金房捐錢貳千玖百柒拾文
如源房捐錢貳千肆百柒拾伍文
柳萬興房捐錢肆拾伍文
合興房捐錢肆拾伍文
羅永興房捐錢叁拾捌文
錦記房捐錢叁拾捌文
長興房捐錢貳千叁百拾文
周萬興房捐錢貳千壹百陸拾文
張聚成房捐錢壹千伍百柒拾伍文
寶源房捐錢柒百肆拾肆文
聚茂房捐錢貳百肆拾文

以上共收房捐錢玖拾壹千陸百柒拾壹文

衆茶箱貫臺木作燕籠舖

錢生茂房捐錢肆千伍拾文
和茂房捐錢玖百玖拾文
王萬興房捐錢捌百拾文
樹德房捐錢陸拾文
任順興房捐錢壹千伍百柒拾伍文
錢永興房捐錢壹千叁百捌拾文
德生房捐錢壹千叁百伍拾文
張福記房捐錢壹千貳百陸拾文
王金才房捐錢壹千貳百拾伍文
陳祖友房捐錢壹千貳百拾伍文
蔣滋槐房捐錢壹千貳百文
張阿考房捐錢壹千貳百文
錢禮壇房捐錢捌百拾文
虞有才房捐錢貳百捌拾陸文
黃才貴房捐錢壹百捌拾文
萬豐房捐錢叁拾文
張東生房捐錢壹千捌拾文
葛世奎房捐錢壹千捌拾文
李順記房捐錢壹千捌拾文
史順記房捐錢壹千捌拾文
王廷順房捐錢壹千伍拾文
李德章房捐錢壹千拾柒文
陸金記房捐錢玖百陸拾文
祥興房捐錢玖百陸拾文

鍾運來房捐錢玖百肆拾伍文
李順記房捐錢玖百捌文
芳泰房捐錢玖百肆文
陳寶林房捐錢玖百文
嚴益芳房捐錢捌百拾文
李昌月房捐錢柒百陸拾肆文
張瑞有房捐錢柒百伍拾文
周大全房捐錢陸百柒拾伍文
葛阿寶房捐錢陸百柒拾伍文
陳賢高房捐錢陸百柒拾伍文
陳長善房捐錢陸百柒拾伍文
方利全房捐錢陸百陸拾文

李小釗房捐錢陸百文
王增壽房捐錢陸百文
應松全房捐錢陸百文
唐谷有房捐錢陸百文
周鳴謙房捐錢伍百柒拾文
王雲瑞房捐錢伍百拾陸文
邱在甲房捐錢肆百玖拾伍文
陳全記房捐錢肆百捌拾文
章萬興房捐錢肆百伍拾文
錢雲壽房捐錢肆百貳拾文
生茂房捐錢肆百陸文
悅來房捐錢叁百伍拾肆文

陳明高房捐錢叁百文
陳賢芳房捐錢貳百柒拾文
何瑞春房捐錢貳百貳拾伍文
童阿桂房捐錢貳百拾文
裲生房捐錢壹百捌拾文
陳永興房捐錢壹百拾伍文
楊祥茂房捐錢壹百伍文
周德其房捐錢壹百捌拾文
徐言香房捐錢壹百伍拾捌文
萬全房捐錢玖拾文
陳定一房捐錢柒拾陸文
永生房捐錢柒拾伍文

萬茂房捐錢玖拾文
宏興房捐錢陸拾文
永記房捐錢陸拾文
茂興房捐錢陸拾文
聚興房捐錢陸拾文
張宗瑞房捐錢陸拾文
童阿全房捐錢陸拾文
邱方全房捐錢陸拾文
鄭清九房捐錢伍拾肆文
王紹業房捐錢伍拾叁文
楊本義房捐錢伍拾叁文
王懷信房捐錢伍拾叁文

徐福記房捐錢陸拾捌文
王松茂房捐錢肆拾玖文
鍾寶生房捐錢肆拾捌文
章瑞英房捐錢肆拾伍文
張阿寶房捐錢肆拾伍文
陳大貴房捐錢肆拾伍文
郁大茂房捐錢叁千玖百拾伍文
萬利房捐錢貳千貳百捌拾文
恒昌房捐錢壹千捌百玖拾文
舒祥興房捐錢壹千捌百玖拾文
合興房捐錢壹千柒百伍拾伍文
郁恒利房捐錢壹千陸百貳拾文

牲記房捐錢肆拾伍文
應毛頭房捐錢叁拾捌文
陳純香房捐錢叁拾捌文
張大興房捐錢叁拾捌文
嚴順興房捐錢叁拾文
袁春記房捐錢叁拾文
萬興房捐錢壹千肆百貳拾貳文
宏茂房捐錢壹千壹百伍拾貳文
郁仁裕房捐錢壹千捌拾文
順茂房捐錢壹千捌拾文
何順興房捐錢捌百拾文
李永興房捐錢柒百貳拾文

萬茂房捐錢叁百陸拾文
蔡恒興房捐錢貳百肆拾文

萬利房捐錢壹百貳拾文
松茂房捐錢陸拾文

以上共收房捐錢陸拾伍千伍文

衆山貨繡簾香籃竹籌蓬竻篗作

何合順房捐錢捌千陸百肆拾文
合興房捐錢柒千伍百陸拾文
甬和房捐錢柒千貳百玖拾文
萬和房捐錢伍千肆百文
萬興房捐錢貳千貳拾伍文
戴日升房捐錢貳千貳拾伍文
仇恒昌房捐錢壹千伍百叁拾文
毛榮記房捐錢壹千玖拾貳文

方德潤房捐錢壹千捌拾文
泉興房捐錢壹千捌拾文
范金生房捐錢玖百肆拾伍文
楊學海房捐錢玖百肆拾伍文
周永和房捐錢玖百肆拾伍文
張永興房捐錢玖百肆文
順興房捐錢捌百伍拾貳文
毛公茂房捐錢捌百肆拾文

永興房捐錢捌百肆拾文
崔祥興房捐錢伍百貳拾伍文
王祥豐房捐錢捌百拾文
吳高明房捐錢伍百貳拾伍文
吳有才房捐錢捌百拾文
洪金生房捐錢肆百伍拾文
茂增房捐錢柒百貳拾文
吳祥林房捐錢叁百文
毛萬全房捐錢柒百貳拾文
復興房捐錢貳百柒拾文
鄔大成房捐錢柒百貳拾文
邵文興房捐錢陸拾捌文
李順興房捐錢陸百柒拾伍文
毛文茂房捐錢陸拾捌文
陳裕興房捐錢陸百叁拾文
王庚來房捐錢陸拾文
楊阿生房捐錢陸百叁拾文
全興房捐錢陸拾文
翁順記房捐錢陸百文
毛宏茂房捐錢伍拾貳文
湧順房捐錢伍百肆拾文
張永和房捐錢肆拾伍文
協懋房捐錢捌百拾文
協生房捐錢肆百貳拾文

億和房捐錢肆拾伍文
吳生順房捐錢叁拾捌文
邵集森房捐錢肆拾伍文
張茂興房捐錢叁拾捌文
陳阿垚房捐錢肆拾伍文
王永順房捐錢叁拾陸文
王庭榮房捐錢肆拾伍文
李允興房捐錢叁拾文
繡霞齋房捐錢壹千陸百貳拾文
方如忠房捐錢貳拾柒文
寶興房捐錢捌百肆拾文
霞成齋房捐錢肆拾伍文
宋萬興房捐錢壹千拾柒文
鄔大和房捐錢陸百柒拾伍文
鄔永成房捐錢玖百肆拾伍文
見龍房捐錢陸百柒拾伍文
陳永興房捐錢捌百肆拾文
應順興房捐錢陸百柒拾伍文
宋萬順房捐錢捌百拾文
永豐房捐錢叁百陸拾文
馬永興房捐錢捌百拾文
阮合利房捐錢貳百肆拾文
萬合房捐錢柒百肆拾柒文
史友仁房捐錢壹百貳拾捌文

黃大有房捐錢壹千捌百玖拾文
范阿寶房捐錢肆百伍拾文
吳永茂房捐錢玖百陸拾文
生記房捐錢貳百肆拾文
萬泰房捐錢玖百陸拾文
蔡源順房捐錢貳百叁拾叁文
董啓瑞房捐錢捌百肆拾文
張小明房捐錢壹百貳拾文
沈廣元房捐錢捌百拾文
周聚興房捐錢壹百伍文
李三福房捐錢陸百柒拾伍文
吳源泰房捐錢玖拾文
鮑金如房捐錢陸百叁拾文
聚興房捐錢陸拾文
應德順房捐錢伍百貳拾伍文
周正林房捐錢伍拾叁文
徐永興房捐錢壹千柒百柒拾文
王順泰房捐錢伍拾叁文
徐聚興房捐錢壹千柒百伍拾伍文
李萬興房捐錢陸百柒拾伍文
懋泰房捐錢壹千貳百拾伍文
王小寶房捐錢陸百叁拾文
柴云福房捐錢壹千捌拾文
王阿福房捐錢貳百柒拾文

莊順利房捐錢壹千貳百拾伍文
朱萬順房捐錢陸百文
增順房捐錢玖百肆拾伍文
周景福房捐錢伍百肆拾文
揚東才房捐錢壹千伍百玖拾文
趙源茂房捐錢肆百柒拾肆文
曹紀茂房捐錢壹千貳百拾伍文
傅如能房捐錢肆百伍拾文
茅永利房捐錢壹千壹百拾文
虞協順房捐錢肆百肆拾文
張坤記房捐錢壹千捌拾文
徐仁記房捐錢叁百柒拾伍文
陳協興房捐錢玖百柒文
王聚生房捐錢叁百拾伍文
章永興房捐錢捌百拾文
丁永興房捐錢貳百肆拾文
朱和尚房捐錢捌百拾文
森順房捐錢壹百捌拾文
應瑞興房捐錢陸百柒拾伍文
王德興房捐錢壹百捌拾文
張學興房捐錢陸百文
鄔仁興房捐錢壹百貳拾文
陳文炳房捐錢陸百文
莊萬利房捐錢壹百伍文

張文蘭房捐錢壹千捌拾文
朱和尚房捐錢玖拾捌文
鄔合興房捐錢玖拾文
包得利房捐錢陸拾文
劉夏狗房捐錢陸拾文
梁阿福房捐錢陸拾文
楊三茂房捐錢陸拾文
章長庚房捐錢陸拾文
姚貴榮房捐錢陸拾文
柴春林房捐錢陸拾文
丁永福房捐錢陸拾文
范長生房捐錢伍拾叁文
舒瑞春房捐錢伍拾叁文
楊協興房捐錢伍拾叁文
陳順寶房捐錢肆拾伍文
李永興房捐錢肆拾伍文
張阿世房捐錢肆拾伍文
再順房捐錢肆拾伍文
張富貴房捐錢叁拾捌文
趙萬興房捐錢叁拾捌文
盛會林房捐錢叁拾文
張寶壽房捐錢叁拾文
趙有桂房捐錢叁拾文
新泰房捐錢叁拾文

田興隆房捐錢貳拾叁文

以上共收房捐錢玖拾玖千貳百肆拾捌文

衆瓦罐糖貨粘水荳腐茶乾鋪

益珍房捐錢肆千捌百陸拾文
源珍房捐錢貳千柒拾文
萃珍房捐錢壹千叁百伍拾文
珍發房捐錢壹千壹百伍拾伍文
成福房捐錢壹千捌拾文
協發房捐錢玖百陸拾文
萬珍房捐錢玖百肆拾伍文
復發房捐錢捌百肆拾文
悅來房捐錢叁千伍拾壹文
合順房捐錢捌百拾文
順珍房捐錢捌百拾文
合珍房捐錢陸百柒拾伍文
合勝房捐錢肆百玖拾伍文
新珍房捐錢叁百陸拾文
源益房捐錢叁百叁拾文
新寶豐房捐錢貳百拾文
協源房捐錢壹百叁拾伍文
全茂房捐錢貳千貳百玖拾伍文

長茂房捐錢貳千壹百陸拾文
永興房捐錢壹千捌百玖拾文
古順記房捐錢叁千叁百柒拾伍文
應通福房捐錢貳千貳拾伍文
夏發房捐錢壹千柒百伍拾伍文
陳順發房捐錢壹千陸百捌拾文
邱一大房捐錢壹千陸百貳拾文
蔡金泉房捐錢壹千叁百伍拾文
林和記房捐錢壹千叁百伍拾文
晉隆房捐錢壹千肆百柒拾文
何孝元房捐錢壹千叁百叁拾文
方世春房捐錢壹千貳百陸拾文
永大房捐錢壹千陸百貳拾文
蔡立順房捐錢壹千捌拾文
戴茂富房捐錢壹千貳百拾伍文
林世在房捐錢壹千貳百拾伍文
謝阿二房捐錢壹千貳百拾伍文
陳仁記房捐錢壹千貳百拾伍文
陳阿七房捐錢壹千貳百拾伍文
吳德崴房捐錢壹千壹百柒拾文
張合豐房捐錢壹千壹百伍拾貳文
竺南記房捐錢壹千捌拾文
應大成房捐錢壹千捌拾文
王合興房捐錢壹千拾柒文

鍾阿棠房捐錢玖百肆拾伍文
萬興房捐錢玖百肆拾伍文
周順興房捐錢捌百肆拾文
孫時法房捐錢捌百拾文
周永茂房捐錢捌百拾文
汪開友房捐錢捌百拾文
繆阿二房捐錢捌百拾文
周永福房捐錢柒百叁拾伍文
吳安生房捐錢柒百貳拾文
宋文英房捐錢陸百柒拾伍文
陸萬生房捐錢陸百柒拾伍文
干嘉齡房捐錢陸百柒拾伍文
順茂房捐錢陸百柒拾伍文
陸金泉房捐錢陸百叁拾文
王萬興房捐錢陸百文
屠小雲房捐錢陸百文
陳合記房捐錢陸百文
徐忠實房捐錢伍百肆拾文
陸和尚房捐錢肆百伍拾文
董順寶房捐錢叁百柒拾伍文
徐錦芳房捐錢叁百文
黃大生房捐錢貳百貳拾伍文
李長順房捐錢壹百捌拾文
史利元房捐錢壹百伍文

蔡愛寶房捐錢壹千捌拾文
應春元房捐錢玖百肆拾伍文
徐阿全房捐錢伍百肆拾文
李阿東房捐錢肆百伍拾貳文
勵尺來房捐錢叁百柒拾伍文
張有土房捐錢貳百柒拾文
李祥順房捐錢貳百柒拾文
薛阿五房捐錢壹百伍拾文
大有房捐錢壹百貳拾捌文
劉春狗房捐錢柒拾伍文
陳和尚房捐錢陸拾捌文
王將運房捐錢陸拾肆文

戎祥順房捐錢陸拾文
楊雲賚房捐錢陸拾文
馮聚寶房捐錢陸拾文
竺安心房捐錢陸拾文
張桂生房捐錢陸拾文
永興房捐錢陸拾文
陳艮善房捐錢肆拾捌文
汪三順房捐錢肆拾伍文
陸福琳房捐錢肆拾伍文
陳世能房捐錢肆拾伍文
方三記房捐錢肆拾伍文
孫四福房捐錢肆拾伍文

陳士玉房捐錢伍拾陸文
張三官房捐錢肆拾伍文
王合記房捐錢肆拾伍文
陳三記房捐錢肆拾伍文
明錫房捐錢肆拾伍文
雙隆房捐錢玖百文
張天生房捐錢捌百伍拾壹文

張福林房捐錢叁拾貳文
陳寶來房捐錢叁拾文
邵東林房捐錢叁拾文
應小狗房捐錢叁拾文
義大房捐錢肆百貳拾文
合利房捐錢柒百伍拾文

以上共收房捐錢捌拾壹千拾貳文

衆年糕點心餅店昔芽厰

大有房捐錢叁千貳百肆拾文
老純一房捐錢壹千柒百肆拾文
趙大利房捐錢壹千陸拾伍文

大有房捐錢玖百陸拾文
趙大有房捐錢捌百柒拾文
王大有房捐錢柒百捌拾文

鄭合利房捐錢柒百玖拾伍文
徐成興房捐錢伍百肆拾文
大裕房捐錢叁百叁拾捌文
大利房捐錢叁百叁拾文
新天順房捐錢叁百文
孫聚隆房捐錢叁百文
新天生房捐錢貳百伍拾伍文
石萬裕房捐錢貳千柒百文
協興房捐錢貳千捌百叁拾伍文
周鴻源房捐錢貳千肆百叁拾文
萬興房捐錢貳千肆百叁拾文
長興房捐錢貳千壹百玖拾文

趙大裕房捐錢貳百伍拾伍文
趙大興房捐錢貳百肆拾文
老天生房捐錢壹百玖拾伍文
大有祥記房捐錢壹百捌拾柒文
天生房捐錢壹百捌拾文
大有台記房捐錢壹百叁拾伍文
何阿五房捐錢壹百伍拾文
萬裕房捐錢貳千壹百陸拾文
湯萬興房捐錢貳千貳拾伍文
仁興房捐錢壹千捌百玖拾文
源盛房捐錢壹千柒百伍拾伍文
恒順房捐錢壹千柒百伍拾伍文

湯增記房捐錢壹千陸百貳拾文
史順興房捐錢壹千肆百捌拾伍文
雷順興房捐錢壹千肆百捌拾伍文
周隆興房捐錢壹千叁百伍拾文
頤美房捐錢壹千叁百伍拾文
萬興房捐錢壹千叁百伍拾文
三和房捐錢壹千叁百伍拾文
合興房捐錢壹千叁百伍拾文
新長興房捐錢壹千貳百柒拾伍文
萬興房捐錢壹千貳百拾伍文
陳永興房捐錢壹千捌拾文
蔡增記房捐錢壹千捌拾文

祥和房捐錢壹千伍拾文
萬興房捐錢壹千拾柒文
萬興房捐錢玖百陸拾文
合大房捐錢玖百肆拾伍文
梁乾興房捐錢玖百肆拾伍文
胡振在房捐錢玖百肆拾伍文
仁和房捐錢玖百文
順記房捐錢捌百拾文
乾和房捐錢捌百拾文
悅來房捐錢捌百拾文
徐永利房捐錢捌百拾文
徐協興房捐錢捌百拾文

洪紹春房捐錢捌百捌拾貳文
傅成記房捐錢貳百文
陳永興房捐錢柒百貳拾文
傅茂豫房捐錢壹百捌拾文
聚典房捐錢柒百貳拾文
陳毛毛房捐錢壹百陸拾伍文
陳三和房捐錢陸百柒拾伍文
合典房捐錢玖拾文
德典房捐錢陸百叁拾文
順茂房捐錢柒拾伍文
梁新全房捐錢伍百柒拾捌文
順記房捐錢陸拾柒文
吳萬興房捐錢伍百肆拾文
悅典房捐錢陸拾文
得典房捐錢肆百伍拾文
順典房捐錢陸拾文
任穗全房捐錢肆百貳拾文
聚典房捐錢陸拾文
萬典房捐錢叁百文
廷順房捐錢陸拾文
黃合典房捐錢貳百肆拾文
朱信貴房捐錢陸拾文
候悅來房捐錢貳百拾文
邱大生房捐錢伍拾叁文

源泰房捐錢伍拾叁文
萬典房捐錢肆拾伍文
仁和房捐錢伍拾叁文
三和房捐錢叁拾捌文
德大房捐錢肆拾伍文
金記房捐錢叁拾捌文
劉全典房捐錢叁千柒百捌拾文
同春房捐錢壹千陸百貳拾文
元泰房捐錢叁千文
萬典房捐錢壹千陸百貳拾文
桂太生房捐錢貳千捌百伍拾文
張順興房捐錢壹千伍百陸拾文
蔡小三房捐錢貳千柒百文
陳聖記房捐錢壹千叁百伍拾文
史茂記房捐錢貳千肆百叁拾文
順典房捐錢壹千叁百伍拾文
同生房捐錢貳千貳拾伍文
孫金水房捐錢壹千貳百叁拾文
合典房捐錢貳千貳拾伍文
林順泰房捐錢壹千壹百伍拾伍文
祥茂房捐錢壹千捌百文
李春和房捐錢壹千壹百肆拾文
陳盛德房捐錢壹千陸百玖拾貳文
陳南升房捐錢壹千捌拾文

李德典房捐錢壹千貳百陸拾叁文
林全典房捐錢玖百肆拾伍文
胡大典房捐錢壹千貳百陸拾肆文
王阿五房捐錢玖百肆拾伍文
郝順典房捐錢壹千貳百拾伍文
同盛房捐錢玖百肆拾伍文
楊順典房捐錢壹千貳百拾伍文
孫貴房捐錢玖百肆拾伍文
陳永典房捐錢壹千貳百拾伍文
協典房捐錢玖百文
泉典房捐錢壹千貳百拾伍文
允昇房捐錢捌百伍拾伍文
鍾台典房捐錢壹千捌拾文
林正友房捐錢捌百伍拾伍文
夏順典房捐錢壹千捌拾文
王祥記房捐錢捌百肆拾文
周典泰房捐錢壹千捌拾文
王阿五房捐錢捌百肆拾文
鍾合典房捐錢壹千拾柒文
合記房捐錢捌百肆拾文
惠典房捐錢壹千拾柒文
陳信記房捐錢捌百拾文
合順房捐錢玖百拾壹文
生順房捐錢捌百拾文

生大房捐錢捌百拾文
鄭順有房捐錢伍百貳拾伍文
應夏林房捐錢柒百捌拾陸文
陳茂典房捐錢伍百貳拾伍文
王萬典房捐錢柒百陸拾伍文
郁孝舲房捐錢肆百伍文
邵四福房捐錢柒百叁拾伍文
生順房捐錢叁百文
江奎元房捐錢柒百貳拾文
周財寶房捐錢貳百伍拾伍文
蔡世浩房捐錢柒百貳拾文
秦安壽房捐錢貳百叁文
柴阿四房捐錢陸百柒拾伍文
王升隆房捐錢壹百捌拾文
張永茂房捐錢陸百柒拾伍文
永利房捐錢壹百伍拾文
楊阿狗房捐錢陸百叁拾文
聞台典房捐錢壹百叁拾伍文
馮永慎房捐錢陸百叁拾文
同源房捐錢壹百叁拾伍文
朱小鈺房捐錢陸百叁拾文
李全章房捐錢壹百貳拾捌文
劉全新房捐錢伍百肆拾文
協生房捐錢玖拾文

白裕泰房捐錢玖拾文
丁善登房捐錢玖拾文
王三順房捐錢玖拾文
柴阿三房捐錢玖拾文
袁兆奎房捐錢柒拾伍文
張桂德房捐錢柒拾伍文
祥茂房捐錢陸拾文
張德記房捐錢陸拾文
徐阿五房捐錢陸拾文
林元艮房捐錢陸拾文
吳仁興房捐錢陸拾文
宏元房捐錢壹千陸百貳拾文

王和貴房捐錢伍拾叁文
徐萬源房捐錢伍拾叁文
吳茂春房捐錢伍拾叁文
張源利房捐錢肆拾捌文
王文奎房捐錢肆拾捌文
薛川記房捐錢肆拾伍文
李阿寶房捐錢肆拾伍文
王生茂房捐錢肆拾伍文
李阿三房捐錢叁拾伍文
胡雲發房捐錢叁拾文
李德升房捐錢叁拾文
瑞興捐錢捌百拾文

戴茂生房捐錢柒拾伍文

以上共收房捐錢壹百肆拾叁千貳百伍拾文

衆茶室混堂挑夫

吉慶園房捐錢肆千伍百玖拾文
慶榮房捐錢肆千伍拾文
春和房捐錢叁千貳百肆拾文
雙和房捐錢叁千壹百貳拾文
同元房捐錢貳千玖百柒拾文
錦記房捐錢貳千柒百肆拾陸文
仁記房捐錢貳千伍百貳文
三陽房捐錢貳千肆百叁拾文
陽樓房捐錢貳千壹百陸拾文

五雲房捐錢貳千壹百陸拾文
慶和房捐錢壹千柒百伍拾伍文
三鳳房捐錢壹千柒百伍拾伍文
四明房捐錢壹千陸百捌拾文
應五寶房捐錢壹千陸百貳拾文
和義房捐錢壹千陸百貳拾文
永樂房捐錢壹千肆百捌拾伍文
三元房捐錢壹千肆百肆拾文
泰記房捐錢壹千肆百肆拾文

長春房捐錢壹千柒百捌拾伍文
萬壽房捐錢壹千叁百伍拾文
三元房捐錢壹千叁百伍拾文
集泉房捐錢壹千叁百伍拾文
朱開元房捐錢壹千貳百陸拾肆文
五福房捐錢壹千貳百拾伍文
金桂園房捐錢壹千貳百文
興隆房捐錢壹千貳百文
澄清房捐錢壹千捌拾文
五臨房捐錢壹千捌拾文
同華房捐錢壹千捌拾文
丹鳳房捐錢壹千捌拾文

義元房捐錢壹千叁拾玖文
三元房捐錢壹千拾柒文
雙桂房捐錢玖百陸拾文
景陽房捐錢玖百陸拾文
日湖房捐錢玖百陸拾文
集泉房捐錢玖百肆拾伍文
清泉房捐錢玖百肆拾伍文
坤源房捐錢捌百肆拾文
樓阿黃房捐錢捌百拾文
七泉軒房捐錢捌百拾文
李東海房捐錢捌百拾文
雙福房捐錢柒百陸拾伍文

丹桂園房捐錢玖百文
雙和房捐錢柒百叁拾伍文
狀元房捐錢柒百叁拾伍文
袁九安房捐錢柒百貳拾文
緒元房捐錢柒百貳拾文
雙貴房捐錢柒百貳拾文
狀元房捐錢柒百貳拾文
王本堂房捐錢陸百柒拾伍文
祥雲房捐錢陸百柒拾伍文
紫微房捐錢陸百叁拾文
張全軒房捐錢陸百文
福雲房捐錢陸百文

近水臺房捐錢伍百捌拾捌文
復源來房捐錢伍百肆拾文
衆樂軒房捐錢肆百玖拾文
柳蔭園房捐錢肆百捌拾文
安樂房捐錢肆百貳拾文
春泉房捐錢肆百伍拾文
文華房捐錢肆百伍拾文
同興房捐錢肆百貳拾文
瑞泉房捐錢叁百叁拾玖文
玉泉房捐錢叁百文
三梅房捐錢貳百拾文
蓮陞房捐錢壹百捌拾文

玉鳳樓房捐錢壹百貳拾文
阿寶房捐錢陸拾文
王阿五房捐錢壹百貳拾文
澄清房捐錢陸拾文
春桂房捐錢壹百伍文
丹鳳房捐錢伍拾叁文
源順房捐錢玖拾文
徐元在房捐錢肆拾伍文
一本房捐錢陸拾文
趙阿生房捐錢肆拾伍文
合儀房捐錢陸拾文
聚賢房捐錢叁拾捌文
坤和房捐錢陸拾文
源泉房捐錢伍拾柒文
合記房捐錢叁千叁百柒拾伍文
徐夏狗房捐錢壹千柒百伍拾伍文
合興房捐錢叁千貳百肆拾文
趙阿寶房捐錢壹千陸百貳拾文
福星房捐錢貳千貳拾伍文
錦記房捐錢玖百文
福記房捐錢陸千玖拾文
增仁房捐錢壹千捌拾文
公記房捐錢叁千陸百肆拾伍文
俞法記房捐錢壹百伍拾文

福記地房房捐錢貳千伍百叁拾柒文福記人房房捐錢壹千壹百伍拾貳文
福記和房房捐錢壹千貳百拾伍文
福記典房房捐錢捌百肆拾文

以上共收房捐錢壹百拾貳千伍百伍拾貳文

衆剃頭店轎夫

邱陽春房捐錢陸千陸百拾伍文
錢阿生房捐錢貳千壹百文
李永生房捐錢肆千伍拾文
陳貴記房捐錢壹千陸百貳拾文
陳小毛房捐錢肆千伍拾文
范金水房捐錢壹千陸百貳拾文
協記房捐錢叁千叁百柒拾伍文
周清標房捐錢壹千陸百貳拾文
桂怡高房捐錢壹千捌百貳拾柒文
張增福房捐錢壹千陸百貳拾文
萬壽房捐錢壹千柒百伍拾伍文
王連友房捐錢壹千陸百貳拾肆文
童春記房捐錢壹千柒百伍拾伍文
錢在秀房捐錢壹千伍百陸拾文
俞宏記房捐錢壹千陸百貳拾文
陳孟程房捐錢壹千伍百肆拾文

陸信德房捐錢壹千伍百肆文
汪忠福房捐錢壹千貳百拾伍文
王有土房捐錢壹千肆百捌拾伍文
寶才房捐錢壹千貳百拾伍文
任阿生房捐錢壹千肆百肆拾文
春記房捐錢壹千貳百拾伍文
徐甯來房捐錢壹千叁百陸拾伍文
邱全記房捐錢壹千貳百文
史金桂房捐錢壹千叁百伍拾文
陳福記房捐錢壹千壹百拾文
史信貴房捐錢壹千叁百伍拾文
王生泰房捐錢壹千捌拾文
王通全房捐錢壹千叁百伍拾文
嚴福昌房捐錢壹千捌拾文
王定心房捐錢壹千叁百伍拾文
盧小寶房捐錢壹千捌拾文
惠記房捐錢壹千叁百伍拾文
錢標記房捐錢壹千捌拾文
和合興房捐錢壹千叁百叁拾文
徐阿三房捐錢壹千捌拾文
王三毛房捐錢壹千貳百陸拾叁文
陳阿五房捐錢壹千捌拾文
乾源房捐錢壹千貳百陸拾文
張阿彪房捐錢壹千捌拾文

汪阿小房捐錢壹千捌拾文
張章才房捐錢捌百拾文
林本立房捐錢玖百肆拾伍文
施金桂房捐錢捌百拾文
陳小毛房捐錢玖百肆拾伍文
范東陽房捐錢捌百拾文
姜長齡房捐錢玖百肆拾伍文
王瑞寶房捐錢捌百拾文
陳高齡房捐錢玖百肆拾伍文
蔡忠義房捐錢捌百拾文
邱朝佐房捐錢玖百肆拾伍文
盧文詩房捐錢柒百肆拾柒文
胡泰記房捐錢玖百肆拾伍文
楊鐘明房捐錢柒百肆拾柒文
王寶生房捐錢玖百肆拾貳文
楊順景房捐錢柒百叁拾伍文
林談志房捐錢玖百陸拾文
王貴生房捐錢陸百叁拾文
俞長貴房捐錢玖百肆文
王在福房捐錢陸百叁拾文
孫長生房捐錢捌百肆拾文
張聲啓房捐錢陸百叁拾文
葉三全房捐錢捌百肆拾文
陳天福房捐錢陸百拾伍文

陳小娘房捐錢壹千陸百貳拾文　陳春記房捐錢叁百陸拾文
邱苗記房捐錢壹千伍拾文　胡仁記房捐錢叁百陸拾文
丁順記房捐錢捌百拾文　姚錦浩房捐錢叁百陸拾文
吳雙喜房捐錢捌百拾文　李生記房捐錢叁百文
桂少記房捐錢捌百拾文　林阿智房捐錢叁百文
許阿喜房捐錢陸百陸拾文　張廷芳房捐錢叁百文
張定標房捐錢柒百貳拾文　林紀垚房捐錢叁百文
方全瑞房捐錢陸百文　桂四福房捐錢貳百柒拾文
陳芝明房捐錢陸百文　錢振甫房捐錢貳百柒拾文
顧銀舲房捐錢陸百文　阿三房捐錢貳百柒拾文
柯祖才房捐錢伍百肆拾文　謝德元房捐錢壹百捌拾文
朱福房房捐錢伍百肆拾文　錢順昌房捐錢壹百捌拾文

邱丹成房捐錢伍百陸拾陸文　張大茂房捐錢陸拾文
陳阿三房捐錢肆百伍拾文　楊德興房捐錢陸拾文
林在寶房捐錢肆百伍拾文　胡兆記房捐錢陸拾文
洪東才房捐錢貳百肆拾文　王春富房捐錢陸拾文
王阿鰲房捐錢貳百肆拾文　陳瑞玉房捐錢陸拾文
合記房捐錢貳百肆拾文　李隆記房捐錢陸拾文
鳳記房捐錢貳百肆拾文　方來喬房捐錢陸拾文
許聲文房捐錢貳百拾文　邱阿集房捐錢陸拾文
許永海房捐錢貳百拾文　龔長庚房捐錢肆拾伍文
協茂房捐錢貳百拾文　趙康甯房捐錢肆拾伍文
周阿五房捐錢貳百貳文　吳友法房捐錢肆拾伍文
李增三房捐錢壹百伍文　王連生房捐錢肆拾伍文

湯長生房捐錢貳百貳拾陸文　徐三記房捐錢伍拾叁文
金德利房捐錢貳百貳拾伍文　汪順發房捐錢肆拾捌文
孫景生房捐錢貳百貳拾伍文　吳東雲房捐錢肆拾伍文
徐阿喜房捐錢壹百叁拾伍文　祝啓貞房捐錢肆拾伍文
趙正高房捐錢壹百貳拾文　鍾金寶房捐錢肆拾伍文
柯昌憩房捐錢壹百伍拾文　邱在庚房捐錢肆拾伍文
朱濟貴房捐錢陸拾捌文　董福記房捐錢肆拾伍文
傅春記房捐錢陸拾捌文　于全記房捐錢肆拾伍文
顧阿三房捐錢陸拾肆文　陳六記房捐錢肆拾伍文
楊阿七房捐錢陸拾文　正才房捐錢肆拾伍文
安景房捐錢陸拾文　唐垚記房捐錢叁拾捌文
阿湯房捐錢陸拾文　陳世記房捐錢叁拾捌文

陸小福房捐錢玖拾捌文　樓小今房捐錢叁拾文
陳仁高房捐錢叁拾捌文　金德意房捐錢叁拾文
董阿五房捐錢叁拾捌文　王景狗房捐錢叁拾文
周長生房捐錢叁拾伍文　周寶記房捐錢叁拾文
洪寶房捐錢叁拾捌文　陳福記房捐錢叁拾文
陳槑記房捐錢叁百玖拾文　阿寶房捐錢玖拾文

以上共收房捐錢壹百柒千玖百玖拾壹文

各行號鋪戶抽收房捐總數

衆錢莊糧莊稅行共收房捐錢壹千叁拾肆千柒百捌拾叁文
衆南號杉木雜木竹行共收房捐錢陸百陸拾陸千玖文
衆北號小貨行共收房捐錢肆百陸千肆百貳拾柒文
衆閩廣行海味鋪共收房捐錢肆百肆拾柒千陸拾文
衆米行鎮號穀行米棧鋪共收房捐錢壹千貳百伍拾陸千壹百伍拾肆文
衆油行鋪燭淘共收房捐錢陸百壹千伍拾伍文
衆鮮鹹行鋪水客魚帮公所共收房捐錢壹千肆百玖拾捌千玖百念貳文
衆紙行帳簿草紙行經摺紙劄共收房捐錢陸百陸拾伍千壹百叁拾陸文
衆靛青行染坊紅坊印刷鋪共收房捐錢叁百伍拾肆千貳百陸拾柒文
衆花蔴毡帽行花莊打花鋪共收房捐錢叁百伍拾玖千伍百叁拾貳文
衆蜈蝻牛骨行客貨棧硝皮鋪共收房捐錢肆百伍拾柒千捌百陸拾叁文

衆建帮廣號小南帮温州號共收房捐錢伍百貳拾叁千肆百叁拾陸文
衆水果蔬菜行鋪共收房捐錢叁百伍拾叁千叁百玖拾文
衆猪行肉鋪羊肉鋪共收房捐錢叁百伍拾玖千捌百拾文
衆洋貨行雜貨鋪碗行鋪缸廠共收房捐錢伍百肆拾肆千陸百柒拾伍文
衆藥行號鋪參號戒烟丸鋪共收房捐錢壹千陸百拾玖千陸百拾伍文
衆烟葉行水旱烟鋪共收房捐錢肆百肆拾玖千捌百柒拾柒文
衆醬園磨坊鹽行蛋行共收房捐錢肆百伍拾叁千壹百拾柒文
衆南貨折兌茶食蜜餞糖坊共收房捐錢壹千叁百捌千壹百伍拾叁文
衆當鋪提莊裙袄鋪共收房捐錢玖百伍拾壹千肆百肆拾陸文
衆綢緞顧繡洋貨布莊共收房捐錢柒百貳拾千貳拾文
衆銀樓鋪玉器眼鏡金箔鋪共收房捐錢叁百伍拾捌千壹百肆拾陸文
衆洋藥行台象槳棧洋烟室共收房捐錢肆百肆拾伍千玖百肆拾捌文

衆夏布皮貨莊股條布頭舊貨鋪共收房捐錢叁百伍千陸百伍拾玖文
衆茶棧茶漆鋪粉板招牌漆作共收房捐錢貳百柒拾肆千貳百肆拾陸文
衆絲行絲線廻鬚包頭金線鋪共收房捐錢壹百陸拾貳千貳百拾柒文
衆烟袋洋廣貨鐘表鋪共收房捐錢貳百陸拾捌千伍百柒拾肆文
衆酒行七字酒坊共收房捐錢叁百叁拾伍千玖拾玖文
衆銅錫鋪鉍錧鼓班洋鐵鋪共收房捐錢叁百貳拾陸千伍拾陸文
衆神冠領帽雅扇盔頭會器鋪共收房捐錢貳百伍拾叁千陸百陸拾貳文
衆鞋襪搭膊釘靴木鞋鋪共收房捐錢叁百貳拾玖千陸拾壹文
衆嫁粧桶鉢棕棚鋪笱桶作共收房捐錢叁百拾陸千捌百拾貳文
衆酒樓麫館葷菜粥飯鋪共收房捐錢陸百壹千玖百捌拾玖文
衆書坊筆墨刻字鋪信局船局共收房捐錢貳百拾捌千玖百捌拾壹文
衆柴炭行鋪共收房捐錢貳百柒拾陸千玖拾陸文

衆貰器貰衣零剪成衣鋪共收房捐錢貳百玖千柒百叁拾柒文
衆鐵行鑊廠台公所剪刀鐵鋪共收房捐錢貳百捌拾貳千貳百伍拾玖文
衆香粉花後鬢篦箕假髮針鋪共收房捐錢壹百捌拾捌千伍百伍拾捌文
衆紙棧錫箔鋪花炮香鋪共收房捐錢壹百捌拾叁千玖百貳文
衆裝璜裱畫錦盒丹青塑佛戲寓共收房捐錢壹百拾捌千叁百柒拾捌文
衆蓆鋪棕繩袋皮梱行共收房捐錢壹百捌拾陸千柒百貳拾伍文
衆雨傘燈籠油簍明瓦鳥籠鋪共收房捐錢壹百柒拾捌千壹百玖拾叁文
衆磚瓦石砐行石作廠共收房捐錢陸拾肆千肆百陸拾捌文
衆傷科內外科擇日命館花園共收房捐錢陸拾玖千伍百陸拾玖文
衆皮箱烏木作木筷棺材礱鋪共收房捐錢壹百柒拾柒千肆百捌拾貳文
衆雕花風箱車木紅木秤鋪共收房捐錢玖拾壹千陸百柒拾壹文
衆茶葉箱貰臺鋪大小木作燕籠鋪共收房捐錢陸拾伍千伍文

衆山貨繡簾香籃竹籌篷箹筏作共收房捐錢玖拾玖千貳百肆拾捌文
衆瓦罐糖貨粘水荳腐茶乾鋪共收房捐錢捌拾壹千拾貳文
衆年糕點心餅店荳芽廠共收房捐錢壹百肆拾叁千貳百伍拾文
衆茶室混堂挑夫共收房捐錢壹百拾貳千伍百伍拾貳文
衆剃頭店轎夫共收房捐錢壹百柒千玖百玖拾壹文

總共收房捐錢貳萬壹千捌百陸拾叁千貳百玖拾叁文

當郡河工局徵信錄

本書選用寧波市圖書館藏本影印

甯郡河工局徵信錄序

吾甯郡之有河工局自光緒初年
前太守上元宗公爲濬河而設兼以肅清街道法良意美爲便民
計者至深且遠顧念費無所出不得不有資於捐助於是有河棚
及機坊等捐嗣後又有桑園魚塘等地租爲常年濬河清道之費
其始由體仁局兼管總計一歲所入可得錢二千七八百串其後
局事者不暇兼顧日漸懈弛以至機坊捐屢年不繳河棚捐逐年
減捐歲入不充經費支絀實有不能持久之勢適今
太守江甯高公來治吾郡興利除弊百廢具舉車輿出入見街道
汚穢盈積行人多所不便於是慨然於河工之不容稍緩加意維
持札委王貳尹藩甃頓一切王君前於光緒十三年承辦是役素
稱幹練故太守委任焉祜以辛丑八月入局襄理相與督率司事

按季收捐而以暇日親涖街巷分遣工役挑除淨盡勤慎將事毋
敢稍怠將及一載而捐款較前增收至六百餘串街巷亦較前清
潔惟是經費不敷如桑園魚塘等地租體仁局至今未歸計近來
一歲所入不過二千一百餘串雖清道之資及局中支用尚可取
給而所餘無幾仍不足以供濬河之用是以委員亦無薪水夫馬
之費住局辦事日惟兩餐而已因念城中河渠自
前觀察無錫薛公疏濬之後迄於今已十六年矣河流淤塞臭穢
觸人夏秋之交炎威尤甚濁氣薰蒸易成災沴沿河居民傳染時
疫可爲寒心前承
諸縉紳先生屢議開濬因循未果然其事終不可以稍緩是用大
聲疾呼以告吾郡之有力者並將局中出入帳目自辛丑五月初
一日開辦起至壬寅三月三十日止除按季造具報銷清册呈送
府縣備案外合再刊刻徵信錄廣爲分送以資采覽庶
闔郡之紳商士民取而閱之即知河工之梗概而因以諒其不得
已之苦衷則祜與王君實有厚幸焉
光緒二十八年四月　日董事包晉祜謹序

甯郡河工局徵信錄

河棚捐收數

貫橋頭

成　泰每季捐錢陸伯文
新福順每季捐錢貳伯拾文
大　成每季捐錢壹伯捌拾文
大　生每季捐錢貳伯肆拾文
得興隆每季捐錢貳伯柒拾文
明生大每季捐錢貳伯肆拾文
胡永興每季捐錢貳伯肆拾文
順　興每季捐錢叁伯玖拾文
大　有每季捐錢貳伯肆拾文

瑞　興每季捐錢貳伯肆拾文
施隆興每季捐錢貳伯肆拾文
鳴盛齋每季捐錢貳伯肆拾文
傅順興每季捐錢貳伯肆拾文
呂萬興每季捐錢肆伯貳拾文
龔四海每季捐錢肆伯貳拾文
洪　孚每季捐錢柒伯貳拾文
周大成每季捐錢叁伯玖拾文
尙古齋每季捐錢叁伯文

公　正每季捐錢叁伯文
厚　康每季捐錢叁伯叁拾文
永茂盛每季捐錢貳伯肆拾文
賀祥興每季捐錢貳伯柒拾文
復　興
桨寶齋每季捐錢貳伯肆拾文
胡德生每季捐錢肆伯貳拾文
鳳　寶每季捐錢陸伯陸拾文
茂　泰每季捐錢叁伯柒拾伍
文
振　興每季捐錢叁伯陸拾文
大　成每季捐錢貳伯肆拾文

秀文齋每季捐錢貳伯肆拾文
張小全每季捐錢貳伯肆拾文
蔡萬順每季捐錢貳伯肆拾文
戴大成每季捐錢貳伯拾文
峻　豐每季捐錢叁伯文
元大亨每季捐錢肆伯陸拾伍
文
玉　成每季捐錢叁伯叁拾文
復　振每季捐錢叁伯文
生　順每季捐錢貳伯柒拾文
紀順昌每季捐錢貳伯柒拾文
德、順每季捐錢叁伯文

華美藥房每季捐錢壹千零貳
拾文
春　茂每季捐錢陸伯文
得勝樓每季捐錢肆伯貳拾文
得興館每季捐錢伍伯肆拾文
老天成每季捐錢肆伯伍拾文
沈泰記每季捐錢壹伯捌拾文
陳德興每季捐錢壹伯捌拾文
[illegible]　興每季捐錢壹伯捌拾文
胡順興每季捐錢貳伯肆拾文
春　茂每季捐錢叁伯叁拾文
吳順興每季捐錢貳伯肆拾文

呂顯公每季捐錢壹伯捌拾文
黃同興每季捐錢貳伯柒拾文
萬　森每季捐錢貳伯柒拾文
洽昌祥每季捐錢叁伯叁拾文
愼　昌每季捐錢叁伯陸拾文
吳源泰每季捐錢叁伯文
徐泰順每季捐錢叁伯叁拾文
丁德興每季捐錢叁伯陸拾文
繆同興每季捐錢叁伯文
舒榮昌每季捐錢貳伯拾文
陸順興每季捐錢伍伯肆拾文
震　興每季捐錢捌伯肆拾文

源　生每季捐錢柒伯貳拾文
陳桨興每季捐錢貳伯拾文
沈萬茂每季捐錢叁伯陸拾文
王衡豐每季捐錢叁伯叁拾文
任萬甡
周集成每季捐錢叁伯玖拾文
徐雙和每季捐錢叁伯文
汪雲從
義　和每季捐錢肆伯捌拾文
開明館　季捐錢捌伯文
董集新每季捐錢叁伯叁拾文
鮑源泰每季捐錢叁伯陸拾文

久　大每季捐錢肆伯伍拾文
桨景館每季捐錢肆伯捌拾文
王榮大每季捐錢叁伯玖拾文
陳隆昌
施順興每季捐錢壹伯捌拾文
九　大每季捐錢叁伯陸拾文
丁泰和每季捐錢叁伯叁拾文
悅　來每季捐錢叁伯玖拾文
恒　興每季捐錢肆伯捌拾文
林萬順每季捐錢叁伯玖拾文
順　興每季捐錢伍伯柒拾文
周順泰每季捐錢叁伯文

紫雲樓每季捐錢肆伯伍拾文
源　和每季捐錢肆伯伍拾文
商祥記每季捐錢叁伯玖拾文
德興祥每季捐錢肆伯貳拾文
張萬興每季捐錢叁伯陸拾文
張源順每季捐錢叁伯玖拾文
施恒興每季捐錢柒伯捌拾文
茂　興每季捐錢叁伯玖拾文
順　盛每季捐錢叁伯陸拾文
康泩泰每季捐錢叁伯叁拾文
俞松茂每季捐錢肆伯貳拾文
樂寶成每季捐錢陸伯文

久霞齋每季捐錢叁伯玖拾文
許祥興每季捐錢叁伯陸拾文
姜寶泰每季捐錢肆伯伍拾文
協　昌每季捐錢伍伯貳拾伍
文
元　大每季捐錢肆伯貳拾文
永　華每季捐錢肆伯捌拾文
卜恆順每季捐錢貳伯肆拾文
王萬泰每季捐錢叁伯陸拾文
陳萬順每季捐錢叁伯陸拾文
蔡協興每季捐錢肆伯捌拾文
林德利每季捐錢肆伯伍拾文

萬利順每季捐錢陸伯文
楊榮昌每季捐錢壹千貳伯文
恒　順每季捐錢伍伯拾文
合　興每季捐錢陸伯文
永　盛每季捐錢陸伯文
協　茂每季捐錢玖伯文
九　大每季捐錢陸伯文
施恒興每季捐錢陸伯陸拾文
新子元每季捐錢伍伯肆拾文
義和樓每季捐錢壹千捌拾文
巽　昌每季捐錢陸伯陸拾文
協　森每季捐錢肆伯捌拾文

時　新
寶　豐每季捐錢貳千肆伯文
王復興每季捐錢柒伯貳拾文
華德茂每季捐錢伍千肆伯文
源　號每季捐錢叁千文
大有豐每季捐錢伍千柒伯陸
拾文
宏　興每季捐錢玖伯文
張小全每季捐錢陸伯陸拾文
祥　興每季捐錢壹千伍伯文
張萬興每季捐錢玖伯文
屈臣氏每季捐錢叁千柒伯伍

源　源每季捐錢壹千貳伯玖
拾文
茂　泰每季捐錢貳伯拾文
水協興每季捐錢玖伯陸拾文
大　生每季捐錢捌伯肆拾文
源　泰每季捐錢柒伯伍拾文
協　興每季捐錢捌伯肆拾文
斐美聲每季捐錢陸伯陸拾文
李大有每季捐錢玖伯叁拾文
寶如齋每季捐錢玖伯叁拾文
恒　大每季捐錢壹千捌拾文
寶聚祥每季捐錢捌伯肆拾文

拾文
盈　豐每季捐錢柒伯貳拾文
同　泰每季捐錢壹千伍伯文
大有利每季捐錢壹千捌伯文
源　盛每季捐錢叁千陸伯文
順泰昌每季捐錢貳千柒伯文
吉祥雲每季捐錢貳千壹伯文
正心齋每季捐錢壹千貳伯文
五　鳳每季捐錢壹千貳伯捌
拾伍文
泰生祥每季捐錢玖伯叁拾文
鳳　儀每季捐錢壹千伍伯文

仁　和每季捐錢壹千貳伯玖
拾文
寶成樓每季捐錢叁千柒伯伍
拾文
源　豐每季捐錢貳千伍伯捌
拾文
正　和每季捐錢壹千叁伯伍
拾文
行遠樓每季捐錢叁千陸伯文
華英藥房每季捐錢叁十文
錦雲樓每季捐錢叁千陸伯文
益　豐每季捐錢叁千玖伯文

鳳　苞每季捐錢陸千柒伯伍
拾文
鴻　源每季捐錢肆千捌伯文
景鴻春每季捐錢壹千捌伯文
老永春每季捐錢壹千叁伯貳
拾文
東門甕城
天　元每季捐錢叁千文
成　泰每季捐錢壹千伍伯文
復　寶每季捐錢貳千肆伯文
孔鳳春每季捐錢貳千肆伯文
五　昌每季捐錢壹千伍伯文

升源盛每季捐錢壹千捌伯文　甯順祥每季捐錢壹千貳伯文
奎　元每季捐錢壹千捌伯伍　東　來每季捐錢肆千伍伯文
拾文　雙鳳祥每季捐錢壹千捌伯文
萬　興每季捐錢貳千肆伯文　裕　昇每季捐錢壹千貳伯文
醇　豐每季捐錢叁千叁伯文　生　大每季捐錢伍伯念伍文
雙翔熊每季捐錢貳千壹伯陸　張信茂每季捐錢貳千柒伯文
拾文　乾　源每季捐錢叁千柒伯伍
源　康每季捐錢陸千叁伯文　拾文
餘大廣每季捐錢陸千玖伯文　生　大每季捐錢伍伯念伍文
升昌齋每季捐錢貳千叁伯柒　協　和每季捐錢伍伯念伍文
拾文　生大棧每季捐錢伍伯念伍文
成　大每季捐錢柒千伍伯文　全　勝每季捐錢肆伯伍拾文

和　利每季捐錢壹千貳伯文　張鴻泰每季捐錢柒伯伍拾文
和　春每季捐錢陸伯文　同　餘每季捐錢捌伯拾文
合　森每季捐錢壹千貳拾文　錦　發每季捐錢柒伯捌拾文
泰　和每季捐錢捌伯肆拾文　謙泰貞記每季捐錢叁千柒伯
同　德每季捐錢陸伯文　伍拾文
萬　昌每季捐錢陸伯陸拾文　漳　記每季捐錢叁伯文
新順泰　同　順每季捐錢捌伯肆拾文
義　茂每季捐錢捌伯柒拾文　電報局每季捐錢貳千壹伯拾
咸　和每季捐錢陸伯陸拾文　伍文
吉　春每季捐錢陸伯陸拾文　慶安棧每季捐錢貳千肆伯文
森　康每季捐錢陸伯文　錢森茂每季捐錢柒伯文
裕　茂每季捐錢陸伯文　桐　昌每季捐錢貳千肆拾文

泉　豐每季捐錢陸伯文　同　一每季捐錢貳千肆拾文
順　益每季捐錢貳千貳伯伍　滬公祠每季捐錢叁伯文
拾文　王友生每季捐錢壹伯捌拾文
狀元軒每季捐錢陸伯陸拾文　益　記每季捐錢玖伯叁拾文
厚　孚　小江橋
德　源　華美利每季捐錢壹千貳伯文
建　安每季捐錢陸伯文　慎　生每季捐錢叁千肆伯伍
同　順每季捐錢壹千陸伯伍　拾文
拾文　周恒昇每季捐錢叁千文
成　利每季捐錢捌伯肆拾文　乾　泰每季捐錢玖伯陸拾文
北悅來每季捐錢壹千捌拾文　久香齋每季捐錢柒伯伍拾文
晉　盛每季捐錢陸伯文　五　章每季捐錢捌伯肆拾文

恆　泰每季捐錢貳千貳伯貳　同　生每季捐錢玖伯叁拾文
拾文　通和莊每季捐錢貳千柒伯文
日　章每季捐錢伍千肆伯文　鳳　儀每季捐錢柒伯捌拾文
文寶樓每季捐錢叁千文　陸成亨每季捐錢壹千伍拾文
許和豐每季捐錢貳千柒伯文　榮　懋每季捐錢柒伯捌拾文
養春齋每季捐錢壹千捌伯文　沈義盛每季捐錢伍伯肆拾文
永義昶每季捐錢捌伯肆拾文　袁天成
義　全每季捐錢叁千柒伯伍　恒　大每季捐錢壹千伍拾文
拾文　順　泰每季捐錢壹千壹伯柒
寶　康每季捐錢玖伯文　拾文
和　泰每季捐錢陸伯玖拾文　周萬昌
趙榮昌每季捐錢柒伯貳拾文　同升祥每季捐錢肆伯捌拾文

蔣得昌每季捐錢捌伯柒拾文
羣玉每季捐錢陸伯陸拾文
裕興每季捐錢壹千捌拾文
新洽興
一品陞每季捐錢壹千貳伯文
恆吉號每季捐錢壹千叁伯貳
拾文
德利新號每季捐錢壹千玖伯
伍拾文
德元每季捐錢貳千肆伯文
李義泰每季捐錢壹千伍伯陸
伍拾文

同和每季捐錢壹千貳伯文
源興每季捐錢陸伯陸拾文
泰牲每季捐錢壹伯貳拾文
同興每季捐錢貳伯拾文
德記園每季捐錢陸伯文
張合興每季捐錢叁伯玖拾文
得昌每季捐錢肆伯貳拾文
大森每季捐錢陸伯陸拾文
晉茂每季捐錢陸伯陸拾文
俞全興每季捐錢伍伯肆拾文
元成每季捐錢叁伯陸拾文
聚興每季捐錢叁伯文

正興每季捐錢肆伯捌拾文
仁成每季捐錢陸伯文
陸鎰興每季捐錢肆伯捌拾文
全順每季捐錢肆伯捌拾文
行遠每季捐錢柒伯貳拾文
順記每季捐錢柒伯貳拾文
洪茂每季捐錢叁千陸伯文
彤和每季捐錢玖伯文
德潤每季捐錢陸伯文
楊光利每季捐錢陸伯文
協成
益源每季捐錢肆伯貳拾文

正和棧每季捐錢貳千玖伯拾
文
成大每季捐錢玖伯陸拾文
萬年春每季捐錢壹千叁伯貳
拾文
成章每季捐錢壹千陸伯貳
拾文
長和每季捐錢壹千捌伯文
恆大每季捐錢玖伯玖拾文
乾和每季捐錢壹千叁伯伍
拾文
仁德堂每季捐錢陸伯玖拾文

福潤局每季捐錢叁千文
文和莊每季捐錢貳千柒伯文
翰香居每季捐錢貳千肆伯文
泰餘莊每季捐錢貳千柒伯文
恆豐莊每季捐錢貳千柒伯文
元成每季捐錢貳千柒伯文
成泰隆每季捐錢陸千陸伯文
時全每季捐錢叁千文
百文街
裕順每季捐錢肆千捌伯文
同茂每季捐錢壹千叁伯貳
拾文

同大每季捐錢壹千玖伯貳
拾文
源順每季捐錢壹千柒伯肆
拾文
萃昇每季捐錢壹千捌伯文
九和樓每季捐錢壹千貳拾文
信陽泰每季捐錢壹千捌伯文
萃源每季捐錢陸伯陸拾文
協順每季捐錢捌伯柒拾文
慶餘每季捐錢壹千柒伯拾
文
和生祥每季捐錢陸伯陸拾文

震和每季捐錢壹千陸伯捌
拾文
衡泉每季捐錢壹千柒伯肆
拾文
洽成每季捐錢壹千捌伯文
九大
包德興每季捐錢叁伯玖拾文
永源堂每季捐錢捌伯柒拾文
崇古堂每季捐錢陸伯文
大有祥每季捐錢陸伯陸拾文
合敬堂每季捐錢肆伯貳拾文
合順每季捐錢陸伯文

錢茂利每季捐錢叁伯文
餅店每季捐錢肆伯貳拾文
大利每季捐錢叁伯陸拾文
應祥興每季捐錢貳伯肆拾文
錦慎每季捐錢叁伯陸拾文
慎源每季捐錢叁伯叁拾文
符同興每季捐錢貳伯拾文
敬天順每季捐錢叁伯玖拾文
大和每季捐錢肆伯伍拾文
張瑞昌每季捐錢叁伯文
增源每季捐錢肆伯伍拾文
生茂每季捐錢貳伯肆拾文

應阿冬每季捐錢肆伯貳拾文
老奎記每季捐錢肆伯貳拾文
如意齋每季捐錢叁伯陸拾文
馬增記每季捐錢肆伯捌拾文
聚　元每季捐錢叁伯文
大有堂每季捐錢壹伯捌拾文
陳順記每季捐錢貳伯拾文
馮永年每季捐錢陸伯文
光裕堂每季捐錢叁伯文
景芳齋每季捐錢叁伯文
洪　利每季捐錢叁伯陸拾文
大　裕每季捐錢叁伯文

義　和每季捐錢叁伯陸拾文
源　生每季捐錢叁伯文
源　新每季捐錢陸伯文
正　大每季捐錢叁伯陸拾文
同慶樓每季捐錢陸伯文
湯萬興每季捐錢肆伯伍拾文
生　記每季捐錢貳伯肆拾文
吉祥樓每季捐錢壹伯捌拾文
生華齋每季捐錢壹伯伍拾文
鮑順興每季捐錢壹伯伍拾文
和　泰每季捐錢貳伯肆拾文
鮑順興每季捐錢壹伯捌拾文

錦　泰每季捐錢壹伯貳拾文
應順興每季捐錢壹伯捌拾文
王順興每季捐錢壹伯伍拾文
王鶴林季捐錢壹伯伍拾文
李德興每季捐錢叁伯陸拾文
錦　華每季捐錢貳伯肆拾文
李祥興每季捐錢壹伯捌拾文
坤　大每季捐錢壹伯捌拾文
李德興每季捐錢壹伯捌拾文
福　興每季捐錢壹伯捌拾文
包元興每季捐錢壹伯捌拾文
源　泰每季捐錢壹伯伍拾文

李同興每季捐錢貳伯肆拾文
徐生茂每季捐錢壹伯伍拾文
顧啓東每季捐錢壹伯貳拾文
鐘全順每季捐錢壹伯貳拾文
應萬興每季捐錢壹伯貳拾文
萬　興每季捐錢壹伯伍拾文
順　記每季捐錢壹伯貳拾文
陳阿養每季捐錢壹伯貳拾文
張萬興每季捐錢壹伯貳拾文
董立成每季捐錢柒拾伍文
羊阿養
鐘根法

邱源順每季捐錢壹伯貳拾文
李永興每季捐錢壹伯貳拾文
李元興每季捐錢壹伯捌拾文
鮑順興每季捐錢壹伯貳拾捌
文
李源茂每季捐錢壹伯伍拾文
永　興每季捐錢壹伯貳拾文
陳永興
張豫興每季捐錢壹伯貳拾文
陳恭茂每季捐錢壹伯貳拾文
精一堂每季捐錢壹伯貳拾文
合順棧

王萬興每季捐錢壹伯伍拾文
李源助每季捐錢壹伯貳拾文
陳寶仁每季捐錢壹伯伍拾文
樓阿正每季捐錢壹伯貳拾文
王信良每季捐錢壹伯貳拾文
七塔寺根
姚寶記
誠信堂每季捐錢壹伯伍拾文
計家富每季捐錢玖拾文
王禮記每季捐錢玖拾文
同　和每季捐錢壹伯伍拾文
繆安心

周大和
張阿定
風雲閣每季捐錢壹伯拾伍文
榮　興季捐錢貳伯拾文
陳萬興每季捐錢貳伯肆拾文
應順興
周寶來每季捐錢壹伯叁拾伍
文
曹樹棠每季捐錢壹伯伍拾文
王鏡蓉每季捐錢壹伯捌拾文
邵寶生每季捐錢壹伯叁拾伍
文

李玉房每季捐錢壹伯貳拾文
萬　興
鍾福運
應聚興每季捐錢壹伯伍拾文
王元大每季捐錢壹伯伍拾文
生源軒每季捐錢貳伯拾文
協　森
同　順
張文記每季捐錢壹伯伍拾文
永咸昌每季捐錢壹伯捌拾文
仁　和每季捐錢貳伯伍拾伍
文

王泉興每季捐錢壹伯陸拾伍
文
兪裕仁每季捐錢壹伯伍文
陳金生每季捐錢壹伯伍拾文
高憩棠每季捐錢壹伯伍拾文
陳餘慶每季捐錢壹伯貳拾文
柯宏裕
森　茂每季捐錢壹伯叁拾伍
文
章亮坤
鍾賚耕每季捐錢壹伯伍文
鮑金南每季捐錢壹伯捌拾文

樓協森每季捐錢貳伯肆拾文
戴棨興每季捐錢肆伯貳拾文
張順興每季捐錢壹伯捌拾文
楊元興每季捐錢叁伯叁拾文
張福順每季捐錢叁伯叁拾文
朱天生每季捐錢貳伯柒拾文
洽　泰每季捐錢貳伯柒拾文
興　順每季捐錢壹伯捌拾文
姚生泰每季捐錢貳伯拾文
鮑同泰每季捐錢貳伯拾文
張寶興每季捐錢貳伯柒拾文
施合順每季捐錢貳伯柒拾文

洪　茂每季捐錢貳伯拾文
寶　泰每季捐錢貳伯肆拾文
老正源每季捐錢叁伯玖拾文
高源昌每季捐錢叁伯陸拾文
鄔元興每季捐錢貳伯肆拾文
施大生每季捐錢貳伯肆拾文
潘大興每季捐錢貳伯貳拾伍
文
森　大每季捐錢叁伯肆拾文
高大興每季捐錢貳伯柒拾文
森　太每季捐錢貳伯貳拾伍
文

德　馨每季捐錢叁伯陸拾文
楊寶興每季捐錢肆伯捌拾文
增　祥
生　記每季捐錢肆伯捌拾文
泉　豐每季捐錢肆伯捌拾文
老德心每季捐錢陸伯玖拾文
徐順記每季捐錢叁伯陸拾文
甬安泰每季捐錢壹千叁拾文
涵源莊每季捐錢肆伯捌拾文
同　潤每季捐錢肆伯捌拾文
錦彰泰每季捐錢叁伯文
戴敬信每季捐錢貳伯拾文

史恒茂每季捐錢玖伯陸拾文
新益大每季捐錢壹千柒伯肆
拾文
順　興每季捐錢貳伯伍拾伍
文
大　昌每季捐錢壹千伍伯文
萬　盛每季捐錢叁千文
大　春每季捐錢壹千伍伯文
郁恒茂每季捐錢叁伯叁拾文
大　茂每季捐錢柒伯伍拾文
德　聲每季捐錢肆伯伍拾文
怡　康每季捐錢肆伯伍拾文

德　康
復生祥每季捐錢叁伯陸拾文
姚順泰每季捐錢貳伯拾文
徐春生每季捐錢壹伯貳拾文
朱阿雲每季捐錢壹伯伍拾文
隆　昌每季捐錢壹伯伍拾文
呂大興每季捐錢壹伯捌拾文
永和祥每季捐錢壹伯伍拾文
董慎舲每季捐錢壹伯伍拾文
萬　生每季捐錢壹伯伍拾文
崔阿集每季捐錢壹伯捌拾文
日新昌

寶　愼每季捐錢壹伯捌拾文
陳賢芳每季捐錢陸拾文
北車橋衕
丁萬生每季捐錢貳伯柒拾文
柴永大每季捐錢叁伯陸拾文
顧萬裕每季捐錢肆伯貳拾文
新洽利每季捐錢肆伯伍拾文
金　記每季捐錢叁伯陸拾文
泉　茂每季捐錢叁伯陸拾文
集新樓每季捐錢肆伯貳拾文
甬興館每季捐錢叁伯陸拾文
姚永興每季捐錢肆伯貳拾文

餘　生每季捐錢肆伯伍拾文
姚合興每季捐錢肆伯伍拾文
郁永興每季捐錢肆伯貳拾文
陳隆昌每季捐錢陸伯文
錦芳齋每季捐錢叁伯文
豫　昌每季捐錢肆伯捌拾文
邱宏生每季捐錢肆伯伍拾文
順　興每季捐錢叁伯叁拾文
協　興每季捐錢叁伯文
張順泰
天　成每季捐錢叁伯文
施萬成每季捐錢陸伯文

錦章每季捐錢肆伯捌拾文
郁恒昌每季捐錢叁伯玖拾文
同興館每季捐錢捌伯肆拾文
順興每季捐錢肆伯捌拾文
張全記每季捐錢壹伯捌拾文
春和每季捐錢肆伯伍拾文
何集成每季捐錢叁伯文
永茂每季捐錢肆伯伍拾文
應源懋每季捐錢肆伯貳拾文
裕大每季捐錢肆伯伍拾文
顧大和每季捐錢肆伯伍拾文
德興祥每季捐錢肆伯伍拾文

新順每季捐錢貳伯柒拾文
老順記每季捐錢貳伯肆拾文
老大城每季捐錢壹伯捌拾文
永泰每季捐錢肆伯伍拾文
虞茂盛每季捐錢壹伯捌拾文
老天成每季捐錢貳伯伍拾伍
文
餘泰
元隆每季捐錢叁伯文
順森每季捐錢叁伯文
陳錦記每季捐錢叁伯陸拾文
黼章每季捐錢肆伯捌拾文

永天成每季捐錢肆伯貳拾文
唐永吉每季捐錢壹千伍拾文
趙萬成每季捐錢壹千貳伯文
萬華樓每季捐錢肆伯貳拾文
張恆裕每季捐錢叁伯陸拾文
萬成每季捐錢貳伯肆拾文
錦泰每季捐錢叁伯文
吳隆興每季捐錢叁伯玖拾文
雲成每季捐錢叁伯文
同豐每季捐錢柒伯貳拾文
葛永恆每季捐錢肆伯貳拾文
俞阿貴

戎得利每季捐錢壹千捌伯文
新泰每季捐錢陸伯陸拾文
福信和每季捐錢壹千捌拾文
文華
錦福
彩成每季捐錢壹千壹伯貳
拾伍文
廿條橋
張鴻成每季捐錢壹千伍拾文
廣豐泰每季捐錢陸伯叁拾文
韓元興每季捐錢陸伯文
瑞興每季捐錢陸伯文

楊安順
陳永興每季捐錢叁伯文
王金才每季捐錢貳伯柒拾文
唐務記每季捐錢貳伯捌拾文
寶成每季捐錢玖伯文
餘豐每季捐錢陸伯叁拾文
福盛每季捐錢柒伯伍拾文
同福昌
廣和每季捐錢壹千捌伯文
得利進記
景華每季捐錢陸伯陸拾文
協順每季捐錢陸伯玖拾文

施濟昌每季捐錢肆伯捌拾文
葉連記每季捐錢肆伯伍拾文
懋和每季捐錢捌伯肆拾文
佘全記
鼎昌每季捐錢叁伯玖拾文
德源每季捐錢叁伯文
張萬利每季捐錢貳伯肆拾文
彩華每季捐錢貳伯貳拾伍
文
鴻泉樓每季捐錢叁伯文
順興每季捐錢叁伯陸拾文
洪義興每季捐錢肆伯捌拾文

生泰每季捐錢伍伯肆拾文
周德生每季捐錢叁伯文
楊司務每季捐錢叁伯陸拾文
天章樓每季捐錢肆伯貳拾文
泰和每季捐錢貳伯拾文
李順昌每季捐錢貳伯肆拾文
羅萬豐每季捐錢叁伯陸拾文
鼎大每季捐錢貳伯柒拾文
陳文華每季捐錢叁伯文
協興每季捐錢叁伯文
徐生泰每季捐錢貳伯肆拾文
茂康每季捐錢貳伯柒拾文

祥和每季捐錢叁伯玖拾文
轎行每季捐錢貳伯肆拾文
程合興每季捐錢貳伯肆拾文
張鴻成每季捐錢貳伯柒拾文
生記每季捐錢貳伯肆拾文
黃合記每季捐錢叁伯玖拾文
全興每季捐錢貳伯拾文
穗大每季捐錢貳伯肆拾文
黃大房每季捐錢貳伯柒拾文
周永興每季捐錢叁伯陸拾文
泰生堂每季捐錢肆伯伍拾文
老衡利每季捐錢陸伯文

張玉記每季捐錢陸伯叁拾文
祥　和每季捐錢叁伯玖拾文
順　興每季捐錢貳伯肆拾文
翔鳳樓每季捐錢叁伯柒拾伍
文
張大興每季捐錢貳伯肆拾文
濟　昌每季捐錢叁伯柒拾伍
文
盧天章每季捐錢叁伯柒拾伍
文
天　和每季捐錢叁伯陸拾文
萬　和每季捐錢叁伯陸拾文

大池頭
任森記每季捐錢貳伯肆拾文
周聚興每季捐錢貳伯拾文
萬　隆每季捐錢壹伯捌拾文
王萬興每季捐錢壹伯捌拾文
張寶泰每季捐錢貳伯柒拾文
鮑泩記每季捐錢貳伯拾文
沈廣源每季捐錢壹伯捌拾文
永記號每季捐錢壹伯貳拾文
新鳳翔每季捐錢壹伯捌拾文
元　昌每季捐錢貳伯柒拾文
震　大每季捐錢叁伯陸拾文

明福齋每季捐錢壹伯伍拾文
開明庵每季捐錢貳伯文
廣大隆每季捐錢肆伯伍文
章永興每季捐錢柒伯伍拾文
孚信堂每季捐錢貳伯肆拾文
順　興每季捐錢貳伯肆拾文
湯震茂每季捐錢壹伯捌拾文
北鳳春每季捐錢叁伯文
寶成隆
翰墨齋每季捐錢壹伯捌拾文
青蓮居每季捐錢陸伯文
袁寶綦每季捐錢陸伯伍拾文

祥春館每季捐錢貳伯柒拾文
王順興每季捐錢叁伯陸拾文
森　昌每季捐錢叁伯陸拾文
忻大房每季捐錢叁伯文
慎和柴店每季捐錢叁伯陸拾
文
順　興每季捐錢貳伯肆拾文
西陽茶園每季捐錢貳伯肆拾
文
敦　大每季捐錢貳伯伍拾
文
源　記每季捐錢壹伯捌拾文

森　茂每季捐錢貳伯拾文
泰　順每季捐錢肆伯貳拾文
包錦昌每季捐錢壹伯捌拾文
楊順興每季捐錢壹伯伍拾文
新逸園每季捐錢壹伯伍拾文
北興隆每季捐錢叁伯文
狀元軒每季捐錢貳伯拾文
蔣源茂每季捐錢壹伯捌拾文
丁同順每季捐錢壹伯捌拾文
邱金泰每季捐錢貳伯拾文
順　興每季捐錢壹伯捌拾文
安　記每季捐錢壹伯貳拾文

孫貴餅店每季捐錢壹伯捌拾
文
吳源昌每季捐錢壹伯伍拾文
文　茂每季捐錢玖拾文
邵順和每季捐錢肆伯伍拾文
新春茂每季捐錢貳伯肆拾文
利生祥每季捐錢貳伯拾文
徐祥春每季捐錢貳伯拾文
孫萬利每季捐錢壹伯玖拾伍
文
德　興每季捐錢壹伯伍拾文
萬　生每季捐錢貳伯拾文

天　福每季捐錢壹伯玖拾伍
文
泰　記每季捐錢壹伯伍拾文
江有生每季捐錢壹伯伍拾文
德　昌每季捐錢壹伯伍拾文
胡大房每季捐錢壹伯伍拾文
李永昌每季捐錢壹伯捌拾文
天　興每季捐錢壹伯捌拾文
大　茂每季捐錢叁伯文
朱萬興每季捐錢貳伯肆拾文
三法卿
永春館每季捐錢貳伯文

轎　行每季捐錢壹伯捌拾文
王同興每季捐錢壹伯貳拾文
陳萬興每季捐錢壹伯伍文
老同泰每季捐錢壹伯伍文
轎　行每季捐錢玖拾文
金生泥作
老同順每季捐錢壹伯捌拾文
廟阿寶每季捐錢壹伯貳拾文
謝阿允每季捐錢玖拾文
寶　興每季捐錢肆伯捌拾文
老元順每季捐錢貳伯柒拾文
源　泰每季捐錢陸伯文

張茂興每季捐錢壹千貳伯文
秀霞齋每季捐錢叁伯陸拾文
陽春樓每季捐錢叁伯陸拾文
元 生每季捐錢叁伯叁拾文
萬 成每季捐錢叁伯陸拾文
榮 懋每季捐錢肆伯捌拾文
震 森每季捐錢玖伯文
文 元每季捐錢肆千貳伯文
珍華齋
盈大號每季捐錢壹伯貳拾文
周順興
張嘉忠每季捐錢壹伯貳拾文

周永興
王錦記每季捐錢壹伯捌拾文
張德元每季捐錢壹伯貳拾文
王萬興
萬 盛每季捐錢貳伯拾文
大 茂每季捐錢貳伯肆拾文
寶 大每季捐錢肆伯貳拾文
正 泰每季捐錢肆伯捌拾文
泉 興每季捐錢貳伯拾文
大 順每季捐錢陸伯文
呂大房每季捐錢壹伯捌拾文
陳合順每季捐錢叁伯叁拾文

方隆泰每季捐錢壹伯捌拾文
慎 泰每季捐錢貳伯肆拾文
聚 興每季捐錢貳伯肆拾文
寶 和每季捐錢肆伯捌拾文
周順興每季捐錢叁伯文
泰昇齋每季捐錢貳伯肆拾文
陳昇記每季捐錢肆伯貳拾文
方堃記每季捐錢肆伯伍文
慶 福每季捐錢貳伯肆拾文
積善堂每季捐錢壹千文
源和樓每季捐錢貳伯肆拾文
成 記每季捐錢壹伯伍拾文

豐 大每季捐錢壹伯陸拾伍
文
吳萬茂每季捐錢壹伯貳拾文
郁春茂每季捐錢壹伯貳拾文
陳國章每季捐錢壹伯叁拾伍
文
邵寶興每季捐錢壹伯捌拾文
芝芳齋每季捐錢貳伯拾文
趙廣泰每季捐錢壹伯伍拾文
琴鶴廬每季捐錢壹伯貳拾文
何 姓每季捐錢伍伯文
施德明

泰 餘每季捐錢壹伯貳拾文
蓉仿齋每季捐錢貳伯肆拾文
聽月軒每季捐錢陸伯文
同仁昌每季捐錢壹伯玖拾伍
文
源 號
陳燮光每季捐錢壹伯伍拾文
陳阿月每季捐錢壹伯伍拾文
潤 豐每季捐錢壹伯伍拾文
同 昌每季捐錢壹伯伍拾文
吳小水每季捐錢壹伯伍拾文
錦 雲每季捐錢壹伯伍拾文

余祥記每季捐錢叁伯文
日湖軒每季捐錢壹伯貳拾文
東才寶每季捐錢貳伯文
傅炳揚每季捐錢貳伯肆拾文
寶 泰
茂 豐每季捐錢壹伯伍拾文
毛宗坤每季捐錢壹伯伍拾文
蛙 記每季捐錢肆伯貳拾文
景福堂每季捐錢叁伯文
永稻樓每季捐錢叁伯文
瑞生柴店每季捐錢貳伯柒拾
文

元 利每季捐錢叁伯文
張學生每季捐錢玖拾文
穗 生每季捐錢叁伯陸拾文
馮大生每季捐錢玖拾陸文
張世考每季捐錢叁伯文
林萬茂每季捐錢壹伯伍拾文
林湧房每季捐錢壹伯伍拾文
李坤房每季捐錢玖拾文
楊豆芽每季捐錢壹伯伍文
同 美
鳳 儀每季捐錢叁伯陸拾文
萬 森每季捐錢壹伯捌拾文

寶 生每季捐錢貳伯拾文
一妙春每季捐錢壹伯捌拾文
陳廣信每季捐錢壹伯捌拾文
協 新
陳日新每季捐錢壹伯貳拾文
王有生
史裕興每季捐錢壹伯玖拾伍
文
樓小春每季捐錢壹伯貳拾文
李毛豆每季捐錢壹伯貳拾文
柴春林每季捐錢壹伯貳拾文
盧鳳儀每季捐錢貳伯柒拾文

聚福軒每季捐錢貳伯貳拾伍
文
陳阿才每李捐錢壹伯陸拾伍
文
廣新每季捐錢壹伯捌拾文
聚元樓
施順興每季捐錢壹伯捌拾文
餘大每季捐錢肆伯捌拾文
廣信
生生泰每季捐錢貳伯肆拾文
龐源順每季捐錢壹伯貳拾文
史順興每季捐錢壹伯捌拾文

虞永興每季捐錢壹伯貳拾文
王祥記每季捐錢貳伯肆拾文
唐德記每季捐錢壹伯伍拾文
祥雲軒
顧裕生每季捐錢壹伯捌拾文
晉豐每季捐錢貳伯肆拾文
泰琛每季捐錢貳伯肆拾文
日豐每季捐錢壹千捌拾文
湖西
郭滋生每季捐錢叁伯文
李阿林每季捐錢叁伯文
敦泰每季捐錢柒伯伍拾文

李孝艮每季捐錢壹伯文
何阿茂每季捐錢貳伯伍拾文
陳姓每季捐錢壹伯伍拾文
林才金每季捐錢壹伯伍拾文
德茂每季捐錢玖伯文
泗鳳橋
張寶興每季捐錢壹伯捌拾文
吳祥泰每季捐錢壹伯捌拾文
王協生每季捐錢壹伯捌拾文
邵萬生每季捐錢壹伯捌拾文
蔣文照每季捐錢壹伯捌拾文
文光齋每季捐錢壹伯捌拾文

茂森每季捐錢叁伯文
泰源每季捐錢叁伯叁拾文
信昌每季捐錢貳伯拾文
雲彰每季捐錢叁伯叁拾文
聚成
天成
復興每季捐錢貳伯肆拾文
震森每季捐錢貳伯柒拾文
鴻運樓每季捐錢叁伯陸拾文
有章每季捐錢伍伯肆拾文
裕森
天章每季捐錢陸伯叁拾文

葛阿寶
虞聚興每季捐錢貳伯貳拾伍
文
吳竹亭每李捐錢壹伯貳拾文
坤源每季捐錢貳伯肆拾文
渡母橋
和記每季捐錢貳伯柒拾文
許萬興每季捐錢叁伯文
瑞大每季捐錢叁伯文
春華閣每季捐錢肆伯捌拾文
同音齋每季捐錢叁伯陸拾文
彤森每李捐錢叁伯玖拾文

順泰每季捐錢叁伯叁拾文
新震森每季捐錢貳伯柒拾文
老如意每季捐錢捌伯肆拾文
乾大每季捐錢叁伯文
一品齋每季捐錢叁伯玖拾文
文元每季捐錢伍伯柒拾文
孫黼庭每季捐錢壹伯伍拾文
益興每季捐錢叁伯文
郁順記每季捐錢壹伯伍拾文
德記園每季捐錢壹伯伍拾文
張聚成每季捐錢貳伯肆拾文
高聚興每季捐錢貳伯拾文

曹春生每季捐錢壹伯貳拾文
全福齋每季捐錢貳伯捌拾伍
文
裕泰每季捐錢柒伯貳拾文
聚興每季捐錢伍伯柒拾文
恒順棧每季捐錢叁伯文
吳隆興
德貴
王金元
孫元興每季捐錢壹伯伍拾文
鄔德初每季捐錢壹伯貳拾文
復源每季捐錢壹伯貳拾文

陶公館每季捐錢壹千伍拾文
隆昌每季捐錢叁伯文
陳阿林每季捐錢貳伯肆拾文
繆金才每季捐錢貳伯柒拾文
楊阿夫每季捐錢壹伯捌拾文
楊日興每季捐錢壹伯捌拾文
胡仁壽每季捐錢貳伯肆拾文
徐三伙每季捐錢壹伯伍拾文
盧梅慶每季捐錢壹伯貳拾文
鍾合興每季捐錢壹伯玖拾伍
文
范賓利每季捐錢壹伯伍拾文

嚴粢興每季捐錢壹伯貳拾文
嚴永興每季捐錢壹伯貳拾文
盧文記每季捐錢壹伯伍拾文
劉源金每季捐錢壹伯捌拾文
震記園每季捐錢壹伯捌拾文
森　餘每季捐錢叁伯肆拾伍文
顧上如每季捐錢壹伯伍拾文
裕　甡每季捐錢貳伯肆拾文
謝春生每季捐錢壹伯貳拾文
陳廣仁每季捐錢貳伯柒拾文
范紫珊每季捐錢貳伯捌拾文

協　豐每季捐錢壹伯伍拾文
東　成每季捐錢壹伯捌拾文
毛金山每季捐錢壹伯伍拾文
乾　和每季捐錢貳伯肆拾文
李象鴻每季捐錢玖拾文
胡德金每季捐錢玖拾文
范四房每季捐錢玖拾文
董永康每季捐錢玖拾文
鑒橋頭
張定榮每季捐錢叁伯文
穗　生每季捐錢伍伯柒拾文
萬壽寺橋下

文　興每季捐錢貳伯肆拾文
丹鳳軒每季捐錢壹伯貳拾文
傅允川每季捐錢壹伯貳拾文
源　隆每季捐錢玖拾文
紀阿記
穆永興每季捐錢貳伯拾文

永興棧每季捐錢貳伯拾文
陳雲正
楊翕棠
徐正泉每季捐錢貳伯肆拾文
張寶生每季捐錢壹伯伍拾文

以上各捐戶每季或有閉歇或有新開或店雖開而以吃教不肯出捐是以每季捐數不能劃一合併聲明

收數總登

辛丑夏季收捐錢伍伯肆拾千壹伯伍文
辛丑秋季收捐錢伍伯叁拾肆千柒伯貳拾玖文
辛丑冬季收捐錢伍伯叁拾千陸伯玖拾捌文

壬寅春季收捐錢伍伯拾肆千叁伯伍拾肆文
平橋頭屋三間每年租九四錢拾貳千文 文辛丑夏秋兩季收洋陸元壬寅加租肆千文春季併押租收錢七千六百
天后宮前地基一塊每年租錢肆千文 辛丑春季至壬寅春季止 收錢五千文
鹽倉門外地基一塊每年租錢拾捌千文辛丑全年收 洋七元三角三分錢拾壹千文
充公船一只變價洋拾陸元 辛丑六月收訖劃入報銷在案
代收歷年欠捐錢貳伯肆拾捌千陸伯拾陸文
前辦董事華借洋壹伯元 辛丑五月收訖
以上 辛丑五月起壬寅三月止 共計收 洋壹伯貳拾玖元三角三分錢貳千三伯玖拾貳千壹伯貳文

局用支銷總數

包挑子丑柱垃圾夫頭陳有才每月工食錢拾伍千文 內辛丑五月減錢貳千文
包挑寅卯柱垃圾夫頭屠忠堯每月工食錢拾肆千文
包挑辰未柱垃圾夫頭顧小如每月工食錢拾壹千伍伯文

包挑巳午柱垃圾夫頭顧小如每月工食錢拾伍千文
包挑申戌柱垃圾夫頭鄭仁賓每月工食錢陸千文
包挑酉亥柱垃圾夫頭鄭仁寶每月工食錢陸千文
包挑江廈柱垃圾夫頭朱應鳳每月工食錢柒千文
包挑江東柱垃圾夫頭葉阿連每月工食錢拾肆千文
管理喉閘夫一名每月工食錢壹千伍伯文
以上自 辛丑九月起壬寅三月止共十一個月 共付工食玖伯捌拾捌千文
董事薪水 每月拾貳千文辛丑八月分起 計錢玖拾陸千文
賬房兼辦理筆墨事薪水 每月八千文計十一個月 計錢捌拾捌千文
收捐兼查街司事三名薪水 每名每月六千文計十一個月 計錢壹伯玖拾捌千文
巡丁四名 每名每月三千文辛丑十一月起減用一名計十一個月 計錢壹伯拾柒千文
員紳司巡火食十一個月計錢貳伯伍拾玖千柒伯捌拾文

油燭筆墨紙張茶煙十一個月計錢貳拾伍千玖伯柒拾文
犒府縣丁房兩節計錢陸千文
修補坝斗石破計錢貳拾壹千肆伯叁拾伍文
印刻四季捐簿捐票錢柒千柒伯玖拾文
置器用物件椅几竹帽等計錢貳拾千壹伯柒拾文
運泥木櫃計錢肆千文
府學淘池計錢貳拾千文
挑運撫橋頭垃圾計錢肆千文
巷子衕淘河洒錢貳千
撈城河垃圾計錢貳千肆伯叁拾文
本寺香敬錢肆千文
前局過收秋冬兩季內捐錢拾壹千叁伯肆拾文

以上自辛丑五月起壬寅三月止 計共用錢壹千捌伯柒拾伍千玖伯拾伍文
除付實存洋壹伯貳拾玖元叁角叁分錢伍伯拾陸千壹伯捌拾柒文

詳訂章程四季收捐票均用四聯單蓋用縣印按季報銷府縣備查一聯呈府一聯送縣本局留一聯存根凡有閑歇久不付捐之票按季呈府備案合併聲明

甯郡巡防局徵信錄

本書選用寧波市圖書館藏本影印

甯波巡防局徵信錄

巡防局辦事始末

本局開始於庚子夏間招集弁勇於六月十五日成軍分設中左右三哨計哨官六員哨書三名護勇十二名勇三百名三哨共弁勇三百二十一員名嗣於七月朔日續招勇六十名合前共弁勇三百八十一員名計分三十六棚每棚勇十人於城內外分札輪流巡查是月又添設巡查官一員辛丑四月又添設總巡查官一員壬寅正月三十日裁勇三成計壹百零八名癸卯三月初十日續裁勇三成如前數三十日改哨官為副總巡一員裁哨官五員巡查官一員哨書二名護勇八名嗣後計設正副總巡各一員哨書一名護勇四名勇一百四十四名分十八棚每棚八人於城內外歸併駐札巡

查

自庚子六月起設總局於城中天甯寺並於城內外設分局九所除官為籌捐外歷年籌集紳富鋪戶捐項九萬九千數百元所有弁勇月餉及置備軍裝器物及雜用均由本局陸續應付於癸卯五月止餘仗洋壹萬壹千數百餘元以壹萬元由官發錢莊生息留為巡防局官棚常年備用之欵以壹千叁百餘元移交鄞縣署所有軍裝器物均一併備冊移交

自庚子六月起至癸卯五月止所有收支各欵均列入徵信錄以供 衆覽

自癸卯閏五月起弁勇餉項由 鄞邑尊出示籌辦

光緒二十九年閏五月　日

巡防局同人公啟

府縣照會

甯波府正堂高為照會事照得北省拳匪擾攘甯郡為通商口岸五方雜處稽查防範不容稍涉疎懈茲經貴紳等議設巡防局勸令各業及殷富之戶按月籌集捐項雇募勇丁三百名於郡城內外加意梭巡以輔兵力之不逮請札委鄞縣督率訓練操防等情前來除報明道憲並札委鄞縣將募勇點驗督率訓練操防均會同妥為辦理外合亟照會為此照會貴紳請煩查照施行須至照會者

鄞縣正堂徐為照會事案奉道府憲飭縣會紳招募巡勇分札郡城內外晝夜操練巡防保衛閭閻業經照會貴紳分別勸捐募勇設局開辦在案茲已選定正副哨官六員哨書三名護勇十二名什長三拾名練勇二百

四拾名伙夫三拾名共計三百二十一員名分設中左右三哨製備軍裝於六月十五日點驗成軍即於是日起支大餉所有應發月餉現經敝管帶參酌防軍章程逐項派定除開摺申報各大憲察核外合行開單照會為此照會貴紳請煩查照單開各數按月支給仍將收支各欵列入徵信錄須至照會者

鄞縣正堂徐為照會事案奉府憲札委管帶巡防練勇已於六月十五日點驗成軍分紮巡防茲因不敷分布會商添募勇丁六十名中左右三哨各添二十名於七月初一日點驗合隊起餉除申報外所有弁勇銜名擬合照會為此照會貴總局請煩查照施行須至照會者

計開

正哨官三員每月每員薪水火食燈油計洋貳拾陸元

遇大建月柒拾捌元小建月柒拾伍元肆角
副哨官三員每月每員薪水火食燈油計洋拾捌元遇大建月伍拾肆元小建月伍拾貳元貳角
哨書三名每月每名薪水火食燈油計洋捌元遇大建月貳拾肆元小建月貳拾叁元貳角
護勇十二名每月每名餉洋陸元遇大建月柒拾貳元小建月陸拾玖元陸角
什長三十六名每月每名餉洋陸元遇大建月貳百拾陸元小建月貳百零捌元捌角
練勇二百八十八名每月每名餉洋伍元遇大建月壹千肆百肆拾元小建月壹千叁百玖拾貳元
伙勇三十六名每月每名餉洋肆元遇大建月壹百肆拾肆元小建月壹百叁拾玖元貳角

燈油三十六棚每棚計洋貳元遇大建月柒拾貳元小建月陸拾玖元陸角

以上每月中左右三哨共計大建月餉洋貳千壹百元小建月餉洋貳千零叁拾元

年午秋三節每名勇丁賞洋叁角

庚子七月初一日添南門外巡查壹員月薪同副哨

辛丑四月十七日添總巡壹員月薪叁拾元月小照減

甯郡巡防勸捐啟

詰奸禦暴亟古今為治之宜守土涖官有父母斯民之責甯郡襟江帶海列闠通闤地域廣則稽察較難戶口繁則宵藏尤易頃以北方多故時事孔艱深恐地方宵人藉端滋事訛言惑衆逞志妄為倘非豫備不虞何以靖梗頑而安良善本府縣思為吾民求身家之安不得不亟為吾民籌保衛之策茲已稟奉

道憲飭邀公正紳董設立巡防局招募健丁數百人認真訓練晝則合隊操演夜則分段梭巡遇有匪徒無難擒治布置期於周密地方賴以保全惟置備軍裝器械發給薪水口糧需費既繁籌款不易竊念甯郡仕商殷盛戶口豐盈見義必為推財不吝遇有善舉踴躍樂輸此次雇募勇丁藉資護衛事非得已功豈尋常尤當竭力匡襄同心贊助庶使內清匪類室家無遷徙之憂外睦遠人邑里有安全之慶處事方勤夫曲突集資有待於探囊本府縣素性愛民實事求是區區苦志幸共諒焉務各量力認捐毋稍遲誤仍俟事機稍定局勢較寬再行酌量停止

此啟

總捐

甯波府高　洋伍百元
釐捐總局錢　洋叁百元
傳忠堂盛　洋伍百元
得月樓童　洋壹百元
面圓居范　洋伍拾元
慕萱堂湯　洋捌百元
樂賢堂嚴　洋肆百叁拾元
耕讀堂李　洋貳千肆百元
秦福三房　洋陸百元
亦是樓袁　洋壹千捌百元
微瑞堂戴　洋壹千伍百元
瑞記　洋叁百元

王梅房　洋壹千貳百元
陳松房　洋貳百肆拾元
林玉房　洋貳百肆拾元
黄柏房　洋貳百肆拾元
墨華堂李　洋陸百元
崇德堂柴　洋貳百肆拾元
九思堂林　洋貳百元
鄭和樂房　洋壹百捌拾元
枕湖書屋　洋壹百陸拾元
積善堂林　洋壹百陸拾元
居易軒　洋肆百元
蔡松房　洋貳百元
趙孟房　洋貳百肆拾元

枕善居　洋貳百肆拾元
補拙齋　洋貳百肆拾元
寶順堂　洋壹百陸拾元
張成房　洋貳百肆拾元
棣鄂書屋張　洋壹百陸拾元
謝茂文房　洋壹百陸拾元
積慶堂孫　洋壹百陸拾元
北平山樵　洋壹百陸拾元
寶善堂鄔　洋壹百陸拾元
蔡柏房　洋壹百陸拾元
慎思堂　洋壹百陸拾元
一經堂　洋壹百陸拾元
忠孝堂　洋壹百陸拾元

天秩堂　洋壹百陸拾元
屠仁房　洋壹百陸拾元
屠元房　洋壹百陸拾元
范民房　洋壹百陸拾元
致祥居　洋壹百陸拾元
夢仙居　洋壹百陸拾元
師越居　洋壹百陸拾元
韓可記　洋壹百陸拾元
趙鑊記　洋壹百陸拾元
翰香軒　洋壹百陸拾元
陳星記　洋壹百陸拾元
江西帮樂業　洋伍拾元
行素齋　洋壹百陸拾元

月捐庚子六月起是年閏八月辛丑十月減作八成壬寅正月減作六成

鄞縣徐 庚子六月起八個月 辛丑正月起九個月 辛丑十月起三個月 洋捌百伍拾元
鄞縣鱶 壬寅正月 洋壹百陸拾元
鄞縣黄 壬寅二月至十二月 洋叁百叁拾元
衆錢業 庚子三個月 洋貳千壹百元
衆錢業 庚子閏八月 洋陸百玖拾叁元貳角
衆錢業 庚子四個月 洋貳千柒百元零零捌角
衆錢業 辛丑二個月 洋壹千叁百陸拾肆元
衆錢業 辛丑三月 洋陸百捌拾捌元捌角
衆錢業 辛丑六個月 洋肆千壹百拾陸元
衆錢業 辛丑三個月 洋壹千陸百拾肆元玖角
衆錢業 壬寅四個月 洋壹千陸百叁拾貳元
衆典業 庚子辛丑十七個月 洋伍千捌百拾肆元

衆典業 辛丑三個月 洋捌百貳拾元零捌角
衆典業 壬寅十二個月 洋貳千肆百陸拾貳元肆角
衆北號老帮 庚子辛丑十一個月 洋壹千壹百元
衆北號老帮 辛丑六個月 洋伍百零肆元
衆北號老帮 辛丑三個月 洋貳百零壹元陸角
衆北號老帮 壬寅三個月 洋壹百貳拾元
衆北號新帮 庚子辛丑十七個月 洋壹千零貳拾元
衆北號新帮 辛丑三個月 洋壹百肆拾肆元
衆北號新帮 壬寅十二個月 洋肆百叁拾貳元
衆南號木帮 庚子辛丑十七個月 洋壹千壹百玖拾元
衆南號木帮 辛丑三個月 洋壹百陸拾捌元
衆糖行 庚子辛丑十七個月 洋壹千叁百陸拾元
衆糖行 辛丑十二月 洋壹百伍拾元

衆米行 庚子辛丑十七個月 洋壹千叁百陸拾元
衆米行 辛丑三個月 洋壹百玖拾貳元
衆米行 壬寅三個月 洋壹百肆拾肆元
衆油行 庚子辛丑十個月 洋陸百元
衆油行 辛丑三月 洋叁拾玖元
衆油行 辛丑六個月 洋叁百拾捌元
衆油行 辛丑三個月 洋壹百貳拾柒元貳角
衆洋布莊 庚子辛丑十四個月 洋壹千陸百捌拾元
衆洋布莊 辛丑正月 洋壹百拾伍元
衆洋布莊 辛丑四月 洋壹百零伍元貳角肆分
衆洋布莊 辛丑五月 洋壹百拾伍元壹角
衆洋布莊 辛丑三個月 洋貳百捌拾捌元
衆洋布莊 壬寅三個月 洋貳百拾陸元

衆綢緞裡號 庚子七個月 洋叁百零捌元
衆綢緞裡號 庚子十二月 洋叁拾玖元零捌分
衆綢緞裡號 辛丑五個月 洋貳百拾貳元
衆綢緞裡號 辛丑四個月 洋壹百伍拾元
衆綢緞裡號 辛丑三個月 洋玖拾元
衆綢緞裡號 壬寅三個月 洋陸拾叁元
衆紙行 庚子辛丑十七個月 洋捌百伍拾元
衆紙行 辛丑三個月 洋壹百貳拾元
衆紙行 壬寅十二個月 洋叁百陸拾元
衆鹹貨行 庚子辛丑十七個月 洋壹千零貳拾元
衆鹹貨行 辛丑三個月 洋壹百肆拾肆元
衆鹹貨行 壬寅七個月 洋貳百伍拾貳元
衆廣貨店 庚子辛丑十四個月 洋柒百元

衆廣貨店 辛丑十一月 洋壹百陸拾元
衆廣貨店 辛丑十二月 洋柒拾柒元陸角
衆參號 庚子辛丑十七個月 洋伍百拾元
衆參號 辛丑三個月 洋柒拾貳元
衆參號 壬寅十二個月 洋貳百拾陸元
衆小貨行 庚子辛丑十七個月 洋捌百伍拾元
衆小貨行 辛丑三個月 洋壹百貳拾元
衆小貨行 壬寅三個月 洋玖拾元
衆海味行 庚子辛丑十七個月 洋肆百零捌元
衆海味行 辛丑三個月 洋伍拾柒元陸角
衆海味行 壬寅六個月 洋捌拾陸元肆角
衆接客木行 庚子四個月 洋壹百陸拾元
衆接客木行 庚子四個月 洋壹百伍拾叁元陸角

衆接客木行 辛丑正月 洋叁拾捌元肆角
衆接客木行 辛丑四月 洋叁拾肆元
衆接客木行 辛丑三個月 洋壹百零捌元陸角
衆接客木行 辛丑四個月 洋壹百伍拾叁元陸角
衆接客木行 辛丑十月 洋叁拾元零柒角貳分
衆接客木行 辛丑十一月 洋叁拾叁元貳角捌分
衆接客木行 辛丑十二月 洋叁拾貳元
衆鹹貨店 庚子辛丑十七個月 洋伍百肆拾肆元
衆鹹貨店 辛丑三個月 洋柒拾陸元捌角
衆鹹貨店 壬寅四個月 洋柒拾陸元捌角
衆火腿店 庚子三個月 洋貳拾肆元
衆火腿店 庚子辛丑十四個月 洋捌拾肆元
衆火腿店 辛丑三個月 洋拾肆元肆角

衆火腿店 壬寅十二個月 洋肆拾叁元貳角
衆洋藥建甯帮 庚子辛丑十七個月 洋壹千陸百拾伍元
衆洋藥建甯帮 辛丑三個月 洋貳百貳拾捌元
衆染坊 庚子辛丑十六個月 洋叁百捌拾肆元
衆染坊 辛丑十二月 洋叁拾捌元
衆小南帮 庚子辛丑十七個月 洋肆百零捌元
衆小南帮 辛丑三個月 洋伍拾柒元陸角
衆小南帮 壬寅四個月 洋伍拾柒元陸角
衆小南帮 壬寅八個月 洋捌拾陸元肆角
衆珠寶店 庚子辛丑十三個月 洋叁百玖拾元
衆珠寶店 辛丑四個月 洋壹百拾肆元陸角
衆珠寶店 辛丑三個月 洋陸拾捌元柒角陸分
衆珠寶店 壬寅二個月 洋叁拾陸元

衆珠寶店 壬寅三月 洋拾伍元伍角柒分
衆珠寶店 壬寅五月 洋拾陸元玖角貳分陸釐
衆珠寶店 壬寅八個月 洋壹百叁拾柒元伍角貳分
衆大漿棧 庚子辛丑十七個月 洋貳百伍拾伍元
衆大漿棧 辛丑三個月 洋叁拾陸元
衆大漿棧 壬寅六個月 洋伍拾肆元
衆大漿棧 壬寅六月 洋陸元玖角柒分伍釐
衆大漿棧 壬寅十二月 洋陸元陸角陸分
衆小漿棧 庚子八個月 洋柒拾貳元
衆小漿棧 辛丑九個月 洋陸拾柒元伍角
衆小漿棧 辛丑十月 洋陸元
衆小漿棧 辛丑十二月 洋拾壹元陸角
衆小漿棧 壬寅三月 洋肆元伍角

衆小漿棧 壬寅八月 洋拾玖元伍角零伍釐
衆小漿棧 壬寅十二月 洋叁元陸角
衆閩廣折兌鋪 庚子辛丑十七個月 洋伍百拾元
衆閩廣折兌鋪 辛丑三個月 洋柒拾貳元
衆閩廣折兌鋪 壬寅三個月 洋伍拾肆元
衆花蔴行 庚子辛丑十七個月 洋伍百肆拾肆元
衆花蔴行 辛丑三個月 洋柒拾陸元捌角
衆花蔴行 壬寅九個月 洋壹百柒拾貳元捌角
衆靛青行 庚子辛丑十七個月 洋貳百伍拾伍元
衆靛青行 辛丑三個月 洋叁拾陸元
衆靛青行 壬寅十二個月 洋壹百零捌元
衆提莊折衣店 庚子辛丑十七個月 洋壹千壹百玖拾元
衆提莊折衣店 辛丑三個月 洋壹百陸拾捌元

衆提莊折衣店 壬寅七個月 洋貳百玖拾肆元
衆皮貨店 庚子辛丑十六個月 洋肆百肆拾捌元
衆皮貨店 辛丑四月 洋貳拾肆元伍角
衆皮貨店 辛丑三個月 洋陸拾柒元貳角
衆皮貨店 壬寅十個月 洋壹百陸拾捌元
衆鹽行 庚子辛丑十七個月 洋肆百零捌元
衆鹽行 辛丑三個月 洋伍拾柒元陸角
衆鹽行 壬寅三個月 洋肆拾叁元貳角
衆米棧 庚子辛丑十二個月 洋壹千肆百肆拾元
衆米棧 辛丑二個月 洋貳百貳拾壹元伍角叁分陸釐
衆米棧 辛丑七月 洋壹百零壹元捌角捌分
衆米棧 辛丑八月 洋玖拾柒元肆角叁分伍釐
衆米棧 辛丑九月 洋玖拾貳元玖角玖分

衆米棧 辛丑二個月 洋壹百肆拾捌元柒角捌分肆釐
衆米棧 辛丑十二月 洋柒拾肆元肆角
衆米棧 壬寅九個月 洋伍百叁拾伍元陸角捌分
衆螟蜅行 庚子辛丑九個月 洋貳百叁拾肆元
衆螟蜅行 辛丑四月 洋拾捌元肆角
衆螟蜅行 辛丑五月 洋拾肆元捌角
衆南貨店 庚子辛丑十七個月 洋叁百柒拾肆元
衆南貨店 辛丑三個月 洋伍拾貳元捌角
衆南貨店 壬寅三個月 洋叁拾玖元陸角
衆建帮 庚子辛丑十七個月 洋壹千叁百陸拾元
衆建帮 辛丑三個月 洋壹百玖拾貳元
衆建帮 壬寅二個月 洋捌拾陸元捌角伍分陸釐
衆煙葉行 庚子辛丑十七個月 洋貳百零肆元

衆煙葉行 辛丑十月 洋玖元陸角
衆煙葉行 辛丑十一月 洋玖元伍角陸分捌釐
衆煙葉行 辛丑十二月 洋捌元肆角
衆煙店 庚子辛丑十七個月 洋叁百零陸元
衆煙店 辛丑三個月 洋肆拾叁元貳角
衆水菓行 庚子辛丑十七個月 洋壹百叁拾陸元
衆水菓行 辛丑三個月 洋拾玖元貳角
衆水菓行 壬寅四個月 洋拾玖元貳角
衆水菓店 庚子辛丑十七個月 洋壹百柒拾元
衆水菓店 辛丑三個月 洋貳拾肆元
衆水菓店 壬寅七個月 洋肆拾貳元
衆銀樓 庚子辛丑十一個月 洋陸百拾陸元
衆銀樓 辛丑五月 洋肆拾肆元貳角

衆銀樓 辛丑七月十七收 洋捌拾陸元陸角
衆銀樓 辛丑十二月初一收 洋貳百零壹元肆角捌分
衆銀樓 辛丑十二月十四收 洋叁拾伍元零肆分
衆銀樓 壬寅四個月 洋壹百拾貳元捌角
衆箔紙舖 庚子辛丑十七個月 洋肆百肆拾貳元
衆箔紙舖 辛丑三個月 洋陸拾貳元肆角
衆箔紙舖 壬寅七個月 洋壹百零玖元貳角
衆磨坊 庚子辛丑十七個月 洋貳百柒拾貳元
衆京雜貨店 庚子辛丑十七個月 洋壹百捌拾柒元
衆京雜貨店 辛丑三個月 洋貳拾陸元肆角
衆京雜貨店 壬寅十二個月 洋柒拾玖元貳角
衆洋雜貨店 庚子辛丑十七個月 洋壹百叁拾陸元
衆洋雜貨店 辛丑三個月 洋拾玖元貳角

衆洋雜貨店 壬寅六個月 洋貳拾捌元捌角
衆牛骨行 庚子辛丑十七個月 洋壹百叁拾陸元
衆牛骨行 辛丑三個月 洋拾玖元貳角
衆牛骨行 壬寅十二個月 洋伍拾柒元陸角
衆蠟燭店 庚子辛丑十七個月 洋貳百柒拾貳元
衆蠟燭店 辛丑三個月 洋叁拾捌元肆角
衆蠟燭店 壬寅二個月 洋拾玖元貳角
衆漆店 庚子辛丑十三個月 洋壹百伍拾陸元
衆漆店 辛丑六月 洋拾元零肆角
衆漆店 辛丑三個月 洋叁拾肆元捌角
衆漆店 辛丑三個月 洋貳拾柒元捌角肆分
衆漆店 壬寅二個月 洋拾叁元捌角陸分
衆官醬園 庚子辛丑十一個月 洋叁百伍拾貳元

衆綢緞抄莊 庚子辛丑十七個月 洋伍百玖拾伍元
衆綢緞抄莊 辛丑三個月 洋捌拾肆元
衆綢緞抄莊 壬寅六月 洋貳拾元零陸角伍分叁釐
衆綢緞抄莊 壬寅六個月 洋壹百貳拾陸元
衆鞋店 庚子辛丑十六個月 洋貳百貳拾肆元
衆鞋店 辛丑六月 洋拾叁元肆角
衆鞋店 辛丑三個月 洋叁拾叁元陸角
衆鞋店 壬寅四個月 洋叁拾叁元陸角
衆蓆行 庚子辛丑十七個月 洋貳百零肆元
衆蓆行 辛丑三個月 洋貳拾捌元捌角
衆蓆行 壬寅十二個月 洋捌拾陸元肆角
衆花莊 庚子辛丑十七個月 洋叁百肆拾元
衆花莊 辛丑三個月 洋肆拾捌元

衆花莊 壬寅三個月 洋叁拾陸元
衆猪行 庚子辛丑十七個月 洋肆百零捌元
衆猪行 辛丑三個月 洋伍拾柒元陸角
衆猪行 壬寅十二個月 洋壹百柒拾貳元捌角
衆紹酒棧 庚子三個月 洋陸拾元
衆紹酒棧 庚子辛丑十四個月 洋貳百貳拾肆元
衆紹酒棧 辛丑三個月 洋叁拾捌元肆角
衆紹酒棧 壬寅二個月 洋拾玖元貳角
連山會館 庚子八個月 洋壹千壹百貳拾元
連山會館 辛丑三個月 洋叁百陸拾元
連山會館 辛丑六個月 洋伍百肆拾元
連山會館 辛丑十月 洋陸拾元
衆拆藥 庚子辛丑十七個月 洋壹百柒拾元

眾折藥 辛丑三個月 洋貳拾肆元
眾鐵業 庚子辛丑十七個月 洋肆百零捌元
眾鐵業 辛丑三個月 洋伍拾柒元陸角
眾鐵業 壬寅九個月 洋壹百貳拾玖元陸角
眾紙店 庚子辛丑十二個月 洋壹百陸拾捌元
眾紙店 辛丑五個月 洋陸拾元
眾紙店 辛丑三個月 洋貳拾捌元捌角
眾紙店 壬寅十二個月 洋壹百元零零捌角
眾嫁粧店 庚子辛丑十一個月 洋貳百肆拾貳元
眾嫁粧店 辛丑四個月 洋捌拾元
眾嫁粧店 辛丑二個月 洋肆拾貳元
眾嫁粧店 辛丑十二月 洋拾陸元
眾嫁粧店 壬寅三月 洋叁拾貳元

眾糕餅店 庚子辛丑十四個月 洋壹百肆拾元
眾糕餅店 辛丑七月 洋捌元
眾糕餅店 辛丑二個月 洋拾捌元
眾糕餅店 辛丑三個月 洋貳拾壹元陸角
眾糕餅店 壬寅三個月 洋拾陸元貳角
眾帽店 庚子辛丑十七個月 洋貳百叁拾捌元
眾帽店 辛丑三個月 洋叁拾叁元陸角
眾帽店 壬寅五個月 洋肆拾貳元
眾帽店 壬寅四個月 洋貳拾玖元陸角
眾新衣店 庚子辛丑十七個月 洋壹百叁拾陸元
眾新衣店 辛丑三個月 洋拾玖元貳角
眾新衣店 壬寅十二個月 洋伍拾柒元陸角
眾皮箱店 庚子八個月 洋柒拾貳元

眾皮箱店 辛丑二月 洋拾叁元
眾皮箱店 辛丑四月 洋陸元叁角
眾釘鞋店 庚子辛丑十七個月 洋壹百零貳元
眾釘鞋店 辛丑十一月 洋肆元柒角伍分捌釐
眾釘鞋店 辛丑二個月 洋玖元陸角
眾釘鞋店 壬寅三月 洋叁元陸角
眾釘鞋店 壬寅六個月 洋拾捌元
眾銅店爐坊 庚子七個月 洋壹百陸拾捌元
眾銅店爐坊 庚子辛丑四個月 洋玖拾貳元
眾銅店爐坊 辛丑七月 洋肆拾壹元
眾銅店爐坊 辛丑十一月 洋陸元
眾銅店爐坊 辛丑十二月 洋貳拾玖元肆角伍分
眾藥店 庚子辛丑十一個月 洋肆百肆拾元

眾藥店 辛丑十一月 洋壹百陸拾捌元
眾藥店 辛丑十二月 洋伍拾陸元
眾柴行 庚子辛丑十一個月 洋壹百玖拾捌元
眾柴行 辛丑十月 洋肆元捌角
眾絲線店 庚子辛丑十六個月 洋壹百陸拾元
眾絲線店 辛丑十二月 洋叁拾叁元貳角
眾絲線店 壬寅三個月 洋拾柒元肆角
眾絲線店 壬寅三個月 洋拾捌元
眾貰衣店 庚子辛丑十七個月 洋壹百零貳元
眾貰器店 庚子辛丑十四個月 洋捌拾肆元
眾貰器店 辛丑六月收 洋陸元
眾貰器店 壬寅三月初一收 洋貳拾元
眾貰器店 壬寅十二月十六收 洋陸元肆角

衆硝皮店 庚子辛丑十五個月 洋壹百貳拾元
衆硝皮店 庚子辛丑二個月 洋拾陸元捌角
衆硝皮店 辛丑三個月 洋拾玖元貳角
衆硝皮店 壬寅三個月 洋拾肆元肆角
衆烏木作 庚子辛丑十三個月 洋壹百伍拾陸元
衆烏木作 辛丑三個月 洋叁拾壹元貳角
衆烏木作 辛丑九月 洋拾元零肆角
衆烏木作 辛丑一個月 洋貳拾肆元玖角陸分
衆烏木作 壬寅五個月 洋叁拾陸元

中段分局捐

德豐 洋壹元貳角
協成 洋叁元捌角
陳柏惠房 洋貳拾陸元
胡埍麓房 洋拾肆元玖角
李炳章 洋拾捌元
余壽房 洋柒元貳角

園義房 洋拾肆元捌角
董成功房 洋拾貳元
李玉山 洋拾捌元
李芝生 洋拾捌元
陳果房 洋貳拾壹元
陳立房 洋壹百拾貳元
李賜房 洋拾捌元
屠壽房 洋柒元
袁麓房 洋貳拾元零捌角
元大亨 洋叁元陸角捌分
源豐 洋貳角
袁義房 洋壹元捌角
裕隆 洋肆角
陳藝房 洋拾肆元
陳肅房 洋拾肆元
陳義房 洋拾肆元
陳謀房 洋拾肆元
陳聖房 洋拾肆元
陳達讓房 洋拾叁元
孫蓮舟 洋玖元陸角
文元 洋叁元貳角
春茂 洋拾伍元壹角
雲藍 洋叁元
肇康 洋柒元貳角
得泰 洋肆元肆角
陳達廉房 洋貳拾叁元捌角

范宏利 洋壹元肆角
穗和 洋玖元貳角
王萬華 洋壹元
聚源 洋拾叁元壹角
源生 洋拾元零叁角陸分
張勉生 洋拾肆元玖角
方壽房 洋叁拾叁元陸角
姚安房 洋叁拾玖元捌角
順成 洋叁元捌角
秦竹房 洋柒元伍角
一品齋 洋捌元
袁埍房 洋拾伍元
陳羽房 洋壹百零叁元零肆分
陳其相 洋柒拾陸元捌角
陳崇豐 洋捌元捌角
長春樓 洋肆元肆角捌分
元泰 洋陸元貳角
乾源 洋伍元貳角
合興 洋陸元陸角玖分
吳文興 洋柒元肆角
德馨 洋叁元玖角
新泰來 洋伍元捌角肆分
孔穗生 洋拾貳元捌角
林福房 洋伍拾壹元陸角
胡德生 洋捌角
泰來姓號 洋拾元零叁角

大彰 洋壹元肆角
鼎新 洋拾元零叁角
張聚成 洋叁元捌角
滋生 洋貳元伍角
泰記 洋叁元捌角
餘和 洋肆角
萃孚 洋陸元陸角
尹安吉 洋拾元
陳粹房 洋貳拾貳元肆角
雨宜春 洋伍元捌角肆分
同盛 洋肆元壹角貳分
陳柏敏房 洋貳拾陸元
李寅生 洋貳拾陸元
各種莊稅房 洋肆拾元
張候房 洋拾元
新順 洋伍元捌角肆分
翔雲閣 洋叁元
文聚堂 洋陸元肆角
周智房 洋貳拾陸元貳角
張泰房 洋貳拾陸元
王覚房 洋貳拾壹元
夏大興 洋貳元
允馨 洋叁元陸角捌分
德豐堂鄒 洋肆拾壹元伍角
袁敬思 洋伍元
聚珍樓 洋貳元壹角陸分

楊枝春 洋伍元貳角
文久齋 洋陸角
貼水 洋伍角玖分陸釐

東段分局捐

衆酒館店 洋壹百柒拾玖元貳角　曹薇卿 洋叁拾貳元
衆書坊店 洋陸拾肆元　朱震康 洋肆拾壹元
衆襪匠店 洋壹百伍拾伍元　陳辰房 洋貳拾伍元陸角
衆股皮店 洋柒拾叁元貳角　瑞昌發 洋陸元壹角
衆煙管店 洋柒拾陸元貳角　景鴻春 洋陸元肆角
衆舊貨店 洋捌拾伍元伍角　四美齋 洋叁元陸角
衆廣莊店 洋叁拾貳元　飛白齋 洋壹元肆角
衆皮毛匠店 洋貳拾叁元陸角　鳳苞 洋拾捌元肆角
衆雨傘店 洋貳拾叁元伍角　同豐 洋壹元肆角
衆錫匠店 洋貳拾捌元　文寶 洋伍元柒角
唐錫如 洋貳拾元　同泰 洋捌元叁角

丁櫎蓮 洋拾壹元　春芳 洋柒元
得豐 洋捌元壹角　森記 洋捌元壹角
緯成 洋貳拾捌元　萃泰 洋玖元玖角
奎元 洋肆拾貳元叁角　順泰 洋捌元壹角
照明 洋貳拾捌元貳角　夏錦棠 洋貳拾陸元貳角
同源 洋拾貳元捌角　錢天成 洋拾捌元肆角
正記 洋拾貳元捌角　王禮記 洋肆元伍角
文魁 洋肆元捌角　翰墨林 洋叁元捌角
寶成 洋拾元零貳角　鴻寶齋 洋貳元
潤泰 洋拾貳元捌角　順泰昌 洋玖元貳角
潤豐 洋貳元壹角　陳餘生 洋叁元捌角
泰豐 洋壹元肆角　華英大藥房 洋貳拾伍元陸角
源泰 洋叁元伍角　呂義泰 洋貳拾伍元

萬豐 洋壹元肆角　歷臣氏 洋貳拾陸元貳角
高鼎昌 洋拾壹元柒角　老久大 洋貳拾肆元伍角
盛仰高 洋拾捌元肆角　文星齋 洋陸元貳角
查三妙 洋拾肆元陸角　新九大 洋貳拾肆元伍角
文照堂 洋叁元捌角　葉指南 洋肆元伍角
正心齋 洋柒元　松竹齋 洋叁元陸角
白玉樓 洋拾伍元貳角　墨林齋 洋叁元陸角
容養齋 洋貳元

南段分局捐

王元房 洋肆拾元　泰豐號 洋貳拾柒元
徐松房 洋貳拾壹元　孫福壽房 洋肆拾元
周芝生 洋柒元　王惠房 洋拾捌元捌角
阮廷安 洋柒拾捌元　童官四房 洋貳拾肆元捌角

陳利貞房 洋貳拾伍元　董景祥 洋拾元
張立房 洋拾貳元　宋松房 洋貳拾肆元
王仁房 洋貳拾柒元　蔡利房 洋貳拾壹元
陳悌房 洋陸拾壹元貳角　陳和房 洋貳拾伍元貳角
張高房 洋肆拾元　徐惠房 洋拾元
吳林房 洋貳拾肆元　陳坤房 洋貳拾元
陳仁房 洋拾元　陳賢記 洋貳拾貳元
呂聘堂 洋陸元　楊寶金 洋柒元
蔡四房 洋叁拾伍元　詹亨房 洋叁拾肆元
鄭乾房 洋貳拾壹元　王敏房 洋拾叁元
邵仲房 洋貳拾叁元　靜遠軒余 洋拾壹元
曹梅匯 洋貳拾元　呂祥房 洋叁拾壹元肆角
周大二房 洋拾伍元　姚和房 洋貳拾肆元陸角

呂定房　洋拾陸元　靜安居　洋拾肆元
吳葭䮵　洋貳拾貳元肆角　唐智房　洋肆拾捌元
丁楚颿　洋貳拾叁元　志勤堂　洋捌拾陸元肆角
紀智房　洋拾元　錫類堂　洋貳拾陸元
姚義房　洋拾元　純德堂　洋伍元
陸壽房　洋拾伍元　楊角房　洋拾伍元捌角
周經房　洋拾伍元肆角　滋德堂胡　洋拾元
林永房　洋貳拾肆元

西段分局捐

陳錫記　洋柒拾肆元陸角　汪行房　洋拾捌元肆角
翁坤房　洋肆拾元　郭滋生　洋拾伍元伍角
馬夏房　洋柒拾肆元肆角　馮穗豐　洋柒元肆角
袁手記　洋叁拾元　費智房　洋肆元肆角
陳孝房　洋伍拾叁元陸角　陳人三房　洋拾叁元
陳哲房　洋叁拾玖元陸角　合豐　洋肆元貳角
吳忠仁房　洋貳拾陸元玖角　張美房　洋貳元柒角
勵言房　洋貳拾柒元捌角　李勇房　洋捌元肆角
勵功房　洋貳拾貳元壹角　馮忠房　洋柒元貳角
陸福房　洋叁拾陸元　胡益水　洋拾壹元貳角
楊厚房　洋叁拾元　豫豐　洋捌元肆角
勵成房　洋貳拾壹元貳角　孫壽房　洋壹元
陳三和　洋柒元捌角　孫行記　洋貳元柒角
源泰　洋拾肆元柒角　王月房　洋貳元
孫松房　洋肆元　新協茂　洋陸角
周松房　洋貳元　泰盛房　洋叁元
應月房　洋貳拾元零捌角　章三房　洋拾貳元柒角

曹德興　洋伍元伍角　合和　洋壹元
祥茂　洋伍角　孫仁房　洋貳元
張常二房　洋叁元伍角　洪友房　洋貳元
昇陽泰　洋拾伍元肆角　金恭房　洋貳元
潘宅　洋捌元　虞順興　洋壹元
楊吉興　洋拾元零捌角　袁義房　洋拾叁元
林和茂　洋叁元　李瑞記　洋貳元
陳良房　洋拾叁元柒角　張坤房　洋肆元捌角
陳高房　洋貳元捌角　董學灃　洋陸元
胡義成　洋叁元陸角　春畝房　洋拾元
汪忠房　洋柒元　姜禮房　洋肆元
陳義房　洋拾貳元　烏甯房　洋拾壹元玖角
聞松金房　洋拾伍元　車成記　洋玖元
寶泰　洋拾元零玖角　仁和　洋捌元肆角
應孝房　洋拾貳元肆角　陳智房　洋肆元肆角
王安房　洋拾貳元　張乾房　洋貳元
董德茂　洋拾伍元　同茂　洋叁元
汪文信房　洋陸元伍角　陸姓　洋肆元
何虎房　洋貳元壹角　協瑞　洋陸元叁角
徐椿房　洋貳元柒角

北段分局捐

劉吉興　洋肆拾肆元　乾和　洋拾壹元
陳永利　洋伍元　李豐裕　洋叁拾伍元
袁泉茂　洋陸元叁角　袁泉懋　洋肆元伍角
生泰　洋貳元肆角　新生大　洋柒元陸角
范甯利　洋貳元柒角　徐森記　洋壹元伍角
順興　洋叁元柒角捌分　穗生　洋拾叁元

何萬生　洋貳元陸角　泰興　洋壹元捌角
得利　洋肆角　劉瑞大　洋壹元肆角
瑞大　洋肆角　信和　洋伍角
源康　洋伍角　劉瑞豐　洋壹元肆角
陸翔熊　洋貳角　徐協興　洋貳角
同生　洋貳元　鍾公館　洋壹元伍角
求是草堂葉　洋叁元伍角　張惠豐　洋叁拾捌元
夏官房　洋貳拾元　吳宮房　洋捌拾捌元捌角
徐安房　洋拾肆元　吳角房　洋壹百拾陸元
董勤房　洋拾肆元　吳徵房　洋叁拾叁元
敦義堂朱　洋壹元伍角　吳羽房　洋叁拾叁元
陳星房　洋貳拾柒元　吳順房　洋壹百貳拾元
徐悌房　洋貳拾元零貳角　陳月房　洋拾肆元捌角

李生利房　洋拾伍元　陳靜豐　洋拾玖元貳角
槐陰居李　洋拾元　范昌盛房　洋貳拾貳元
林信房　洋陸元　吳章房　洋叁拾叁元
洪均房　洋叁拾元　吳和房　洋肆拾元零捌角
葉坤房　洋肆拾壹元陸角　蔣信房　洋叁拾叁元
徐信昌　洋壹百貳拾元　鄭信房　洋貳拾貳元
竺子綬　洋柒元　屠官房　洋玖拾陸元
張厚房　洋貳拾壹元　凌升房　洋貳拾元零捌角
孫倫堂項　洋貳拾壹元肆角　朱貴卿　洋壹元
陸羽房　洋肆元　葉和房　洋拾肆元貳角
孫李房　洋拾伍元　林炳記　洋壹元捌角
趙信房　洋伍元　紀景甫　洋拾元零肆角
戚仁房　洋伍元

江廈分局捐

翰香居　洋貳拾貳元　得利　洋拾叁元貳角
永興　洋貳拾貳元　源興 永順　洋拾貳元陸角
新順　洋貳拾貳元　瑞康　洋拾壹元
具美　洋貳拾壹元　江復亨　洋拾元零肆角
致和　洋貳拾壹元壹角　悅來　洋拾壹元
鼎和　洋貳拾壹元叁角　孔鳳春　洋捌元捌角
衆客棧　洋貳拾元零叁角　九華樓　洋捌元捌角
公正　洋拾伍元肆角　慎號　洋捌元捌角
廣和　洋貳拾壹元壹角　張信茂　洋捌元捌角
義如樓　洋拾肆元柒角　養和　洋捌元捌角
華產芳　洋拾叁元貳角　養元　洋捌元肆角
協和　洋拾叁元貳角　文珍　洋捌元伍角

陳生號　洋捌元肆角　通和　洋陸元陸角
潘恒泰　洋陸元陸角　朱鼎新　洋陸元陸角
老裕興　洋陸元陸角　順泰　洋陸元陸角
同泰　洋陸元陸角　日新　洋陸元陸角
震大　洋陸元陸角　華美利　洋捌元陸角肆分
餘生　洋陸元陸角　北悅來　洋陸元叁角
森記　洋陸元陸角　坤順　洋陸元叁角
正大　洋陸元陸角　餘泉　洋陸元叁角
生源　洋陸元陸角　有容　洋陸元貳角陸分
同勝　洋陸元陸角　文美　洋陸元叁角
晉江樓　洋陸元陸角　潤大　洋陸元零捌分
廣泰　洋陸元陸角　大有　洋陸元
鳳儀　洋陸元陸角　應玉佩　洋陸元陸角

萬豐 洋陸元　萬隆新號 洋叁元叁角
豫森 洋陸元　萬隆德記 洋叁元叁角
泰和 洋肆元柒角　萬成 洋叁元叁角
隆茂泰 洋肆元捌角　協潤 洋叁元叁角
宏裕 洋肆元叁角　乾大 洋貳元柒角
大成 洋肆元貳角　大同 洋貳元肆角
敦裕 洋肆元貳角　順餘 洋貳元肆角
森泰 洋肆元貳角　裕昇 洋貳元壹角
乾泰 洋肆元貳角　新德興號 洋貳元壹角
源號 洋肆元貳角　玉壺春 洋叁元陸角
餘生 洋叁元陸角　除銅角貳角捌分

江東分局捐

嚴英記 洋捌拾元　衆紙店 洋壹百玖拾元零柒角

金義記 洋捌拾元　乾順泰 洋拾肆元玖角
董下惟室 洋捌拾元　榮大 洋拾捌元壹角
陳坤房 洋貳拾元　寶森 洋拾壹元柒角
源成 洋貳拾壹元　星號 洋拾壹元柒角
聚豐 洋拾肆元壹角　餘泰 洋捌元伍角
順記 洋拾肆元玖角　升元 洋捌元伍角
源順 洋拾壹元柒角　合森 洋捌元陸角
源興 洋玖元　通和 洋陸元肆角
李和記 洋叁拾叁元　森泰 洋肆元陸角
郁餘記 洋肆拾元　德大 洋叁元柒角伍分
周坤房 洋叁拾元　永泰 洋貳角
協順 洋捌元伍角　大利 洋貳元貳角
永昌 洋柒元玖角　合興 洋伍元伍角

森姓 洋陸元肆角　升大 洋壹元捌角

南門外分局捐

張仁房 洋壹百拾肆元　莊元記 洋柒元玖角捌分
袁中房 洋柒拾伍元捌角　順和 洋柒元玖角捌分
袁子壯 洋肆元　協生 洋伍元叁角貳分
郁竹房 洋伍元　升泰 洋伍元叁角貳分
袁震豐 洋拾貳元玖角　裕成 洋伍元叁角貳分
周竹房 洋柒元玖角捌分　薛裕和 洋伍元叁角貳分
王泉茂 洋柒元玖角捌分　戴震生 洋伍元叁角貳分
公順竹行 洋柒元玖角捌分　袁惠房 洋伍元叁角貳分
同豐 洋柒元玖角捌分　劉恆生 洋伍元叁角貳分
大生 洋柒元玖角捌分　戴裕和 洋伍元叁角貳分
張信茂南棧 洋柒元玖角捌分　袁賢房 洋伍元叁角貳分

茂利竹行 洋柒元玖角捌分　戴利房 洋貳拾肆元陸角
林壽張和房 洋拾貳元玖角　莊恩房 洋肆元
戴坮房 洋肆元　南萬興 洋叁元捌角貳分
干泰來 洋肆元零肆分　南昇記 洋壹元肆角
東昇廠 洋貳元捌角　瑞豐 洋肆角
袁敬房 洋捌角

西門外分局捐

崇本堂張 洋叁拾貳元　同春 洋捌元
新永利 洋捌元　坤源 洋捌元
張信茂 洋捌元　達昌 洋伍元陸角
蔡新成 洋玖元陸角　新吉 洋肆元捌角
梁兆塑 洋捌元　慎泰 洋肆元捌角
孫博房 洋拾貳元　協泰 洋肆元貳角

陳安房　洋拾陸元
張厚房　洋拾陸元
張良興　洋叁元柒角
春榆莊　洋陸元肆角
張箎房　洋肆元
公泰　洋玖元陸角
同源泰　洋捌元
李悌房　洋拾陸元
老大乾　洋捌元
張裕興　洋肆元柒角貳分叁釐
嚴耕餘　洋肆元捌角
新和記　洋叁元貳角
陳孝房　洋肆元

協順　洋肆元捌角
慶餘　洋肆元
永康　洋肆元捌角
久和　洋壹元肆角
協茂　洋叁元陸角
穰豐　洋肆元
陳萬泰　洋貳元肆角
王協興　洋貳元肆角
劉合興　洋壹元伍角
敦大莊　洋肆元
范恭房　洋肆元
張國記　洋肆元貳角
張萬順　洋貳元肆角

朱永和　洋叁元貳角
湄水堂　洋貳元肆角
李立順　洋肆元
陳生號　洋陸元肆角
林慎豐　洋叁角
邵瑞興　洋貳元肆角
張萬興　洋貳元肆角
高孝房　洋貳元叁角
復昌號　洋壹元
新成順　洋貳元肆角
春生樓　洋壹元陸角
王德興　洋貳元肆角
陸天順　洋壹元捌角

西泰來　洋貳元肆角
范盈號　洋貳元肆角
石源利　洋壹元伍角
乾豐號　洋貳元肆角
洽記行　洋壹元貳角
范脩利均記　洋肆元
和泰　洋貳元肆角
順泰　洋陸角
晉亨　洋貳元肆角
源號　洋貳元肆角
合興　洋貳元
隆華　洋壹元陸角
永源　洋貳元肆角

隆興新號　洋貳元肆角
泰福大房　洋貳元叁角
協大　洋壹元陸角
祥和　洋肆元
合記　洋貳元肆角
順餘　洋貳元肆角
永昌　洋壹元肆角
天慎　洋壹元
范緯房　洋貳元
應興房　洋壹元

坐和　洋貳元肆角
仁泰　洋貳元肆角
厚康　洋壹元
公和　洋壹元陸角
慎昌　洋貳元柒角
森記　洋貳角
芝蘭齋　洋肆角
李智房　洋壹元
陳坤房　洋壹元伍角
王興房　洋壹元

以上共計

收總捐　洋壹萬柒千玖百伍拾元
收月捐　洋柒萬叁千柒百貳拾伍元玖角貳分捌釐

收中段局董陳廣翁經收捐　洋柒百叁拾叁元叁角壹分陸釐
收又　角洋伍百捌拾捌元陸角肆分
收東段局董倪築翁經收捐　洋肆百肆拾貳元捌角
收又　角洋玖百陸拾肆元壹角
收南段局董林芙翁經收捐　洋陸百零肆元壹角
收又　角洋伍百陸拾伍元玖角
收西段局董徐蔚翁經收捐　洋陸百陸拾叁元叁角
收又　角洋貳百貳拾肆元貳角
收又　洋貳拾元
收北段局董李勤翁經收捐　洋捌百陸拾貳元柒角
收又　角洋叁百玖拾柒元肆角
收又　洋肆拾捌元伍角捌分
收江廈局董吳葭翁經收捐　洋壹百拾陸元

收又　角洋肆百捌拾壹元捌角
收江東局董鄭岳翁經收捐　洋肆百捌拾陸元
收又　角洋貳百陸拾柒元陸角伍分
收南門外局董張黎翁經收捐　洋壹百捌拾叁元
收又　角洋貳百零柒元壹角陸分
收西門外局董張子翁經收捐　洋壹百柒拾貳元捌角伍分柒釐
收又　角洋壹百捌拾叁元零陸分陸釐

外加

收乾豐莊息 揭至癸卯五月底　洋壹千叁百叁拾陸元陸角肆分肆釐
收賚餘莊息 揭至癸卯五月底　洋玖百捌拾柒元叁角伍分肆釐
收慎豐莊息 揭至癸卯閏五月十七　洋陸百叁拾伍元壹角柒分貳釐
收通久源莊息 揭至癸卯五月底　洋壹千玖百玖拾伍元
收兌入　錢玖千壹百拾陸千捌百肆拾陸文
收售牀鋪板 貳拾伍丈　洋貳拾伍元
收售吏鑼 肆拾肆面 計重伍拾斤　洋貳拾元零捌角
收售圓玻燈 壹个　洋壹元
收栅夫賠鎖　洋伍元貳角
收又　錢柒千捌百肆拾文

通共收洋拾萬零壹千零拾肆元柒角伍分壹釐
通共收角洋叁千捌百零玖元玖角壹分陸釐
通共收錢玖千壹百貳拾肆千陸百捌拾陸文

總局開支

付諭單勇冊刻印工資　錢陸千柒百零伍文
付總局分局月捐聯票　洋貳拾元
付勇丁小口糧 庚子五月初七至十二陸續招募　洋貳百零陸元肆角
付三哨月餉 連閏 又六月十五起半個月　洋捌百玖拾肆元
付又 又七月初一起小大建二五個月　洋壹萬肆千伍百伍拾玖元玖角捌分肆釐
付又 辛丑大小建六六個月　洋貳萬肆千柒百柒拾玖元玖角陸分
付又 壬寅正月大建　洋貳千壹百元
付又 裁壹百零捌名 又大小建五六個月　洋壹萬陸千玖百元
付又 癸卯二正月小大建　洋叁千零陸拾捌元
付又 三月十一日又裁壹百零捌名 又三月小建　洋壹千壹百陸拾伍元玖角貳分
付又 又四五月大小建 內兩勇但支十八天　洋壹千伍百肆拾伍元柒角叁分叁釐
付總巡 月薪叁拾元 辛丑四月十七起十二天　洋拾貳元
付總巡 辛丑五月至癸卯五月 計大小建十四十一個月　洋柒百叁拾玖元
付副總巡 月薪念肆元 癸卯四五月大小建　洋肆拾柒元貳角
付南門外巡查 月薪拾捌元 庚子閏八月至癸卯五月 計大小建十九十五個月　洋陸百零叁元
付各勇節賞 庚秋至壬臘共八節　洋貳百陸拾柒元陸角
付又 癸午節 內除開去勇兩名　洋拾肆元柒角
付中哨裝修住處泥木等件　洋柒元
付三哨初成軍時伙食器具　洋壹百伍拾叁元貳角肆分貳釐
付右哨零賞號 庚子六月　洋壹元
付留營帶徐邑尊杭甬關票費及登報紙等　洋陸拾柒元肆角陸分
付哨官程儀 裁正哨二員副哨三員巡查一員　洋壹百貳拾元
付勇丁恩餉 裁勇二百十六名哨書二名護勇八名　洋壹千捌百零捌元
付故勇念名邮賞　洋壹百陸拾元
付配合藥二次　洋拾捌元壹角捌分伍釐

付刀叉壹百念肆把　洋壹百拾元零捌角
付刀叉架陸拾捌只　洋柒拾肆元
付刀叉釘工　洋壹元伍角
付刀叉木柄壹百念肆根　洋貳拾陸元零肆分
付刀叉鑲銅亮壹百念肆把　洋貳拾肆元捌角陸分貳釐
付漆刀槍柄架帳箱等　洋拾柒元貳角伍分
付三哨修洋鎗五次　洋壹百叁拾元零零叁分
付大藥銅帽總巡領去二次　洋叁拾貳元
付砂布壹百零捌張　洋叁元
付三哨自辦砂布七次　洋貳拾壹元
付大旂柒拾貳　洋壹百拾元零柒角陸分
付鐵旂頭腳柒拾貳副　洋拾貳元捌角
付旂纓旂頭姓旂紅布　洋陸元玖角柒分陸釐

付旂竹竿號鐵等　洋肆元肆角
付單棍叁拾對　洋肆元伍角
付虎頭牌寫工油工粉工　洋陸元捌角捌分
付告示版號衣箱等　洋拾貳元貳角捌分
付更鑼柒拾壹面　洋柒拾壹元柒角壹分貳釐
付更鼓貳拾捌面　洋拾柒元壹角陸分
付銅號叁對　洋拾元零伍角肆分
付巡捕叫喲肆拾貳個　洋貳元壹角壹分柒釐
付巡捕燈桅燈捌拾叁盞　洋貳拾柒元伍角
付修巡捕燈　洋貳元玖角
付門燈叁拾貳盞　洋拾捌元伍角陸分
付門燈內油壺叁拾貳只　洋叁元陸角柒分
付門燈寫字　洋貳元肆角伍分

付各哨燈籠　洋肆元貳角
付得勝袋貳百肆拾只　洋柒拾貳元
付羽毛夾背身叁百柒拾貳件　洋肆百肆拾陸元肆角
付白號衣叁百柒拾貳件　洋貳百陸拾陸元陸角肆分
付白號背身叁百柒拾貳件　洋貳百肆拾壹元捌角
付號補綃名字補柒百肆拾肆副　洋叁拾肆元玖角陸分貳釐
付油衣叁百柒拾貳件　洋肆百零伍元
付棉袄褲叁百柒拾貳套　洋捌百玖拾貳元捌角
付青單褲叁百柒拾貳條　洋壹百柒拾柒元叁角陸分
付包頭布叁百柒拾貳條　洋壹百柒拾捌元伍角陸分
付裹腳布叁百柒拾貳雙　洋壹百零肆元壹角陸分
付戰靴叁百柒拾貳雙　洋貳百伍拾貳元玖角陸分
付零星單裝找　錢拾千零柒百肆拾柒文

付竹帽叁百捌拾頂　洋陸拾肆元陸角
付草帽叁百柒拾貳頂　洋伍拾元零伍角捌分
付草鞋叁百柒拾貳雙　洋肆拾叁元壹角貳分捌釐
付牀鋪板壹百拾丈　洋貳百零陸元壹角捌分
付牀架玖張　洋肆元捌角陸分
付竹馬柒百肆拾肆根　洋叁拾柒元貳角
付條橈壹百伍拾捌根　洋拾叁元壹角肆分
付竹方橈　洋壹元玖角貳分
付方桌肆拾柒張　洋貳拾伍元
付長桌陸張　洋伍元
付賬箱壹只　洋壹元捌角
付捐簿帳簿紙張筆墨油硃等　洋肆拾貳元捌角捌分肆釐
付又　錢貳拾壹千零貳拾文

付總局門牌　洋伍角
付皮紙等　洋陸元
付硯瓦筤盤等　洋壹元捌角
付洋燈燭臺酒壺　洋壹元陸角
付洋刀圖書印色　洋捌角貳分
付洋面盆衣架帽架字梯　洋貳元零零柒釐
付茶碗茶船　洋貳元肆角伍分
付籐椅水煙管　洋叁元叁角
付坑桄坑墊紅呢坐墊　洋伍元壹角
付玻𥦗六扇連油漆　洋伍元肆角捌分
付中外新聞報　錢叁拾千文
付桶盤飯桶　洋壹元叁角
付零星器用　洋貳拾叁元陸角貳分叁釐
付零星器用　錢貳拾柒千柒百玖拾貳文
付零星雜用　洋陸元玖角伍分
付又　錢陸拾柒千貳百伍拾捌文
付伙食　庚子六月至癸卯五月共三十七個月　錢叁百陸拾叁千零玖拾陸文
付又　洋拾叁元零捌分
付柴米炭　三十七個月　洋叁百玖拾肆元壹角貳分陸釐
付又　錢拾玖千陸百陸拾捌文
付茶煙點心　洋貳拾壹元貳角壹分壹釐
付又　錢陸拾貳千伍百拾柒文
付油燭　洋伍拾肆元陸角壹分伍釐
付又　錢拾柒千伍百柒拾捌文
付總局司事伍友久可　月薪拾陸元　三十八個月　洋陸百零捌元
付又幇辦司事王友福康月薪　洋叁拾壹元

付關局買辦陸友紹元收局鈔胥魏玉三友月薪　洋拾捌元
付茶房王初成　庚子七六月　洋捌元
付廳差張升　每月叁元　庚子八月至辛丑二月半　洋貳拾捌元伍角
付府提帖茶金　庚辛壬八節　洋叁拾貳元
付縣提帖茶金　庚辛壬七節　洋貳拾捌元
付縣門房　庚秋節至癸午節賞　洋貳拾元
付縣值日頭賞號　壬寅十一月　洋壹元
付縣號房王慶葉宏阿雙錢章工　庚子七六月　洋肆拾元
付又　又　節賞　庚子秋節　洋肆元
付又　又　工庚子八月至癸卯四月共三十四個月　洋壹百零貳元
付又　又　節賞　庚臘至癸午共八節　洋陸拾肆元
付又　阿雙收捐工　庚子六月至壬寅年底共三十二個月　洋陸拾肆元
付又　又辛壬癸三年丈去　洋伍拾肆元
付縣號房　錢元庚子七六月賞號　洋肆元
付又　又三十七個月工每月叁元　洋壹百拾壹元
付又　又節賞　庚臘至癸午共八節　洋拾陸元
付錢元替工阿小　辛二月至癸五月共廿八個月工　洋貳拾捌元
付又　節賞　庚臘至癸午共八節　洋拾陸元
付又　癸卯五月撤局賞　洋肆元
付厨役　三十八個月工　洋壹百拾叁元玖角
付打雜夫　三十個月半工　洋陸拾壹元
付傭人雜頭包煙　三十七個月　錢拾肆千文
付總局分局辦公轎力　三十七個月　錢貳百叁拾陸千零貳拾玖文
付又　洋肆拾貳元陸角壹分
付慎豐錢莊筆費　庚子六月至癸卯閏五月　洋陸拾元
付又棧司　三年底抽豐　洋叁元

付造城內外柵欄貳百肆拾貳道 張河全辦 共計貳百拾壹丈陸尺陸寸 洋貳千零叁拾元零柒角柒分
付造柵庫貳百零伍部 張河全辦 洋伍百玖拾肆元伍角
付買現成柵欄 李姜貝周懷堂出 洋叁拾元零陸角捌分
付大洋鎖貳百伍拾管 洋肆拾柒元叁角
付小洋鎖貳百叁拾伍管 洋拾元零叁角肆分
付大小柵鎖 洋拾貳元伍角
付城中柵夫 庚子十二月廿天 每名每月叁千貳百文 錢叁百伍拾捌千零拾伍文
付又 又 辛丑正月至三月初五 錢壹千壹百伍拾千零伍百玖拾壹文
付江東柵夫 每名每月叁元 庚子十二月兩天 三十八名算 洋柒元陸角
付又 又 辛丑二正月 三十八名算 洋貳百貳拾捌元
付又 又 又三月五天 三十八名算 洋拾玖元
付又 又 又三月初六至九月底 五名算 洋壹百元零零伍角
付又 查柵 又八月 洋肆元

巡防徵信錄 三十五

付查柵鍾祥奉 辛冬七十七夜 洋拾伍元肆角
付郡發柵工湯友子虎 辛冬 洋拾伍元
付修理柵欄 辛丑 洋肆拾元零肆角零伍釐
付各柵告白 伍百叁拾張 并手揭聯票 洋叁元零肆分
付看守柵欄點心 洋叁元叁角叁分陸釐
付又 錢貳百貳拾貳文
付城內外柵夫 辛冬三個月 每名每月貳千文 錢壹千貳百肆拾捌千陸百伍拾文
付又 壬春 正月至三月廿五 錢壹千壹百捌拾壹千肆百貳拾陸文
付又 壬冬十二月 錢捌百拾玖千文
付又 癸春 正月至三月半 錢玖百玖拾捌千陸百肆拾文
付修理柵欄 壬寅 洋伍拾壹元零柒分貳釐
付督理柵欄張友蓮生 壬寅 洋貳拾元
付查柵劉德全 壬寅四個月 洋貳拾柒元

付折柵欄 癸卯年 洋貳拾柒元
付天甯寺香資 洋貳拾肆元
付又管山門人等賞號 庚秋至癸午共九節 洋玖元
付油寺中路程 洋玖角
付河工墊用款 府署挪淘河 鐵木竹等器 洋玖拾玖元陸角柒分伍釐
付城工墊用款 縣署裁付泥匠金桂林 洋貳百陸拾伍元捌角叁分陸釐
付洋水 洋壹千壹百伍拾陸元肆角貳分
付又 洋陸拾捌元伍角捌分
付兌出洋 洋壹萬零零陸拾貳元柒角肆分肆釐
付結束局事伙食等 癸卯閏五月廿天 洋拾伍元
付零用及零星申水 錢陸百叁拾文
付寫印徵信錄等用 叁千部 洋叁百元
共洋玖萬零玖百陸拾貳元柒角柒分伍釐

巡防徵信錄 三十六

共錢陸千陸百叁拾叁千伍百捌拾肆文

中段分局開支

付司事 每月陸元 三十一個月半 洋壹百捌拾玖元
付鑾導三名 每名每月叁千陸百文 庚子五個月零十天 錢伍拾柒千貳百肆拾文
付又 辛丑壬寅廿四個月 錢貳百伍拾伍千貳百肆拾文
付又 癸卯三個月 錢叁拾壹千陸百捌拾文
付更夫六名 每名每月陸千文 庚子十月十日至十二月底 錢伍拾捌千捌百文
付裝拆柵費四次 洋捌元肆角
共洋壹百玖拾柒元肆角
共錢肆百零貳千玖百陸拾文

東段分局開支

付司事 三十一個月半 洋壹百捌拾玖元
付鑾導三名 庚子五個月零十天 錢肆拾陸千捌百文

付又 又 洋拾貳元
付又 辛丑全年 洋壹百肆拾肆元
付又 壬寅正月至癸卯三月 洋壹百捌拾肆元叁角
付更夫六名 庚子兩個月半 錢柒拾貳千文
付賞巡勇夜粥 又 洋貳拾貳元伍角
付又 辛丑全年 洋壹百零伍元
付又 壬寅正月至癸卯五月 洋壹百零捌元
付步梯燈籠 洋叁元壹角
付裝拆柵費四次 洋拾陸元叁角貳分
共洋柒百捌拾肆元貳角貳分
共錢壹百拾捌千捌百文

南段分局開支

付司事 廿六個月半 洋壹百伍拾玖元

付鑾導四名 庚子四個月零八天 錢陸拾壹千肆百肆拾文
付更夫八名 庚子十月十一月 錢玖拾肆千肆百文
付賞號房 辛丑年 洋肆元
付竹篳玻燈洋燭 洋捌元壹角
付零物件 錢壹千叁百玖拾文
付裝拆柵費四次 洋拾捌元
共洋壹百捌拾玖元壹角
共錢壹百伍拾柒千貳百叁拾文

西段分局開支

付司事 廿八個月半 洋壹百柒拾壹元
付鑾導三名 庚子五個月零十天 錢伍拾柒千貳百肆拾文
付又 辛丑壬寅廿四個月 錢貳百伍拾伍千陸百文
付又 癸卯四個月 錢叁拾壹千陸百捌拾文

付更夫六名 庚子十月十一月 錢柒拾千零捌百文
付賞號房 洋貳元
付零用 洋陸元捌角
付洋水 洋拾肆元伍角
付裝拆柵費四次 洋柒元陸角
共洋貳百零壹元玖角
共錢肆百拾伍千叁百貳拾文

北段分局開支

付司事 每月捌元 廿三個月半 洋壹百捌拾捌元
付鑾導三名 庚子六月十天 錢叁千陸百文
付又 庚子八月起加一名 庚子五個月 錢陸拾捌千肆百文
付又 辛丑正月至癸卯四月 錢叁百捌拾貳千伍百陸拾文
付油燭 庚子十一月至癸卯三月 錢陸拾伍千伍百貳拾文

付更夫六名 庚子兩個月 錢柒拾千零捌百文
付高照燈燈籠并器用等 錢玖千柒百玖拾貳文
付裝拆柵費四次 洋壹百零貳元捌角
共洋貳百玖拾元零捌角
共錢陸百千零零陸百柒拾貳文

江廈分局開支

付司事 廿一個月半 洋壹百貳拾玖元
付鑾導二名 庚子六月十天 錢壹千捌百文
付又 庚七個月并年節押歲 辛十一個月壬三個月 洋玖拾叁元
付修湯令公廟 洋叁拾元
付置器用修理柱棚 洋拾元零捌角
付角子貼水 洋壹元壹角
共洋貳百陸拾叁元玖角

共錢壹千捌百文

江東分局開支

付司事　三十一個月半　洋壹百捌拾玖元

付鑾導五名　庚子七個月零十天　錢壹百叁拾千零捌百文

付又　辛丑正月至癸卯四月　錢肆百柒拾捌千貳百文

付巡勇祖屋　壬寅癸卯張斌橋　洋貳拾肆元

付裝折柵費四次　洋叁拾伍元壹角貳分

共洋貳百肆拾捌元壹角貳分

共錢陸百零玖千文

南門外分局開支

付司事　三十一個月半　洋壹百捌拾玖元

付鑾導一名　庚子五個月半辛丑正月至癸卯三月　錢壹百拾伍千叁百貳拾文

付更夫二名　庚子十二月　錢貳拾叁千陸百文

付修屋并置水溜竹簟等　洋拾貳元柒角

共洋貳百零壹元柒角

共錢壹百叁拾捌千玖百貳拾文

西門外分局開支

付司事　八個月　洋肆拾捌元

付鑾導四名　洋陸拾捌元肆角

付更夫八名　庚子一個月　錢肆拾陸千肆百文

付地保　巡夜　洋貳拾伍元

付油燭　洋陸元

付黃能林辛丑　洋貳拾貳元

付賞號房　洋壹元

付鑼鼓三面鼓架三光燈及雜用　洋肆元陸角柒分伍釐

共洋壹百柒拾伍元零柒分伍釐

共錢肆拾陸千肆百文

通共用洋玖萬叁千肆百肆拾陸元肆角壹分

通共用錢玖千壹百貳拾肆千陸百捌拾肆文

揭支洋壹萬壹千壹百肆拾玖元陸角柒分柒釐移交

縣署又支洋壹百陸拾元續行移交

縣署計存慎豐莊巡防舊款洋壹千壹百肆拾玖元陸角柒分柒釐又

續存慎豐莊洋壹百陸拾元計存乾豐莊巡防局官柵備用生息洋

壹萬元正

官柵備用生息款禀縣立案稿

具禀巡防總局司事伍斌為據情呈繳局存官柵備用款項事竊司事現據總局董事刑部郎中童德厚江蘇補用道周晉鑣平湖縣學教諭范翊鈐翰林院編修盛炳緯戶部郎中湯嗣衔公同議定於閏五月二十日撤局所有局存捐款洋壹千壹百肆拾玖元陸角柒分柒釐及軍裝器物冊三本業經局董於本月十八日面繳

公祖大人查收惟總局自庚子六月開辦以來於城廂內外裝設柵欄貳百肆拾貳道每屆春冬數月雇夫專司啟閉巡防得此益臻周密柵夫應需工食並無專款前經

府尊高諭令柵內居民按柵捐給但設柵處所繁盛與冷僻情形懸殊若柵內均係貧戶度日不暇安望捐助

局董等生長斯土目擊情形亟思所以善其後爰於局存餘款提出英洋壹萬元作為巡防局官柵備用生息之款歲支息洋藉資津貼其有不敷屆時仍由

公祖大人會紳妥籌辦法總期不累貧民而柵欄仍得一律安設庶幾有舉莫廢至此項生息款洋壹萬元向存甬江乾豐莊訂明常年柒釐半行息茲向該莊取有領狀及存摺壹件一併呈送

公祖大人臺前伏乞　詧核並　賜批准立案以重款項而垂久遠實為公便謹禀

光緒貳拾玖年閏五月　二十日

鄞縣正堂周批前繳局存捐款洋壹千壹百肆拾玖元陸角柒分柒釐並軍裝器物冊三本業已照收備案

今復據禀稱於局存餘款提出英洋壹萬元發交乾豐錢莊生息作為巡防局官柵歲支之款取呈該莊領狀存摺等情應即如禀立案年終收息備辦可也

領狀附摺存

按批詞發於閏五月具續存慎豐莊洋壹百陸拾元係備寫印徵信錄餘付之款於六月間續行移交　縣署故批詞未及弁識

圖書在版編目(CIP)數據

寧波歷代專志選刊. 一 / 寧波市人民政府地方志辦公室整理. —寧波：寧波出版社，2017.12
ISBN 978-7-5526-3122-7

Ⅰ. ①寧… Ⅱ. ①寧… Ⅲ. ①寧波－地方志 Ⅳ. ①K295.53

中國版本圖書館 CIP 數據核字(2017)第 305974 號

ISBN 978-7-5526-3122-7

寧波歷代專志選刊(一)

寧波市人民政府地方志辦公室　整理

出版發行　寧波出版社(寧波市甬江大道 1 號寧波書城 8 號樓 6 樓　315000)
印　　刷　寧波白雲印刷有限公司
責任編輯　沈建國
裝幀設計　原色太陽
開　　本　787mm×1092mm　1/16
字　　數　1252 千
印　　張　130.75
版　　次　2017 年 12 月第 1 版
印　　次　2017 年 12 月第 1 次印刷
標準書號　ISBN 978-7-5526-3122-7
定　　價　500.00 元(全套四册)